Sean Bourke

Der Ausbruch

Deutsch von Joachim A. Frank

Hoffmann und Campe

Titel der Originalausgabe
The Springing of George Blake
erschienen bei Cassell & Co. Ltd., London
© Sean Bourke 1970

1. bis 20. Tausend 1972
© Hoffmann und Campe Verlag, Hamburg 1972
ISBN 3-455-00535-7. Printed in Germany

Für Larissa
Для Ларисы

Einleitung

Im Mai 1961 stand George Blake im Old Bailey vor Gericht. Er war ein Beamter des Foreign Office, der zum Zeitpunkt seiner Verhaftung in Beirut gedient hatte. Er wurde in fünf Punkten der Spionage für die Sowjetunion angeklagt, für schuldig befunden und erhielt die längste Freiheitsstrafe, die je von einem englischen Gericht verhängt wurde: zweiundvierzig Jahre. Das waren zwölf Jahre mehr, als die Anführer der großen Posträuberbande bekommen hatten.

Blake war der Sohn Albert Behars, eines reichen holländischen Juden. Während der deutschen Besetzung floh seine Familie nach England. Er blieb und arbeitete im holländischen Untergrund. Als er sich schließlich selbst nach England absetzen mußte, nahm er den Namen Blake an und meldete sich freiwillig zur Königlichen Marine. Nach dem Krieg besuchte er die Universität Cambridge und ging dann als Vizekonsul nach Söul. Bei Ausbruch des Koreakrieges wurde er interniert und einer Gehirnwäsche unterzogen. Trotzdem nahm ihn der Secret Service nach seiner Entlassung auf und schickte ihn nach Berlin. Bei der Verhandlung stellte sich heraus, daß Blake mindestens neun Jahre lang als Doppelagent tätig gewesen war und westliche Agentennetze auf dem europäischen Kontinent und anderswo hatte auffliegen lassen. Seinem eigenen Geständnis zufolge hatte er seinen russischen Kontaktleuten »jedes Dokument von irgendwelchem Wert, das mir in die Hände fiel«, zugespielt.

Am 22. Oktober 1966 brach Blake aus dem Londoner Gefängnis Wormwood Scrubs aus. Dies erregte sofort internationales Aufsehen. Alle Häfen, Flugplätze und Startpisten der Britischen Inseln wurden Tag und Nacht kontrolliert, alle Botschaften und Konsulate der osteuropäischen Staaten in London überwacht. Die Behörden nahmen zunächst an, der gewagte Coup sei von führenden Agenten des sowjetischen KGB inszeniert worden. Während die Erregung immer höher stieg, lebte Blake in aller Stille in einer kleinen Wohnung in der Highlever Road, nur wenige Gehminuten von Wormwood Scrubs entfernt.

Dieses Buch berichtet, wie ich George Blakes Ausbruch plante und bewerkstelligte, wie ich ihn aus England hinaus und nach Moskau schaffte und wie ich ihm wenige Wochen später über Paris folgte; und es schildert die zwei ungewöhnlichen Jahre, die ich in Moskau verbrachte, bis ich am 22. Oktober 1968, dem zweiten Jahrestag des Ausbruchs, nach Dublin zurückkehrte.

Ich schrieb das Manuskript zwischen März und Oktober 1968 in Moskau eigenhändig nieder. Damals hatte ich keinen Grund anzunehmen, daß man mir je die Rückkehr in den Westen gestatten werde; ich übergab daher die Niederschrift, wie der Leser erfahren wird, meinem Bruder Kevin, der sie aus Moskau herausschmuggeln sollte. Die neun Schulhefte, aus denen das Manuskript bestand, wurden jedoch auf dem Moskauer Flughafen beschlagnahmt und dem KGB übergeben.

Kurz nach meiner Rückkehr nach Irland schrieb ich an die KGB-Zentrale in Moskau und bat um Rückgabe des Manuskripts. Ich bekam keine Antwort. Drei weitere Briefe blieben ebenfalls unbeantwortet. Im Frühjahr 1969 wurde völlig unerwartet ein ziemlich zerfetztes Paket in der Kanzlei meines Anwalts in Dublin übergeben. Es enthielt das Originalmanuskript, aus dem der ganze letzte Abschnitt, der meine Erlebnisse in Moskau behandelte, entfernt worden war. Der übrige Text war kräftig zensiert worden, meiner Überzeugung nach von George Blake selbst. Einige Originalseiten sind in der Form, in der sie mich schließlich in Dublin erreichten, im Bildteil dieses Buches wiedergegeben.

Dublin, im Januar 1970   Seán Bourke

Prolog

Helfen Sie mir zu fliehen?

Der erste Montagmorgen im September 1965 war wie jeder andere Montagmorgen in Ihrer Majestät Gefängnis Wormwood Scrubs, London W. 12. Hart und gebieterisch schallte die große Messingglocke im Erdgeschoß des Traktes D durch den riesigen Bau. Dreihundert Häftlinge regten sich und öffneten widerstrebend die Augen. Es war 6 Uhr 30 – ein neuer Tag hinter Gittern begann. Ich blieb noch ein paar Minuten im Bett liegen und starrte zur gewölbten, weißgekalkten Ziegeldecke meiner Zelle. Das Licht der 60-Watt-Birne, das der Nachtaufseher vor einer halben Stunde eingeschaltet hatte, schmerzte so früh am Morgen in den Augen, aber ich war schon so weit, daß ich es kaum noch bemerkte, so wie ich auch die meisten anderen kleinen Widerwärtigkeiten übersah, die einem Gefangenen während der ersten sechs Monate seiner Haft zu schaffen machen.

Ich hatte nur noch zehn Monate abzusitzen und konnte mir an diesem Morgen den Luxus leisten zu überdenken, was gewesen war und was vor mir lag. Die Zeit schien rasch vergangen zu sein, aber das findet man immer, wenn man etwas hinter sich hat.

Mit zweiunddreißig würde ich das Gefängnis verlassen und dann insgesamt neun Jahre in Strafanstalten zugebracht haben. Ich ließ die Jahre und die Verbrechen an mir vorüberziehen. Angefangen hatte es in Limerick. Ich war zehn Jahre alt und schwänzte die Schule, denn ich haßte die »Brüder der Christlichen Schulen«, denen meine Erziehung anvertraut war. Anfangs wurden ich und die anderen Jungen meiner Bande immer rasch vom Aufseher aufgestöbert und zum Bruder Direktor gebracht, der uns eine Tracht Prügel verabreichte. Doch je mehr ich geschlagen wurde, desto größer wurde mein Haß, und nach einer Weile gab ich mich nicht mehr damit zufrieden, den Unterricht zu schwänzen. Immer häufiger lief ich von zu Hause fort und schlief in Scheunen, verfallenen Häusern und leeren Eisenbahnwaggons, die auf den Rangiergleisen hinter dem an unsere Straße angrenzenden Acker abgestellt waren.

Wer sich herumtreibt, muß immerhin essen, und so begann meine Verbrecherlaufbahn. Ein Brotlaib, der unbeaufsichtigt auf dem Rücksitz eines Autos liegt, ist eine große Versuchung für einen hungrigen Jungen. Dem einen Laib folgten ein zweiter und ein dritter, und bald standen drei von uns vor dem Bezirksrichter des Jugendgerichts in Limerick: »Ein solches Betragen kann nicht geduldet werden. Es wird Zeit, euch Burschen eine strenge Lektion zu erteilen. Ihr geht auf drei Jahre nach Daingean.«

Daingean! Dieses Wort löste bei einem irischen Jungen das gleiche Entsetzen aus wie Alcatraz bei den Staatsfeinden Amerikas oder Dartmoor bei den hartgesottensten Verbrechern Londons. Und Daingean verdiente seinen Ruf. Es war eine Besserungsanstalt in einem kleinen Dorf gleichen Namens in der Grafschaft Offaly. Eine sechs Meter hohe Mauer umgab sie, und sie war innen so schrecklich, wie sie von außen aussah. Geführt wurde sie von Priestern und Laienbrüdern, die dem Orden der Oblaten der Unbefleckten Jungfrau angehörten. Daingean! Meine Mutter schluchzte, und einer meiner älteren Brüder legte mir tröstend den Arm um die Schultern.

Ich hörte den Mann in der nächsten Zelle auf und ab gehen und in seinen Nachtkübel urinieren. Ein paar Minuten wollte ich noch liegenbleiben. Vor sieben Uhr sperrten die Wärter nie die Zellentüren auf. Ich starrte weiter zur Decke hinauf...

Nach Daingean kam natürlich nur noch das Schiff nach England in Frage. Aber alte Gewohnheiten lassen sich schwer ausrotten. Zwei Jahre später suchte man mich wegen Weiterverkaufs eines gestohlenen Radioapparats. Ein Jahr lang versteckte ich mich, dann kam die unvermeidliche Festnahme. »Was Sie brauchen«, sagte der Richter, »ist strenge Disziplin. Ich übergebe Sie der Fürsorgeerziehung.« Das konnte ein bis drei Jahre bedeuten, je nachdem. Schon nach fünfzehn Monaten wurde ich auf Bewährung entlassen. Anders als in Daingean war das Personal in der Erziehungsanstalt anständig und gerecht gewesen.

Aber ich hatte genug. Ich war einundzwanzig Jahre alt und fand es an der Zeit, ein geregeltes Leben zu beginnen. Ich ging nach Crawley in Sussex. Zuerst hob ich auf einer Baustelle Gräben aus, dann gelang es mir, im Lohnbüro einer Fabrik unterzukommen. Während der nächsten sechs Jahre arbeitete ich hart und respektierte die Gesetze. Niemand wußte etwas von meiner Vergangenheit. Dann erfuhr die örtliche Polizei, daß ich in der Erziehungsanstalt gewesen war, und das war der Anfang vom Ende. Man fragte meine Nachbarn über mich aus, und ich bekam die Folgen zu spüren.

In einem Falle reichte ich eine Verleumdungsklage ein, und die Sache kam vor Gericht. Kurz darauf wurde einem Polizisten eine selbstgebastelte Bombe mit der Post ins Haus geschickt. Wegen der Klage fiel der Verdacht sofort auf mich. Man verhaftete mich und stellte mich vor das Schwurgericht von Sussex. Ich beteuerte meine Unschuld, aber die Geschworenen waren anderer Meinung, und ich bekam sieben Jahre.

Noch am selben Abend wurde ich in das Gefängnis Wandsworth gebracht, wo ich acht Wochen blieb, bis ich nach Wormwood Scrubs überführt wurde. Wandsworth war ein schmutziges, deprimierendes Loch, und die Gefangenen wurden von anderen Häftlingen beaufsichtigt.

In Wormwood Scrubs sah es anders aus. Ich arbeitete die ersten zwei Jahre in der Schneiderwerkstatt, wo ich zum ersten Zuschneider avancierte. Dann wurde ich Herausgeber der Gefängniszeitung *New Horizon* und der meistprivilegierte Häftling in Wormwood Scrubs. Ich hatte sogar ein eigenes Büro in Trakt D. Es war meine Aufgabe, jeden Monat eine vierundzwanzig Seiten starke hektographierte Zeitung herauszubringen. Da ich das Zehnfingersystem beherrschte und das Tippen der Wachsmatrizen keine besonderen Schwierigkeiten bot, brauchte ich für die Herstellung der zweihundert Exemplare nur einen Tag, aber ich war trotzdem voll beschäftigt, denn meine eigentliche Arbeit bestand darin, andere Häftlinge dazu zu bewegen, Briefe und Artikel zu verfassen, und das meiste, was sie mir vorlegten, umzuschreiben.

Meine Stellung verschaffte mir den Besitz eines »Blauen Bandes«, das heißt eines etwa sieben Zentimeter breiten Bandes aus blauem Stoff, das man um den linken Oberarm trug. Ein »Blauband« oder »Führer«, wie er auch genannt wurde, durfte sich innerhalb des Gefängnisses frei und ohne Eskorte bewegen. Er konnte sogar andere Häftlinge eskortieren.

Ich war sehr glücklich an diesem Morgen. In genau einem Monat sollte ich vor dem Heim-Komitee erscheinen. Wenn ich angenommen wurde, konnte ich die letzten sieben oder acht Monate im Häftlingsheim wohnen und täglich draußen unter freien Menschen arbeiten. Ich durfte den ganzen Tag fortbleiben, sofern ich bis 22 Uhr 45 ins Heim zurückkehrte, und übers Wochenende bekam ich Urlaub.

Einstweilen hatte ich jedoch noch zu tun. An jedem ersten Montag eines Monats erschien meine Zeitung. Zweihundert Exemplare des *New Horizon* warteten in meinem Büro darauf, verteilt zu werden. Ich sprang aus dem Bett und wusch mich in dem Aluminiumbecken in der Ecke meiner Zelle. Dann leerte ich das Wasser in den weißen Plastiknachtkübel unter dem Waschstand. Auf diese Weise brauchte ich nur einmal zu gehen, wenn das Kommando »Ausleeren« kam.

Die Aufseher der einzelnen Stockwerke riefen ihre Meldungen zum diensthabenden Oberaufseher im Erdgeschoß (das »die Einser« genannt wurde) hinnnter, um ihm mitzuteilen, wie viele Häftlinge in den Zellen ihres Stockwerks untergebracht waren. »Siebzig in den Einsern, Sir.« – »Achtundsiebzig in den Zweiern, Sir.« – »Achtzig in den Dreiern, Sir.« – »Zweiundachtzig in den Vierern, Sir.« Es folgte eine kurze Pause, in der der Oberaufseher diese Zahlen addierte und mit der Gesamtzahl seiner Liste verglich, dann rief er: »Ausleeren!« und die Wärter begannen die Zellentüren aufzuschließen.

Ich stellte mich vor der Nische an, um meinen Kübel in den großen, zu diesem Zweck bestimmten Ausguß zu leeren, und kehrte in meine Zelle zurück. Zehn Minuten später läutete im Erdgeschoß wieder die Glocke, und der Aufseher unten am Pult rief: »Raustreten zum Frühstück!«

Die Hälfte der Insassen des Traktes D aß im Aufenthaltsraum D, einem langen ebenerdigen Gebäude, das außerhalb des Traktes und im rechten Winkel zu diesem stand und an den Hof grenzte. Die andern nahmen ihre Mahlzeiten im Erdgeschoß des Traktes D ein, wo in regelmäßigen Abständen vierzehn Tische mit der Wärmeplatte in der Mitte aufgestellt waren. Ich aß im Trakt D, weil ich dort mein Büro hatte. Von meinen Genossen am Tisch zwölf saßen drei wegen Notzucht, einer wegen Veruntreuung und einer wegen Bankraubs; die übrigen vier waren Mörder. Bevor ich an meinen Tisch ging, nahm ich mein blaues Band von einem der numerierten Haken auf dem Brett neben dem Pult des Oberaufsehers. Sobald der Wärter die Liste überprüft hatte, indem er die Männer an jedem Tisch zählte, ging ich geradewegs in mein Büro.

Wormwood Scrubs umfaßt vier riesige Zellenblocks oder Trakte, die parallel zueinander gebaut sind. Zwischen ihnen befinden sich die Nebengebäude, Werkstätten und Höfe, und der ganze Komplex ist von einer sechs Meter hohen Mauer umgeben. Die Zellenblocks sehen alle gleich aus. Sie haben, das Erdgeschoß mitgerechnet, vier

Stockwerke und einen Turm an jedem Ende. In den Türmen befinden sich auf der Höhe eines jeden Stockwerks kleine Räume, die den Aufsehern als Büro dienen oder als Lager benutzt werden. Mein Büro war eines dieser Turmzimmer am Nordende des zweiten Stocks.

Ich hatte es mir schon seit langem bequem eingerichtet, mit guten Möbeln, Vorhängen, einem Teppich und einem kleinen Gaskocher, auf dem ich mir zur Ergänzung der Gefängniskost etwas zubereiten konnte. Als Nichtraucher konnte ich meinen ganzen Wochenlohn von acht Shilling in der Kantine ausgeben.

Ich machte mir in meinem Büro eine Tasse Kaffee und setzte mich an den Schreibtisch. Durch das Fenster vor mir sah ich über die nordseitige Mauer hinweg den großen Park, nach dem das Gefängnis benannt ist. Nur wenige Meter hinter der Mauer standen weiße H-förmige Torpfosten, die an Wochenenden von einigen irischen Hurling-Klubs benutzt wurden. Ich hatte mir vorgenommen, mich neben diese Torpfosten zu stellen, sobald ich frei wäre, und zum Fenster hinaufzublicken, um zu sehen, wie einem zumute war, wenn man das Gefängnis Wormwood Scrubs von außen betrachtete.

Unten im Erdgeschoß läutete die Glocke, und der Wärter rief: »Ausrücken!« Die Häftlinge gingen zur Arbeit. Ich wartete immer zehn Minuten, bis sie ihre verschiedenen Werkstätten erreicht hatten, bevor ich meine Runde antrat und die Zeitung verteilte. Ich machte mir noch eine Tasse Kaffe und sah weiter auf den Park hinaus. Wie bald würde ich da draußen bei den Torpfosten stehen? In zwei Monaten oder in zehn? Das hing vom Heim-Komitee ab.

Ich nahm die Zeitungen und verließ den Trakt D. Anderthalb Stunden später war ich wieder zurück. Meine Arbeit war getan, und ich war müde. Ich machte mir eine dritte Tasse Kaffee und legte die Beine auf den Tisch. Ein paar Tage konnte ich mir freinehmen, bevor ich mit der Arbeit an der Oktoberausgabe begann. Schließlich war ich mein eigener Herr. Ich sah auf den Wecker oben auf dem

Bücherregal: 11 Uhr 15. Mittagessen gab es um 11 Uhr 30, aber ich ging gewöhnlich schon um 11 Uhr 20 ins Erdgeschoß hinunter, denn ich spazierte gern noch ein wenig umher, während sich die andern anstellten.

Seit einigen Monaten hatte ich bei diesem täglichen Spaziergang einen Begleiter, für den ich große Sympathie empfand. Im Mai 1961 war er im Old Bailey in fünf Punkten der Spionage für die Russen angeklagt und zu der beispiellosen Strafe von zweiundvierzig Jahren Haft verurteilt worden. Er war Beamter des Foreign Office gewesen, hatte, als er seine Verbrechen beging, als Agent des Secret Service in Berlin gearbeitet und war das, was man gewöhnlich einen Doppelagenten nennt. Er hieß George Blake.

Ich hatte mich kurz nach meiner Ankunft in Wormwood Scrubs vor nun beinahe vier Jahren mit ihm angefreundet. Wir lernten uns bei einem Kurs über englische Literatur kennen, der von der Universität London im Gefängnis abgehalten wurde. Obwohl er die längste Haftstrafe verbüßte, die jemals von einem englischen Gericht verhängt worden war, trug er sein Schicksal gefaßter als jeder andere Häftling, der mir je begegnete. Ich habe Männer kennengelernt, die nicht mehr als sechs Monate abzusitzen hatten und glaubten, die ganze Welt müsse an ihrem Unglück Anteil nehmen. Auf Blake traf das nicht zu, aber ich habe einige Male feststellen können, daß gebildete Häftlinge ihre Strafe scheinbar leicht hinnehmen, während die meisten andern ständig jammern.

Mit dem üblichen Straferlaß würde Blake achtundzwanzig Jahre im Gefängnis zubringen müssen, rechnete ich mir aus. Da er bei seiner Verurteilung achtunddreißig gewesen war, bedeutete das, daß er bei seiner Entlassung sechsunddreißig Jahre alt sein würde.

Was immer er nachts in der Einsamkeit seiner Zelle mit dieser furchtbaren, unmenschlichen Aussicht vor Augen durchmachte: vor seinen Mithäftlingen ließ er sich nichts anmerken. Im Gegenteil, die anderen waren es, die mit ihren Nöten zu ihm kamen. Ich habe mich oft über diesen Mann gewundert, dem selbst jede Hoffnung versagt war und der doch jungen Männern zwischen zwanzig und dreißig Trost und Hilfe gewährte, deren Enkel Fürsorgezöglinge sein würden, bevor er selbst als freier Mann das Licht der Sonne wiedersah. Blake war, was man nur allzu selten findet: ein guter Zuhörer. Und im Gefängnis stehen solche Menschen hoch im Kurs. Er beschäftigte sich mit arabischer Literatur und hatte gerade erst vor einigen Monaten die Erlaubnis erhalten, zwei Tage der Woche in seiner Zelle zu studieren, anstatt in der Postsackwerkstatt zu arbeiten. Heute, am Montag, mußte er in seiner Zelle sein. Ich würde also Gelegenheit haben, länger als sonst mit ihm zu plaudern. Wenn er Postsäcke nähte, kam er erst um 11 Uhr 30, also gerade rechtzeitig zum Essen, zurück.

Ich schloß mein Büro ab und ging ins Erdgeschoß hinunter. Dort schlenderte ich ein paar Minuten am nördlichen Ende des Ganges, wo keine Tische standen, auf und ab. Die ersten Häftlinge trafen ein. Die meisten waren »Rotbänder«, die ohne Aufsicht eines Wärters arbeiteten. Sie kamen immer ein wenig zu früh.

Blake hatte die Zelle acht im Erdgeschoß, wo man ihn im Auge behalten konnte. Er wurde streng bewacht, war der einzige Gefangene in Trakt D, der nicht von einem »Führer« eskortiert werden durfte, und er wurde immer von einem Wärter begleitet, wenn er den Trakt verließ. Als ich am Ende des Ganges kehrtmachte, um zu den Tischen zurückzugehen, sah ich Blake aus seiner Zelle am Südende treten. Er kam näher, und ich bemerkte, daß er die Hände hinter dem Rücken verschränkt hatte. Den Kopf hielt er gesenkt, und seine Miene verriet tiefe Konzentration. So hatte ich ihn noch nie gesehen. Gewöhnlich ging er mit erhobenem Kopf und einem breiten Lächeln durch den Trakt.

Als er die Stelle erreichte, wo ich stehengeblieben war, um auf ihn zu warten, blickte er plötzlich auf und sah mir offen ins Gesicht. Seine Stirn war kräftig gefurcht. Er sagte ohne Einleitung: »Mr. Bourke, ich habe etwas sehr Wichtiges mit Ihnen zu besprechen.« Seit Jahren, seit wir Freunde geworden waren, hatte er mich nicht mehr »Mr. Bourke« genannt.

»Worum handelt es sich?«

Wir begannen auf das Ende des Ganges zuzugehen.

»Ich möchte Ihnen einen Vorschlag machen«, sagte er. Er hielt die Hände noch immer hinter dem Rücken verschränkt und blickte wieder zu Boden. »Zunächst muß ich jedoch zwei Dinge klarstellen. Erstens: Ich verfüge über keinerlei Geldmittel, aber meine Person allein repräsentiert ein ansehnliches Kapital. Es gibt gewisse Dinge, die ich tun könnte, zum Beispiel meine Erlebnisse niederschreiben. Ein solches Buch würde sich sehr gut verkaufen. Sie verstehen, was ich meine?«

»Ja.«

»Und zweitens: Wenn Sie meinen Vorschlag nicht annehmen, habe ich dafür volles Verständnis, und ich werde Sie deshalb nicht geringer achten. Ich bitte Sie nur, sich nicht sofort zu entscheiden. Denken Sie ein paar Tage darüber nach. Habe ich mich klar genug ausgedrückt?«

»Ja«, antwortete ich. »Vollkommen klar.«

Etwa zehn Meter vor dem Tisch 14, an dem sich eben einige Männer zum Essen niedersetzten, machte er kehrt.

»Gut«, sagte er.

Wir gingen nun schweigend ein paar Meter zurück, während er sich die nächsten Worte sorgfältig überlegte.

»Ich bin seit mehr als vier Jahren im Gefängnis. Meine Strafe ist mir von Anfang an ein wenig unwirklich vorgekommen. Ich habe auf irgendeine Erleichterung gehofft, einen Gefangenenaustausch mit den Russen oder etwas dergleichen, aber jetzt habe ich Grund zu der Annahme, daß es zu keinem solchen Austausch kommen wird. Ich habe daher beschlossen, hier . . . äh . . . sozusagen unter eigenem Dampf herauszukommen. Seán, ich bitte Sie, mir bei der Flucht zu helfen.«

Ich sagte nichts. Ich war zu überrascht und verwirrt. Das kam zu unerwartet. Nichts in seinem lächelnden Gesicht hatte mir in all den

Jahren verraten, daß er an so etwas dachte. Was antwortete man auf einen Vorschlag, der so schwerwiegende Folgen haben konnte? Blake sprach weiter: »Sie brauchen mir, wie ich schon sagte, nicht gleich zu antworten. Lassen Sie sich ein paar Tage Zeit.«

Ich blieb plötzlich stehen und sah ihn an.

»George«, sagte ich, »ich brauche es mir nicht zu überlegen.«

»So?« Sein Gesicht verdüsterte sich. »Was haben Sie entschieden?«

»Ich mache mit.«

Er lächelte.

»Und noch etwas«, sagte ich.

»Ja?«

»Reden Sie nie wieder von Geld.«

Den ganzen Nachmittag gingen mir Blakes Worte im Kopf herum, und mir wurde klar, daß ich von nun an kaum imstande sein würde, an etwas anderes zu denken. Warum hatte ich mich bereit erklärt, diesen gefährlichen Versuch zu wagen? Und warum so rasch? Ich konnte Blake gut leiden. Die meisten mochten ihn gern. Aber war das genug? Es gab eine Menge Leute in Trakt D, die ich gut leiden konnte, aber ich war nicht sicher, ob ich so rasch bereit gewesen wäre, für irgendeinen von ihnen dasselbe zu tun. Die Dauer der Haft war zweifellos ein entscheidender Faktor, und natürlich war Blake kein gewöhnlicher Verbrecher.

Nein, ich mußte mir selbst gegenüber ehrlich sein. In der Einsamkeit meines kleinen Büros konnte ich der Wahrheit nicht ausweichen. Ich war auf seinen Vorschlag zum Teil nur deshalb eingegangen, weil ich eine Möglichkeit sah, den Behörden eins auszuwischen.

Während des folgenden Monats brachten Blake und ich viele Stunden damit zu, unsere Pläne zu diskutieren. Wir hatten deren drei. Plan A sah die Flucht während einer Filmvorführung im Aufenthaltsraum D an einem Samstagabend um 18 Uhr vor; nach Plan B sollte Blake an einem Samstagnachmittag um 14 Uhr auf die Mauer zulaufen, während er in die Bibliothek geführt wurde, und nach Plan C sollte er dasselbe tun, während er sich am Sonntagnachmittag mit den anderen Häftlingen auf der Rasenböschung vor der nordseitigen Mauer aufhielt. In allen drei Fällen mußte von außen eine Strickleiter über die Mauer geworfen werden.

Wir rechneten uns aus, daß wir zur Finanzierung des Projekts ungefähr siebenhundert Pfund brauchten, und Blake entschied, daß ich seine Mutter um das Geld bitten sollte, sobald ich das Gefängnis verlassen konnte. Er wollte sich eine Möglichkeit ausdenken, sie bei ihrem nächsten Besuch wissen zu lassen, was wir vorhatten.

1. Der Plan

Die letzten Tage im Trakt D

Blake war sehr zufrieden, als ich ihm sagte, daß man mich ins Häftlingsheim aufgenommen hatte.

»Wie lange dauert es noch, bis Sie umziehen?« fragte er.

»Mindestens einen Monat, vielleicht auch länger. Ich muß erst noch mit dem Mann vom Arbeitsministerium sprechen und mich bei meinem zukünftigen Arbeitgeber vorstellen.«

»Gut«, sagte er. »Dann bleibt uns noch genug Zeit für die endgültigen Vorbereitungen. Wir müssen das Ganze noch einmal bis in die kleinsten Einzelheiten durchsprechen. Sobald Sie fort sind, darf es keinen Irrtum mehr geben, und unsere Verständigung muß einwandfrei funktionieren. Wenn Sie einmal im Heim wohnen, sehen wir uns erst wieder, nachdem das Unternehmen geglückt ist.«

»Richtig«, pflichtete ich ihm bei. »Und während der nächsten vier Wochen müssen wir die tägliche Routine genau beobachten und auf alle Änderungen oder auch nur Gerüchte von bevorstehenden Änderungen achten. Sie sollten oft ins Kino gehen, damit man sich daran gewöhnt, Sie dort zu sehen, und ich studiere die Verhältnisse im Gefängnis an Samstagabenden um sechs. Ich werde mich erbötig machen, die Teekannen und Tabletts in die Küche zurückzutragen.«

»Eine gute Idee«, meinte Blake.

Ich lächelte. »Es ist also nur noch eine Frage der Zeit.«

»Vielleicht Dezember oder Januar?« sagte Blake hoffnungsvoll.

»Vielleicht.«

In der ersten Novemberwoche besuchte mich ein Mann von der örtlichen Dienststelle des Arbeitsministeriums. Er notierte sich meine Personalangaben und sagte, er wolle versuchen, mich so rasch wie möglich unterzubringen. Unsere Sache machte unleugbar Fortschritte.

Tags darauf gingen Blake und ich noch einmal alles durch. »Das wichtigste, Seán«, sagte Blake, »ist die Verständigung. Jeder muß wissen, wovon der andere redet. Also noch einmal den Code.«

»Sie schicken mir zuerst eine Botschaft. Sie lautet: ›Haben Sie das Buch *Tausendundeine Nacht* schon bekommen?‹ Das bedeutet, daß Sie soweit sind. Wenn ich mit meinen Vorbereitungen fertig bin, lasse ich Ihnen ausrichten: ›Ja, das Buch *Tausendundeine Nacht* ist da; Sie können es am Samstag haben.‹ Das heißt, daß die Sache am nächsten Samstag steigt. Zuletzt bestätigen Sie meine Nachricht, indem Sie mir sagen lassen: ›Danke, daß Sie mir das Buch besorgt haben. Ich freue mich schon darauf, es am Samstag zu bekommen.‹ Das ist alles.«

»Gut.« Blake lächelte.

Ich fügte hinzu: »Alle Botschaften gehen über Peter Martin.«

Peter Martin war ein sechsundzwanzigjähriger Londoner, ein professioneller Bankräuber, der für einen Überfall auf ein Postamt sechs Jahre absaß. Er war sowohl mit Blake als auch mit mir befreundet.

»Natürlich«, Blake machte eine Pause. »Und jetzt will ich Ihnen sagen, wie ich meine Mutter wissen lasse, daß Sie der Mann sind, den ich ihr schicke. Ich habe in meiner Zelle ein paar Familienfotos. Wenn ich eines davon zerschneide und die eine Hälfte Ihnen und die andere ihr gebe, können Sie die Hälften zusammensetzen, wenn Sie meine Mutter aufsuchen. Sie weiß dann, daß sie Ihnen vertrauen darf.«

»Eine gute Idee«, sagte ich. »Aber wie wollen Sie Ihrer Mutter die eine Hälfte geben?«

»Ich stecke sie ihr bei einem Besuch zu.«

Ich sah ihn an. »Wenn Sie Besuch haben, werden doch besondere Vorsichtsmaßregeln angewandt. Sie sehen Ihre Mutter in einem eigenen Raum, nicht mit den anderen Häftlingen zusammen, und ein Wärter beobachtet Sie.«

»Das stimmt«, sagte er. »Aber der Wärter ist sehr entgegenkommend. Er setzt sich so weit wie möglich von uns weg und gibt sich keine sonderliche Mühe, alles, was wir tun oder sagen, genau zu verfolgen. Es wäre nicht schwer, meiner Mutter die eine Hälfte des Fotos in die Hand zu drücken, während wir am Tisch sitzen und lachen und scherzen und Schokolade essen. Es geht wirklich ganz ungezwungen zu, und wir sprechen ab und zu auch ein paar Worte Holländisch. Ich könnte ihr kurz andeuten, was sie zu erwarten hat, und beispielsweise auf holländisch sagen: ›Ein Mann wird dich besuchen, und du mußt ihm vertrauen, denn er kommt von mir.‹ Sie wird wahrscheinlich sofort erraten, daß ich fliehen will. Und Sie müssen ihr natürlich alle Einzelheiten sagen, die für sie wichtig sind.«

»Klingt ganz einfach.«

»Ja, gewiß«, sagte Blake. »Gehen wir in meine Zelle und sehen wir uns ein paar Schnappschüsse an.«

In der Zelle leerte Blake einen gelben Kodak-Umschlag auf den Tisch und wählte ein Foto aus, auf dem seine drei kleinen Söhne in einem Garten spielend zu sehen waren. Er hielt es in die Höhe und sah mich schweigend an. Ich nickte zustimmend. Er nahm eine kleine Schere und schnitt das Foto der Länge nach entzwei, so daß der Kopf des in der Mitte stehenden Jungen geteilt war. Die eine Hälfte gab er mir, und ich steckte sie sofort in die Tasche, die andre schob er wieder in den Umschlag.

Da wir noch immer mit der Möglichkeit rechnen mußten, daß in seiner Zelle ein Mikrophon versteckt war, sprachen wir kein Wort, bis wir wieder draußen auf dem Gang waren. Als wir die Zelle weit genug hinter uns gelassen hatten, sagte Blake:

»Das wäre dann wohl alles. Meine Mutter besucht mich nächsten

Dienstag, und ich gebe ihr meine Hälfte.«

In der letzten Novemberwoche sagte mir der Mann, der unter Oberaufsicht des Stellvertretenden Direktors das Häftlingsheim leitete, man habe möglicherweise in einer Fabrik in Acton, ungefähr anderthalb Kilometer vom Gefängnis entfernt, Arbeit für mich gefunden. Die Fabrik – die C. A. V. Limited – war ein Zweigunternehmen der bekannten Lucas-Gruppe, die Kraftfahrzeugzubehör herstellte. Ich sollte mich am nächsten Morgen um acht in der Aufnahme melden, um für meine Vorstellung in der Fabrik Zivilkleidung anzuziehen.

Der Heimleiter holte mich in der Aufnahme ab und brachte mich zum Haupteingang. Er hielt ein Formular in der Hand. »Das ist Ihr Urlaubsschein«, erklärte er. »Ich muß ihn noch von einem der Direktoren unterschreiben lassen. Sie haben Urlaub bis ein Uhr. Hier ist ein Empfehlungsbrief.« Er reichte mir einen langen braunen Umschlag. »Und hier haben Sie fünf Shilling für Ihre Ausgaben.« Er gab mir zwei Halfcrowns. »Ich leihe Ihnen das Geld aus meiner Tasche, damit wir uns den ganzen Papierkrieg ersparen, der nötig wäre, wenn Sie beim Verwalter um einen Vorschuß ansuchten. Sie zahlen es mir von Ihrem ersten Wochenlohn zurück.«

Mr. Ware, der Leiter der Abteilung Fürsorgeerziehung, kam an diesem Morgen als erster der Direktoren durch das Tor, und der Heimleiter legte ihm meinen Urlaubsschein vor.

»Viel Glück, Mr. Bourke«, sagte er grinsend, als er ihn unterschrieb.

»Danke, Sir.«

Der Pförtner schloß das Tor auf.

»Auf der anderen Straßenseite«, sagte der Heimleiter. »Der Siebener-Bus. Er bringt Sie direkt vors Fabriktor. Alles Gute!«

Zum erstenmal seit vier Jahren ging ich wieder durch das Tor, hinaus in die Welt der Freiheit. Nach der grauen Eintönigkeit des Gefängnisses erschien mir diese Welt als ein Panorama blendender Farben. Es gab mehrere neue Automodelle, und die Röcke der Mädchen waren kürzer als je zuvor. Ich bildete mir ein, jeder müsse mich anstarren, aber niemand beachtete mich. Ich nahm den Siebener-Bus und stieg am Ende der East Acton Lane aus. Die Fabrik stand auf der anderen Seite, am Warple Way. Der Pförtner schickte mich ins Personalbüro, und dort gab ich meinen Brief ab.

Nach ungefähr zehn Minuten wurde ich vom stellvertretenden Lagerverwalter abgeholt. Ich folgte ihm durch Gänge und Korridore, zwischen Reihen von Maschinen hindurch, die einen ohrenbetäubenden Lärm machten und von Männern mit Schutzbrillen bedient wurden, und durch dunstige, schwefelig riechende Werkhallen: Nach dem Frieden und der Stille meines kleinen Büros im Trakt D begann die Freiheit ihren Preis zu fordern.

Endlich kamen wir zu einem käfigartigen Büro in der Mitte einer Halle tief unten in den Eingeweiden dieses mechanischen Kolosses, und in dieser durch Blech und Glas isolierten kleinen Höhle saß mein zukünftiger Chef, der Lagerverwalter, dem sämtliche Lager und mehrere hundert Arbeiter unterstanden. Er drückte mir kräftig die Hand.

»Setzen Sie sich, bitte«, sagte er lächelnd. Sein Stellvertreter gab ihm den Brief, und er las ihn langsam durch. »Also gut, Mr. Bourke«, begann er. »Wir haben eine Fünftagewoche, Montag bis Freitag, von 7 Uhr 30 bis 16 Uhr 30. Ihr Lohn macht ungefähr sechzehn Pfund die Woche aus. Wenn Sie wollen, können Sie Überstunden machen. Sie arbeiten im Lager 224, das die Fließbänder versorgt, auf denen elektrische Schaltvorrichtungen für Militärfahrzeuge – Panzer, Panzerspähwagen und so weiter – hergestellt werden. Es ist ein angenehmer Arbeitsplatz, und Sie werden sehen, daß mit Ihren Kollegen gut auszukommen ist.«

Der Brief lag offen auf seinem Schreibtisch. Er sah ihn an. »Übrigens«, sagte er, indem er die Hand flach auf das Blatt legte. »Niemand...« Er blickte mir gerade ins Gesicht und machte eine geradezu feierliche Miene. »Niemand«, wiederholte er.

Ich nickte. »Ich danke Ihnen.«

Das war, solange ich in dieser Fabrik arbeitete, die einzige Anspielung auf meine Vergangenheit.

Auf dem Rückweg ins Gefängnis kehrte ich im »Western« ein, um einen Schluck zu trinken. Das Lokal liegt am Western Circus, dort wo der Westway und die Western Avenue zusammentreffen. Außer den fünf Shilling, die mir der Heimleiter gegeben hatte, besaß ich noch ein paar Pfundnoten, die ich mir eingesteckt hatte. Ich aß zu Mittag und trank an die sechs doppelte Whiskys. Um ein Uhr läutete ich am Gefängnistor und bat um Einlaß. Der Heimleiter freute sich, als er hörte, daß ich die Stelle bekommen hatte.

»Wann fangen Sie an?« fragte er.

»Am Montag.«

»Gut. Sie können am Freitag ins Heim ziehen. Dann haben Sie das ganze Wochenende Zeit, sich einzugewöhnen.«

Später traf ich Blake auf dem Gang und teilte ihm die Neuigkeit mit. Am Freitag nach dem Mittagessen trieb ich mich am Südende des Traktes D herum, in der Nähe der Tür, die zur Aufnahme führte und die Blake auf dem Weg zur Bibliothek benutzen mußte, wenn Plan B je ausgeführt wurde. Der Wärter rief: »Raustreten zum Spaziergang!« Die Häftlinge schlenderten langsam und resigniert auf die Seitentür zu, die auf den Hof ging. Ein oder zwei warfen zögernde Blicke in meine Richtung. Blake kam aus seiner Zelle und trat auf mich zu. Wir gaben uns die Hand.

»Alles Gute, Seán«, sagte er, und während er noch meine Hand festhielt, fügte er langsam hinzu: »Ich hoffe, wir sehen uns wieder.« Dann knöpfte er seine Brusttasche auf. »Ich möchte Ihnen das zum Andenken mitgeben«, sagte er und reichte mir eine Postkarte. »Das Motiv halte ich allerdings nicht mehr für passend.» Er wandte sich ab und ging auf den Hof hinaus.

Ich rief ihm nach: »Ich besuche Sie einmal!« Aber er sah sich nicht um. Ich betrachtete die Postkarte, die Reproduktion eines Bildes aus einer französischen Gemäldesammlung. Man sah einen Affen, der in einem Blumengarten saß. Um den Hals trug er einen Eisenring, der mit einer dicken Kette an einer schweren Gartenwalze befestigt war. Das Gesicht des Affen drückte die erbärmlichste Qual und Verzweiflung aus.

Der »Führer« des Traktes D trat auf mich zu.

»Hallo, Seán. Sind Sie soweit?«

»Ja.«

»Dann geben Sie mir das Band.«

Ich knöpfte das blaue Band ab und gab es ihm.

»Ich hänge es für Sie auf den Haken«, sagte er. »Jetzt bringe ich Sie in die Aufnahme. Der Heimleiter holt Sie um zwei Uhr ab. Sie haben also genug Zeit, Zivilkleider anzuziehn und die Formalitäten in der Aufnahme zu erledigen.«

Zum erstenmal seit zwei Jahren wurde ich von einem andern Häftling eskortiert. Eine etwas merkwürdige Situation. *Ich* sollte binnen einer Stunde frei durch die Straßen Londons gehen, aber im Augenblick wurde ich noch von einem Mann bewacht, der selbst lebenslänglich saß.

Ein Wärter sperrte uns das Tor auf, und zum letztenmal trat ich aus dem Trakt D. Ich blickte mich nicht um.

Zurück in die Welt

Ich zog meine Zivilkleider an, und kurz darauf kam der Heimleiter, um mich abzuholen. Wir saßen in seinem Büro, er auf der einen Seite des Schreibtischs, ich auf der andern. Auf dem Tisch lagen ein kleiner Leinwandbeutel, etwas Geld und einige Dokumente.

»Die Regeln sind ganz einfach, Bourke«, begann der Heimleiter. »Sie bekommen hier im Heim Ihr Frühstück und Ihr Abendessen. Zu Mittag essen Sie natürlich an Ihrem Arbeitsplatz. Bis 22 Uhr 45 müssen Sie ins Heim zurückgekehrt sein. Von Freitagabend bis Sonntagabend können Sie Urlaub haben und sich bei Ihrer Familie oder an jeder anderen Adresse aufhalten, die vom Innenministerium genehmigt wird. Eine solche Adresse müßte von der Polizei und der Bewährungshilfe überprüft werden. Sparen ist Pflicht. Am Freitagabend liefern Sie Ihren Wochenlohn ab und bekommen drei Pfund Taschengeld. Weitere drei Pfund werden Ihnen für Unterkunft und Verköstigung abgezogen. Der Rest wird bis zu Ihrer Entlassung gespart.«

Er nahm den Leinwandbeutel und knotete die Schnur auf. »Ihre Wertsachen«, sagte er und leerte den Beutel auf den Tisch. »Unterschreiben Sie hier.« Vor mir lagen eine Uhr, ein Paar Manschettenknöpfe und eine irische Zehn-Pfund-Note.

Die Engländer hatten darauf bestanden, sie als »Wertgegenstand« zu behandeln. Wenn sie sie als Bargeld, als Zahlungsmittel angesehen hätten, würde sie der Verwalter meinen »Ersparnissen« einverleibt haben. Es sah so aus, als sollte ich an meinem ersten Wochenende in Freiheit eine Menge Geld ausgeben können. Ich sagte dem

Heimleiter nicht, daß ich den Schein bei jeder Bank und auf jedem Postamt einwechseln konnte.

Ich unterschrieb. Er nahm zwei Dokumente mit steifem Deckel. »Das«, sagte er und reichte mir das kleinere, »ist Ihr Werktagspaß. Der andere ist für das Wochenende. Wenn Sie ins Gefängnis zurückkommen, legen Sie Ihren Paß in ein Fach im Pförtnerhaus. Und hier haben Sie drei Pfund Taschengeld im voraus. Sie schulden dem Verwalter also drei Pfund.« Er unterbrach sich und sah nachdenklich drein. »Da fällt mir ein: Sie schulden mir fünf Shilling.« Er nahm eine der Banknoten wieder an sich und gab mir fünfzehn Shilling Wechselgeld aus seiner Tasche. Dann warf er einen Blick auf die irische Zehn-Pfund-Note und lächelte. »Bevor ich's vergesse: Alkohol ist innerhalb der Gefängnismauern streng verboten.«

Das Heim befand sich neben der Aufnahme, auf der Vorderseite des Gefängnisses, und von seiner Tür bis zur Einfassungsmauer waren es nur wenige Meter. Es war in dem einen Flügel eines L-förmigen Gebäudes untergebracht. In dem andern Flügel hatten die Gefängnisbeamten ihren Speisesaal. Als ich einzog, war das obere Stockwerk des Heimflügels noch von alleinstehenden Wärtern bewohnt. Später, als man mehr Platz brauchte, wurde es dem Häftlingsheim eingegliedert.

An diesem Abend ging ich wieder ins »Western« und trank mindestens eine ganze Flasche Whisky. Nach langer Enthaltsamkeit verträgt man nicht viel Alkohol, und es hat mich später oft gewundert, daß ich meinen Platz im Heim nicht gleich am ersten Tag wieder verlor. Irgendein animalischer Selbsterhaltungstrieb wirkte so stark in mir, daß ich imstande war, aufrecht und ohne zu schwanken durch das Gefängnistor zu gehen. Es war dies nicht das einzige Mal vor Blakes Flucht, daß ich mich betrank. Man mag sich für noch so willensstark halten: wenn man betrunken ist, sagt und tut man Dinge, die man später bereut, und ich bin keine Ausnahme. Wenn man aber etwas heilighält, schweigt man darüber, soviel man auch trinkt. Mein Glaube an die Wichtigkeit von Blakes Flucht war wie ein Bollwerk gegen die Fluten des Alkohols – während der Monate im Heim und später.

Am Samstagmorgen nahm ich den Zug nach Crawley. Als ich ausstieg, erkannte ich einen Kriminalbeamten, der ein paar Meter vor der Bahnsteigsperre stand. Sein Haar war in den vergangenen vier Jahren noch ein wenig grauer geworden. Natürlich hatte man die örtliche Polizei routinemäßig informiert, daß einer aus ihrem »Revier« ins Häftlingsheim entlassen worden war. Da die Anklage gegen mich damals auf Mordversuch an einem Polizisten gelautet hatte, war diese Manifestation einer gewissen Nervosität vielleicht verständlich.

Ich ging die Hauptstraße hinunter auf den Queen's Square zu. Einige Leute erkannten mich, steckten prompt die Köpfe zusammen und tuschelten. (Bis dahin hatte ich geglaubt, so etwas gebe es nur im Film.) In einer Kneipe gab sich der Wirt Mühe, freundlich zu sein. »Ah, Seán, wie geht's? Kommen Sie, trinken Sie einen Schluck. Sie haben zugenommen. Was haben Sie so gemacht die ganze Zeit? Ich freue mich wirklich, Sie wiederzusehen. Wohnen Sie jetzt in Crawley? Hier gibt es zur Zeit eine Menge Arbeit, und es ist nicht schwer, eine Stellung zu finden.«

Ein großer irischer Arbeiter im blauen Monteuranzug stellte einen Schoppen »Guiness« neben mein Glas.

»Entschuldigen Sie«, sagte er. »Sind Sie nicht Seán Bourke?«

»Der bin ich.«

»Ich hoffe, Sie nehmen mir die Frage nicht übel... Ich kenne Sie nicht persönlich, aber ich habe in den Wirtshäusern viel von Ihnen gehört.« »So?«

»Ja, wirklich. Sagen Sie, ist es Ihnen nicht... äh... peinlich, in ein Lokal zu gehen und mit Leuten zusammenzutreffen und so?«

»Nein. Wenn es mir peinlich wäre, wäre ich nicht hier.«

»Ach... Na ja, ich dachte nur, vielleicht finden Sie's doch ein bißchen...«

»Hören Sie, mein Lieber, es ist mir nicht nur nicht peinlich: Ich werde sogar ein Buch darüber schreiben.«

»Was Sie nicht sagen!«

»Ja.«

Ich verließ das Lokal und nahm ein Taxi nach Langley Green, einer kleinen Vorstadt. In einer gewissen Entfernung vom Haus ließ ich halten, um das letzte Stück zu Fuß zu gehen. Ich läutete und wartete. Ich hörte eilige Schritte im Flur, und die Tür ging auf. Ein paar Sekunden lang schien sie mich nicht zu erkennen, dann öffnete sie überrascht den Mund, brachte aber keinen Ton heraus.

»Guten Tag«, sagte ich.

»Guten Tag, Seán.«

Auch sie hatte sich verändert. Aber sie war erst einundzwanzig gewesen, als ich verhaftet wurde. Jetzt war sie fünfundzwanzig. Wir standen da und sahen einander schweigend an, sehr lange, wie mir schien, und ich begriff instinktiv, daß sie sich nicht über mein Erscheinen freute.

»Komm doch herein«, sagte sie endlich.

Sie trat ein paar Schritte zurück und hielt die Tür auf. Ich fand das Wohnzimmer ohne ihre Hilfe. Wir gaben uns nicht die Hand und mieden jede körperliche Berührung. »Setz dich«, sagte sie. Sie hatte nicht einmal gelächelt. Sie sah nur nachdenklich aus und runzelte die Stirn. »Möchtest du eine Tasse Tee?«

»Nein, danke.«

»Seán…«, begann sie.

Ich zwang mich zu einem freudlosen Lachen und sah mich im Zimmer um. »Im Roman müßte jetzt einer von uns sagen: ›Wir haben uns aber lange nicht gesehen!‹ Oder klingt das zu sehr abgedroschen?«

Sie starrte auf ihre Hände, die sie in den Schoß gelegt hatte und nervös ineinander verschränkte.

»Seán«, flüsterte sie, »es tut mir leid. Mehr kann ich nicht sagen.«

»Es braucht dir nicht leid zu tun. Ich bin eingesperrt worden, nicht du. Aber ein Brief, ein einziger Brief von dir hätte mich gefreut. Und wenn du mir nur Lebewohl gesagt hättest...«

»Seán, du weißt nicht, wie die Nachbarn... Das Gekicher und das Getuschel. Mit Fingern haben sie auf mich gezeigt, und die ganze Zeit...«

»Einen Brief hättest du schreiben können, ohne den Nachbarn was davon zu sagen.«

Sie sah noch unglücklicher aus. »Meine Mutter hat es nicht gewollt.«

An der Hintertür war ein scharrendes Geräusch zu hören, so als wenn jemand die Farbe abzukratzen versuchte. Sie warf mir einen nervösen Blick zu, setzte zum Sprechen an, schwieg jedoch und ging zur Tür. Als sie zurückkam, hielt sie einen kleinen Jungen an der Hand.

»Ah, ein neuer Neffe«, sagte ich lächelnd. Sie stand da, sah auf mich herunter und ließ die Hand des Jungen nicht los.

»Nein, Seán. Er ist nicht mein Neffe. Er ist mein Sohn.«

Einen Augenblick umklammerte ich die Armstützen meines Sessels, dann stand ich auf.

»Ich wollte es dir die ganze Zeit schon sagen, Seán. Ich bin seit drei Jahren verheiratet.«

Eine volle Minute standen wir uns schweigend gegenüber. Sie hielt die Augen gesenkt und sah das Kind an. Dann begann ich auf den Flur hinauszugehen.

An der Tür ergriff sie meinen Arm – die erste Berührung an diesem Nachmittag.

»Seán«, sagte sie. »Es tut mir leid, wirklich.« Ihren Augen merkte ich an, daß sie es ernst meinte. Ich sah ihr voll ins Gesicht.

»Es soll dir nicht leid tun«, sagte ich. »Im Grunde ist so alles viel einfacher. Das letzte Hindernis ist beseitigt. Du wirst wohl nie erfahren, was für ein Glück du gehabt hast. Lebwohl.«

Ich ging ins Stadtzentrum zurück.

Den zweiten Tag dieses Wochenendes, den Sonntag, wollte ich gut nutzen. Ich holte meinen Paß aus dem Fach im Pförtnerhaus, und der Wärter ließ mich hinaus, nachdem er in seinem Buch meinen Namen und die Uhrzeit vermerkt hatte. Ich ging die Du Cane Road, die vor dem Gefängnis vorbeiführt, nach rechts hinunter zum Einkaufszentrum East Acton in der Old Oak Common Lane. Die Erconwald Street mündet ebenfalls ins Einkaufszentrum und bildet ein V mit der Du Cane Road. Ich bog in sie ein, ging an der U-Bahnstation East Acton vorbei und kam zur Braybrook Street, die an der Südwestseite des Wormwood-Scrubs-Parks entlangläuft.

Rechts vor mir erhob sich die Gefängnismauer. Die riesigen parallelen Zellenblocks sahen von außen so häßlich aus wie von innen. Mein Blick suchte die Türme des Traktes D und fand das Fenster meines Büros im zweiten Stock. Ich ging durch den Park auf die weißgestrichenen H-förmigen Torpfosten zu, blieb in der Mitte des Spielfeldes stehen und sah eine Minute zum Fenster hinauf. Es war ein angenehmes Gefühl, aber zugleich war ich mir einer gewissen Schuld bewußt. Die Zellenfenster der zweiten und dritten Etage waren über den Rand der Mauer hinweg zu sehen, und ich konnte mich der schmerzlichen Wahrheit nicht verschließen: Mein Glücksgefühl gründete sich auf das Wissen, daß hinter jedem dieser vergitterten Fnnster ein Gefangener litt und daß ich nicht mehr zu diesen Männern gehörte. Ich war frei. Ich konnte eine Gefängnismauer betrachten und daraus ein Behagen schöpfen, das nur der nachempfindet, der selbst die Gefangenschaft geschmeckt hat.

Den größten Teil dieses Tages brachte ich damit zu, die unmittelbare Umgebung des Gefängnisses zu erkunden, und nur zu Mittag nahm ich mir eine Stunde frei, um im Heim zu essen.

Die Du Cane Road führte von der Old Oak Common Lane im Westen zur Wood Lane im Osten. Die westliche Mauer des Gefängnisses stand auf einem schmalen Streifen privaten Besitzes hinter einer Reihe von Einfamilienhäusern, in der Wulfan Street, die neben der Fitz Neal Street die Du Cane Road mit der Erconwald Street ver-

band. Die Einfamilienhäuser gehörten Gefängniswärtern. Die ostseitige Mauer hinter dem Trakt D war vom Hammersmith-Krankenhaus durch die Artillery Road getrennt, einen schmalen privaten
Fahrweg, der von der Du Cane Road direkt zum Park auf der Rückseite führte. Die hintere Mauer grenzte in ihrer ganzen Länge an den
Park.

Diesen Park hatte ich auf eine halbe Quadratmeile geschätzt, aber
er war, wie ich nun feststellte, viel größer. Er wurde im Westen von
der Braybrook Street begrenzt und im Osten von der Scrubs Lane,
die die Wood Lane mit der Harrow Road verband. Die der Gefängnismauer gegenüberliegende Nordseite des Parks schloß ein Gitterzaun ab. Hinter diesem kamen einige Eisenbahngleise, die in einem
Geländeeinschnitt tief unter dem Niveau des Parks verliefen, so daß
sie in der Old Oak Common Lane unter einer Brücke durchführen
konnten. Die Hänge dieses Einschnitts waren wie die Böschung innerhalb der Gefängnismauern in Parzellen eingeteilt, und da und
dort stand ein kleiner Geräteschuppen, der den Gärtnern gehörte.
Das Gefängnis befand sich nahe der Westseite; der übrige Park, das
heißt der östliche Teil, war gegen die Du Cane Road hin durch das
Hammersmith-Krankenhaus, die St.-Dunstans-Schule und einen
privaten Sportplatz verdeckt.

Zwischen der vorderen Mauer des Gefängnisses und der Du Cane
Road zog sich ein etwa dreißig Meter breiter Streifen hin, der dem
Innenministerium gehörte und auf dem zu beiden Seiten des Ge-
fängnisvorhofs die Wohnhäuser von Wärtern standen. Die Haustü-
ren gingen alle auf die Du Cane Road. Auf dem Vorhof selbst befanden sich links der Klub der Gefängnisbeamten und ein Haus, in
dem eine der Schwestern des Gefängniskrankenhauses wohnte, und
rechts ein großes, leeres Haus, in dem früher einmal der Anstaltsgeistliche gewohnt hatte. Die Wohngebäude links vom Vorhof zogen sich über die ganze Länge der Mauer hin, so daß diese von der
Straße aus nicht zu sehen war. Auf der rechten Seite verdeckten sie
nur die Hälfte der Mauer. Vor dem restlichen Abschnitt standen in

weiteren Abständen ein Doppelhaus, in dem der Direktor und der leitende Arzt wohnten, und weiter unten, auf die Artillery Road zu, einige Fertighäuser, die Aufsehern gehörten. Das Straßentor des Vorhofes war Tag und Nacht offen, denn es war nicht nötig, es abzusperren.

Ich ging durch jede Straße in der näheren Umgebung und prägte mir alle Einzelheiten ein: Schulen, Läden, Parkplätze, Fußgängerübergänge, Verkehrsampeln – kurz: alles, was bei einer Flucht auch nur die geringste Bedeutung haben konnte. Dann kaufte ich mir einen Plan des Bezirks Hammersmith und »London von A bis Z«. Abends in meinem Zimmer im Heim studierte ich diese Pläne und machte mir Notizen.

Meine beiden Zimmergenossen hatten Wochenendurlaub, und mit ihrer Rückkehr brauchte ich vor 22 Uhr 30 nicht zu rechnen.

Sobald Blake über die Mauer geklettert war, standen uns, wie mir schien, drei Möglichkeiten offen, so schnell wie möglich aus der Nähe des Gefängnisses wegzukommen. Ich konnte den für die Flucht bestimmten Wagen an drei Orten abstellen: In der Braybrook Street auf der Westseite des Parks, in der Scrubs Lane auf der Ostseite oder in der Artillery Road. (Es wäre sinnlos gewesen, auf die Bahngleise auf der Nordseite des Parks zuzulaufen; daher schied diese Möglichkeit aus.) Es schien mir auch wenig Sinn zu haben, quer durch den ganzen Park zur Scrubs Lane zu laufen, da es vom Gefängnis zur Braybrook Street näher war. Wir würden bis zur Scrubs Lane beinahe zehn Minuten gebraucht haben, und wenn sofort Alarm gegeben wurde (womit wir rechnen mußten), stand zu befürchten, daß man in der Scrubs Lane schon auf uns wartete. Andererseits begann in der Braybrook Street ein Viertel mit Gemeindewohnungen. Kinder spielten auf der Straße, Hausfrauen plauderten über die Gartenzäune hinweg, und zwischen der Mauer und der Straße führten womöglich Leute ihre Hunde spazieren.

Die beste Fluchtroute schien mit durch die Artillery Road zu führen. Je schneller wir an den Wagen kamen, desto größer war unsere

Chance. Ob wir uns dann in der Du Cane Road nach rechts oder links wandten, hing bis zu einem gewissen Grade von der Lage unseres Verstecks ab. Ein Einbiegen nach links war allerdings vorzuziehen, weil wir dabei nicht die Gegenfahrbahn zu überqueren brauchten.

Ich verwendete jeden Abend der folgenden Woche darauf, den ganzen Bezirk zu durchforschen, von der Harrow Road im Norden bis zur Uxbridge Road im Süden, von Ladbroke Grove im Osten bis zur Horn Lake im Westen. Es gibt nur eine Methode, einen Stadtteil gründlich kennenzulernen: man muß zu Fuß gehen.

Am Ende der Woche war ich sehr müde, aber zufrieden. Ich hatte auf meinen Plänen alles eingetragen: Verkehrsampeln, Fußgängerkreuzungen, Schulen, Spiel- und Parkplätze, Buslinien, U-Bahnstationen, Einbahnstraßen, Kinos, Kirchen, Restaurants und Polizeireviere. Die meisten dieser Gegebenheiten konnten auf die eine oder andere Weise die Schnelligkeit einer Flucht beeinträchtigen. Kinos, Kirchen und Restaurants konnten vorübergehend Zuflucht gewähren, wenn einem die Verfolger zu dicht auf den Fersen waren, und U-Bahnstationen sind auf einer Flucht ideale Zielpunkte. Besonders wichtig waren natürlich die Polizeireviere. Die drei dem Gefängnis am nächsten gelegenen befanden sich in der Harrow Road im Norden, in der Acton High Street im Südwesten und in Shepherd's Bush unmittelbar im Süden, an der Ecke Uxbridge Road – Loftus Road. Letzteres war das für das Gefängnis »zuständige« Revier. Ihm mußte ich später noch meine besondere Aufmerksamkeit zuwenden.

Die Besuchszeit im Hammersmith-Krankenhaus dauerte, wie ich vom Pförtner erfuhr, von sieben bis acht Uhr abends. Dies sollte sich als ein wichtiger Faktor bei der Flucht erweisen.

Kontakte mit Blakes Familie

Eine Woche nach meiner Übersiedlung ins Häftlingsheim kam von Blake das verabredete Signal. Ein Kalfakter, der scheinbar ganz zufällig an mir vorbeischlenderte, sagte mir, Peter Martin wolle wissen, ob ich ihm »Tausendundeine Nacht« besorgen könne. Ich schrieb sofort an Blakes Mutter in Radlett, Hertfordshire:

Sehr geehrte Mrs. Blake,

Sie werden schon auf Nachricht von mir gewartet haben. Ich handle im Auftrag Ihres Sohnes. Könnten Sie mich am Freitag dieser Woche um 20 Uhr vor der U-Bahnstation Golders Green treffen? Bringen Sie bitte Ihre Hälfte der Fotografie mit.

Seán Bourke

Am Freitag nahm ich die U-Bahn nach Golders Green und kam um ein Viertel vor acht dort an. Ich wartete vor dem Hippodrome-Theater. Fünf Minuten vor acht stieg Mrs. Blake aus einem Greenline-Bus und blieb am Eingang zur Station stehen. Ich erkannte sie, weil mir Blake in seiner Zelle ein Foto von ihr gezeigt hatte. Ich sah mir alle Leute, die mit ihr aus dem Bus gestiegen waren, genau an. Sie wurde offenbar nicht beschattet. Trotzdem beobachtete ich sie und alle Passanten in ihrer Nähe noch weitere zehn Minuten. Dann erst ging ich zur Station hinüber. Ich trat auf sie zu und zog den Hut.

»Guten Abend. Mrs. Blake?«

»Ja«, antwortete sie und musterte mich scharf. Sie schien nervös zu sein.

»Ich bin Seán Bourke. Machen wir einen kleinen Spaziergang?«

»Bitte.«

»Wir unterhalten uns am besten im Gehen«, erklärte ich. »In einem Restaurant sind wir vielleicht nicht sicher.«

Wir gingen zum »Hippodrome« hinüber und von dort aus die stille, nicht sehr gut beleuchtete North End Road hinauf. Unter der zweiten Laterne blieb ich stehen und sah die Frau an.

»Haben Sie Ihre Hälfte des Fotos bei sich?«

Sie öffnete ihre Handtasche und zog sie heraus. Ich nahm meine Hälfte aus meiner Brieftasche und setzte das Bild zusammen, so daß das Gesicht des Jungen in der Mitte wieder ganz war und uns entgegenlächelte.

»Sind Sie beruhigt, Madam?«

»O ja«, sagte sie und sah das Foto kaum an. »Ich weiß, daß George Sie schickt.« Sie sprach ein tadelloses Englisch mit einem leichten fremden Akzent. Wir gingen langsam weiter.

»Ich will gleich zur Sache kommen, Mrs. Blake. George hat mich gebeten, ihm zur Flucht zu verhelfen.«

Sie schien nicht überrascht zu sein.

»Ich dachte mir, daß er mir das bei meinem letzten Besuch zu verstehen geben wollte«, sagte sie ruhig. »Wie kann ich helfen?«

»So etwas kostet Geld. George bittet Sie, ihm dieses Geld zu leihen. Wir brauchen siebenhundert Pfund.«

Wir gingen eine Weile schweigend weiter.

»George bat mich, Ihnen zu sagen, daß er das Geld nur borgen will«, fuhr ich fort. »Er wird später seine Erinnerungen schreiben und es Ihnen zurückzahlen können.«

Mrs. Blake sah mich an. »Wie könnte ich Ihnen denn das Geld *geben*?« fragte sie, und ihre Stimme klang noch immer sehr nervös. »Sehen Sie, ich lebe in Radlett sehr zurückgezogen und bescheiden. Es ist ein kleines Dorf, und jeder weiß, was der andere tut. Ich hebe nie mehr als ein paar Pfund auf einmal ab, gerade soviel, wie ich für meine Besorgungen brauche. Wenn ich plötzlich siebenhundert Pfund abhebe, wird meine Bank mißtrauisch. Man weiß dort, wer ich bin, verstehen Sie?«

Wir gingen eine halbe Stunde – bis ans Ende der North End Road und zurück – und diskutierten das Problem. Ich gab zu, daß mir Mrs. Blake das Geld nicht geben konnte, ohne daß die Polizei nach der Flucht erfuhr, daß sie es von ihrem Konto abgehoben hatte, und ich deutete so taktvoll wie möglich an, daß sie bereit sein mußte, dieses Risiko auf sich zu nehmen, da es um die Freiheit ihres Sohnes ging.

»Schließlich leben wir in einem freien Land, Madam, und Sie *müssen* der Polizei nicht sagen, wofür Sie das Geld verwendet haben«, argumentierte ich. »Sie können den Leuten sagen, sie sollen sich um ihre Angelegenheiten kümmern. Man kann Sie dafür nicht einsperren. Und Sie würden die Freiheit Ihres Sohnes mit nicht mehr als siebenhundert Pfund erkauft haben. Das ist ein paar Unannehmlichkeiten wert.«

Mrs. Blake sah zu Boden und schüttelte langsam den Kopf. »Ich habe schon soviel durchgemacht«, sagte sie nervös. »Als George verhaftet wurde. Die vielen Reporter...«

Wir kamen wieder vor dem »Hippodrome« an und blieben an der Ecke stehen.

»Mrs. Blake, ich wäre sehr froh, wenn Sie eine Möglichkeit fänden, mir das Geld zu geben. George rechnet damit. Für ihn steht sehr viel auf dem Spiel.«

»Ich muß darüber nachdenken«, sagte sie schließlich. »Können wir uns noch einmal treffen?«

»Nächsten Freitag?« schlug ich vor. »Hier, zur selben Zeit?«

»Einverstanden.«

Ich brachte sie zu ihrem Bus, und wir verabschiedeten uns.

Am nächsten Freitag wartete ich wieder um Viertel vor acht vor dem »Hippodrome«.

Ich ließ Mrs. Blake zehn Minuten vor der Station stehen, während ich nach etwaigen Beschattern Ausschau hielt, dann ging ich zu ihr. Wir schlugen wieder die Richtung North End Road ein.

»Gehen wir heute abend nicht spazieren, Seán«, sagte sie müde. »Ich möchte mich lieber irgendwo setzen und eine Tasse Kaffee trinken.« Wir kehrten um und gingen in ein Café in der Finchley Road.

»Haben Sie schon einen Entschluß gefaßt, Mrs. Blake?« begann ich, als wir den ersten Schluck Kaffee tranken.

Sie setzte ihre Tasse nieder. »Ja. Ich habe in dieser Woche viel darüber nachgedacht und bin zu dem Schluß gekommen, daß ich in dieser Sache nicht allein entscheiden kann. Ich muß meine Tochter fragen.«

Ich sah sie scharf an. »Mrs. Blake, George hat mich nicht ermächtigt, mit irgendeiner dritten Person über diese Angelegenheit zu sprechen. Bevor ich das tun könnte, müßte ich mich noch einmal mit ihm in Verbindung setzen.«

»Seien Sie unbesorgt, Seán«, sagte sie beruhigend. »Adèle ist ein gutes Mädchen und sehr klug. Sie wird das Richtige tun. Und sie hat George sehr gern.«

»Wo wohnt Ihre Tochter?«

»Sie ist mit einem Wissenschaftler verheiratet, der für die UN arbeitet, und lebt zur Zeit in Bangkok. Ich schreibe ihr morgen.«

»Ist das nicht gefährlich?« sagte ich rasch.

»Nein, ich glaube nicht. Wir schreiben uns ständig. Warum sollte jemand gerade diesen Brief für etwas Besonderes halten? Außerdem schreiben wir Holländisch.«

»Wie erfahre ich es, wenn Sie Antwort von ihr bekommen haben?« »Kann ich Sie anrufen?«

»Nein, das geht leider nicht. Aber Sie können mir ins Heim schreiben. Unsere Post wird nicht geöffnet.« Dann fiel mir etwas ein. »Sie schreiben George oft«, sagte ich, »und seine Post wird sehr genau kontrolliert. Ihre Handschrift ist in Wormwood Srubs bekannt.« Ich nahm einen Umschlag aus der Tasche, schrieb meine Adresse darauf und frankierte ihn. »Hier, verwenden Sie diesen«, sagte ich und reichte ihr den Umschlag. »Und unterschreiben Sie den Brief mit ›Jean‹.«

Sie wurde wieder nervös. »Das alles macht mir Angst, Seán«, sagte sie. »Wenn etwas passiert... ich mag nicht daran denken, daß man den armen George vielleicht zu den Zugräubern in dieses fürchterliche Gefängnis in Durham steckt. Jetzt hat er es wenigstens leidlich bequem, und ich kann ihn regelmäßig besuchen.«

»Aber, Mrs. Blake«, sagte ich. »Früher oder später wird er ohnehin in ein absolut sicheres Gefängnis gebracht. Ich wundere mich, daß man ihn nicht schon längst überführt hat, besonders nachdem die beiden Posträuber ausgebrochen sind. Schließlich hat er zwölf Jahre mehr als die Posträuber bekommen, und seine Flucht wäre für die britische Regierung noch viel peinlicher. Unser Unternehmen ist ein regelrechter Wettlauf mit der Zeit.«

Meine Worte schienen Mrs. Blake noch mehr zu bedrücken, und zehn Minuten später trennten wir uns.

»Ich warte auf Nachricht von Ihnen!« rief ich ihr nach, als sie in den Bus stieg.

Mit einer solchen Komplikation hatten weder Blake noch ich gerechnet. Ich erkannte nun, wie schlecht unser Verständigungssystem funktionierte und wie unzulänglich die einfachen Signale waren, die wir ausgemacht hatten. Ich mußte ihn über die neue Entwicklung informieren, und das konnte ich nur schriftlich tun. Als ich ins Heim zurückgekehrt war, ging ich sofort auf mein Zimmer.

»Wie Sie wissen,« schrieb ich, »liegt mir sehr viel daran, das Haus so bald wie möglich zu kaufen, auf alle Fälle innerhalb der nächsten Monate. Leider zögert die Dame, mir das Geld zu geben, das ich von ihr zu borgen hoffte, um die Anzahlung leisten zu können. Sie meint, sie sei zu alt, um solche Entscheidungen allein zu treffen, und will unbedingt mit ihrer Tochter sprechen, die sich zur Zeit im Ausland aufhält. Da Sie die alte Dame kennen, könnten Sie vielleicht ein gutes Wort für mich einlegen, wenn Sie das nächste Mal mit ihr zusammentreffen. Ich wäre Ihnen sehr dankbar.«

Selbstverständlich enthielt dieser Brief weder eine Anrede noch eine

Unterschrift. Ich steckte ihn in einen Umschlag und klebte diesen zu. Dann schrieb ich eine kurze Mitteilung auf ein zweites Blatt Papier: »Geben Sie bitte diesen Umschlag unserem gemeinsamen Freund.« Zuletzt steckte ich den Umschlag und das Blatt in ein zweites Kuvert, das ich ebenfalls zuklebte. Am nächsten Tag gab ich es einem Kalfakter mit der Bitte, es an Peter Martin weiterzugeben. Ein solcher Briefverkehr zwischen Heim und Zellentrakt war durchaus üblich. Wenn der Brief einem Wärter in die Hände fiel, mußte dieser annehmen, es handle sich um einen Kassiber, wie sie ständig zwischen Häftlingen und deren Freunden draußen hin und her gingen.

Blake antwortete nach einigen Tagen. Wenn er sich's recht überlege, könne er der »alten Dame« sein Mitgefühl nicht versagen, und er verstehe ihre Nervosität sehr gut. Er glaube aber, daß mir die Tochter helfen werde. »Die junge Dame«, schrieb er, »wird dafür sein, daß Sie die Anleihe bekommen. Daran zweifle ich nicht.« Ich stellte interessiert fest, daß Blake das gewöhnlichste Papier verwendete, das im Gefängnis zu haben war, eine Sorte, deren Herkunft von irgendeinem bestimmten Häftling unmöglich nachgewiesen werden konnte. Und er verbarg seine ausgeprägte Handschrift unter sauberen kleinen Blockbuchstaben.

Einige Tage vor Weihnachten bekam ich einen Brief von Mrs. Blake. Er wartete auf mich in meinem Fach im Pförtnerhaus, als ich von der Arbeit zurückkehrte. Ich erkannte meine eigene Handschrift auf dem Umschlag und machte mir Sorgen, weil der Stempel »Radlett« auf dem weißen Papier so deutlich zu erkennen war. Der Brief war jedoch nicht geöffnet worden. Ich las ihn erst in meinem Zimmer. Er war sehr kurz und besagte nur, daß Adèle im Februar nach London kommen werde und daß ich bis dahin auf die Entscheidung warten müsse. Diese Entscheidung würde die Tochter fällen, das war mir klar.

Im Januar beobachtete ich jeden Samstagabend den Fahrzeug- und Fußgängerverkehr in der Umgebung von Wormwood Scrubs. Gegen halb fünf war es in der Artillery Road schon dunkel, und wer durch die Du Cane Road ging, sah in Richtung des Parks nur ein paar Meter weit. Die ersten Besucher des Hammersmith-Krankenhauses kamen nicht vor 18 Uhr 45. Wenn wir unser Unternehmen um 18 Uhr starteten, hatte ich mindestens eine halbe Stunde Zeit, um Blake ungestört über die Mauer zu bringen. Das sah recht vielversprechend aus. Alles, was ich jetzt noch brauchte, war das Geld.

Anfang Februar schrieb ich wieder an Mrs. Blake und legte ein adressiertes und frankiertes Kuvert bei. Eine Woche später kam die Antwort. Mrs. Blake bat mich, sie und ihre Tochter am folgenden Freitag um 20 Uhr zum Abendessen im Hotel Cumberland zu treffen. Die beiden Frauen erwarteten mich in der Halle.

Mrs. Blake stellte uns vor. Adèle sah ihrem Bruder sehr ähnlich, und sie hatte dasselbe plötzliche, strahlende Lächeln. Meiner Schätzung nach war sie ungefähr fünf Jahre jünger als George. Wir fanden einen ruhigen Tisch in einer Ecke, und Adèle rief den Kellner.

»Was möchten Sie trinken?« fragte sie.

»Einen Whisky.«

Mrs. Blake und Adèle bestellten Brandy. Ich wußte, daß die beiden miteinander ausgemacht hatten, mich nicht zahlen zu lassen, und das war mir unangenehm. Als der Kellner gegangen war, wandte sich Adèle mir zu und ließ wieder dieses strahlende Lächeln aufblitzen. Mir war von Anfang an klar, daß ich eine nüchterne Geschäftsfrau vor mir hatte, die vollkommen Herrin der Lage war und den Verlauf des Gesprächs bestimmen würde.

Sie hob ihr Glas und sagte: »Auf die richtige Entscheidung!«

»Auf die richtige Entscheidung!« Wir tranken.

»Mrs. Boswinkle...«, begann ich.

»Nennen Sie mich doch bitte einfach Adèle.«

»Gut. Soll ich ganz von vorn anfangen, oder hat Ihnen Mrs. Blake schon gesagt, worum es geht?«

»Ja, ich bin im Bilde, aber es gibt natürlich noch einige Einzelheiten, die ich mit Ihnen besprechen möchte.«

»Natürlich. Aber zuerst muß ich Ihnen meine Glaubwürdigkeit beweisen.« Ich nahm meine Hälfte des Fotos aus der Brieftasche und bat Mrs. Blake um die ihre, dann reichte ich beide Adèle. »Vergleichen Sie selbst.« Sie setzte die Stücke zusammen und betrachtete eingehend das vollständige Bild. Schließlich nickte sie.

»Ja, das ist in Ordnung, aber ich zweifle ohnehin nicht daran, daß Sie für George arbeiten. Wir haben ihn am Donnerstag besucht, und er hat mir unmißverständlich zu verstehen gegeben, daß ich Ihnen vertrauen darf.«

»Verzeihen Sie meine Neugier«, sagte ich, »aber wie hat er das gemacht – in Gegenwart eines Aufsehers?«

Adèle lächelte. »Es geht ganz einfach. Wir unterhalten uns über einen Onkel, der in Holland lebt. Wir sprechen davon, daß dieser Onkel ein Haus kaufen möchte und nicht weiß, woher er einen Kredit bekommen soll. Auf diese Weise können wir ausführlich über Sie und Ihren Plan sprechen. Für den Aufseher ist es eine völlig harmlose Unterhaltung.«

»Nicht schlecht«, sagte ich. »Wirklich nicht schlecht. Hoffen wir, daß sie in dem Zimmer kein Mikrophon installiert haben. Aber selbst wenn sie mithören, werden sie wahrscheinlich erst nach der Flucht begreifen, wovon Sie gesprochen haben.«

Wir unterhielten uns sehr leise, obwohl niemand in Hörweite war. Adèle hielt meine Hälfte der Fotografie in die Höhe.

»Darf ich das behalten?«

»Bitte, wenn Sie wollen.«

»Danke.« Sie steckte das Foto in ihre Handtasche. »Ich habe eine Freundin, die hellseherische Fähigkeiten besitzt. Sie kann mir allerlei über einen Menschen sagen, wenn sie etwas in der Hand hält, was der Betreffende bei sich gehabt hat.«

Ich sah sie scharf an. »Danke schön!«

»O nein, nicht so, wie Sie meinen, Seán«, sagte sie rasch. »Ich vertraue Ihnen natürlich vollkommen. Das ist nur so eine alte Gewohnheit von mir.«

46

»Ich verstehe.«

Sie trank ihr Glas aus. »Wollen wir essen?«

»Warum nicht?« Ich kippte den Rest meines Whiskys hinunter. Wir gingen in den Speisesaal und baten den Ober um einen ruhigen Tisch.

Er wies uns zu einem Ecktisch, der weit von den anderen entfernt stand. Wir entschieden uns alle drei für Steaks. Adèle bestellte.

»Und jetzt den Wein«, sagte sie lächelnd. »Zum Rindfleisch einen roten, herben, denke ich.« Sie winkte dem Weinkellner, studierte die Karte und bestellte. Eine Minute später brachte der Kellner, der mit seiner Kette geradezu würdevoll wirkte, die Flasche. Adèle nippte an der Probe, die er ihr einschenkte, nickte beifällig und sagte: »Danke, gut so.« Dann wandte sie sich mir zu und lächelte wieder strahlend.

Ich versuchte eine gewisse Unabhängigkeit zu bewahren und sagte forsch: »Kommen wir zur Sache.« Ich schilderte, wie ich ihren Bruder kennengelernt hatte und wie es dazu gekommen war, daß er sich mit der Bitte um Hilfe an mich wandte. »Sie sehen also«, schloß ich, »daß er von Ihnen lediglich die siebenhundert Pfund für die Finanzierung des Unternehmens braucht. Die Arbeit mache ich.«

Adèle lächelte kaum noch, als sie sagte: »Bevor ich das in Betracht ziehen kann, muß ich Ihre Pläne genau kennen.«

Ich sah sie überrascht an. »George hat mir nicht gesagt, daß ich mit Ihnen über Einzelheiten sprechen soll. Im Gegenteil, er meint – und ich gebe ihm recht –, es läge nicht in Ihrem Interesse, diese Einzelheiten zu kennen. Nicht nur um Ihrer eigenen Sicherheit willen. Je weniger Menschen davon wissen, desto besser. Ich bin überzeugt, Sie werden das einsehen.«

Sie sah mich an und lächelte nicht mehr. »Tut mir leid«, sagte sie. »Ich muß darauf bestehen, alle Einzelheiten zu erfahren.«

»Hören Sie, vertrauen Sie mir oder nicht?« Ich sprach so ruhig und sachlich wie möglich. »Ihr Bruder war derjenige, der mich gebeten hat, ihn aus dem Gefängnis herauszuholen. Ich habe nichts von ihm gewollt. Wenn er mich nicht für fähig hielte, die Sache zu machen, hätte er mich nicht darum gebeten. Und bedenken Sie bitte, daß Ihr Bruder Sie um das Geld bittet, nicht ich.«

»Ja, das ist mir klar«, sagte sie und nippte an ihrem Wein. »Aber ich muß trotzdem die Einzelheiten wissen. Sehen Sie, ich fühle mich verantwortlich und möchte nicht schuld daran sein, daß George vom Regen in die Traufe kommt. Können Sie meinen Standpunkt nicht verstehen?«

Ich sah Mrs. Blake an, aber sie war offenbar entschlossen, alles ihrer Tochter zu überlassen.

Ich fühlte mich immer tiefer gedemütigt. Ich war in die Lage eines Bettlers geraten und bettelte nicht einmal für mich selbst!

»Also gut«, sagte ich ruhig. »Wenn Sie die Einzelheiten unbedingt wissen müssen, will ich sie Ihnen sagen.«

Ich erklärte ihr, daß Blake vorhatte, während der Filmvorführung zu fliehen, und daß ich an der Mauer mit einer Strickleiter auf ihn warten wollte. Sie hörte schweigend zu und wägte jedes meiner Worte sorgfältig ab. Zuletzt sagte ich: »Natürlich kennen George und ich Wormwood Scrubs wie unsere eigenen Hosentaschen, und wir glauben beide, daß wir eine sehr gute Chance haben durchzukommen.«

»Und was geschieht nach seiner Flucht – wenn die Flucht gelingt?« fragte Adèle hart.

Ich erklärte geduldig, daß George sich eine Weile verstecken und dann das Land mit einem falschen Paß verlassen werde.

»Und wo bekommen Sie den Paß her?«

Ich sah sie an und machte absichtlich eine Pause, bevor ich antwortete. »Ich war nicht umsonst fünf Jahre im Gefängnis. Ich weiß, wo ich einen falschen Paß herkriege, das dürfen Sie mir glauben. Es ist eine reine Formalität.«

Sie trank wieder von ihrem Wein. »Ich will offen sein«, begann sie. »Ich halte nicht viel von Ihrem Plan. Es erscheint mir alles so vage, ich meine: es ist alles zu einfach, um gutgehen zu können. Man wirft einfach eine Strickleiter über eine Gefängnismauer ... Nein, wissen Sie!« Sie zuckte ungeduldig die Schultern.

»Mrs. Boswinkle«, sagte ich kalt, »die Durchführung der Flucht ist meine Sache, und ich kann den Wert meiner Pläne zweifellos besser beurteilen als Sie. Übrigens sind das Pläne, die ich zusammen mit Ihrem Bruder ausgearbeitet habe.«

»Mag sein«, sagte sie, »aber meine Mutter und ich sollen das Projekt finanzieren, und ich muß von Ihrem Erfolg überzeugt sein, bevor ich mich bereit erkläre, mitzuhelfen ...«

Ich fühlte die Wut in mir aufsteigen, beherrschte mich aber.

»Mrs. Boswinkle, wir sprechen von einem Ausbruch aus einem Gefängnis. Es geht darum, den wichtigsten Gefangenen Englands aus seiner Zelle herauszuholen. Der Direktor wird mir nicht das Tor aufmachen und sagen: ›Bitte bedienen Sie sich, Mr. Bourke.‹ Es werden einige Anstrengungen nötig sein, und ein gewisses Risiko ist nicht auszuschalten. Nichts ist umsonst auf dieser Welt. Ich kann Ihnen keine hundertprozentige Garantie geben, daß der Plan gelingt. Das kann vorher niemand, außer natürlich in Romanen. Aber wir leben in der Wirklichkeit. Ob wir Erfolg haben, werden wir erst wissen, wenn wir es versuchen – und ich möchte es versuchen.«

Sie stellte ihr Glas nieder. »Ja ... gewiß ... aber ich müßte trotzdem Vertrauen in Ihre Pläne haben können, und daran fehlt es leider.«

Ich drehte mich auf meinem Stuhl, so daß ich ihr voll ins Gesicht sah. »Was verlangen Sie eigentlich von mir?« fragte ich geradeheraus.

»Eine ganze Reihe von Dingen«, begann sie. »Ich möchte die Unterkunft sehen, in der Sie George nach dem Ausbruch verstecken wollen. Und ich möchte den Paß sehen. Außerdem möchte ich genau wissen, wie Sie George aus dem Lande hinausbringen wollen, und ich muß mich davon überzeugen können, daß alle diese Arrangements absolut narrensicher sind. Dann will ich eine detaillierte Aufstellung der Ausgaben haben. Ich verstehe nicht, wofür Sie soviel Geld brauchen.«

Wieder stieg die Wut in mir hoch, aber ich bemühte mich ruhig zu bleiben. Sie hatte das Kommando übernommen, und ich war nur noch ein Handlanger. Es wäre schlimm genug gewesen, sich das von einem Mann gefallen lassen zu müssen; daß mich eine Frau so behandelte, war beinahe unerträglich. Ich starrte eine Weile in mein Glas, dann sagte ich:

»Die Unterkunft und den Paß können Sie erst sehen, wenn ich sie besorgt habe, und ich kann sie nicht besorgen, solange ich das Geld nicht habe. Und ich kann Ihnen versichern, daß siebenhundert Pfund das absolute Minimum sind. Dieser Betrag wurde übrigens von Ihrem Bruder vorgeschlagen.«

Sie dachte einen Augenblick nach und versuchte anscheinend eine Entscheidung zu treffen, aber ich wußte, daß sie nur so tat. Ihre Entscheidung hatte schon vor unserer Begegnung festgestanden.

»Mir ist noch nicht recht wohl bei der Sache«, sagte sie. »Ich glaube, ich muß noch einmal mit George sprechen. Wir besuchen ihn nächsten Donnerstag.«

»Wie Sie wollen«, sagte ich resigniert. »George hat Ihnen zu verstehen gegeben, daß er fliehen will und daß Sie mir trauen dürfen. Ich begreife, offen gestanden, nicht, wie Sie erwarten können, daß er in bezug auf die technische Seite des Unternehmens Ihre Ratschläge annehmen wird. Wenn Sie es aber so wollen ...«

»Ja, ich will es so.«

»Gut. Dann kann ich nur noch hoffen, daß Sie sich nach dem nächsten Donnerstag rasch entscheiden. Der Februar geht zu Ende, und unsere derzeitigen Pläne sind darauf abgestimmt, daß der Ausbruch im Schutz der Dunkelheit bewerkstelligt wird. Selbst wenn ich jetzt das Geld bekomme, brauche ich für die letzten Vorbereitungen noch einen ganzen Monat. Wir haben keine Zeit zu verlieren.«

»Seán könnte uns doch nächsten Samstag anrufen«, schlug Mrs. Blake vor.

»Ja, das ist eine gute Idee«, stimmte ihre Tochter bei. »Bis dahin habe ich ein paar Tage Zeit zum Nachdenken gehabt.«

Mrs. Blake nannte mir die Nummer, und ich prägte sie mir fest ein.

»Wie wäre es jetzt mit Kaffee?« Adèle setzte wieder ihr strahlendes Lächeln auf.

»Ich könnte welchen brauchen«, sagte ich und versuchte nicht, ihr Lächeln zu erwidern.

Sie winkte dem Kellner.

»Essen wir etwas zum Kaffee«, schlug sie vor und gab dem jungen Mann bei dem Dessert-Wagen ein Zeichen. Wir wählten winzige Cremetörtchen aus.

Eine Viertelstunde später war es Zeit zu gehen. Ich machte Anstalten, aufzustehen.

»Gehen Sie doch nicht, bevor Sie diese Törtchen aufgegessen haben, Seán«, bat Adèle.

Ich sah auf die Platte. Ein halbes Dutzend war noch übrig. »Aber ich bin schon satt.«

»Ach, das schaffen Sie schon noch. Sie sind doch so klein.«

Ich setzte mich wieder und aß langsam vier Stück. Dann sagte ich: »Jetzt kann ich aber wirklich nicht mehr.«

»Aber ich bitte Sie, Seán, essen Sie doch noch!«

Widerstrebend verzehrte ich die beiden letzten Törtchen.

»So ist es recht«, sagte Adèle strahlend. »Es wäre Verschwendung gewesen, sie stehenzulassen.«

Man behandelte mich wie einen Schuljungen, den man in eine Konditorei führt. Aber das Wort »Verschwendung« ließ mich aufhorchen. Ich glaubte zu begreifen, und als ich einige Augenblicke später das Trinkgeld sah, das Adèle dem Kellner gab, wußte ich, daß ich mich nicht täuschte. Die zunächst so unverständlichen Ereignisse dieses Abends fügten sich zu einem recht deutlichen Bild zusammen.

Wir verabschiedeten uns in der Halle.

»Hören Sie, Seán«, sagte Adèle, als sie mir die Hand gab. »Wie diese Sache auch ausgeht – Sie haben immerhin versucht, George zu helfen, und wenn wir einmal etwas für *Sie* tun können, wenden Sie sich bitte an uns.«

Ich lief zur Station Marble Arch und fuhr mit der U-Bahn nach East Acton zurück. Es regnete noch immer. Ich ging niedergeschlagen durch die Du Cane Road auf das Gefängnistor zu. Die Hände hatte ich tief in den Taschen meines Regenmantels vergraben, den Hut ins Gesicht gezogen, den Blick auf das nasse Pflaster gesenkt. *Wenn wir einmal etwas für Sie tun können, wenden Sie sich bitte an uns.* Ich fühlte wieder Zorn in mir aufsteigen. Trotzdem mußte ich die Sache durchstehen. Ich hatte es George versprochen.

Tags darauf schickte ich Blake einen Brief, in dem ich ihm mitteilte, daß seine Schwester uns nicht helfen wollte.

«... Die Tochter ist sehr unzufrieden mit meinen Plänen für das Haus und sagt, sie sei nicht bereit, mich finanziell zu unterstützen, solange man ihr nicht garantieren könne, daß das Haus ein Erfolg wird. Sie versucht sogar, die Sache selbst in die Hand zu nehmen. Ich hoffe, es wird Ihnen gelingen, sie zur Vernunft zu bekehren. Was mich noch aufhält, ist nur das Geld. Geben Sie mir die Werkzeuge, und ich führe die Arbeit zu Ende.«

Am darauffolgenden Dienstag bekam ich Antwort. Blake schrieb, er werde mit der »jungen Dame« sprechen und sie beruhigen.

Am Freitag kam der nächste Brief:

»Ich habe gestern mit den beiden Damen gesprochen, und ihre Nervosität hat mich erschüttert. Sie machen sich offensichtlich große Sorgen, und ich bin widerstrebend zu dem Schluß gelangt, daß es für sie wie für uns das beste ist, sie künftig aus dem Spiel zu lassen. Ich habe ihnen gesagt, daß man sie nicht mehr behelligen wird. Ich weiß, das ist eine große Enttäuschung für Sie, nachdem Sie sich solche Mühe gegeben haben. Wüßten Sie irgendeine andere Möglichkeit, die Geldmittel aufzutreiben?«

Ich war verärgert und zutiefst enttäuscht. Das ist das Ende unserer Hoffnungen, dachte ich. Aber ich hatte mich so sehr daran gewöhnt, an unseren Erfolg zu glauben, daß ich beschloß, Mrs. Blake und ihre Tochter nicht so leicht davonkommen zu lassen.

Am nächsten Abend verließ ich das Gefängnis durch das Haupttor und ging zu der Telefonzelle neben dem Eingang des Hammersmith-Krankenhauses. Ich wählte die Nummer, die mir Mrs. Blake eine Woche zuvor angegeben hatte. Mrs. Blake war selbst am Apparat.

»Oh, guten Abend, Seán. Einen Augenblick, ich hole Adèle.«
Adèle meldete sich. »Guten Abend«, sagte sie schroff.
»Guten Abend. Wozu haben Sie sich entschlossen?«
»Hat es Ihnen George nicht gesagt?«
»Doch, ja. Ich habe einen Brief von ihm bekommen.«
»Und?«
»Ich finde, George ist sehr rücksichtsvoll und großzügig, aber ich frage mich, ob Sie ihm nicht trotz seiner Großzügigkeit noch helfen wollen.«
»Gibt es etwas Neues? Sind Ihre Pläne um soviel besser, daß es sich lohnt, noch einmal darüber zu reden?«
Ich unterdrückte meinen Ärger.
»Natürlich gibt es nichts Neues«, antwortete ich langsam. »Und die Pläne sind unter den derzeitigen Umständen die bestmöglichen. Solange wir das Geld nicht haben, können wir nichts unternehmen.«
Es folgte ein kurzes Schweigen, dann sagte sie kühl und geschäftsmäßig: »In Anbetracht aller Gegebenheiten halte ich es für richtig, die Angelegenheit nicht weiter zu verfolgen. Ich denke, wir ziehen einen Schlußstrich.«
»Wie Sie wollen«, sagte ich. »Leben Sie wohl.«
Ich legte den Hörer auf und ging ins Gefängnis zurück.

Einige Tage später beschloß ich, mich noch einmal an Mrs. Blake selbst zu wenden und ihr eine letzte Chance zu geben, ihrem Sohn zu helfen. Ich schrieb ihr einen zehn Seiten langen Brief und erläuterte meine Pläne in allen Einzelheiten.
»Wenn man ihm nicht hilft«, schrieb ich, »ist Ihr Sohn dazu verurteilt, zweiundvierzig Jahre in einer Gefängniszelle zu schmachten.

Das ist ein langsames Sterben. Er hat jetzt die Gelegenheit zu fliehen. Eine Gelegenheit, die sich nie wieder bieten wird. Sie können
ihm zur Flucht verhelfen. Für nur siebenhundert Pfund können Sie
die Freiheit Ihres Sohnes, sein Leben erkaufen. Ich schreibe diesen
Brief eigenhändig und unterschreibe mit meinem Namen, um Ihnen
eine unanfechtbare Garantie für meine Aufrichtigkeit zu geben.
Sollten Sie irgendwann einmal das Gefühl haben, ich hätte nicht anständig an Ihnen gehandelt, brauchen Sie mit diesem Brief nur zur
nächsten Polizeiwache zu gehen und mich verhaften zu lassen.«
Der einzige Lohn für meine Mühe war ein strenger Verweis durch
die beiden Damen, weil ich »anderer Leute Sicherheit gefährdet
hatte«.

Funksprechverkehr

Im März wechselten Blake und ich einige Briefe. In einem fragte er, ob ich es noch für sinnvoll hielte, die Sache weiter zu betreiben. Ich antwortete, daß ich mein Bestes tun wolle, »die Werkzeuge zu beschaffen und die Arbeit zu beenden«.

Mittlerweile war mir klargeworden, daß die Flucht nicht stattfinden konnte, solange ich noch im Häftlingsheim wohnte. Irgendwie mußte ich selbst bis zum nächsten Winter das Geld auftreiben. Ich hatte jedoch keine großen Hoffnungen, und natürlich bestand die Möglichkeit, daß Blake bis dahin längst in ein anderes Gefängnis überführt worden war oder daß sich die Situation in Wormwood Scrubs selbst entscheidend veränderte.

Die ersten Änderungen traten früher ein, als ich erwartete. Gegen Ende März flohen zwei Männer aus dem Gefängnis, der eine aus dem Aufenthaltsraum D, der andere aus Trakt D selbst. Die Behörden stellten hastig einige Nachforschungen an und entdeckten, daß bei den meisten früheren Ausbrüchen die ostseitige Mauer hinter Trakt D, gegenüber dem Hammersmith-Krankenhaus, eine Rolle gespielt hatte. Danach war am häufigsten die Nordmauer längs des Parks benutzt worden. Man entschloß sich zu einer Maßnahme, die so wirksam wie einfach war: In der Ecke, wo die Ost- und die Nordmauer zusammenstießen, postierte man einen Wärter, der beide Mauerabschnitte in ihrer ganzen Länge überblickte, und dieser Wärter saß oder stand den ganzen Tag und die ganze Nacht dort. Damit wurden mit einem Schlag die Pläne A und B hinfällig. Der Wärter in der Ecke war nun dreißig Meter von der Stelle entfernt, wo ich die Strickleiter für Blake über die Mauer werfen wollte. Natürlich hatten wir noch Plan C, der die Flucht an einem Sonntagnachmittag von der Rasenböschung aus vorsah. Aber diesen Plan hatten wir von Anfang an nur als eine Notlösung betrachtet. Die Flucht hätte vor den Augen sämtlicher Wärter und etwaiger Spaziergänger im Park bewerkstelligt werden müssen. Wir mußten uns etwas Besseres einfallen lassen, was uns – wie Plan A – die Chance bot, davonzukommen, ohne daß sofort Alarm geschlagen wurde. Im April wechselte ich zu diesem Thema einige Briefe mit Blake. So wie die Dinge im Augenblick lagen, hielt er Plan C für das einzig Mögliche. (»Ich stelle mir ein hübsch gelegenes Haus vor«, schrieb er, »wo Sie an einem sonnigen Sonntagnachmittag gegen drei Uhr Ihren Gästen auf einem weiten Rasen Champagner servieren und sie später zu einem kleinen Spaziergang im nahe gelegenen Park einladen können.«)

Doch ohne Geld konnten wir so oder so nichts unternehmen, und es blieb uns nichts anderes übrig, als die Daumen zu drücken und zu hoffen, daß Blake nicht überführt wurde. (Später erfuhren wir aus dem Mountbatten-Report, daß der Gefängnisdirektor zu diesem Zeitpunkt schon beim Innenministerium den dringenden Antrag gestellt hatte, Blake in ein Gefängnis mit optimalen Sicherheitsbedingungen zu bringen. Es war vielleicht unser Glück, daß wir damals nichts davon wußten, denn wir hätten uns womöglich zu einer Panikhandlung hinreißen lassen und einen Ausbruchsversuch unternommen, der nur mißglücken konnte.)

Am 4. Juli sollte ich aus dem Heim entlassen werden. Bis dahin konnte ich nur warten und beobachten – ein nervenzermürbendes Spiel.

Allmählich gewöhnte ich mich wieder an das Zivilleben. Die Männer, mit denen ich in den Lagerräumen der Fabrik zusammenarbeitete, waren tatsächlich, wie der Verwalter gesagt hatte, angenehme Kollegen. Erst wenn er einige Jahre mit seinesgleichen im Gefängnis zugebracht hat, wird einem Verbrecher bewußt, wie liebenswürdig die meisten gesetzesfürchtigen Bürger sind, ganz im Gegensatz zu dem Benehmen von Strafgefangenen. Während der ersten Wochen unter freien Menschen ist man jedesmal geradezu entsetzt, wenn die Leute »danke« und »verzeihen Sie« sagen, ohne zu befürchten, deshalb für Schwächlinge gehalten zu werden. Und wenn man jemanden aus Versehen anrempelt, nimmt er es auch ohne Entschuldigung hin, ohne sich in seiner Mannesehre gekränkt zu fühlen. Man kommt zu dem Schluß, daß die anständigen Bürger offenbar ein größeres Gefühl der Sicherheit und mehr Selbstvertrauen besitzen. Gegen Mitte April hatte ich mich mit der Tatsache abgefunden, daß die Flucht frühestens einige Monate nach meiner Entlassung aus dem Heim stattfinden konnte. Bis dahin konnte ich ungefähr hundert Pfund zusammensparen. Den Rest mußte ich zu borgen versuchen. Ich hatte allerdings noch keine Ahnung, bei wem ich es versuchen sollte.

Vorerst mußte ich gewisse Schritte unternehmen, um sicherzustellen, daß ich auch nach dem Verlassen des Heims noch irgendeine Nachrichtenverbindung mit dem Gefängnis hatte. Das war von größter Wichtigkeit. Ich freundete mich daher mit einem Neuankömmling im Heim an, von dem ich wußte, daß er erst im Dezember entlassen werden sollte. Er hieß Barry Richards. Wir gingen einige Male zusammen ins »Western«, und ich sagte ihm, ich würde auch später gerne über das Leben in Wormwood Scrubs hören, da ich die Absicht hätte, ein Buch darüber zu schreiben. Wir machten aus, daß wir uns nach meiner Entlassung von Zeit zu Zeit im »Western« treffen wollten.

Ende April hatte ich die Gewißheit, daß ich mit Barrys Hilfe rechnen durfte. Er wollte für mich Briefe ins Gefängnis bringen. Aber ich war noch nicht beruhigt. Eine kleine Änderung der Routine im letzten Augenblick konnte jeden noch so sorgfältig ausgeklügelten Plan zum Scheitern bringen, und wenn ich nicht mehr im Gefängnis war, erfuhr ich von solchen Änderungen nichts. Die Filmvorführung, zum Beispiel, wurde manchmal von Samstag auf Sonntag abend verschoben, weil am Samstag ein Konzert oder irgendeine andere, von Zivilisten veranstaltete Unterhaltung stattfand. Zwar hatten wir unseren ursprünglichen Plan A aufgegeben, aber es bestand weiterhin die Möglichkeit, daß Blake aus dem Trakt D fliehen wollte, während die meisten Häftlinge im Kino waren und sich im ganzen Trakt nur zwei Wärter aufhielten. Diese zwei Stunden am Samstagabend waren der wunde Punkt.

Ich konnte von Barry nicht erwarten, daß er mich über solche Änderungen in letzter Minute unterrichtete, selbst wenn er noch rechtzeitig von ihnen erfuhr, was aber ohnehin nicht sehr wahrscheinlich war, denn ein Bewohner des Häftlingheims konnte nicht alles wissen, was im Trakt D vorging. Blake würde mir natürlich Briefe schreiben, aber bis ein Brief vom Trakt D über das Heim ins »Western« gelangte, vergingen mehrere Tage. Blake konnte mir also nicht nur keine im letzten Augenblick eingeführten Änderungen mitteilen, sondern auch keine, die schon zwei Tage vorher beschlossen wurden.

Dieses Problem beschäftigte mich tagelang. Unter anderem erwog ich, daß mir Blake verabredete Signale aus einem Zellenfenster im 3. Stock geben könnte, während ich unten im Park oder womöglich gar auf dem Dach des Hammersmith-Krankenhauses stand. Plötzlich fiel mir die Lösung ein.

Warum nicht? Es war gewagt, sehr gewagt. Und es war in der Geschichte der englischen Gefängnisse noch nie getan worden. Aber warum nicht? Wir leben im elektronischen Zeitalter, sagte ich mir. Warum sollte man sich nicht die Errungenschaften der modernen Wissenschaft zunutze machen? Ich konnte mit Blake direkt sprechen, während er in seiner Zelle saß. Dank der Transistorentechnik gab es Funksprechgeräte, die in einer Rocktasche Platz fanden. Ich setzte mich an meinen Tisch und schrieb an den Heimleiter:

Sehr geehrter Herr,
da ich nun schon eine beträchtliche Summe erspart habe, wäre ich

Ihnen sehr verbunden, wenn Sie mir diese Woche 25 Pfund für einen neuen Anzug auszahlen wollten.

Hochachtungsvoll,
Seán Bourke

Diesen Brief gab ich einem Häftling mit einem roten Band, der ihn dem Heimleiter vorlegte, während ich bei der Arbeit war. Am Freitagabend lieferte ich meine Lohntüte ab und bekam wie üblich meine drei Pfund und dazu die verlangten fünfundzwanzig.

Am nächsten Morgen stand ich in Piccadilly vor dem Schaufenster des Radio- und Elektrogeschäfts McDonald. Ich sah, was ich suchte: zwei japanische Funksprechgeräte in schwarzen Lederetuis, klein genug, um unauffällig in der Innentasche eines Sakkos untergebracht zu werden. Laut Preisschild betrug die maximale Reichweite acht Kilometer. Das galt natürlich nur für einen Sprechverkehr zwischen zwei Hügelkuppen oder in einer unbebauten Ebene oder auf offener See, aber das machte mir kein Kopfzerbrechen. Achthundert oder auch nur vierhundert Meter genügten für meine Zwecke.

Ich ging in den Laden und kaufte die Geräte. Sie kosteten normalerweise fünfunddreißig Pfund, wurden aber im Abverkauf zu fünfundzwanzig angeboten. Der Verkäufer erklärte mir, was ich schon wußte, nämlich daß die Reichweite von den geographischen Gegebenheiten abhing. Dann ging er auf den Platz hinaus, während ich im Laden blieb, und wir probierten die Apparate aus. Sie funktionierten tadellos. Ein Polizist ging vorüber und lächelte nachsichtig über die beiden erwachsenen Männer, die da offenbar Räuber und Gendarm spielten.

»Wo wollen Sie sie eigentlich verwenden?« fragte der Verkäufer, als er die Geräte einpackte.

»Draußen auf dem Lande. Auf einem großen Gut hat man oft Schwierigkeiten mit der Verständigung.«

»Ich gebe Ihnen zwei Reservebatterien dazu«, sagte der Verkäufer.

»Wenn Sie Scherereien mit den Geräten haben oder wenn sie für

Ihre Zwecke nicht taugen, bringen Sie sie zurück, und wir versuchen es mit etwas anderem.«

Ich ging mit dem Paket unter dem Arm durch das Gefängnistor. Damals konnte ein Heiminsasse mit einem ganzen Koffer erscheinen, ohne angehalten zu werden.

»Einkäufe gemacht, Seán?« fragte der Wärter lächelnd.

»Ja, unten in Piccadilly.«

Der nächste Tag war ein Sonntag. Bevor ich mich mit der Frage beschäftigte, wie ich Blake seinen Apparat in die Zelle schmuggeln sollte, mußte ich mich davon überzeugen, daß die Sender stark genug waren, um die Gefängnismauern zu durchdringen. Ich band um eines der Geräte eine Schnur, die den Sendeknopf niederhielt, legte es auf den Boden meines Spindes und zog die Teleskopantenne aus. Sie war einen Meter achtzig lang, aber im Spind war nur für einen Meter fünfzig Platz. Ich sah auf die Uhr. Es war Mittag. Die Sendung »Lieblinge der Familie« mußte jeden Augenblick beginnen. Ich nahm mein Radio, schaltete das Unterhaltungsprogramm ein und stellte den Apparat neben das Funksprechgerät, das ich ebenfalls einschaltete. Dann schloß ich den Spind ab und verließ das Zimmer. Das zweite Funksprechgerät trug ich in der Innentasche meines Sakkos.

Ich ging durch die Artillery Road in den Park hinter dem Gefängnis und streifte im Gehen spielerisch mit der Hand über die ostseitige Mauer. Es war Mai, und ziemlich viele Menschen spazierten auf den Wegen umher, saßen lesend auf den Bänken oder genossen einfach die Sonne. Ich nahm das Gerät aus der Tasche, zog die Antenne ganz heraus und schaltete ein. Ich empfing die Sendung laut und klar. Niemand war in meiner unmittelbaren Nähe, aber selbst wenn mich jemand beobachtet hätte, würde er mein Funksprechgerät für einen gewöhnlichen Radioapparat gehalten haben, zumal die »Lieblinge der Familie« aus dem Lautsprecher plärrten. Mich interessierte natürlich die Stimme der Ansagerin mehr als die Musik, und zu meiner Erleichterung klang sie rein wie eine Glocke. Ich war mehr als zufrieden, weil das an der Vorderseite des Gefängniskomplexes gelegene Heim viel weiter von meinem Standort entfernt war als der Trakt D.

Ich sah zur Mauer und zum Trakt D hinüber und dann auf das kleine Gerät, das vor mir im Grase lag. Die verchromte Antenne blitzte in der Mittagssonne, und ich lächelte, weil alles so einfach war. Wie leicht hatte ich diese dicken, drohenden Mauern durchbrochen! Ich schob die Antenne ein und schaltete ab. Dann stand ich auf und betrachtete noch einmal die Mauer. »Mein Freund«, sagte ich und streichelte zärtlich das Gerät, »wir beide werden ein neues Kapitel in der Geschichte der Gefängnisausbrüche schreiben.«

An diesem Abend schrieb ich Blake wieder einen Brief. Ich teilte ihm mit, daß ich in nächster Zeit umziehen müsse und daß eines der Probleme, die sich durch den Wohnungswechsel ergaben, die viel größere Entfernung zur Baustelle sei. Da ich in ständiger Verbindung bleiben wolle, hätte ich beschlossen, Funksprechgeräte zu verwenden. Briefe brauchten zu lange. Blake antwortete, das sei eine glänzende Idee.

Ich machte mich daran, unsere Rufzeichen und einen Erkennungs-Code auszuarbeiten. Für die Rufzeichen beschloß ich, die Initialen der beiden bekanntesten Gestalten der irischen Mythologie zu verwenden, Fionn McCuhaills, des Anführers der Fenier*, und Baldy Canaans, seines Stellvertreters – F. M. und B. C. Aus ›F. M.‹ machte ich »Fox Michael« und ›B. C.‹ wurde zu »Baker Charlie«. Auch den Erkennungs-Code konnte ich der Literatur entlehnen. Im ersten Semester unseres Literaturkurses hatten wir die Periode von Chaucer bis zu den Stuarts behandelt, in die auch die metaphysischen Dichter gehörten. Einer dieser Dichter, Richard Lovelace, hatte etwas sehr Passendes geschrieben:

* Nach einer altirischen Kriegerkaste benannter irischer Geheimbund des 19. Jhs., der als Vorläufer des *Sinn Fein* für die Unabhängigkeit Irlands kämpfte. (Anm. d. Übers.)

Steinmauern machen keinen Kerker
Und Eisenstäbe keinen Käfig;
Unschuld'ge, stille Geister wohnen drin
Gleich wie in einer Klause.
Bin ich in meiner Liebe frei
Und frei in meiner Seele,
Genießen gleiche Freiheit nur
Die Engel in den Lüften.

Der Erkennungs-Code war also:

Ich: »Steinmauern machen keinen Kerker und Eisenstäbe keinen Käfig.«

Blake: »Unschuld'ge, stille Geister wohnen drin gleich wie in einer Klause.«

Ich: »Richard Lovelace muß ein Narr gewesen sein.«

Blake: »Oder nur ein Träumer.«

Ich schrieb das alles auf und schickte es Blake. Zugleich teilte ich ihm mit, daß er das Gerät binnen einer Woche »durch unseren gemeinsamen Freund P.« bekommen werde. Ich schlug vor, Peter Martin nicht ganz in unseren Plan einzuweihen, denn dazu sah ich vorerst keinen Grund.

Die Angelegenheit, die in diesem Brief zur Sprache kam, ließ sich nicht auf die übliche Weise verschlüsselt, nämlich auf einen fiktiven Hausverkauf bezogen, darstellen, aber dies sollte der letzte Brief sein, und ich glaubte, ein Risiko eingehen zu dürfen. Warum sollte ausgerechnet diese Nachricht in falsche Hände geraten, nachdem alle anderen den Empfänger erreicht hatten?

In seiner Antwort versicherte mir Blake, er habe das Verfahren begriffen. Er fragte sich jedoch, ob man Peter Martin weiterhin uninformiert lassen sollte, zumal man ihn nun bitten mußte, eine aktive Rolle zu spielen. »Ich will die Entscheidung Ihnen überlassen«, schrieb er. Ich dachte noch einmal darüber nach und fand, daß es wohl doch das Beste war, Peter reinen Wein einzuschenken. Sobald er das Funksprechgerät sah, wußte er ohnehin, was wir vorhatten, und an seiner Verschwiegenheit zweifelte ich nicht.

Die Theatergruppe des Gefängnisses brachte die erste Inszenierung des Frühjahrs heraus. Die alten Sträflinge und die Burschen aus dem Fürsorgeerziehungsheim hatten das Stück am Mittwoch und Donnerstag gesehen, Trakt C am Freitag und Samstag; Trakt D sollte es heute, am Montag, sehen. Die Vorstellungen am Dienstag, Mittwoch und Donnerstag sollten für Besucher, Familienangehörige und Freunde der Gefängnisbeamten, prominente Bürger, Beamte des Innenministeriums und so weiter gegeben werden. An diesen Abenden würde etwa ein Dutzend »Blaubänder« oder »Führer« auf dem Weg vom Haupttor zum Theater im Aufenthaltsraum D Dienst tun. Während der Aufführung saßen oder standen diese »Führer« gewöhnlich hinten im Zuschauerraum, und nach der Vorstellung brachten sie die Besucher wieder hinaus.

Als ich von der Arbeit ins Heim zurückkehrte, traf ich Peter Martin. Er hatte unlängst das blaue Band bekommen. Wir gingen zwischen Trakt C und dem Speisesaal der Aufseher ein paar Meter nebeneinander her.

»Peter«, flüsterte ich, ohne ihn anzusehen, »ich möchte Ihnen etwas geben, aber ich habe auch mit Ihnen zu reden. Wie können wir das einrichten?«

»Ich könnte einen Vorwand finden, Sie im Heim zu besuchen.«

»Zu gefährlich. Wie wär's im Theater? Könnten Sie sich als Führer einteilen lassen?«

»Ist schon geschehen.«

»Sehr gut. Ich bitte den Direktor um Genehmigung für den Besuch der morgigen Vorstellung und halte Ihnen einen Platz frei.«

»In Ordnung, Seán. Auf Wiedersehen.«

»Auf Wiedersehen!«

Im Heim schrieb ich an den Direktor und gab den Brief einem »Rotband«. Als ich am Dienstagabend von der Arbeit zurückkam, wartete schon die schriftliche Genehmigung auf mich.

Eine kleine Arbeit hatte ich noch zu erledigen, bevor ich ins Theater ging. Wenn ich am späteren Abend Funksprechverkehr mit dem Zellenblock aufnehmen wollte, mußte ich ein Zimmer für mich allein haben. Der erste Stock des Gebäudes war vor kurzer Zeit übernommen worden. Es gab oben noch einige unbesetzte Räume, und ich beschloß, auf eigene Faust umzuziehen. Ich packte alle meine Habe in eine Decke und trug das Bündel hinauf in das erste Zimmer links von der Treppe. Das Fenster ging auf die Dächer der Aufnahme und der dahinterliegenden Turnhalle und bot mir einen Blick auf das vordere Ende des Traktes D. Das große Spitzbogenfenster an der Schmalwand des Gebäudes war deutlich zu sehen. Die Tür darunter wurde allerdings durch das Dach der Turnhalle verdeckt. Auch einige Zellenfenster im zweiten und dritten Stock sah ich; die im ersten Stock und im Erdgeschoß, das heißt die »Zweier« und »Einser« dagegen nicht mehr.

Ich rasierte mich schnell und ging zum Abendessen hinunter. Zu meiner Erleichterung erfuhr ich, daß von den Heiminsassen sonst keiner mehr ins Theater ging. Ich kehrte noch einmal in mein Zimmer zurück, schob eines der Funksprechgeräte in die Innentasche meines Sakkos und betrachtete mich prüfend im Spiegel. Es war keine verdächtige Ausbuchtung zu sehen. Vor kurzem hatte ich auch eine Kamera gekauft, die so klein war, daß man sie in der Hand verstecken konnte. Ich brachte sie zusammen mit drei winzigen Filmrollen in einer anderen Tasche unter. In eine dritte Tasche steckte ich ein halbes Dutzend Zigarren.

Um 19 Uhr 15 saß ich in der letzten Reihe des Zuschauerraumes und legte einen Arm über die Lehne des Stuhls zu meiner Rechten. Die Lichter gingen aus, der Vorhang öffnete sich, das Spiel begann. Einige verspätete Besucher drängten sich noch zwischen den Sitzreihen durch, und endlich kam Peter Martin. Er setzte sich neben mich. Die letzte Stuhlreihe stand direkt an der Wand des Saales, was für unsere Zwecke ideal war.

Etwa eine Viertelstunde lang sahen wir schweigend zu, dann lehnte ich mich ein wenig näher zu Peter und sprach, ohne ihm den Kopf zuzuwenden. Auch er blickte unverwandt auf die Bühne.

»Ich muß Ihnen etwas sehr Wichtiges sagen, was Sie wissen sollten«, begann ich. »Ich will George Blake herausholen.«

Peter sah noch immer geradeaus. »Ich bin froh, daß Sie es mir gesagt haben, Seán. Sie würden mich sehr gekränkt haben, wenn Sie es mir nicht gesagt hätten.«

»Ja, ich weiß. Bisher sahen wir keinen Grund, es Ihnen zu sagen; nicht, weil wir Ihnen nicht getraut hätten, sondern weil wir Sie nicht ohne Not mit hineinziehen wollten. Jetzt möchte ich Sie aber um etwas bitten, was Sie zum Komplicen macht, und deshalb haben Sie das Recht zu wissen, was gespielt wird.«

»Was soll ich tun?«

»Ich habe ein Funksprechgerät bei mir, komplett mit Lederetui, Kopfhörer und Bedienungsanleitung. Ich möchte, daß Sie es George geben. Außerdem habe ich eine Miniaturkamera mit drei Filmen. Machen Sie ein paar Brustbilder von George, die man für einen Paß verwenden kann, und geben Sie mir die Filme zurück, solange ich noch im Heim bin.«

»In Ordnung, Seán. Verstanden.«

»Macht es Ihnen wirklich nichts aus, Peter?«

»Seán, ich habe Ihnen schon einmal gesagt: Wenn ich etwas für Sie tun kann, lassen Sie es mich wissen. Jederzeit.«

»Danke, Peter. Wenn Sie heute abend in den Trakt zurückkommen, sind schon alle in ihren Zellen eingeschlossen. Sie können George die Sachen erst morgen geben. Hätten Sie etwas dagegen, die Geräte heute abend mit mir auszuprobieren?«

»Nein, Seán, das will ich gern tun.«

»Ich rufe Sie nach dem Lichtauslöschen, kurz nach zehn. Ich sehe es von meinem Fenster aus, wenn das Licht im Trakt D abgedreht wird.«

Ich blickte mich um. Unsere Nachbarn folgten aufmerksam dem Schauspiel.

»Fertig, Peter?«

»Los!« Er knöpfte langsam seine Jacke auf. Ich nahm den Apparat aus der Tasche und legte ihn im Schutz meiner Jacke in den Schoß, dann schob ich ihn vorsichtig Peter zu. Seine linke Hand kam mir auf halbem Wege entgegen, er ließ den Apparat einige Sekunden in seinem Schoß liegen, dann fuhr seine Hand in einer spiegelbildlichen Wiederholung meiner Bewegungen unter der Jacke in die Höhe. Als sie wieder zum Vorschein kam, hielt sie ein Taschentuch. Peter tat, als putzte er sich die Nase, und steckte das Taschentuch wieder in seine Innentasche. Die Kamera und die Filme wurden auf dieselbe Weise übergeben, dann erklärte ich das mit George Blake verabredete Verfahren. Schließlich gab ich Peter die Zigarren.

Nach der Vorstellung hielt einer der Schauspieler eine kleine Ansprache und dankte allen, die die Aufführung des Stückes möglich gemacht hatten. Nach ihm betrat der Direktor die Bühne, um die übliche Rede zu halten. Zuletzt erinnerte er die Zuschauer daran, daß an der Tür eine Sammelbüchse aufgestellt sei und daß alle Spenden in den Allgemeinen Fonds zugunsten der Gefängnisinsassen flössen.

Als ich durch die Tür ging, warf ich zwei Halfcrowns in die Büchse.

»Danke, Sir«, sagte der stellvertretende Direktor lächelnd.

»Nichts zu danken, guter Mann«, erwiderte ich, und wir lachten beide.

Im Heim ging ich sofort in mein neues Zimmer. Ich hatte das Bett neben dem Fenster gewählt, und nun setzte ich mich darauf, sah zum Trakt D hinüber und wartete. Es war 22 Uhr, aber im dritten Stock brannten noch die Lichter. Das bedeutete, daß der Nachtaufseher seinen Rundgang im Erdgeschoß begonnen hatte. Bis er die Lichter im dritten Stock löschte, konnte es noch eine halbe Stunde dauern. Nach etwa zwanzig Minuten begannen sie auszugehen, eins nach dem andern, in Abständen von vier Sekunden. So lange brauchte der Mann, um von einer Zelle zur anderen zu gehen. Ich wartete noch fünf Minuten, dann legte ich mich bequem auf das Bett zurück. Das Funksprechgerät ruhte auf meiner Brust. Ich schaltete es ein, drehte aber für den Fall, daß sich Peter Martin unerwartet meldete, den Lautstärkeregler zurück, drückte auf den Sendeknopf und begann, ihn zu rufen.

»Fox Michael ruft Baker Charlie, Fox Michael ruft Baker Charlie. Bitte kommen. Ende.«

Er wartete schon auf mich und antwortete augenblicklich.

»Baker Charlie an Fox Michael, Baker Charlie an Fox Michael. Ich höre Sie laut und klar. Ende.«

»Steinmauern machen keinen Kerker und Eisenstäbe keinen Käfig«, sagte ich. »Ende.«

»Unschuld'ge stille Geister wohnen drin gleich wie in einer Klause«, antwortete er. »Ende.«

»Richard Lovelace muß ein Narr gewesen sein«, sprach ich weiter. »Ende.«

»Oder nur ein Träumer«, schloß Peter. »Ende.«

»Mann, bin ich froh, Sie zu hören«, sagte ich. »Der Empfang ist großartig. Es klingt, als wären Sie hier neben mir im Zimmer, und ich habe nicht einmal auf halbe Lautstärke gedreht. Das ist sehr ermutigend. Ende.«

»Auch ich höre Sie laut und deutlich. Ende.«

»Ich brauche Sie wohl nicht daran zu erinnern, daß wir keine Namen nennen dürfen«, sagte ich. »Man weiß nie, wer mithört. Ende.«

»Sie haben recht, Fox Michael«, antwortete Peter. »Ich benutze solche Dinger nicht zum erstenmal. Ich kenne den Dreh. Ende.«

»Es ist sehr schön von Ihnen, uns zu helfen, mein Freund. Ich weiß, daß Sie sehr viel riskieren, und unser gemeinsamer Freund und ich wissen das zu schätzen. Ende.«

»Machen Sie sich deshalb keine Gedanken, Fox Michael. Es ist Ihnen natürlich klar, daß die ursprünglichen Pläne hinfällig sind. Wir müssen uns was Neues ausdenken. Sie werden gehört haben, daß da jetzt den ganzen Tag ein Gentleman in der Ecke sitzt. Um den müssen wir irgendwie herumkommen. Aber das können Sie mir überlassen. Ende.«

»Danke, Baker Charlie«, sagte ich. »Wenn Sie es schaffen, unseren Freund die wenigen so wichtigen Meter vom Inneren des Baus nach draußen zu bringen, besorge ich den Rest. Ende.«

»Gut, ich werde mich mit der Sache beschäftigen, aber jetzt hören Sie gut zu. Es gibt etwas, was Sie wissen müssen, damit Sie Ihre Vorkehrungen treffen können. Wir haben hier eine Bande von sechs Mann, die demnächst ausbrechen will. Sie haben schon die Gitterstäbe eines Zellenfensters im Erdgeschoß durchgesägt und wieder zusammengeklebt. Das einzige, was sie noch zurückhält, ist der Mann in der Ecke. Ende.«

Das war eine alarmierende Nachricht. »Und wie wollen sie mit diesem Problem fertig werden?« fragte ich. »Ende.«

»Sehr einfach«, antwortete Peter. »Wenn es regnet, stellt sich der Mann im Portal am Ende des Traktes unter. Von dort aus überblickt er zwar die nördliche Mauer, aber nicht die Mauer auf der Seite des Krankenhauses. Das ist der wunde Punkt. Sobald es also regnet, sind die sechs weg. Die Stäbe sind schon seit einer Woche durchgesägt, und ein Seil mit einem Haken ist im Trakt D versteckt. Ich dachte, ich warne Sie lieber, damit Sie nichts herumliegen lassen, was Sie verraten könnte. Sie müssen sehr vorsichtig sein, vor allem an Regentagen. Ende.«

»Danke für die Warnung, mein Freund. Woher wissen Sie es übrigens? Nein, Sie brauchen mir nicht zu antworten. Das war eine alberne Frage. Ich dachte nur: Wenn zu viele Leute davon erfahren, kommen die sechs bestimmt nicht weit. Ende.«

»Es wissen ohnehin schon sehr viele davon. Sie kennen das ja. Wenn es einer erfährt, wissen es bald alle. Ende.«

»Und wenn sie einer verpfeift?« fragte ich. »Ende.«

»Das Risiko müssen sie auf sich nehmen, und dagegen kann man ohnehin nichts machen. Ende.«

»Hören Sie, Baker Charlie«, sagte ich, »wir müssen natürlich diesen Männern und allen andern, die es versuchen wollen, Glück wünschen, aber andrerseits kann so etwas unangenehme Folgen für uns

haben. Wenn ihr Versuch gelingt, wird man weitere Vorsichtsmaßnahmen einführen. Sagen Sie mir eins: Diese sechs Männer, sind das
Typen, deren Flucht einen Wirbel in der Presse verursachen
könnte? Ende.«

»Wissen Sie, wenn gleich sechs Mann auf einmal über die Mauer gehen, gibt es auf alle Fälle einen Wirbel in der Presse, aber ein paar
von ihnen sind Gewalttäter, und das macht die Sache noch schlimmer. Ende.«

»Gut, Baker Charlie. Ich danke Ihnen noch einmal für die Warnung. Wir können nichts unternehmen. Wir müssen stillsitzen und
hoffen, daß die Auswirkungen nicht allzu drastisch sein werden.
Weiß *er* es schon? Ende.«

»Ja, ich habe es ihm gesagt. Ende.«

»Wie nimmt er es auf?« fragte ich. »Ende.«

»Er ist natürlich sehr beunruhigt, aber ich habe ihm gesagt: Andere
hätten auch das Recht, es zu probieren. Ende.«

»Gut, Baker Charlie, überlegen Sie, wie Sie unseren Freund aus dem
Trakt herausbringen. Um das übrige kümmere ich mich. Es hat
keine Eile. Solange ich noch im Heim bin, können wir nichts machen. Geben Sie ihm morgen das Gerät? Ende.«

»Ja«, antwortete Peter. »Und zerbrechen Sie sich nicht den Kopf.
Ich werde schon einen Weg aus dem Trakt hinaus finden. Ende.«

Ich hörte die festen Schritte des Nachtaufsehers, setzte mich auf
dem Bett auf und sah aus dem Fenster. Der Mann ging eben an der
Aufnahme vorbei. In einer halben Minute mußte er die Ecke erreicht haben, wo die vordere Gefängnismauer an die ostseitige stieß.
Dort wandte er sich gewöhnlich nach links, ging an der Schule vorbei und dann am Trakt D entlang zur anderen Ecke, die von der östlichen und der nördlichen Mauer gebildet wurde, und patrouillierte
dann die Nordmauer ab. Ich drückte auf den Sendeknopf.

»Baker Charlie«, sagte ich, »ist Ihr Fenster offen? Ende.«

»Ja, warum? Ende.«

»Ein Blauer macht seine Runde. Er biegt gerade bei der Schule nach links ab und ist in ungefähr zwei Minuten unter Ihrem Fenster. Könnte er Sie hören? Ende.«

»Nein, Fox Michael. Er kann mich nicht hören. Ich bin zu hoch oben und flüstere nur. Trotzdem – ich mache das Fenster zu. Meine einzige Sorge ist, daß die Leute in den . . . äh . . . Zimmern nebenan mich hören könnten. Aber wenn sie mich wirklich hören, glauben sie sicher, ich rede im Schlaf oder höre Radio. Ende.«

»Gut, mein Freund. Das dürfte für heute alles sein. Sagen Sie *ihm*, ich rufe ihn morgen um dieselbe Zeit. Ende.«

»Wird gemacht, Fox Michael. Ende.«

Ich drückte zum letztenmal den Sendeknopf nieder.

»Fox Michael an Baker Charlie. Ende, Ende. Gute Nacht.«

»Baker Charlie an Fox Michael. Ende, Ende. Gute Nacht.«

Ich schob die Antenne zusammen und legte das Gerät wieder in den Spind. Von nun an mußte dieses kostbare Verbindungsglied zwischen zwei Welten außerhalb des Gefängnisses aufbewahrt werden, wenn es nicht gebraucht wurde. Ich hatte auch in der Fabrik einen kleinen verschließbaren Spind. Das war das beste Versteck, und ich nahm mir vor, das Gerät nur an den Abenden ins Heim mitzubringen, an denen ich mit Blake sprechen wollte.

Der Gedanke an die sechs Ausbrecher machte mich nervös. Ihre Flucht mußte unweigerlich wütende Reaktionen auslösen. Was konnte ich tun? Nichts. Natürlich dachte ich an das Nächstliegende: Ein anonymer Telefonanruf würde dem Unternehmen rasch ein Ende bereiten. Aber nein, ich wollte nicht eines Tages dastehen und hilflos zusehen müssen, wie andere ihr Bestes taten, um meine eigenen Pläne zu durchkreuzen.

Eine weitere Vorsichtsmaßnahme ergriff ich noch: Ich besorgte mir ein kleines Tonbandgerät mit Batterieantrieb. Es sollte dazu dienen, meine Geschichte zu bestätigen, wenn die Zeit kam, sie zu erzählen, und was mir noch wichtiger erschien: Mit seiner Hilfe konnte ich beweisen, daß ich aus eigenem, freien Willen gehandelt hatte und nicht als bezahlter Agent des KGB.

Am nächsten Morgen ging ich mit dem Funksprechgerät in der Tasche durch das Haupttor. Tagsüber lag es in meinem Spind in der Fabrik, und als ich um 17 Uhr ins Heim zurückkehrte, trug ich es wieder in der Tasche.

An diesem Abend begann der Nachtaufseher im Trakt D mit dem Lichtausdrehen nicht unten, sondern im dritten Stock, und ich mußte wieder bis 22 Uhr 30 warten, da Blakes Zelle im Erdgeschoß lag. Ich konnte allerdings das Ausgehen der Lichter in den unteren Etagen nicht beobachten. Um 22 Uhr 30 lag ich auf meinem Bett. Ich zog die Antenne ganz heraus, legte das Sprechgerät auf meine Brust und schaltete es zusammen mit dem Tonbandgerät ein. Der große Augenblick war gekommen. Würde ich wirklich George Blakes Stimme aus dem kleinen Apparat hören, der da auf meiner Brust lag? Würde das Unglaubliche tatsächlich geschehen?
Ich drückte auf den Sendeknopf.
»Fox Michael ruft Baker Charlie, Fox Michael ruft Baker Charlie. Bitte kommen. Ende.« Ich ließ den Knopf los und horchte. Eine kurze Pause, dann hörte ich das durch das Niederdrücken des Sendeknopfes ausgelöste Summen des anderen Geräts, und plötzlich schien Blakes unverwechselbare Stimme den ganzen Raum auszufüllen.
»Baker Charlie an Fox Michael, Baker Charlie an Fox Michael. Empfang laut und klar. Ende.«
»Steinmauern machen keinen Kerker und Eisenstäbe keinen Käfig. Ende.«
»Unschuld'ge, stille Geister wohnen drin gleich wie in einer Klause. Ende.«
»Richard Lovelace muß ein Narr gewesen sein. Ende.«
»Oder nur ein Träumer. Ende.«
»Nun, mein Freund«, sagte ich. »Wie geht es Ihnen? Ende.«
»Ausgezeichnet. Und ich kann Ihnen nicht sagen, wie herrlich und aufregend es für mich ist, so mit Ihnen sprechen zu können. Das ist meine erste freie, uneingeschränkte Verbindung mit der Außen-

welt seit fünf Jahren. Ein wunderbares Gefühl. Ende.«

Seine Stimme klang wirklich aufgeregt.

»Das glaube ich Ihnen gern«, sagte ich. »Und Sie verstehen mich ganz deutlich? Der Empfang ist gut, ja? Ende.«

»Ja, Fox Michael, ganz deutlich. So als säßen Sie neben mir. Ich muß sogar den Ton drosseln. Und wie hören Sie mich? Ende.«

»Ebensogut«, sagte ich. »Wie sieht es bei Ihnen aus, ich meine technisch gesehen? Haben Sie die Antenne ganz herausgezogen? Stehen oder sitzen Sie? Ende.«

»Ich liege bequem auf meinem Bett und habe die Antenne ganz herausgezogen. Das Fenster habe ich vorsichtshalber zugemacht, damit mich die Nachtpatrouille nicht hört. Außerdem habe ich mein Radio eingeschaltet und eine Musiksendung eingestellt für den Fall, daß meine Nachbarn horchen oder daß in meiner Zelle ein Mikrophon versteckt ist. Wenn ich den Nachtaufseher kommen höre, kann ich in Sekunden die Antenne zusammenschieben und das Gerät unter meiner Decke verstecken, aber Sie wissen ja, daß er zwischen dem Lichtauslöschen und sechs Uhr morgens nur selten durch das Guckloch schaut. Und da bei mir alles in Ordnung ist und ich nicht die Absicht habe, zu klingeln, befürchte ich keine Störung. Ich fühle mich sogar sehr sicher. Ende.«

»Freut mich, das zu hören. Ich habe natürlich in meiner augenblicklichen Lage noch weniger Sorgen. Ende.«

»Gut«, sagte Blake, »kommen wir zur Sache. Unser gemeinsamer Freund und ich werden etwas ausknobeln. Ich werde Sie auf dem laufenden halten. Einstweilen ist die Geldfrage zu lösen. Ich nehme an, Sie haben alle Beziehungen zu den beiden Damen abgebrochen. Ende.« »Ja, das habe ich. Ich will nicht behaupten, ich sei nicht enttäuscht, aber es ging nun einmal nicht anders. Wie es mit den beiden Damen steht, wissen Sie selbst am besten. Ende.«

»Ich bin froh, daß Sie es so auffassen, und ich glaube, es ist das beste so. Die Damen waren zu nervös, und das kann für sich allein schon eine Gefahr darstellen. Ende.«

»Jedenfalls spielt es jetzt keine Rolle mehr«, sagte ich. »Ich habe eine mögliche Hilfsquelle im Auge, die ich noch diese Woche erkunden will. Ein alter Freund von mir, der absolut zuverlässig ist und für eine Sache wie die unsere eigentlich sehr viel übrig haben müßte. Er ist kein Verbrecher. Wenn er einer wäre, würde ich ihm selbstverständlich in weitem Bogen aus dem Wege gehen. Nein, der Mann, an den ich denke, würde eine Fünfpfundnote, die er auf der Straße findet, dem nächsten Polizisten übergeben, und das wäre übrigens die einzige Gelegenheit, bei der er je mit der Polizei in Berührung käme. Ich glaube, er ist die Lösung für einige unserer Probleme. Ende.«

»Das klingt vielversprechend«, meinte Blake. »Ich brauche wohl nicht zu sagen, daß ich wegen dieses Mannes ganz unbesorgt bin. Wenn Sie sagen, daß man ihm trauen kann, genügt mir das. Wann werde ich erfahren, was Sie bei ihm erreicht haben? Ende.«

»Ich sehe ihn Ende der Woche. Am Montagabend um dieselbe Zeit rufe ich Sie wieder. Ende.«

Blake drückte seinen Sendeknopf, zögerte aber noch eine Weile, bevor er sprach.

»Wenn dieser Mann bereit ist, mit Geld zu helfen, werden wir aber trotzdem vor Ihrer Entlassung nichts unternehmen können, oder? Ende.«

»Ich fürchte, nein. Wir haben jetzt Mitte Mai. In ungefähr sechs Wochen gehe ich, und in dieser kurzen Zeit kann ich unmöglich alles erledigen. Ich fürchte, wir müssen uns damit abfinden, daß es erst einen Monat nach meiner Entlassung so weit sein wird. Bis dahin halte ich Sie auf dem laufenden, und Sie selbst werden genug zu tun haben. Sie müssen erst noch eine Möglichkeit finden, aus dem Trakt herauszukommen. Ende.«

»Das ist wahr«, sagte Blake. »Wir haben zwar schon eine Idee, aber wir müssen noch genauere Nachforschungen anstellen, bevor wir uns endgültig entschließen. Ich nehme an, Sie wissen von den sechs anderen. Ende.«

»Ja, das ist verdammt ärgerlich, aber wir können nichts dagegen tun. Ende.«

»Das ist wohl mehr als ärgerlich!« Blakes Stimme klang ein wenig erregt. »Es könnte Maßnahmen nach sich ziehen, die unser eigenes Unternehmen zum Scheitern verurteilen. Aber wir können freilich, wie Sie sagen, nichts dagegen tun. Ende.«

»Haben Sie übrigens die Kamera und die Filme bekommen?« fragte ich. »Ende.«

»Ja, ich habe sie bekommen, aber ich weiß nicht, ob damit viel anzufangen sein wird. Ich habe, wie Sie sich denken können, einige Erfahrungen mit Miniaturkameras. Sie sind für die Art von Fotos, die Sie brauchen, nicht sehr gut. Wir versuchen es aber auf alle Fälle, und wenn es nichts wird, ist es nicht so schlimm. Wir werden wahrscheinlich nach dem Ereignis bessere Gelegenheiten haben. Ende.«

Wir begannen über die verschiedensten Dinge zu plaudern, die nichts mit der Flucht zu tun hatten, und Mitternacht war längst vorüber, als wir ein Ende machten.

»Genug für heute«, sagte ich. »Ich muß Sie schlafen lassen. Ich rufe Sie am Montagabend und berichte Ihnen, wie weit ich mit meinem Freund gekommen bin. Ende.«

»Sehr gut. Wir dürfen nicht so viel riskieren. Zwei Stunden Sendezeit sind wirklich zuviel. In Zukunft müssen wir uns kürzer fassen. Ende.«

»Sie haben recht«, erwiderte ich. »Fox Michael an Baker Charlie. Ende, Ende. Gute Nacht.«

»Baker Charlie an Fox Michael. Ende, Ende. Gute Nacht.«

Meine Freunde

Am Samstagmorgen betrat ich eine Telefonzelle vor dem Hammersmith-Krankenhaus und wählte eine Nummer.

»Hallo«, sagte ich, »ist dort Michael Reynolds?«

»Ja, wer spricht?«

»Seán«, sagte ich. »Seán Bourke.«

»Seán! Wie geht's?«

»So einigermaßen, Michael. Und dir?«

»Ich kann mich nicht beklagen. Hör mal, ich freue mich wirklich,
endlich wieder einmal von dir zu hören. Wie war's?«

»Nicht besonders.«

»Du mußt uns einmal besuchen, Seán.«

»Auf diese Aufforderung hatte ich gehofft.«

»Deshalb rufe ich dich an. Ich möchte dich so bald wie möglich sehen, um etwas mit dir zu besprechen, was ich am Telefon nicht erwähnen kann.«

»Gut, kannst du heute abend kommen? Ich habe nichts vor.«

»Gern. Um wieviel Uhr?«

»Sagen wir, um sieben?«

»Einverstanden, Michael. Ich komme.«

»Ich freue mich auf deinen Besuch.«

Um sechs Uhr meldete ich mich ab und ging die Wulfstan Street
hinauf zur Station East Acton in der Erconwald Street. Dort nahm
ich einen Zug, der stadteinwärts fuhr, stieg in der Tottenham Court
Road um und fuhr in nördlicher Richtung weiter. In Camden Town
stieg ich aus und ging ungefähr zwanzig Minuten zu Fuß.

Es war ein bescheidenes Haus für einen Mann mit einem bescheidenen Einkommen. Michael gehörte zu denen, die den Reichtum und die Reichen verachten. Er würde selbst nie wohlhabend sein, denn er war überzeugter Sozialist. Er war jedoch ebensowenig Kommunist wie ich, und ich fragte mich, ob das seine Entscheidung nicht beeinflussen konnte. Seiner Erziehung nach war er irischer Katholik, obwohl nur seine Mutter Irin war. Sein Vater stammte aus London.

Ich klingelte, und beinahe im gleichen Augenblick ging auch schon die Tür auf. Michael schüttelte mir kräftig die Hand. »Komm herein, Seán, komm herein!«

Wir gingen ins Wohnzimmer. »Du weißt natürlich, daß ich geheiratet habe?« fragte er mich über die Schulter.

»Ja, ich habe es gehört.«

»Meine Frau Anne«, sagte er und stellte mich einer attraktiven Frau von etwa fünfundzwanzig Jahren vor. »Anne, das ist Seán.« Wir gaben uns die Hand und setzten uns.

»Das sind unsere«, sagte Michael und deutete mit dem Kopf auf zwei Kinder, die auf dem Fußboden spielten. »Das eine ist vier, das andre zweieinhalb.«

»Ich mache Kaffee«, sagte Anne und ging in die Küche.

»Ich gratuliere zu deinem akademischen Grad«, begann ich. »Ich habe in der ›Times‹ davon gelesen. Wie fühlt man sich als hochgelehrter Mann?«

Michael lächelte gequält. »Auch nicht anders als vorher«, sagte er. »Bis jetzt hat mir mein Studium noch nicht geholfen, die Miete zu zahlen. Ich finde keine passende Stellung. Zur Zeit arbeite ich in einem Büro. Vierzehn Pfund die Woche. Gerade soviel, daß wir nicht verhungern müssen.« Er sah sich im Wohnzimmer um, das nicht eben luxuriös eingerichtet war. »Das hier kostet uns sechs Pfund die Woche an Raten. Ich weiß nicht, wo wir ohne Anne wären. Sie hat in den letzten Jahren, während ich noch studierte, die Brötchen verdient.«

Ich sah meinen Freund einen Augenblick aufmerksam an. Er war ungefähr dreißig Jahre alt und sehr schmächtig, und sein blasses, hageres Gesicht spiegelte die Kämpfe der letzten Jahre wider. Es schien mir in dieser Minute keinen Sinn zu haben, über das zu sprechen, was mich zu ihm geführt hatte. Diese Familie hatte an ihren eigenen Sorgen schwer genug zu tragen, und mit Geld konnte mir Michael offenbar auf keinen Fall helfen. Trotzdem wollte ich sprechen, und sei es nur, um zu sehen, wie er reagierte. Wenn er mir auch nicht helfen konnte – was ich ihm anvertraute, blieb gewiß innerhalb dieser Mauern.

»Michael«, begann ich, »was ich mit dir zu besprechen habe, ist gefährlich. Allein darüber zu reden, ist schon gefährlich. Ich weiß nicht, ob es dir recht ist, wenn Anne dabei ist. Vielleicht ist es dir lieber, sie weiß von nichts.«

Michael musterte mich scharf. »Sei unbesorgt, Seán. Anne ist absolut zuverlässig. Sie darf alles hören, was du mir zu sagen hast.«

Anne hatte die letzte Bemerkung gehört, als sie mit dem Kaffee hereinkam. Sie reichte uns die Tassen und setzte sich zu uns. Die Entscheidung war gefallen. Ich nahm einen Schluck Kaffee und lehnte mich zurück.

»Ihr wißt, wo ich die letzten vier Jahre gewesen bin. Ich brauche das nicht alles noch einmal zu erzählen. Im Augenblick wohne ich im Häftlingsheim, und endgültig entlassen werde ich erst in ungefähr sechs Wochen, am 4. Juli. Im Gefängnis habe ich mich mit einem gewissen George Blake angefreundet. Ich weiß nicht, ob euch der Name etwas sagt.«

Michael nickte. »Natürlich, ich erinnere mich sehr gut. Blake wurde 1961 verurteilt, nicht wahr?«

»Ja, das heißt, daß er seit fünf Jahren sitzt. Ein Häftling büßt im allgemeinen zwei Drittel seiner Strafe ab. Blake müßte also insgesamt achtundzwanzig Jahre absitzen. Da er bei seiner Verhaftung achtunddreißig war, kann er nicht hoffen, vor seinem sechsundsechzigsten Lebensjahr entlassen zu werden.«

Michael pfiff durch die Zähne und schüttelte langsam den Kopf.

»Ja, Michael«, sagte ich. »Eben deshalb bin ich hier. Ich habe mich bereit erklärt, ihm zur Flucht zu verhelfen.«

Michael sah mich mit offenem Munde an, und Anne setzte ihre Tasse, die sie eben zu den Lippen führen wollte, klirrend nieder. Ich wandte mich an sie:

»Wollen Sie noch weiter zuhören?«

»Unbedingt«, antwortete sie. »Ich möchte das um nichts in der Welt versäumen.«

Ich schilderte die Verhältnisse im einzelnen und begann mit Blakes erster Annäherung. Michael und seine Frau hörten mit großem Interesse zu und unterbrachen mich ab und zu mit einer Frage oder einem Ausruf.

»Und so«, schloß ich, »ist nun im Gefängnis alles vorbereitet. Wir haben diese Funksprechgeräte, um bis zum letzten Augenblick in Verbindung bleiben zu können. Das einzige, was uns noch fehlt, ist das Geld. Siebenhundert Pfund. Gerade genug für einen alten Wagen, Kleider und was man sonst noch so braucht, und natürlich die Miete für eine Wohnung.«

Michael schüttelte den Kopf. »Wenn *wir* ein bißchen Geld hätten«, sagte er und sah Anne an. »Aber wir sind natürlich pleite.«

»Pleite ist das rechte Wort«, bestätigte Anne und nickte bedrückt.

Ich sah auf meine Uhr. Es ging auf neun zu.

»Mußt du zu einer bestimmten Zeit zurück sein?« fragte Michael.

»Ja, um dreiviertel elf. Ich muß um halb zehn hier weg, um es sicher zu schaffen. Es steht jetzt zuviel auf dem Spiel, als daß ich meinen Platz im Heim verlieren dürfte.«

»Hör, Seán«, sagte Michael. »Wir haben kein Geld, aber wenn wir dir auf andere Weise helfen können, tun wir's gern.«

»Ja, wirklich«, sagte Anne. »Wenn wir irgend etwas tun können...
Ich würde ihn gern hier verstecken. Sie ersparten sich die Wohnungsmiete.«

»Vielen Dank, Anne«, sagte ich, »aber das wäre keine glückliche Lösung. Es wäre gefährlich für Sie und für Blake. Vor den Kindern könnte man ihn nicht verstecken, und die Kinder reden mit andern Kindern, und die andern Kinder reden wieder mit ihren Eltern. Wir wissen auch nicht, wie lange er sich verstecken muß, bis er das Land verlassen kann. Die Belastung für Sie und Michael wäre zu groß, und Ihre Freunde würden sich fragen, warum Sie sie nicht mehr einladen.«

Michael nickte. »Ja, das ist richtig. Trotzdem, Seán – wir wollen tun, was in unserer Macht steht. Ich kenne Leute, die vielleicht bereit wären, mir Geld zu leihen, und ich denke, ich kann die siebenhundert Pfund aufbringen. Es wird eine Weile dauern, aber ich fange gleich nächste Woche an.« Er unterbrach sich einen Augenblick, sah seine Frau an und wandte sich dann wieder an mich. »Eins möchte ich allerdings gern wissen«, sagte er langsam. »Wieviel bekommt man für Beihilfe zur Flucht?«

»Fünf Jahre im Höchstfall, und von diesen fünf Jahren sitzt man drei Jahre und vier Monate ab.«

Michael sah wieder seine Frau an, aber sie zuckte nur die Schultern. Er stand auf, sah nachdenklich auf die Kinder nieder, die auf dem Boden spielten, und sagte:

»Gut, Seán. Wir machen mit.«

Ich stand ebenfalls auf, und wir gaben uns die Hand.

»Danke, Michael. Ich bin dir wirklich sehr dankbar.« Ich wandte mich an seine Frau. »Und ich danke auch Ihnen, Anne. Sie sind sehr großzügig – unter den gegebenen Umständen.«

Wir verabredeten uns für den nächsten Samstag. Ich verabschiedete mich und ging langsam zur Station Camden Town zurück. Ich bewunderte Michael mehr denn je. Und was für eine Frau er hatte! Wenn je zwei Menschen das Recht hatten, sich zu weigern, in eine so gefährliche Sache verwickelt zu werden, so waren es Michael und Anne Reynolds. Und die Politik war in unserem Gespräch nicht ein einziges Mal erwähnt worden. Blakes Überzeugung spielte keine

Rolle. Sie sahen in ihm nur einen Menschen, der Hilfe brauchte.

Am Montag abend um 10 Uhr 30 lag ich wieder auf meinem Bett. Ich hatte dem »Rotband« im Heim ein paar Päckchen Old Holborn zugesteckt und damit erreicht, daß Neuzugänge in die anderen leeren Zimmer eingewiesen wurden und ich in dem meinen bis zu meiner Entlassung allein blieb.

Ich drückte auf den Sendeknopf.

»Fox Michael ruft Baker Charlie, Fox Michael ruft Baker Charlie. Bitte kommen. Ende.«

Blake antwortete sofort. »Baker Charlie an Fox Michael, Baker Charlie an Fox Michael. Empfang laut und klar. Ende.«

»Steinmauern machen keinen Kerker und Eisenstäbe keinen Käfig. Ende.«

»Unschuld'ge, stille Geister wohnen drin gleich wie in einer Klause. Ende.«

»Richard Lovelace muß ein Narr gewesen sein. Ende.«

»Oder nur ein Träumer?« fragte Blake. »Ende.« Seine Stimme klang geradezu überschwenglich.

»Wie geht es Ihnen?« fragte ich. »Ende.«

»Danke, nicht schlecht. Ich bin seit einigen Tagen viel glücklicher, ja, viel viel glücklicher. Endlich sehe ich Licht am Ende des Tunnels. Ich muß sagen, Fox Michael, diese Funksprechgeräte sind eine glänzende Idee. Ich fühle mich wie neugeboren. Und jetzt merke ich auch, wie primitiv unser erstes Verständigungssystem war. Ende.«

»Ich wundere mich nur, daß uns das nicht gleich eingefallen ist«, sagte ich. »Aber wir wußten damals natürlich nicht, wie klein diese Geräte in den letzten fünf Jahren geworden sind. Es hat sich überhaupt sehr viel geändert, seit Sie das letztemal draußen waren. Alles ist jetzt im Kleinstformat zu haben. Die utopischen Schriftsteller müssen sich anstrengen, um mit der Entwicklung Schritt zu halten. Vorwegnehmen können sie schon längst nichts mehr. Ende.«

Ich hörte Blake lachen.

»Hoffen wir, daß ich bald Gelegenheit habe, diese Veränderungen selbst zu sehen. Können Sie übrigens mein Radio hören? Ende.«

»Ja, ich höre es sehr gut. Für Beethoven habe ich immer eine Schwäche gehabt. Ende.«

»Vielleicht ist es doch ein bißchen zu laut«, sagte Blake. »Ich möchte nicht, daß der Nachtaufseher kommt und mich auffordert, es leiser zu stellen. Ich tue es lieber gleich. Entschuldigen Sie mich einen Augenblick. Ich rufe zurück. Ende.«

Als wir wieder miteinander sprachen, erzählte ich ihm von meinem Besuch bei Michael Reynolds.

»Ich glaube, Sie können beruhigt sein«, sagte ich zuletzt. »Wir bekommen die nötige Hilfe. Von jetzt an ist alles nur noch eine Frage der Zeit. Ende.«

»Das sind ausgezeichnete Nachrichten, mein Freund. Diese Menschen müssen sehr viel von Ihnen halten, sonst hätten sie sich nicht ohne Zögern auf eine solche Sache eingelassen. Ende.«

»Sie sind alte Freunde«, sagte ich. »Sie wissen, daß ich sie nicht hintergehen will, und nur darauf kommt es ihnen an. Alles andere ist dann leicht entschieden. Sie sind eben so. Wenn man lang genug hier drinnen gelebt hat, vergißt man, daß es solche Menschen gibt. Ende.«

»Sie haben zweifellos recht. Und jetzt will ich Ihnen erzählen, was sich hier bei uns getan hat. Ich sagte das letztemal, wir hätten eine Idee, wie ich aus dem Trakt hinauskommen könnte. Wir haben alles noch einmal sorgfältig untersucht und sind überzeugt, die richtige Lösung gefunden zu haben. Sie wissen, daß der Trakt an jedem Ende ein großes Spitzbogenfenster hat.« (Diese Fenster waren die einzigen, durch die Licht in das Treppenhaus und die Gänge des Traktes außerhalb der Zellen fiel.) »Diese Fenster sind, wie Sie sich erinnern werden, durch gußeiserne Stege unterteilt, und jede einzelne Scheibe ist rund 46 Zentimeter hoch und 13 Zentimeter breit. Die Fenster sind außen nicht vergittert, weil man die eisernen Stege offenbar für sicher genug hält. Sie sind es aber keineswegs. Wenn ich den senkrechten Steg zwischen zwei Scheiben herausbreche, habe ich eine Öffnung mit den Maßen 46 mal 26 Zentimeter. Ein Mann von meiner Statur kommt da leicht durch. Ich habe es in meiner Zelle mit einem Rahmen aus alten Holzstäben ausprobiert. Die Fenster beginnen auf gleicher Höhe mit den Schieferplatten auf dem Gang des zweiten Stocks und enden ungefähr in der Mitte zwischen dem dritten Stock und dem Dach des Traktes. Die Eingangstür an jedem Ende des Traktes befindet sich genau unter dem Fenster, und jede Tür hat einen kleinen Vorbau mit einem schrägen Dach, das glücklicherweise gerade bis zum zweiten Stock hinaufreicht, wo das Fenster anfängt. Wie Sie wissen, ist das Fenster am Nordende des Trakts nur wenige Meter von der Ecke entfernt, in der ständig der Posten steht. Unser Fenster ist daher das südseitige auf der Vorderseite des Gefängnisses. An diesem Ende neigt sich das Dach des Vorbaus auf den überdachten Gang zu, der zu Trakt C führt. Wenn ich das Glas zweier nebeneinanderliegender Scheiben herausgenommen habe, kann ich den Steg, der sie trennt, wegschlagen, auf das Dach des Vorbaus hinausklettern, von dort auf den überdachten Gang hinunterrutschen und auf den Boden springen. Währenddessen bin ich für den Posten in der Ecke nicht zu sehen. Die Mauer auf der Seite des Krankenhauses ist von der Stelle, wo ich hinunterspringe, nur etwa 15 Meter entfernt. Wir stehen natürlich in Funksprechverbindung, und sobald Sie von mir das Signal bekommen, werfen Sie die Strickleiter über die Mauer, und ich renne los. In dem Augenblick, da ich hinter der Ecke des Traktes auftauche, sieht mich natürlich der Posten unten am anderen Ende, aber dann ist es schon zu spät. Er ist von der Stelle 100 Meter entfernt, ich nur 15.

Das wär's, Fox Michael. Was halten Sie davon? Ende.«

Ich hatte mich schon aufgesetzt und betrachtete das Fenster, das mir Blake so ausführlich beschrieben hatte. Die Zellenlichter waren zwar aus, aber im Treppenhaus des Traktes brannte Licht, und das große Spitzbogenfenster leuchtete schwach über das Dach der

Turnhalle zu mir herüber. Hinter dem Zellentrakt sah ich einen Teil der östlichen Mauer als Silhouette vor dem Nachthimmel. An dieser Stelle würde Blake drüberklettern.

Ich drückte auf meinen Sendeknopf.

»Ich glaube, Sie haben eine ausgezeichnete Lösung gefunden, Baker Charlie. Der Blaue ist, wie Sie sagen, 100 Meter entfernt, und Sie sind praktisch schon an der Leiter. Sie könnten stehenbleiben und ihn auslachen, während er auf Sie zuläuft. Wenn Sie ihn bis auf 50 Meter heranlassen, kommen Sie immer noch leicht über die Mauer. Ja, eine ausgezeichnete Idee. Ende.«

»Ihre Zustimmung freut mich«, sagte Blake. »Dieses Fenster ist der schwächste Punkt im ganzen Trakt. Warum sie ihn nicht längst besser abgesichert haben, ist mir ein Rätsel. Die einzige Alternative wäre eines der Nischenfenster auf der Längsseite des Traktes gegenüber der Mauer gewesen, aber das kommt jetzt nicht mehr in Frage. Die Gitterstäbe vor diesen Fenstern sind unlängst durch solche aus Wolframstahl ersetzt worden, und die sind praktisch unzerstörbar. Die Stäbe vor den Zellenfenstern sind noch von der gewöhnlichen Sorte, aber meine Zelle liegt auf der andern Seite des Trakts, und selbst wenn sie auf der richtigen Seite läge, müßte ich die Stäbe schon eine Weile vorher durchsägen, was für mich ein zu großes Risiko wäre. Wollte man aber tatsächlich einen Ausbruch aus einem Zellenfenster auf *dieser* Seite machen, würde man sofort vom Posten bemerkt werden. Wenn er aufpaßt, fängt er an zu laufen, bevor man noch halb aus dem Fenster geklettert ist. Bei dem großen Spitzbogenfenster gibt es alle diese Nachteile nicht. Erstens kann man den Steg im letzten Augenblick herausbrechen, und zweitens ist man, wie ich schon sagte, während des ganzen Ausstiegs für den Posten unsichtbar. Ende.«

»Ja, Baker Charlie, ich sehe alle diese Vorteile. Und ein weiterer ist der, daß Sie sich nach dem Ausstieg eine ganze Weile bei dem Vorbau verstecken können, falls ich aus irgendeinem Grunde die Leiter nicht schnell genug über die Mauer bringe. Der Posten in der Ecke sieht Sie nicht, aber man muß natürlich an die Patrouille denken. Sie können damit rechnen, daß der Mann ungefähr alle zwanzig Minuten vorbeikommt, und Sie müssen aussteigen, sobald er um die Ecke gebogen ist. Ich schicke Ihnen am besten eine Stoppuhr, damit Sie die Zeit genau berechnen können. Eine Frage noch: Wie wollen Sie den Fenstersteg herausbrechen? Ende.«

»Man hat mir gesagt, das sei nicht schwer«, antwortete Blake. »Ein Schlag mit einem schweren Gegenstand, einem Stein oder einem Stück Eisen, genügt. Gußeisen braucht offenbar nicht durchgesägt zu werden. Es bricht einfach. Ende.«

»Stimmt«, bestätigte ich. »Sie können von Glück reden, daß Sie da drinnen einen Fachmann als Berater haben. P. versteht sein Handwerk. Ende.«

»Ja, seine Hilfe ist unbezahlbar. Ende.«

»Wir müssen versuchen, ihm seine Dienste eines Tages zu entgelten. Übrigens hätte ich gerne noch einmal mit ihm gesprochen, um ein paar technische Details zu klären. Am besten nächsten Montagabend. Ende.«

»Gut, ich sage es ihm und gebe ihm das Gerät. Und machen Sie gleich unseren nächsten Kontakt aus, wenn Sie mit ihm sprechen. Ende.«

»Das dürfte dann wohl für heute abend alles sein«, sagte ich. »Es geht schon wieder auf Mitternacht zu. Haben Sie sonst noch etwas? Ende.«

»Nein«, antwortete Blake. »Nichts sonst. Machen wir Schluß. Ende.«

Ich saß noch immer auf meinem Bett und sah durch das geschlossene Fenster zur Schmalseite des Traktes D hinüber, der seine Türme unheimlich in den mondhellen Himmel reckte.

»Fox Michael an Baker Charlie. Ende, Ende. Gute Nacht.«

»Baker Charlie an Fox Michael. Ende, Ende. Gute Nacht.«

Ich blickte noch einige Minuten auf den Trakt D, meine Augen hingen gebannt an dem geisterhaften Schimmer des Spitzbogenfensters, der einzigen schwachen Stelle in diesem Sarkophag aus Stein und Stahl. Dreihundert Begrabene. Ich stellte mir vor, was Blake in diesem Augenblick in Grab Nummer 8 tat. Er schob die Antenne zusammen, versteckte das Gerät unter seinem Bett, drehte sich zur Wand und schlief friedlich ein in dem tröstlichen Glauben, daß er der Freiheit, dem Leben wieder einen Schritt näher gekommen war. Nun da der Fluchtweg zur Mauer endgültig festlag, fühlte auch ich mich erleichtert. Ich mußte die Strickleiter also von einer Stelle in der Artillery Road aus über die Mauer werfen, die dem Ende des Traktes D genau gegenüberlag. Meine Erkundungen, die ohnehin schon sehr gründlich gewesen waren, hatten nun ein bestimmtes Ziel.

Während der nächsten Tage ließ ich jeden im Heim wissen, daß ich in wenigen Wochen entlassen werden sollte. Es sei nun an der Zeit, sagte ich, etwas für meine schlanke Linie zu tun. Daher wolle ich mir einen Trainingsanzug und Turnschuhe kaufen und jeden Abend im Park hinter dem Gefängnis laufen. Alle fanden, das sei eine gute Idee.

Am Donnerstag kaufte ich den Trainingsanzug und die Schuhe und dazu eine Stoppuhr. Im Heim zog ich mich um und sagte dem »Rotband«, ich würde zum Abendessen in ungefähr einer Stunde wieder zurück sein. Dann holte ich mir im Pförtnerhaus meinen Paß, und der diensttuende Wärter witzelte über mein verspätetes Interesse an körperlicher Ertüchtigung.

Ich grinste und schlug mir auf den Bauch. »Muß das wieder weg-kriegen«, sagte ich. »Fünf Jahre Haferbrei und Kartoffeln sind kein Spaß.«

Ich wollte den Paß in die Brusttasche des Trainingsanzugs stecken, als ich die Stoppuhr spürte. Ich nahm sie heraus und schob sie in die Hosentasche. Der Wärter sah sie.

»Sie nehmen die Sache anscheinend wirklich ernst«, meinte er.

»Glauben Sie mir, ich habe noch nie im Leben etwas so ernst ge-nommen.«

Er sperrte das Tor auf und ließ mich hinaus. Ich blieb einen Augenblick auf dem Vorhof stehen und drückte auf den Knopf der Stoppuhr. Dann begann ich zu laufen, durch das Straßentor hinaus, links hinunter, an den Wohnungen der Wärter und den Häusern des Direktors und des leitenden Arztes vorbei und noch einmal nach links in die Artillery Road hinein. Als ich gegenüber dem Ende des Traktes D angekommen war, hielt ich an und tat, als knüpfte ich mir einen Schnürsenkel zu. Dabei sah ich auf die Stoppuhr. Gut eine Minute. Ein durchschnittlicher Wärter würde also eine Minute brauchen, um vom Haupttor bis zur Artillery Road zu laufen. Eine Minute oder vielmehr noch länger, denn Wärter sind keine Athleten. Ihre bequeme Beschäftigung macht sie körperlich untüchtig. Und natürlich würde kein Wärter mit einem Telefon in der Hand am Tor stehen und auf Befehl losrennen. Doch wir konnten nicht vorsichtig genug sein und mußten bei unseren Berechnungen dem Gegner jeden nur erdenklichen Vorteil einräumen.

Ich ging auf den Park zu. Hier stießen die östliche und die nördliche Mauer zusammen. Ein paar Meter von mir entfernt, auf der andern Seite der Mauer, saß der Posten ... Er sieht Blake auf die Strickleiter zulaufen, die unten, am anderen Ende, über die Mauer kommt. Was tut er? Wenn er dumm genug ist, läuft er hin, um Blake zurückzuhalten, aber er kommt natürlich zu spät und kann nicht hinter ihm her klettern, weil ich die Strickleiter schon losgelassen habe ... Wenn er Blake wirklich zurückzuhalten versuchte, hatten wir einen zusätzlichen Vorteil, aber darauf durfte ich mich nicht verlassen. Ich nahm also an, daß er zuerst auf den nächsten Alarmknopf drückte, und der befand sich am Nordende des Traktes D, links neben dem Eingang, ungefähr 20 Meter vom Posten entfernt.

Was dann geschehen mußte, wußte ich genau. Der diensthabende Wärter in der Schreibstube rief telefonisch Hilfe aus den verschiedenen Trakten herbei. Einige Wärter stellten sich innen längs der Mauer auf, während andere den Befehl erhielten, hinauszulaufen. Das alles brauchte Zeit, mehrere Minuten. Blake konnte in weniger als einer Minute über die Mauer gestiegen sein, an einer Stelle nahe dem Südende der Artillery Road. Mit dem Wagen konnten wir in weniger als einer Minute die Du Cane Road erreichen. Von dem Augenblick an, da Blake das Signal gab, brauchten wir also keine zwei Minuten, um im Verkehr unterzutauchen. Die Wärter würden nicht einmal zurechtkommen, um den Wagen verschwinden zu sehen, geschweige denn, um uns aufzuhalten.

Ich lief ein wenig im Park hin und her, um den Anschein zu wahren, dann kehrte ich zum Gefängnis zurück.

»Wie ging's?« fragte der Pförtner, als ich mich zurückmeldete.

»Ausgezeichnet. Im Trainingsanzug bringt man Sachen zustande, zu denen man sonst nicht fähig wäre.«

Seit mir Peter Martin von dem bevorstehenden Massenausbruch erzählt hatte, blickte ich jeden Tag auf dem Weg zu und von der Fabrik besorgt zum Himmel hinauf. Wolken machten mir ebensoviel Kummer, wie sie bei den sechs Männern freudige Erwartung auslösen mußten. Der erste Regen, und sie gingen auf und davon. Diese Männer wollten *unsere* Mauer benutzen, wahrscheinlich auf ein paar Meter genau an der Stelle, wo Blake an meiner Strickleiter hinaufzuklettern hoffte. Die Behörden würden zweifellos etwas unternehmen, um eine Wiederholung der Flucht über die Mauer zu verhindern. Ein beunruhigender Gedanke.

Am nächsten Montag, dem 6. Juni 1966, um 16 Uhr 30 nahm ich das Funksprechgerät aus meinem Spind im Lager 224, wünschte meinen Kollegen einen guten Abend und ging. Am Fabriktor stand wie üblich ein Junge und verkaufte die Abendzeitungen. Ich kaufte die *Evening News* und ging den Warple Way in Richtung des Platzes am unteren Ende der East Acton Lane hinauf. Als ich die Zeitung auffaltete, blieb ich wie vom Donner gerührt stehen.

Die fette schwarze Schlagzeile schrie mir von der ersten Seite entgegen: VERBRECHERJAGD IN LONDON. Darunter zeigte eine große Fotografie den Trakt D und die östliche Mauer. Die üblichen gestrichelten Linien und Pfeile markierten den Fluchtweg: Aus einem Zellenfenster im Erdgeschoß über die Ostmauer und durch die Artillery Road. *Unser* Fluchtweg!

Der Untertitel lautete: »Entwichene Sträflinge schlimmer als wilde Tiere.« Ich las weiter. Vier der Entsprungenen hatten ein besonders brutales Notzuchtverbrechen begangen, und der Richter hatte zu ihnen gesagt, sie seien »schlimmer als wilde Tiere«. Die beiden anderen verbüßten lange Haftstrafen wegen schwerer Körperverletzung. Die Zeitung brachte auch Fotografien der Geflüchteten. Der Ausbruch hatte am frühen Morgen stattgefunden, und es wurden schon die entrüsteten Kommentare einiger Parlamentsmitglieder zitiert. Im Parlament würde es Anfragen geben. Die Öffentlichkeit hatte ein Recht auf besseren Schutz, Englands Gefängnisse mußten ausbruchsicher gemacht werden.

Ich ging weiter, überquerte den Platz, bog in die East Acton Lane ein und las den Artikel immer wieder von vorn. Wohin ich ging, wurde mir kaum bewußt. Dann fiel mir plötzlich das Funksprechgerät ein. Sollte ich es in die Fabrik zurücktragen? Zu spät. Man hätte mich nicht mehr hineingelassen. Aber ich durfte nicht wagen, es ins Gefängnis mitzunehmen. Dort herrschte zweifellos die in solchen Fällen übliche Aufregung, man nahm zahllose Routine-Untersuchungen vor, und es war sehr gut möglich, daß man auch die von der Arbeit zurückkehrenden Heiminsassen filzte. Es wäre Wahnsinn gewesen, mit dem Gerät in der Tasche durch das Tor zu gehen. Aber wo sollte ich es verstecken?

Ich ging langsam weiter. Am oberen Ende der East Acton Lane bog ich in die Old Oak Road ein, überquerte den Western Circus, ging durch die Old Oak Common Lane, wandte mich nach rechts und folgte der Du Cane Road bis zur Ecke Wulfstan Street. Dort blieb ich einen Augenblick stehen, dann ging ich die Wulfstan Street hinauf. An der Ecke Erconwald Street stand eine Telefonzelle. Sie war, wie die meisten andern in England, von Vandalen zertrümmert worden. In diesem Augenblick war ich den Vandalen, die hier am

Werk gewesen waren, dankbar.

Ich betrat die Zelle und tat, als suchte ich eine Nummer. Die vier Bände des Telefonbuchs, die wie durch ein Wunder der Zerstörungswut der Rowdys entgangen waren, standen säuberlich in ihrem kistenähnlichen Behälter. Ich bemerkte, daß sie diesen zwar in der Breite, nicht aber in der Tiefe voll ausfüllten. Wenn ihre Rücken mit dem vorderen Rand eine Linie bildeten, blieb hinter ihnen ein ziemlich großer freier Raum übrig.

Als ich wieder aus der Zelle trat, war das Funksprechgerät hinter den Londoner Telefonbüchern versteckt.

Auf dem Vorhof des Gefängnisses standen noch einige Fotografen und Reporter herum. Im Pförtnerhaus hielten sich einige Wärter auf, die scherzten und lachten. Der Ausbruch hatte ihrer guten Laune nichts anhaben können. Schließlich war der Direktor verantwortlich, nicht sie, und jeder sieht es gern, wenn einer der Mächtigen ab und zu einen Tritt in den Hintern bekommt. Ich wurde an diesem Abend ebensowenig wie irgendein anderer Heiminsasse durchsucht.

Eine Viertelstunde später erschien ich in meinem Trainingsanzug wieder am Haupteingang. Ich ging langsam durch die Artillery Road in den Park. Er war leer. Kein Polizist, kein Wärter war zu sehen, und es gab keine Anzeichen irgendwelcher besonderer Vorsichtsmaßnahmen. In diesem Augenblick, nur wenige Stunden nach dem Massenausbruch, hätte mich nichts und niemand daran gehindert, eine Strickleiter über die Mauer zu werfen. An der Ecke drückte ich auf meine Stoppuhr und begann quer durch den Park auf die Scrubs Lane zuzulaufen, eine Strecke von etwa 800 Metern. Von dort kehrte ich zur Gefängnismauer zurück und lief in die andere Richtung zur Braybrook Street. Ich fand bestätigt, was ich schon vermutet hatte: Der kürzeste und sicherste Fluchtweg führte durch die Artillery Road direkt in die Du Cane Road.

Im Heim nahm ich ein heißes Bad, dann meldete ich mich noch einmal ab und ging zur Telefonzelle. Um mich herum standen lauter

Gemeindebauten, und das nächste Wohnzimmerfenster war nur wenige Meter entfernt. Fünf Minuten lang blätterte ich im Telefonbuch, bevor ich das Funksprechgerät nahm und rasch in die Tasche steckte. Dann ging ich etwa eine Stunde spazieren, um mich nicht durch eine zu rasche Rückkehr verdächtig zu machen. Ich hatte Herzklopfen, als ich mit dem Funksprechgerät in der Tasche durch das Tor ging, aber die Wärter grinsten nur freundlich, und ich wurde nicht durchsucht.

Um 22 Uhr 30 machte ich mein Fenster fest zu, drehte das Licht aus und legte mich auf das Bett. Ich hoffte nicht wirklich, einen Kontakt herstellen zu können. Der Ausbruch zog automatisch eine gründliche Durchsuchung des Traktes D nach sich. Blakes Gerät war natürlich in einem sicheren Versteck untergebracht und wurde an den Abenden, an denen wir verabredet waren, erst wenige Minuten vor dem Schließen der Türen in seine Zelle gebracht. Doch ich konnte mir nicht vorstellen, daß Blake an einem solchen Tag auch nur dieses kleine Risiko eingehen würde. Er mußte die Bilder von Trakt D und der ostseitigen Mauer am Abend in den Fernsehnachrichten gesehen haben und machte sich zweifellos große Sorgen. Ich sollte jedoch an diesem Abend mit Peter Martin sprechen, und der war waghalsig genug, so gut wie alles zu riskieren. Würde er so weit gehen, ein Funksprechgerät in seine Zelle mitzunehmen? Wenn ein Wärter kam ... es gab dort keine Möglichkeit, irgend etwas zu verstecken. Zellen werden absichtlich so eingerichtet.

Ich drückte auf meinen Sendeknopf.

»Fox Michael ruft Baker Charlie, Fox Michael ruft Baker Charlie. Bitte kommen. Ende.«

Ich ließ den Knopf los und horchte. Keine Antwort. Ich wollte es eben noch einmal versuchen, als ich das Summen im Lautsprecher hörte. Er hatte seinen Knopf niedergedrückt. Er? Wenn der Apparat in die falschen Hände geraten war, würde man natürlich dem Komplicen eine Falle stellen. Ich hatte jedoch zwei Vorteile: Erstens waren die Stimmen Blakes und Peter Martins unverwechselbar, und zweitens hatten wir unseren Erkennungs-Code. »Baker Charlie an Fox Michael, Baker Charlie an Fox Michael. Empfang laut und klar. Ende.«

Es war Peter Martin.

»Steinmauern machen *keinen* Kerker«, sagte ich mit dick aufgetragener Ironie, »und Eisenstäbe keinen Käfig. Ende.«

»Unschuld'ge, stille Geister wohnen drin gleich wie in einer Klause. Ende.« Peter schien zu lachen.

»Richard Lovelace muß ein Narr gewesen sein«, sagte ich. »Ende.«

»Oder nur ein Träumer. Ende.«

»Glauben Sie, daß Sie sicher sind, mein Freund? Ende.«

»Ja, ich glaube schon«, antwortete Peter. »Es ist alles wieder ganz normal, wissen Sie, und ich habe mein Gerät erst in letzter Minute geholt. Kein Grund zur Sorge. Ende.«

»Gut«, sagte ich. »Ich habe die Abendzeitungen gelesen und ferngesehen. Die Sache ist noch lange nicht erledigt. Warten Sie auf die Titelseiten morgen früh und auf die Anfragen im Unterhaus. Ich hoffe, unsere Chancen sind nicht völlig verdorben. Wie ging das eigentlich vor sich heute morgen? Ich dachte, die Männer warteten auf Regen. Was ist passiert? Ende.«

»Das kann ich Ihnen sagen: Die Männer warteten tatsächlich auf Regen, aber dann entdeckten sie ein anderes Hintertürchen. Der Wärter, der die ganze Nacht in der Mauerecke Dienst macht, geht um sieben Uhr morgens, und der Mann von der Tagschicht kommt erst um acht. Das heißt, daß die Ostmauer eine ganze Stunde unbewacht bleibt, und in dieser Zeit sind sie getürmt. Natürlich wird dieses Hintertürchen jetzt zugemacht. Es war hier sehr aufregend heute morgen zwischen ›Ausleeren‹ und Frühstück. Jeder im Trakt wußte Bescheid. Auf der Ostseite standen alle Häftlinge auf den Stühlen und sahen aus ihren Fenstern. Es war sehr unterhaltsam. Sie gaben sofort Alarm, und den letzten schnappten die Wärter, bevor er das Seil hinaufklettern konnte. Ein zweiter wurde in der Artillery Road abgefangen. Die andern kamen durch. Wenn sie statt des Seils eine Strickleiter gehabt hätten, wären alle durchgekommen. Sie brauchten eine Ewigkeit. Wissen Sie, es ist nicht leicht, fünf oder sechs Meter an einem einfachen Seil hinaufzuklettern. Diese Burschen waren jung und kräftig und schafften es trotzdem nur mit knapper Not. Ich hoffe, Sie und Ihr Freund verlassen sich nicht auf ein Seil. Ende.«

»Nein, Baker Charlie«, sagte ich. »Wir verlassen uns nicht auf ein einfaches Seil. Wenn wir nach diesem Streich überhaupt noch wegkommen, benutzen wir eine Strickleiter, die ich selber knüpfe und ausprobiere. Ich bin froh, Ihnen sagen zu können, daß ein paar Stunden nach dem Ausbruch draußen alles normal war. Ich hätte unseren Freund heute abend ohne Schwierigkeiten herausholen können. Aber wir dürfen natürlich nicht zu optimistisch sein. Wir wissen noch nicht, was für Änderungen der kleine Zwischenfall von heute morgen zur Folge haben wird.

Soviel dazu. Jetzt zu unseren eigenen Plänen. Sie beide haben gewiß noch einmal alles überdacht, was ich letzten Montag mit ihm besprochen habe. Ich hätte Ihnen gern noch einige Fragen gestellt. Wie sollen die Fensterscheiben zerbrochen werden, ohne daß es jemand merkt? Und wie soll der gußeiserne Steg herausgeschlagen werden? Soll man irgendein Werkzeug einschmuggeln? Ende.«

»Das Fensterglas ist eine Kleinigkeit«, antwortete Peter. »Bei meiner Berufsarbeit mache ich so etwas mit Packpapier und Klebstoff. Ich klebe das Papier auf die Scheibe und den Rahmen und schlage zu. Das zerbrochene Glas bleibt am Papier kleben. Ich ziehe das Papier vorsichtig vom Rahmen ab, und das Glas geht mit. Es gibt keinen Lärm. Mit der eisernen Fassung mache ich es ähnlich. Wenn ich ein Stück Klebestreifen um den Steg wickle, den wir herausbrechen wollen, wird der Schlag gedämpft, und zugleich wird der Steg gehalten, so daß er nicht mit Geklirr auf den Boden oder das Vordach draußen fällt. Ich möchte den Steg aber lieber nicht mit einem schweren Gegenstand herausschlagen. Womöglich bricht beim erstenmal nur ein Stück ab, und ich müßte ein zweites Mal zuschlagen.

Das wäre Pfuscherei. Ich möchte es lieber wissenschaftlich anpak-
ken. Ein kleiner Wagenheber, richtig angesetzt – damit ließe sich's
am besten machen. Ich möchte, daß Sie mir einen Heber besorgen,
den kleinsten, den Sie kriegen können. Er sollte in Ruhestellung
nicht höher als 15 Zentimeter sein. Ich breche das Glas heraus, setze
den Heber seitlich in den Rahmen ein und heble, bis der Steg bricht.
Versuchen Sie nach Möglichkeit, einen hydraulischen Heber zu bekommen, denn der hat keinen so langen Hebel. Ich denke, das ist
alles, was wir brauchen. Ende.«
»In Ordnung, Baker Charlie«, sagte ich. »Ich besorge den Heber.
Aber ich denke, ich schicke ihn erst kurz bevor es so weit ist. Es
wäre zu gefährlich, ihn im Trakt D zu haben, selbst wenn Sie ihn
noch so gut verstecken, meinen Sie nicht auch? Ende.«
»Ja, Fox Michael, Sie haben recht. Aber können Sie ihn nach Ihrer
Entlassung noch ins Gefängnis schmuggeln? Ende.«
»Ja«, sagte ich. »Ich denke, das wird nicht allzu schwer sein. Ich
habe hier ein oder zwei nützliche Verbindungen angeknüpft, und
wir werden auf alle Fälle einen Mittelsmann haben. Das wäre dann
für den Augenblick alles, mein Freund. Ich habe vielleicht keine
Gelegenheit mehr, mit Ihnen zu sprechen, aber wenn Sie mir noch
etwas mitzuteilen haben, kann *er* es mir ausrichten. Ich möchte Ihnen noch einmal sagen, wie dankbar ich Ihnen für Ihre Hilfe bin,
und ich glaube, Sie haben verdammt viel riskiert, als Sie das Gerät
heute abend in Ihre Zelle mitnahmen. Danke, mein Freund. Und
sagen Sie ihm, ich rufe ihn nächsten Montag um dieselbe Zeit.
Ende.«
»Gut, ich werde es ihm bestellen. Und reden Sie nicht soviel von
meiner Hilfe. Ich tue, was Sie wollen. Ende.«
»Danke«, sagte ich. »Herzlichen Dank. Fox Michael an Baker
Charlie. Ende, Ende. Gute Nacht.«
»Baker Charlie an Fox Michael. Ende, Ende. Gute Nacht.«
Ich ließ das Gerät noch eine Minute eingeschaltet und horchte im
Dunkeln liegend auf das leise atmosphärische Summen aus dem

winzigen Lautsprecher. Ich dachte daran, daß wir vielleicht abgehört wurden und daß sich der Mann am Abhörgerät verraten könnte, indem er aus Versehen auf seinen Sendeknopf drückte oder mit einem andern auf derselben Wellenlänge sprach, weil er meinte, ich sei nicht mehr da. Ich hörte jedoch nichts, schaltete ab und legte das Gerät in den Spind. Unsere Apparate arbeiteten auf der festliegenden Frequenz von 28 Megahertz. Mir war bekannt, daß die meisten privaten Funksprechgeräte auf diese Frequenz eingestellt waren. Die Gefahr, daß jemand an einem Montagabend zwischen halb elf und Mitternacht so nahe bei Wormwood Scrubs ein Gerät einschaltete, daß er unsere Gespräche mithören konnte, war jedoch sehr gering.

Ich hatte natürlich einige Nachforschungen betrieben und festgestellt, daß die von der Londoner Polizei benutzten Kanäle so weit von unseren 28 Megahertz entfernt waren, daß nicht einmal ein in der Artillery Road stehender Streifenwagen durch Zufall in unseren Wellenbereich geraten konnte. Ebensowenig konnte uns einer der Bewohner der Häuser in der Nachbarschaft empfangen, der nach der BBC oder Radio Luxemburg oder einem der zahllosen Piratensender vor der Küste fischte. Ein Abhörgerät, das eigens zu diesem Zweck im Gefängnis aufgestellt wurde, konnte uns natürlich ertappen, aber der Einsatz eines solchen Geräts würde bedeutet haben, daß man uns schon auf der Spur war. Wenn die Behörden geschickt genug zu Werke gingen, bemerkte ich die Falle erst, wenn sie schon zuschnappte.

Ich legte mich zurück und dachte wieder an den Ausbruch. Alle hatten also davon gewußt, alle mit Ausnahme der Wärter? Dann war es ein Wunder, daß ihnen niemand den Plan verraten hatte. (Zu meiner größten Überraschung erfuhr ich später aus dem Mountbatten-Report, daß die Wärter tatsächlich informiert worden waren und daß man ihnen Tag und Uhrzeit des bevorstehenden Ausbruchs mitgeteilt hatte! Der Denunziant hatte Scotland Yard angerufen, ohne seinen Namen preiszugeben, und sich nur insofern geirrt, als

er behauptete, die Ausbrecher hätten die Absicht, einen der Etagen-
aufseher zu überwältigen und ihm die Schlüssel abzunehmen. Es ist
anzunehmen, daß die Wärter an diesem Morgen ihre Schlüssel gut
festhielten, aber es ist geradezu unglaublich, daß es den Behörden
nicht einfiel, die sechs Männer besser zu bewachen – so gut jedenfalls, daß nicht alle sechs seelenruhig in dieselbe Zelle spazieren und
durch ein Fenster steigen konnten, dessen Gitterstäbe schon vorher
durchgesägt worden waren. Nach einer solchen Warnung hätte man
zumindest erwarten müssen, daß das Gefängnis innen von Wärtern
und außen von Polizei umstellt wurde. Tatsächlich aber hatte man
den Mann, der in der Mauerecke saß, zur üblichen Zeit nach Hause
gehen lassen, so daß die Mauer im Norden und Osten zur Zeit des
erwarteten Ausbruchs völlig unbewacht geblieben war.)
Wenn dieser Rekord an unglaublicher Sorglosigkeit noch einige
Monate gehalten wurde, hatten wir die besten Aussichten auf Erfolg.

Freiheit

Am nächsten Tag machte der Massenausbruch Schlagzeilen, und manche Zeitungen brachten entrüstete Leitartikel. Von meinen Arbeitskollegen in der Fabrik waren einige ebenso empört wie die Verfasser dieser Artikel. Als Abhilfe für dergleichen Vorfälle schlugen sie unter anderem vor, die Gefängnismauer müsse doppelt so hoch sein und ständig von bewaffneten Posten abpatrouilliert werden; die Häftlinge sollten vierundzwanzig Stunden am Tag in ihren Zellen eingeschlossen bleiben, und man solle die Tür nur gerade lang genug öffnen, um ihnen das Essen hinzuwerfen; Schwerverbrecher müßten regelmäßig ausgepeitscht werden, die Strafen müßten länger sein, und es dürfe keine vorzeitigen Entlassungen mehr geben.

An diesem Tag besuchte Roy Jenkins, der Innenminister, Wormwood Scrubs, und die Abendzeitungen brachten Bilder, wie er das Gefängnis durch das Haupttor betrat. Später am Abend erschien er auch auf dem Fernsehschirm und versicherte den Zuschauern, es bestände kein Anlaß zu drastischen Sofortmaßnahmen. Der Ausbruch sei durch eine Lücke im Sicherheitssystem ermöglicht worden, die man nun gestopft habe. Was für eine Lücke das gewesen war, sagte er freilich nicht.

Zwei Tage später versicherte der Innenminister den Fragestellern im Unterhaus, man sei im Begriff, Schritte zu unternehmen, um Wormwood Scrubs und andere Gefängnisse weit besser abzusichern. Er sei jedoch nicht bereit, die Uhr zurückzudrehen und die Häftlinge wieder den ganzen Tag in ihren Zellen einzusperren. Man strebe vielmehr eine maximale Sicherheit »an der Peripherie« an, die eine maximale Bewegungsfreiheit innerhalb der Gefängnismauern zulasse. Dabei werde man moderne Methoden einschließlich der Überwachung durch Fernsehkameras anwenden. Es sei recht und billig, sagte er, daß man Menschen, die eine lange Zeit im Gefängnis verbringen müßten, Lebensbedingungen biete, die so human seien, wie es sich mit den Erfordernissen der Sicherheit vereinbaren lasse. Die Erklärung des Innenministers im Unterhaus erleichterte mich zwar, aber zwei Fragen bereiteten mir große Sorgen: Wann sollten die Fernsehkameras auf der Gefängnismauer aufgestellt werden? Und selbst wenn sie *nicht* aufgestellt wurden, bevor ich mit meinen Vorbereitungen für die Flucht fertig war: Wie lange würde Blake noch in Wormwood Scrubs bleiben? Dem Innenministerium mußte doch deutlicher als je zuvor bewußt sein, wie lange Blakes Haft dauerte, und daß er in einem unzulänglich abgesicherten Zellenblock untergebracht war, war soeben auf höchst dramatische Weise demonstriert worden. Diese Fragen beschäftigten zweifellos auch Blake in erster Linie.

Zum Glück wußten wir nicht, daß, während wir darüber nachdachten, der Direktor von Wormwood Scrubs ein dringendes Gesuch um Überführung Blakes in ein ausbruchsicheres Gefängnis einreichte. Es war, wie wir später dem Mountbatten-Report entnahmen, schon das zweite Gesuch dieser Art. Unbegreiflicherweise ignorierte das Innenministerium die Bitte des besorgten Direktors. Am Samstagabend besuchte ich zum dritten Mal Michael Reynolds. Er konnte mir noch kein Geld geben, aber man hatte ihm welches versprochen. Innerhalb der nächsten vierzehn Tage sollte er die ersten zweihundert Pfund bekommen. Das genügte für den Wagen. Wir sagten uns, daß es schließlich nicht erforderlich sei, schon vor der Flucht die ganze Summe aufzutreiben. Um das für den Lebensunterhalt Nötige konnten wir uns nachher kümmern.

Am Montagabend sprach ich wieder mit Blake. Nachdem wir den Erkennungs-Code durchgegeben hatten, fragte er mich, ob ich ihn deutlich hörte. »Ja, klar und deutlich«, antwortete ich.

»Gut. Mir ist nämlich noch etwas eingefallen, was meine Sicherheit erhöht. Sie erinnern sich vielleicht, daß die Antenne meines Radioapparats aus einem langen Kupferdraht besteht, der von einem Ende der Zelle zum andern gespannt ist. Diese Antenne habe ich jetzt am Knopf der Teleskopantenne meines Funksprechgeräts befestigt. Ich brauche die Antenne also nicht auszuziehen und kann das Gerät, während ich mit Ihnen spreche, halten wie ich will. Ich kann es sogar unter der Decke verstecken. Bisher mußte ich es immer so halten, daß die Antenne senkrecht stand. Wenn jetzt der Wärter unerwartet am Guckloch erscheint, bemerkt er nicht einmal etwas, wenn ich spreche. Und der Empfang ist ebenso gut wie früher. Ende.«

»Eine sehr gute Idee«, sagte ich. »Aber jetzt zu den Ereignissen vom letzten Montag. Was für Auswirkungen haben sie gehabt? Ende.«

»Bis jetzt«, antwortete Blake langsam, »ist noch nichts Nennenswertes geschehen, aber es gehen natürlich die unvermeidlichen Gerüchte um. Alle Lebenslänglichen sollen in andere Gefängnisse gebracht, alle persönlichen Kontakte abgebrochen werden und dergleichen mehr. Was mich betrifft – ich hatte eigentlich damit gerechnet, sofort überführt zu werden, aber das kann natürlich noch geschehen, und wir können nur hoffen, daß es nicht tatsächlich geschieht oder jedenfalls, daß es vor unserem Unternehmen zu keiner Entscheidung kommt. Und wir *müssen* hoffen, daß innerhalb der nächsten Monate keine weiteren Ausbrüche versucht werden. Ich zweifle sehr daran, daß ein zweiter Vorfall wie der vom letzten Montag für mich ohne Folgen bleiben würde. Ende.«

»Das bezweifle ich auch«, sagte ich. »Ich weiß nicht, ob Sie diese Woche die Parlamentsberichte in der ›Times‹ gelesen haben. Die Haltung des Innenministers macht mir Mut. Jenkins ist ein guter Mann, einer der besten, die wir je auf diesem Posten hatten. Er wird den reaktionären Elementen nicht nachgeben, und deshalb dürfte die einzige drastische Änderung, auf die wir uns gefaßt machen müssen, die Überwachung durch Fernsehkameras sein. Es kommt also zu einem Wettrennen zwischen uns und den Kameras. Gibt es von Ihrer Seite noch etwas zu berichten? Ende.«

»Ja, eine kleine Änderung«, antwortete Blake. »Der Wärter in der Mauerecke hat jetzt ein Holzhäuschen bekommen und sitzt den ganzen Tag drin. Er braucht seinen Posten nicht mehr zu verlassen, wenn es regnet. Ende.«

»Hat er ein Telefon oder einen Alarmknopf in seinem Häuschen? Ende.«

»Das weiß ich noch nicht genau«, antwortete Blake. »Ich werde aber dafür sorgen, daß er im Laufe der Woche diskret beobachtet wird, und sage es Ihnen dann nächsten Montag.«

»Danke. Das ist natürlich ein wichtiger Umstand. Welchen Tag halten Sie für den günstigsten? Samstag, nehme ich an. Ende.«

»Ohne Zweifel. Die früheren Vorteile des Samstagabends gelten nach wie vor. Reduziertes Personal und so weiter. Ein Vorteil kommt jetzt noch dazu. Wenn ich durch das Fenster aussteigen will, müssen möglichst wenig Leute im Trakt und vor allem auf den Gängen sein. Am Samstagabend sind die meisten im Kino, und im Trakt tun nur zwei Beamte Dienst. Ja, Samstag ist der richtige Tag. Ende.«

»In Ordnung, Baker Charlie. Hören Sie, seit ich das letztemal mit Ihnen gesprochen habe, war ich zweimal bei meinem Freund, und es freut mich, Ihnen sagen zu können, daß wir den ersten Teil des Geldes in zwei Wochen bekommen. Ich habe vorsichtshalber die Spuren aller früheren Verbindungen mit diesem Mann verwischt. Ich habe ihm alle seine Briefe zurückgegeben, damit er sie vernichtet, und er hat mir meine gegeben. Ende.«

»Das ist sehr gut«, sagte Blake. »Ich hoffe, Sie sind weiterhin auf größte Sicherheit bedacht. Bedenken Sie eines, mein Freund: In dem Augenblick, wo ich hier 'raus bin, haben wir ihre besten Leute, ihre besten Köpfe gegen uns. Hier herauskommen – das ist noch lange nicht alles. Es wird nicht leicht sein, draußen zu *bleiben*. Sie sind ein Amateur und werden es gegen die besten Fachleute des Landes aufnehmen müssen. Bitte vergessen Sie das nie. Ende.«

»Ich werde es nicht vergessen, mein Freund, und ich finde diese Aussicht eher schmeichelhaft als erschreckend. Das bringt mich übrigens auf ein heikles Thema. Sie müssen selbst schon daran gedacht haben, daß es während des Unternehmens zu einem direkten Zusammenstoß kommen kann. Ich sage Ihnen lieber gleich, daß ich nicht bewaffnet sein werde – absichtlich nicht. Wenn es irgendeinem gesetzestreuen Bürger einfällt, uns aufhalten zu wollen, gewinnt eben, wie man so sagt, der Stärkere, aber ich werde auf keinen Fall eine Waffe bei mir haben. Ende.«

»Ich bin selbstverständlich vollkommen einverstanden, Fox Michael«, sagte Blake rasch. »Ich meine, etwas anderes kann gar nicht in Frage kommen. Ende.«

»Richtig, mein Freund. Ich bin froh, daß Sie es auch so sehen. Das wäre dann alles für heute abend. Ich rufe Sie nächsten Montag wieder. Oder haben Sie noch etwas zu sagen? Ende.«

»Nein, ich denke, wir haben alles besprochen. Ende.«

»Fox Michael an Baker Charlie. Ende, Ende. Gute Nacht.«

»Baker Charlie an Fox Michael. Ende, Ende. Gute Nacht.«

Wieder lauschte ich ein oder zwei Minuten, bevor ich abschaltete, und wieder hörte ich nur das atmosphärische Summen.

Eine Woche später sprach ich wieder mit Blake. Er hatte herausbekommen, daß es in dem Postenhäuschen in der Ecke weder ein Telefon noch einen Alarmknopf gab. Es war offenbar nur als Schutz gegen die Witterung gedacht. Wir verabredeten uns für den nächsten Montag, und das sollte dann unser letztes Gespräch vor meiner Entlassung aus dem Häftlingsheim sein.

Am Samstag spazierte ich zu dem Einkaufszentrum in der Old Oak Common Lane und studierte die Anschläge vor dem Zeitungsladen. Ich suchte ein Wohnschlafzimmer, das im Hinblick auf die Sprechverbindung mit Blake nicht zu weit vom Gefängnis entfernt sein durfte, und fand ein Angebot für ein Zimmer im Hause Nr. 26 der Perryn Road, einer Seitenstraße der Western Avenue, auf halbem Wege zwischen dem Gefängnis und der Fabrik gelegen.

Eine halbe Stunde lang ging ich die Straßen zwischen dem Gefängnis und der Perryn Road auf und ab und suchte Hindernisse, die den Empfang beeinträchtigen konnten. Das Gelände sah jedoch günstig aus. Es gab keine sehr hohen Gebäude oder Betriebe, die schwere Maschinen verwendeten, oder irgend etwas dieser Art. Es handelte sich um ein reines Wohnviertel, wenn man von den Läden in der Old Oak Common Lane und der Western Garage in der Nähe des Western Circus absah. Diese Garage lag ungefähr in der Mitte zwischen dem Gefängnis und der Perryn Road, aber ich hielt es für höchst unwahrscheinlich, daß dort spät am Abend noch größere elektrische Maschinen betrieben wurden. Von Vorteil war außerdem, daß die Western Avenue auf dem Abschnitt zwischen dem Circus und der Perryn Road leicht anstieg, so daß die Perryn Road höher lag als Wormwood Scrubs. Mein Stadtplan zeigte mir, daß die Entfernung zwischen dem Gefängnis und der Perryn Road Nr. 26 in der Luftlinie gut anderthalb Kilometer betrug. Ich zweifelte daran, daß sich in bebautem Gebiet über eine solche Entfernung hinweg ein Funksprechkontakt herstellen ließ, obwohl die Bedingungen günstig zu sein schienen, aber ich mußte es eben versuchen, und ein anderes Zimmer war ohnehin nicht zu haben.

Ich rief den Vermieter an und machte mit ihm einen Besuch am Nachmittag aus. Zu meiner großen Befriedigung befand sich das Zimmer im oberen Stock, und sein Fenster ging in die Richtung des Gefängnisses, das ich allerdings aus so großer Entfernung nicht sehen konnte. Ich nahm es, zahlte die Miete für zwei Wochen im voraus und bekam einen Schlüssel für die Haustür und einen für das Zimmer selbst. Dem Hauswirt erzählte ich, ich hätte die Absicht, in zwei Wochen von Sussex nach London zu übersiedeln und vorübergehend Arbeit in einer Fabrik anzunehmen, während ich »mein Buch fertigschrieb«. Ob ich einen Paß hätte? Selbstverständlich nicht! Einen Iren kann und darf man in Großbritannien nicht nach seinem Paß fragen! Der Hauswirt war Ausländer; man durfte von ihm nicht erwarten, daß er die heiklen Beziehungen zwischen England und der Irischen Republik verstand.

Tags darauf schaffte ich die Hälfte meines Gepäcks in mein neues Zimmer. Den Rest wollte ich am Morgen meiner Entlassung mitbringen.

Am Montagabend setzte ich mich mit Blake in Verbindung. »Heute spreche ich zum letztenmal von hier aus mit Ihnen«, sagte ich. »Nächsten Montag werde ich entlassen. Sinnigerweise ist es ein 4. Juli. Ich habe mir anderthalb Kilometer von hier ein Zimmer besorgt und versuche, am Montag zur üblichen Zeit von dort aus mit Ihnen zu sprechen. Ich zweifle, ehrlich gesagt, daran, daß es funktionieren wird, aber probieren kann ich es immerhin. Wenn es nicht geht, komme ich eine Woche später in den Park. Ich weiß, daß ich vom Park aus mit Ihnen sprechen kann. Ende.«

»Verstanden«, sagte Blake. »Ich möchte nur eine kleine Änderung vorschlagen. Wenn wir nächsten Montag keine Verbindung bekommen – könnten wir uns dann nicht am Samstag sprechen? Man weiß im Augenblick nie, wann sie irgendwo eine Stichprobe machen, eine unerwartete Durchsuchung vornehmen. Es kann am frühen Morgen passieren, und dann würden sie natürlich das Gerät finden, bevor ich es in sein Versteck bringen konnte. Wenn wir aber am Samstagabend sprechen, besteht diese Gefahr nicht, denn am Sonntag haben sie, wie am Samstag, nur das nötigste Personal und können keine Kontrollen vornehmen. Sind Sie einverstanden? Ende.«

»Ja, einverstanden. Mir kann es gleich sein. Ich versuche es also nächsten Montag von meiner neuen Wohnung aus. Wenn ich kein Glück habe, rufe ich Sie am folgenden Samstag, dem 9. Juli, vom Park aus. Eine kleine Änderung möchte auch ich vorschlagen. Ich muß natürlich unbedingt allein sein im Park, und ich brauche den Schutz der Dunkelheit. Deshalb möchte ich unsere Zeit von 10 Uhr

30 auf 11 Uhr verlegen. Ist Ihnen das recht? Ende.«

»Ja«, stimmte Blake zu. »Mir soll es recht sein. Ich denke, das ist alles für heute abend, nicht wahr? Ende.«

»Ja, das ist alles. Fox Michael an Baker Charlie. Ende, Ende. Gute Nacht.«

»Baker Charlie an Fox Michael. Ende, Ende. Gute Nacht.«

Im Laufe der nächsten Woche kaufte ich bei einem Eisenhändler in der Old Oak Common Lane einige Bambusstöcke, und in der Fabrik ließ ich ein Stück Kupferdraht mitgehen. Beides brachte in in die Perryn Road. Am folgenden Montag nahm ich mir für meinen »Umzug« frei. Am Sonntag rief ich eine Autoverleihfirma an und machte aus, daß am nächsten Morgen um neun Uhr ein Wagen mit Chauffeur vor dem Gefängnis warten sollte, um einen »Mr. O'Brien und sein Gepäck« in die Perryn Road zu bringen. Am Abend packte ich mein Zeug zusammen, und am Montagmorgen nach dem Frühstück verabschiedete ich mich von den Heiminsassen, an denen mir etwas lag.

Um 8 Uhr 30 war ich im Büro des Heimleiters.

»Hier, Bourke«, sagte er. »Ihre Ersparnisse. Hundert Pfund. Unterschreiben Sie hier – natürlich erst, nachdem Sie nachgezählt haben.«

»Das ist wohl nicht nötig«, sagte ich und unterschrieb. Ich stopfte das Bündel Banknoten in meine Tasche.

»Eine kleine Formalität noch«, sagte der Heimleiter. »Das Gesetz verlangt, daß Sie die Feuerwaffenklausel unterschreiben.« Er reichte mir eine gedruckte Karte, etwa 15 mal 15 Zentimeter groß. »Hier finden Sie die wichtigsten Bestimmungen.«

Der Text besagte, daß der Besitz von Feuerwaffen oder Sprengstoffen irgendwelcher Art innerhalb von fünf Jahren vom Tage der Entlassung an strafbar sei. War – wie in meinem Falle – die ursprüngliche Straftat mit Hilfe von Feuerwaffen oder Sprengstoffen verübt worden, so war deren Besitz auf Lebenszeit untersagt. Ich fand diese Klausel sinnlos und überflüssig, denn strafbar machte sich jeder, der eine Waffe bei sich trug, auch ein unbescholtener Bürger, und wer eine Waffe gebrauchen wollte, ließ sich auch durch diese Klausel nicht davon abhalten.

Ich gab dem Heimleiter die Karte zurück und trug meinen Namen in das Buch ein.

»Das gilt natürlich auch für selbstgebastelte Bomben«, sagte er grinsend.

Vor dem Tor wartete eine blitzende Limousine auf mich. Der Chauffeur stand neben der Wagentür. Ich ging auf ihn zu, und er tippte mit dem Finger an die Mütze.

»Mr. O'Brien?«

»Der bin ich«, sagte ich.

»Guten Morgen, Sir. Darf ich Ihren Koffer haben?«

Er legte ihn in den Kofferraum und hielt mir die hintere Tür auf. Während der zehn Minuten Fahrt zur Perryn Road machten wir höfliche Konversation. Er wollte meinen Koffer ins Haus tragen, aber ich lehnte sein Angebot ab und gab ihm zehn Shilling Trinkgeld.

Die nächste Stunde verbrachte ich damit, eine Antenne zu basteln. Ich band die beiden längeren Bambusstöcke zusammen, so daß sie eine Gesamtlänge von etwa drei Metern hatten, und befestigte ungefähr 60 Zentimeter von dem einen Ende entfernt einen Querstab. In dieses Kreuz schlug ich in Abständen von etwa 2,5 Zentimetern kleine Nägel und wand um diese den Kupferdraht, so daß eine rautenförmige Rahmenantenne entstand. Etwa sechs Meter Draht blieben mir noch übrig. Ich konnte also mit dem Funksprechgerät bequem auf dem Bett liegen, während die Antenne aus dem Fenster ragte. Als nächstes brachte ich am Fensterrahmen zwei Klammern an, in die ich den Stab steckte. Ich war mit meiner Arbeit sehr zufrieden. Die Antenne ging oben über die Dachrinne hinaus. Ich nahm sie wieder herein und stellte sie in eine Ecke.

Im ersten Stock gab es außer dem meinen noch drei Wohnschlafzimmer. Diskrete Beobachtungen, die ich im Laufe dieses Tages anstellte, ergaben, daß zwei von Pakistanis (je zwei in jedem Zimmer) bewohnt wurden. Das dritte gehörte einem englischen Ehepaar. Im Erdgeschoß befanden sich drei weitere Wohnschlafzimmer mit je einem englischen Ehepaar. Ich mußte also leise sprechen, wenn ich mich mit Blake unterhielt.

Mein Zimmer war sehr einfach eingerichtet. Ein alter Schrank, eine alte Kommode, ein alter Tisch und ein Stuhl dazu, ein Waschständer mit einer gelben Plastikschüssel und ein Diwanbett. Ein Gaskocher auf dem Boden war die einzige Kochgelegenheit. Ich hatte offenbar einige recht unbequeme Monate vor mir.

Am Abend um elf saß ich auf dem Bett und sprach Blakes Rufzeichen in mein Funksprechgerät. Ich bekam keine Antwort. Eine halbe Stunde lang versuchte ich es immer wieder, dann gab ich es auf. Wir waren nur anderthalb Kilometer voneinander entfernt, aber in bebautem Stadtgebiet war das für unsere kleinen Geräte eben doch zuviel.

Am Samstagabend um zehn ging ich ins »Western«. Im Laufe der nächsten halben Stunde trank ich sechs doppelte Whiskys und plauderte freundlich mit dem Barmädchen. Das Funksprechgerät hatte ich in der Tasche meines Regenmantels. Um halb elf verließ ich das Lokal, überquerte den Platz mit dem Kreisverkehr, ging an den Läden in der Old Oak Common Lane entlang und bog nach rechts in die Erconwald Street ein.

Im Park angekommen, ging ich vom Gefängnis weg nach links, auf die Bahngeleise zu. Dank dem Whisky war ich völlig ruhig und entspannt. Ich wählte eine Stelle dem Trakt D gegenüber, den ich nur als schwachen Schatten wahrnahm. Der Zaun vor den Geleisen war etwa einen Meter fünfzig hoch und bestand aus mit scharfen Spitzen versehenen senkrechten Eisenstäben in Abständen von 15 Zentimetern mit je einer Querstange knapp über dem Boden und unterhalb der Spitzen. Ich packte zwei Spitzen und zog mich hinauf, bis ich einen Fuß zwischen zwei anderen Spitzen auf die obere Querstange setzen konnte. Einen Augenblick lang hielt ich nur mit knapper Not das Gleichgewicht. Ich sah auf die scharfen Spieße hinunter, die meine ungeschützten Weichteile bedrohten, und wurde mir plötzlich der Wirkung der sechs doppelten Whiskys bewußt. »Jesus Christus«, murmelte ich laut, »wenn ich jetzt abrutsche, ist in Zukunft der Whisky mein *einziger* Zeitvertreib.«

Ich ließ die Spitzen los und sprang. Die Böschung war an dieser Stelle von hohem Gras überwuchert. Links und rechts von mir befanden sich Gartengrundstücke. Ich legte mich auf den Rücken, schob mir den Hut in die Stirn und nahm mein Funksprechgerät zur Hand. Dann knipste ich eine Taschenlampe an und sah auf die Uhr. Zwei Minuten vor elf. Ich horchte. Kein Laut war aus dem Park oder von den Geleisen herauf zu hören. Ich zog die Antenne aus und schaltete das Gerät ein.

»Fox Michael an Baker Charlie. Bitte kommen. Ende.«

Wieder horchte ich. Blake rief zurück, aber ich hörte ihn nur sehr schwach – so gut wie gar nicht. Ich versuchte es noch einige Male, aber der Empfang wurde nicht besser, und ich wußte nicht, ob Blake mich verstand.

»Hören Sie, Baker Charlie«, sagte ich. »Ich weiß nicht, ob Sie mich hören. Ich höre Sie jedenfalls nicht deutlich genug. Aber für den Fall, daß Sie mich verstehen: Bleiben Sie am Apparat. Ich komme näher. Ende.«

Ich kletterte wieder über den Zaun und ging langsam durch den Park auf das Gefängnis zu, wobei ich abwechselnd rief und auf Blakes Signal lauschte. Auf halbem Wege war der Empfang noch immer schlecht, und ich begann mir Sorgen zu machen. Als ich die Hurling-Pfosten erreichte, konnte ich Blake endlich deutlich hören, und er hörte mich. Ich war nun aber nur noch wenige Meter von der Gefängnismauer entfernt und auch der Artillery Road zu meiner Linken gefährlich nahe. Die Artillery Road war zwar eine private Straße, aber wer von der Du Cane Road aus in den Park ging, betrat ihn an dieser Stelle, und ich konnte ihn erst sehen, wenn er schon den Park erreicht hatte und auch mich sah.

Ich legte mich flach auf den Bauch und stellte das Gerät mit voll ausgezogener, senkrecht stehender Antenne vor mir ins Gras. Wenn ein Polizist aus der Artillery Road hereinkam, gab es kein Entrinnen. Ich war schutz- und wehrlos.

»Hören Sie, Baker Charlie«, flüsterte ich hastig ins Gerät, das Kinn ins Gras gedrückt. »Ich bin in einer äußerst gefährlichen Lage ... so nahe an der verdammten Mauer, daß wir uns durch Rufe verständigen könnten, ohne die Geräte zu brauchen. Wenn ich nicht flüstere, besteht die Gefahr, daß mich der Kerl hört, der drinnen patrouilliert – oder der andere in der Mauerecke. Ich weiß nicht, woher hier so spät am Abend die Störung kommt, aber wir können jedenfalls nichts gegen sie tun. Sagen wir uns so rasch wie möglich das Nötigste. Ende.«

»Das tut mir leid«, sagte Blake, »aber ich sehe ein, daß wir uns kurz fassen müssen. Haben Sie etwas zu berichten? Ende.«

Er war offenbar ebenso besorgt wie ich.

»Nein«, antwortete ich. »Es gibt nichts zu berichten. Ich wollte nur den Kontakt wiederherstellen. Am Montag habe ich es von meiner neuen Adresse aus versucht. Sie vermutlich auch. Ende.«

»Ja«, bestätigte Blake. »Ich habe es, wie vereinbart, versucht. Die Entfernung ist zu groß, das bestätigt unsere jetzige prekäre Lage. Ich habe nur eine Nachricht für Sie. Sie betrifft das Postenhäuschen in der Ecke. Man hat jetzt ein Telefon eingerichtet und ist überzeugt, daß der ganze Komplex binnen vier Minuten vom Augenblick des Alarms an umstellt sein kann. Was meinen Sie dazu? Ende.«

»Es läßt mich ziemlich kalt«, antwortete ich. »*Wir* brauchen höchstens zwei Minuten. Wenn sie es nicht schneller als in vier Minuten schaffen, haben sie das Rennen schon verloren. Es erleichtert mich sogar, daß sie so zuversichtlich sind. Sie werden in ihrer Selbstgefälligkeit auf weitere Vorkehrungen verzichten. Wie Sie wissen, kann ich im Augenblick nichts unternehmen. Ich warte auf das Geld. In ein paar Tagen sehe ich meinen Freund. Können wir uns nächsten

Samstag um dieselbe Zeit wieder sprechen? Ende.«

»Ja«, sagte Blake. »Und für heute machen wir am besten Schluß. Ende.«

»Einverstanden. Fox Michael an Baker Charlie. Ende, Ende. Gute Nacht.«

»Baker Charlie an Fox Michael«, sagte Blake rasch. »Ende, Ende. Gute Nacht.«

Ich schob die Antenne ein, steckte das Gerät in die Tasche, stand auf, kehrte der Gefängnismauer den Rücken und schritt schnell auf die Mitte des Parks zu. Ich wollte einen möglichst großen Abstand zwischen mich und das Gefängnis bringen, bevor ich mich in die Richtung der Braybrook Street wandte. Auf diese Weise konnte ein zufälliger Beobachter glauben, ich benutzte lediglich eine Abkürzung von der Scrubs Lane herüber, und es war gut, daß ich diese Vorsichtsmaßnahme ergriff, denn als ich eben aus dem Park auf die Straße hinaustreten wollte, näherte sich ein Streifenwagen. Er fuhr langsamer, der Fahrer und sein Begleiter starrten mich an, und einen entsetzlichen Augenblick lang dachte ich schon, der Wagen werde halten. Ich umklammerte nervös das Gerät in meiner Tasche und fragte mich, ob es mir gelingen werde, es am Rand des Parks fallen zu lassen, während sie ausstiegen. Sie schienen aber tatsächlich anzunehmen, ich sei von der Scrubs Lane herübergekommen. Der Wagen fuhr weiter, und ich wandte mich der Erconwald Street zu. Um wieviel leichter war es doch, überlegte ich, ein Funksprechgerät *in* einem Gefängnis zu benutzen. Und um wieviel sicherer!

Mord in der Braybrook Street

Unter der Woche traf ich Barry Richards im »Western«. Ich spendierte ihm ein paar Whisky, und wir plauderten etwa eine Stunde. Unser Gespräch drehte sich, wie nicht anders zu erwarten, um das Gefängnis und unsere gemeinsamen Bekannten darin. Plötzlich teilte er mir lachend und so ganz nebenbei einige alarmierende Neuigkeiten mit.

»Wußten Sie übrigens, Seán, daß sie angefangen haben, das Gefängnis abzuhören?«

»Das Gefängnis abzuhören?« fragte ich. »Was soll das heißen?« Er nahm einen Schluck. »Das heißt, daß sie glauben, jemand steht mit dem Kittchen in Funksprechverbindung. Sie haben sich an die Post gewandt, und die soll jetzt das Gequassel mithören. So habe ich es jedenfalls gehört. Es ist ja vielleicht nur ein Gerücht. Und den Radioladen haben sie zugemacht.«

»Aber warum sollte irgend jemand Sprechverbindung mit dem Kittchen aufnehmen wollen?« fragte ich, da mir nichts Gescheiteres einfiel.

Barry zuckte die Schultern. »Keine Ahnung. Es ist eben so ein Gerücht. Die Heiminsassen nehmen sie jetzt auch schärfer unter die Lupe. Sie lesen unsere Post, und manchmal werden wir am Tor gefilzt.«

Am Samstagabend ging ich voller Sorge wieder in den Park. Vielleicht war es wirklich nur ein sinnloses Gerücht, das nach dem Massenausbruch aufgekommen war (man hatte übrigens alle Entsprungenen wieder eingefangen), vielleicht war aber auch etwas Wahres daran. Die strengere Behandlung der Insassen des Häftlingsheims schien anzudeuten, daß wirklich etwas in der Luft lag. Hatte mich vielleicht einer der Heimbewohner spätabends in meinem Zimmer reden hören? Möglich war es immerhin. Aber was konnte ich tun? Ich mußte die Verbindung mit Blake aufrechterhalten.

Wenn es zu einer Fahndung, vielleicht sogar zu einer Festnahme kam, so war es besser, es geschah vor unserer Unternehmung, denn dann hatte ich allein die Sache auszubaden, und Blake fand vielleicht eine andere Gelegenheit zur Flucht. Es lag auch in meinem eigenen Interesse, daß – wenn *ich* schon verhaftet werden mußte – die Identität des anderen nicht bekannt wurde. Ich fand, es sprach alles dafür, daß ich an diesem Abend mit Blake Kontakt aufnahm.

Wenn das Gefängnis tatsächlich abgehört wurde, war kaum anzunehmen, daß ein Mann vierundzwanzig Stunden täglich und sieben Tage die Woche vor seinem Gerät saß und horchte. Viel wahrscheinlicher war, daß man ein Tonbandgerät an den Empfänger anschloß und das Band täglich mit erhöhter Geschwindigkeit abspielte. Ich war überzeugt, daß ich an diesem Abend keine direkte Konfrontation mit der Polizei zu befürchten hatte. Man würde sich lediglich die Zeit meines nächsten Besuchs notieren und dann auf mich warten.

Ich ging den Pfad vor dem Gitterzaun entlang, bog scharf nach rechts ab und schritt durch den Park auf das Gefängnis zu. Es war so dunkel unter den Bäumen, daß ich unmittelbar vor einem andern Nachtbummler hätte stehen müssen, um ihn zu sehen. Bei den Hurling-Pfosten machte ich halt und legte mich auf den Bauch. Ich war höchstens dreißig Meter von der Gefängnismauer entfernt, unmittelbar vor dem Hof. Trakt D lag ein kleines Stück weiter links.

»Fox Michael ruft Baker Charlie, Fox Michael ruft Baker Charlie. Bitte kommen. Ende.«

»Baker Charlie an Fox Michael. Empfang laut und klar. Ende.«

Wir gaben den Erkennungs-Code durch, dann sagte ich:

»Hören Sie mir bitte aufmerksam zu, Baker Charlie. Ich habe besondere Instruktionen. Wenn ich plötzlich schweige und Sie innerhalb der nächsten fünf Minuten nicht noch einmal rufe, müssen Sie Ihr Gerät zerstören und die Stücke loswerden. Werfen Sie sie aus dem Fenster – so weit wie möglich. Verstanden? Ende.«

Blake drückte seinen Sendeknopf, schwieg aber eine Weile, bevor er sprach.

»Ja«, sagte er endlich. »Anweisung verstanden. Ist etwas schiefgegangen? Ende.«

»Nein, alles in Ordnung. Nur eine besondere Vorsichtsmaßnahme wegen meiner gefährlichen Lage. Von dieser Seite aus gibt es nichts Neues zu berichten. Hat sich bei Ihnen etwas Besonderes getan? Ende.«

»Nein«, sagte Blake. »Hier gibt es auch nichts Nennenswertes zu berichten.« Offenbar war das Gerücht, daß das Gefängnis abgehört wurde, nicht zu ihm durchgedrungen. Er fuhr fort: »Ich hätte Sie gern gefragt, wann das Unternehmen Ihrer Meinung nach steigen kann. Können Sie den Zeitpunkt ungefähr abschätzen? Ende.«

»In etwa zwei Monaten«, antwortete ich. »In den nächsten zwei Wochen kaufe ich den Wagen, dann suche ich eine Wohnung und treffe die übrigen Vorbereitungen. Ende.«

»Danke«, sagte Blake. »Ich wollte nur etwas haben, worauf ich mich einrichten kann. Das ist alles. Mir ist nicht wohl bei dem Gedanken, daß Sie sich da draußen in einer so gefährlichen Lage befinden. Ende.«

»Mir ist auch nicht gerade wohl dabei«, versicherte ich ihm, und dann fügte ich langsam und sehr deutlich hinzu: »Ich rufe Sie nächsten Samstag um dieselbe Zeit wieder. Fox Michael an Baker Charlie. Ende, Ende. Gute Nacht.«

»Baker Charlie an Fox Michael. Ende, Ende. Gute Nacht.«

Ich steckte den Apparat in die Tasche und sah mich vorsichtig um. Zuerst blickte ich in Richtung Artillery Road, dann zur Mauer zu meiner Rechten, dann über die Schulter in den Park hinein. Dort bewegte sich etwas. Ich starrte angestrengt ins Dunkel, lag vollkommen starr und hielt den Atem an. Das Blut pochte in meinen Schläfen. In einer Entfernung von etwa zwanzig Metern kam eine schattenhafte Gestalt mit einem Hund an der Leine auf mich zu. Beinahe im gleichen Augenblick sah ich aber auch schon, wie der Mann, von seinem Hund gezogen, in eine andere Richtung abbog. Sobald er in der Dunkelheit verschwunden war, stand ich auf und ging schräg durch den Park auf die Braybrook Street zu. Mir fiel ein, daß ich ein weißes Hemd trug, und ich stellte den Kragen meines Regenmantels auf, um es zu verbergen. Zugleich zog ich mir den Hut tiefer ins Gesicht. Diese Taktik der Filmbösewichter ließ sich schließlich auch in der Praxis anwenden.

Hätte ich mich nicht gerade noch im rechten Augenblick von Blake verabschiedet, würde mich dieser Mann gehört haben, und wenn sein Hund nicht ein stumpfsinniger Köter gewesen wäre, hätte er ihn zu mir geführt.

Am folgenden Samstagabend steckte ich wieder mein Funksprechgerät ein, verließ das Haus in der Perryn Road und machte mich auf den Weg zum Gefängnis. Im »Western« kehrte ich ein und trank meine üblichen sechs Whiskys. Wenn das Gespräch am vorausgegangenen Samstag wirklich mitgehört worden war, erwarteten sie mich jetzt schon. Und wenn ich wirklich verhaftet wurde, war es gut, vorher etwas getrunken zu haben. Ich würde dazu lange keine Gelegenheit mehr finden.

Um halb elf war ich schon in der Erconwald Street. Ich kam absichtlich zu früh, um mich ein wenig umsehen zu können. Langsam ging ich die ganze Braybrook Street hinauf und musterte die parkenden Wagen. Ich hielt Ausschau nach einer getarnten Streife oder einem Peilwagen der Post, obwohl ich eigentlich annahm, daß die Post, wenn sie wirklich eingeschaltet worden war, ihre Geräte eher im Gefängnis selbst installiert hatte als außerhalb der Mauern. Ich sah nichts Verdächtiges, wußte aber, daß ich mich deshalb nicht sicher fühlen durfte. Sie konnten sich überall versteckt haben. Das Gelände konnte umstellt sein, ohne daß ich etwas bemerkte.

Ich ging den Pfad entlang, bog an der üblichen Stelle nach rechts ab und hielt auf die schattenhafte Masse am Ende des Parks zu, die das Gefängnis Wormwood Scrubs war. An den Hurling-Pfosten blieb ich wieder stehen und legte mich ins Gras. Ich sah zur Artillery Road hinüber. Sollte dort plötzlich ein Polizeiwagen um die Ecke gerast kommen, es würde mich nicht sonderlich überrascht haben; und die Polizei würde in diesem Falle wissen, daß ich nicht überrascht wäre, denn sie hätte am letzten Samstag gehört, wie ich Blake warnte.

Ich legte ein Ohr auf den Boden und horchte, aber es war ganz still im Park. Wenn sie mir wirklich auflauerten, machten sie ihre Sache sehr gut. Ich nahm das Funksprechgerät heraus, schaltete es ein und zog die Antenne aus.

»Fox Michael ruft Baker Charlie, Fox Michael ruft Baker Charlie. Bitte kommen. Ende.«

Die Antwort kam augenblicklich: »Baker Charlie an Fox Michael. Empfang laut und klar. Ende.«

Wenn sie mich fassen wollten, war dies zweifellos der rechte Augenblick. Ich wandte den Blick nicht von der Artillery Road, während wir den Erkennungs-Code durchsprachen.

»Ich habe noch immer nichts Konkretes zu berichten«, teilte ich Blake mit. »Gibt es bei Ihnen etwas von Interesse? Ende.«

»Nein«, antwortete er. »Ebenfalls nichts zu berichten. Keine weiteren Entwicklungen, keine Verbesserungen in bezug auf das Telefon im Postenhäuschen und die Vierminutenfrist. Halten Sie es bei den derzeitigen langsamen Fortschritten für nötig, daß wir so oft miteinander sprechen? Könnten wir unseren nächsten Kontakt nicht in, sagen wir, vierzehn Tagen machen, am 6. August also? Was meinen Sie dazu? Ende.«

»Ich bin vollkommen Ihrer Meinung«, sagte ich. »Es ist nervenzermürbend, hier im Gras zu liegen. Ich kriege eine regelrechte Gänsehaut. Wenn es nichts mehr zu besprechen gibt, mache ich Schluß und verschwinde. Ende.«

»Ja, das sollten Sie tun«, sagte Blake. »Ich habe nichts weiter beizutragen. Ende.«

»Also gut. Fox Michael an Baker Charlie. Ende, Ende. Gute Nacht.«

»Baker Charlie an Fox Michael. Ende, Ende. Gute Nacht.«

Ich behielt weiter die Artillery Road im Auge, während ich das Gerät in die Tasche steckte. Dann stand ich auf. Wie üblich wollte ich nicht geradewegs von der Gefängnismauer zur Straße gehen. Ich brauchte fünf Minuten, um den Zaun vor den Bahngeleisen zu erreichen und noch einmal fünf Minuten für den Weg am Zaun entlang bis zur Braybrook Street. Sie hatten also insgesamt zehn Minuten Zeit, wenn sie zufassen wollten. Ich wartete auf einen Pfiff, auf eine Invasion des Parks von allen Seiten her, aber es geschah nichts. Ich erreichte den Pfad und schlenderte langsam durch die Dunkelheit zur Braybrook Street. Als ich durch die Erconwald Street zur Old Oak Common Lane ging, war ich noch immer nervös, und ich beruhigte mich erst, als ich in der Western Avenue ankam.

Daheim in meinem unaufgeräumten, armselig möblierten Wohnschlafzimmer kniete ich vor dem Gaskocher nieder, um mir Würstchen und Eier zu braten. Der Geruch von Fett und Gas erfüllte den kleinen Raum, und ich mußte das Fenster weit aufmachen. Während ich in dieser bescheidenen Umgebung meine einfache Mahlzeit zu mir nahm, dachte ich einen Augenblick an die derzeit so beliebten Spionageromane, an den Glanz, der den Spion umgibt, und ich lächelte über den Gegensatz zwischen diesem Bild und der Wirklichkeit meiner eigenen ganz und gar glanzlosen Lage. Kein schneller Wagen, keine Pistole und keine atemberaubende Blondine weit und breit! Statt dessen Würstchen und Eier in einer verqualmten Bude in Acton.

Tags darauf suchte ich wieder Michael Reynolds auf. Er hatte die ersten hundert Pfund aufgetrieben und übergab sie mir. (Die im Häftlingsheim zusammengesparten hundert Pfund hatte ich längst für einen dringend benötigten Anzug und verschiedene Kleinigkeiten ausgegeben.) Ich hatte von einem Geschäftsmann in Nord-London gehört, der einen Humber Hawk, Baujahr 1955, für sechzig Pfund verkaufen wollte. Zwei Tage später kaufte ich diesen Wagen und fuhr mit ihm in die Perryn Road. Er hatte einen kräftigen Motor und gute Bremsen. Nun konnte ich die Flucht unter realistischen Bedingungen proben.

Ich hatte mich für den Fluchtweg durch die Du Cane Road entschieden, und die einzige noch zu klärende Frage war, ob wir uns nach links oder nach rechts wenden sollten. Vorerst wollte ich mich mit beiden Routen vertraut machen, deren Endpunkt eine U-Bahn-station sein sollte. Bog ich nach links ab, kam ich nach Notting Hill Gate; bog ich nach rechts ab, erreichte ich die Station Stamford Brook, gleich neben der Chiswick High Road.

Am Samstagabend um sechs stand ich mit dem Wagen in der Artillery Road, dem Ende des Traktes D direkt gegenüber. Im Hinblick auf die Parkmöglichkeiten war der Zeitpunkt der Flucht ideal. Die Angestellten des Krankenhauses, die ihre Wagen tagsüber in der Artillery Road stehen hatten, fuhren um fünf Uhr nach Hause, und die Besucher des Krankenhauses, die ihre Wagen zum Teil ebenfalls in der Artillery Road abstellten, kamen erst kurz vor sieben. Ich rechnete zehn Minuten für die Vorbereitungen, die Blakes Lauf zur Mauer vorausgingen. In dieser Zeit konnte ich leicht Funksprech-verbindung mit ihm aufnehmen, und er konnte von seiner Zelle zu dem Fenster gelangen, es aufbrechen und aussteigen.

Um zehn nach sechs schaltete ich meine Stoppuhr ein und startete den Wagen. Anderthalb Minuten gab ich Blake, um über die Mauer zu klettern, herunterzuspringen und in den Wagen zu steigen. Dann fuhr ich los.

Ich konnte unbehindert nach rechts in die Du Cane Road einbiegen. Als ich nach links in die Old Oak Common Lane einschwenkte, sah ich wieder auf die Uhr. Seit dem Augenblick, da ich im Ernstfall die Leiter über die Mauer geworfen hätte, waren nur drei Minuten vergangen. Von der Old Oak Common Lane fuhr ich nicht direkt zur Old Oak Road. Das wäre zwar der kürzeste Weg nach Stamford Brook gewesen, zugleich aber auch eine der beiden schnellsten Verbindungen zwischen dem Polizeirevier Shepherd's Bush und dem Gefängnis. Ich wandte mich vielmehr nach rechts zur Western Avenue und dann wieder nach links zur Glendon Road. So konnte ich – in sicherem Abstand – parallel zu den Polizeiwagen fahren, die zum Gefängnis rasten.

Ich überquerte die East Acton Lane und kam in die Bromyard Avenue. Auf halber Länge dieser Straße steht eine Kirche auf einer Verkehrsinsel, durch die man gezwungen wird, langsamer zu fahren. Ich merkte mir das. Am Ende der Straße bog ich nach rechts in The Vale ein und dann wieder nach links in die Larden Road. Dann ging es immer geradeaus durch Larden Road, Emlyn Road und Prebend Gardens. Kurz vor der Brücke, auf der die Distrikt-Linien und die Linie von Piccadilly her über Prebend Gardens geführt werden, bog ich nach links in die Vaughan Avenue ein, die ich bis zur Hälfte hinunterfuhr. Dann stellte ich den Wagen ab und ging um die Ecke zur Station Stamford Brook in der Goldbawk Road.

Sieben Minuten waren seit dem Augenblick vergangen, in dem im Ernstfall die Leiter über die Mauer geworfen und der Alarm gegeben worden wäre, und ich war schon mehr als drei Kilometer vom Gefängnis entfernt. In den folgenden Wochen gelang es mir, die Zeit auf sechs Minuten zu reduzieren. Das Entscheidende war jedoch, daß ich binnen drei Minuten schon die Du Cane Road hinter mir gelassen hatte – eine ganze Minute bevor das Gefängnis umstellt sein würde.

Samstag, der 6. August, war ein geschäftiger Tag. Ich sollte am Abend vom Park aus mit Blake sprechen. Um sechs stand ich wieder mit dem Wagen in der Artillery Road. Ich wollte die andere Route, die nach Notting Hill Gate, versuchen. In der Du Cane Road war es wegen des Linksverkehrs natürlich leichter, nach links einzubiegen als nach rechts. Die weiteren Etappen waren Wood Lane, North

Pole Road, Latimer Road, Oxford Gardens und schließlich Ladbroke Grove. In einer kurz vor dem Ende der Ladbroke Grove abzweigenden Seitenstraße ließ ich den Wagen stehen. Von dort war es nicht weit zur Hauptverkehrsader, der Holland Park Avenue, und die Station Notting Hill Gate lag gleich um die Ecke. Ich hatte nur etwa zwei Minuten zu gehen.

Um elf Uhr abends lag ich wieder im dunklen Park nahe der Mauer und sprach mit George Blake. Ich berichtete ihm mit vorsichtigen Umschreibungen von dem Wagen und den Probefahrten, und das flößte ihm neuen Mut ein. Wir verabredeten uns für nächsten Samstag, den 13. August. Am Freitag, dem 12. August, geschah jedoch etwas, was einen Kontakt an diesem Tag zum reinen Selbstmord gemacht hätte.

Daß etwas geschehen sein mußte, bemerkte ich unmittelbar nachdem ich am Freitag nach der Arbeit die Fabrik verlassen hatte. Als ich die East Acton Lane hinaufging, kam ich an zwei Polizisten mit Motorrädern, einem Mannschaftswagen und zwei Streifenwagen mit blinkenden Blaulichtern vorbei. Die Fahrzeuge fuhren sehr langsam, und die grimmig dreinsehenden Beamten schienen jeden Fußgänger und Autofahrer genau zu mustern. In der Perryn Road traf ich auf zwei weitere Polizisten mit Motorrädern und einen zweiten Streifenwagen. Etwas sehr Ernstes mußte geschehen sein. Mein erster Gedanke war, daß wieder ein Massenausbruch stattgefunden hatte. Wenn das der Fall war, befand sich Blake höchstwahrscheinlich schon auf dem Weg in ein anderes Gefängnis.

In meinem Zimmer schaltete ich das Radio ein. Nach etwa einer Viertelstunde wurde die Musik unterbrochen, und der Sprecher sagte: »Wir bringen die neuesten Meldungen über den Mord an den drei Polizeibeamten in West-London...« Er berichtete von drei Beamten in Zivil, die in der Braybrook Street erschossen worden waren – »in Sichtweite des Gefängnisses Wormwood Scrubs«. Das Motiv und die Identität der Mörder waren nicht bekannt.

Meine erste Reaktion war große Besorgnis. Wer hatte diese Morde begangen? Entsprungene Häftlinge? Oder Männer von draußen, die Freunde im Gefängnis befreien wollten? Ich war überzeugt, daß Blake keine Chance mehr hatte, wenn die Tat in irgendeinem Zusammenhang mit Wormwood Scrubs stand.

Ich kaufte mir in der Old Oak Common Lane mehrere Zeitungen und las sie, während ich langsam die Erconwald Street hinauf ging. Zwei der Polizisten waren aus ihrem Wagen gestiegen, um mit einigen Männern in einem anderen Wagen zu sprechen. Die Unbekannten schossen sie nieder. Der dritte Polizist wurde am Steuer des Streifenwagens erschossen, durch das Fenster. Eine Zeitung brachte ein Bild der drei Leichen, die zugedeckt auf der Straße lagen. Erleichtert las ich die Erklärung eines Sprechers der Gefängnisdirektoren, derzufolge keiner der Gefangenen fehlte und zwischen den Morden und dem Gefängnis offensichtlich kein Zusammenhang bestand.

Lange bevor ich die Braybrook Street erreichte, sah ich schon die Polizei. Mindestens zweihundert Beamte in Uniform waren aufgeboten worden. Die einen standen in kleinen Gruppen beisammen und unterhielten sich leise, andere saßen im Gras. Etwa vierzig Beamte, die ihre Röcke und Helme abgelegt hatten, krochen in langer Reihe auf allen vieren durch den Park und suchten das Gras ab. Scotland Yard hatte unweit der Gefängnismauern eine fahrbare Befehlszentrale aufgestellt. Eine große Menge von Zuschauern und Reportern drängte sich in der Straße. Neben der Befehlszentrale sprach der Innenminister mit dem Chef der Londoner Polizei und anderen hohen Beamten. Spannung, Empörung und Erschütterung lagen in der Luft. Und an diesem Abend sollte ich mit dem Funksprechgerät in der Hand im Park liegen und George Blakes Flucht aus dem Gefängnis betreiben! Nein, diese Verabredung hielt ich nicht ein.

Am nächsten Tag waren natürlich alle Zeitungen voll von dem Polizistenmord. So ging es vier Monate, und in dieser Zeit wurde eine der größten Verbrecherjagden durchgeführt, die England je erlebte.

Um die Mitte der folgenden Woche hatte die Polizei ihre Ermittlungen am Tatort abgeschlossen. Am Freitag wurde die Befehlszentrale abgeschleppt. Blake und ich hatten gleich zu Beginn vereinbart, daß wir im Falle einer Verhinderung jeweils eine Woche später um die gleiche Zeit versuchen wollten, miteinander in Verbindung zu treten. Deshalb lag ich am nächsten Abend, nur eine Woche nach den Morden, wieder im Park. Zwar sagte ich mir, daß die Polizei keine Ursache hatte, dieses Gelände häufiger abzupatrouillieren als zuvor, aber ich mußte mit der Neugier rechnen. Nur zu leicht konnte ein Polizist seinen Wagen in die Braybrook Street lenken, weil dort drei seiner Kollegen erschossen worden waren. Ich fühlte mich gefährdet wie nie zuvor.

»Fox Michael ruft Baker Charlie«, flüsterte ich. »Fox Michael ruft Bäcker Charlie. Bitte kommen. Ende.«

»Baker Charlie an Fox Michael. Empfang laut und klar. Ende.«

Wir gingen rasch den Erkennungs-Code durch.

»Tut mir leid, daß ich Sie letzte Woche nicht rufen konnte«, sagte ich. »Den Grund brauche ich Ihnen gewiß nicht zu erklären. Ende.«

»Allerdings nicht, mein Freund«, erwiderte Blake. »Sie brauchen mir nichts zu erklären. Ich habe nicht einmal mein Gerät in die Zelle mitgenommen, weil ich wußte, daß Sie nichts machen konnten. Wir haben aus den oberen Fenstern alles gesehen, was sich da draußen getan hat. Man konnte es mit der Angst kriegen. Ich wundere mich, offen gestanden, daß Sie es heute abend riskieren. Ich habe eigentlich erwartet, erst in einigen Wochen wieder von Ihnen zu hören. Sie haben Nerven! Ende.«

»Ja«, sagte ich. »Es war ein furchterregender Anblick. Ich habe noch nie so viele auf einem Haufen beisammen gesehen. Es ist ganz bestimmt gefährlich für mich, hier im Gras zu liegen, und deshalb möchte ich Ihnen einen Vorschlag machen. Da ich später ohnehin vom Wagen aus mit Ihnen sprechen muß, könnten wir gleich damit anfangen. Und da das Unternehmen um sechs beginnt, sollten wir uns daran gewöhnen, um diese Zeit Verbindung aufzunehmen. Ich möchte also am nächsten Samstagabend um sechs mit Ihnen sprechen. Einverstanden? Ende.«

»Ja«, sagte Blake. »Ich denke, die Idee ist gut. Für mich ist es übrigens auch viel angenehmer. Ich brauche das Gerät nicht den ganzen Abend in meiner Zelle zu behalten. Ende.«

Wir verabschiedeten uns.

Am Mittwoch ging ich zu Michael Reynolds. Er sagte mir, er habe einen Freund, der höchstwahrscheinlich gewillt wäre, uns in irgendeiner Form zu helfen, obwohl er ebenfalls kein Geld habe. Der Mann hieß Pat Porter. Wie Michael hatte er eine irische Mutter und einen englischen Vater.

»Er besucht mich heute abend«, sagte Michael. »Ich habe über unsere Sache noch nicht mit ihm gesprochen, weil ich nicht wußte, ob du einverstanden sein wirst.«

»Wenn er dein Freund ist, Michael, soll er mir willkommen sein«, sagte ich. »Wir brauchen soviel Hilfe, wie wir kriegen können.«

Pat kam eine halbe Stunde später und erklärte sich ohne Zögern bereit zu helfen, so gut er konnte. Er war ein paar Jahre jünger als Michael und viel robuster gebaut, und er war sofort begeistert dabei.

»Es tut mir nur leid, daß ich kein Geld geben kann«, sagte er. »Ich habe vor einem Jahr mit zwei andren zusammen ein kleines Geschäft aufgemacht, und alles, was wir besitzen, ist auf Kredit gekauft. Die Hälfte unserer wöchentlichen Einnahmen gehört der Finanzierungsgesellschaft, und so wird es noch die nächsten drei Jahre bleiben. Wenn ich aber sonst etwas tun kann, braucht ihr es mir nur zu sagen. Notfalls könnte ich George Blake in meiner Wohnung verstecken.«

Wir sprachen alle Einzelheiten der Flucht durch und beschäftigten uns besonders eingehend mit der Frage, ob wir versuchen sollten, Blake gleich in der Nacht nach der Flucht aus dem Lande zu schaffen, oder ob es besser sei, ihn eine Weile zu verstecken.

»Es wäre zu riskant, ihn noch in derselben Nacht wegzubringen«, meinte Pat. »Man wird alle Häfen und Flugplätze streng überwachen.«

Zuletzt kamen wir überein, daß ich bei unserem nächsten Kontakt feststellen sollte, was Blake selbst zu dieser Frage meinte.

Am Samstag kaufte ich bei einem Blumenhändler in der Old Oak Common Lane einen Strauß Chrysanthemen. Um fünf Minuten vor sechs hielt ich mit meinem Wagen in der Du Cane Road, gegenüber dem Eingang der Artillery Road. Die Chrysanthemen lagen auf dem Sitz neben mir. Einige Meter vor mir stand ein anderer Wagen, und weitere fünf oder sechs hatte ich hinter mir, gegenüber dem Krankenhaus. Das war ein Vorteil. Mein Wagen war nur einer von vielen, die an dieser Stelle parkten.

Ich kurbelte das Fenster zu und hob das Funksprechgerät vom Boden auf. Dann zog ich den Antennenstecker aus dem Autoradio und befestigte ihn mit Hilfe einer Klemme am Knopf der eingeschobenen Antenne meines Sprechgeräts. Auf diese Weise benutzte ich die Autoantenne, und keinem Passanten konnte etwas auffallen. Schließlich steckte ich das Gerät mitten in den Blumenstrauß – die großen Chrysanthemen verbargen es vollständig, und deshalb hatte ich sie gewählt – und begann für den Fall, daß mich jemand beobachtete, genießerisch an den Blüten zu schnuppern. Was war natürlicher als ein Mann, der vor dem Hammersmith-Krankenhaus mit einem Blumenstrauß in seinem Wagen saß und auf den Beginn der Besuchszeit wartete?

Ich fuhr mit dem Daumen zwischen den Blumenstengeln durch und fand den Sendeknopf. Es war Punkt sechs Uhr.

»Fox Michael ruft Baker Charlie, Fox Michael ruft Baker Charlie. Bitte kommen. Ende.«

Ich blickte zum Gefängnis hinüber. Über den Rand der Ostmauer hinweg waren deutlich die beiden oberen Fensterreihen des Traktes D zu sehen.

»Baker Charlie an Fox Michael. Empfang laut und klar. Ende.«

Der Empfang war tatsächlich ausgezeichnet. Er war so gut, daß ich zusammenzuckte und mich erschrocken umsah, ob jemand in der Nähe sei, denn ich hatte auf volle Lautstärke gestellt. Ich drehte den Ton rasch um etwa zwei Drittel zurück.

»Baker Charlie«, sagte ich, als wir mit dem Erkennungs-Code fertig waren, »der Empfang ist phantastisch. Es klingt nicht nur, als säßen Sie hier neben mir im Wagen, sondern als brüllten Sie mir in die Ohren. Ich stelle mir vor, Sie sind nicht in Ihrer eigenen Zelle. Sie sind sicher hinter einem der Fenster in der obersten Reihe, die ich von meinem Standort aus sehen kann. Ende.«

»Stimmt«, antwortete Blake. »Auch ich höre Sie ausgezeichnet. Dabei habe ich die schwächste Lautstärke eingestellt. Um diese Tageszeit wäre es viel zu gefährlich, von meiner Zelle aus mit Ihnen zu sprechen. Sie wissen, es könnte jeden Augenblick jemand kommen. Hier oben bin ich sicher. Die meisten anderen sind im Kino, und die beiden Aufseher sitzen unten im Erdgeschoß und plaudern und trinken Tee. Ende.«

Ich lachte. »Ja, ich sehe die Szene ganz lebendig vor mir. Für jemanden in meiner Lage ist es ein großer Vorteil, jederzeit genau zu wissen, was auf *beiden* Seiten der Mauer geschieht. Es ist, als hätte ich Röntgenaugen. Aber wie dem auch sei: ich kann Ihnen jetzt sagen, daß es in ungefähr sechs Wochen soweit sein wird. Es tut mir leid, daß es noch so lange dauert. Es geht wirklich nicht anders. Dafür haben wir dann wieder den Schutz der Dunkelheit, und das ist ein großer Vorteil. Mein Gott, wenn man sich vorstellt, daß nun beinahe schon ein Jahr vergangen ist, seit wir zum erstenmal über unser Projekt gesprochen haben! Ende.«

»Ja«, sagte Blake. »Ein Jahr. Und es ist ein Wunder, daß keinem von uns etwas passiert ist. Wenn man die Gefahren auf beiden Seiten bedenkt... Ende.«

Während ich sprach, beobachtete ich aufmerksam die Du Cane Raod. Von meinem Parkplatz aus sah ich bis zur Old Oak Common Lane hinunter und im Rückspiegel bis zur Wood Lane. Der Verkehr war mäßig. Ab und zu betraten oder verließen Wärter den Gefängnishof, aber sie waren zu weit entfernt, um mich zu bemerken. Ich hatte schon früher festgestellt, daß sich fast alle Wärter, die aus dem Gefängnis kamen, nach rechts wandten und auf die Old Oak Common Lane zu gingen. Die Wohnungen der Verheirateten befanden sich auf dieser Seite des Vorhofs, und auch die Wärter, die weiter weg wohnten, hatten ihre Häuser in dieser Richtung.

Plötzlich bog ein Streifenwagen aus der Old Oak Common Lane kommend in die Du Cane Road ein und raste auf mich zu. Ich drückte meinen Sendeknopf.

»Achtung, Baker Charlie, ein Streifenwagen. Ich schalte ab, bis er vorbei ist – *wenn* er vorbeifährt. Halten Sie mir den Daumen und warten Sie, bis ich Sie wieder rufe. Ende, Ende.«

Ich schaltete das Gerät ab und begann lässig an meinem Blumenstrauß zu schnuppern und zu zupfen, wobei ich darauf achtete, daß er von außen gut zu sehen war. Der Wagen fuhr mit verminderter Geschwindigkeit am Gefängnistor vorbei und näherte sich dem Krankenhaus. Aus den Augenwinkeln sah ich, daß mich die beiden Polizisten musterten, als sie auf meiner Höhe ankamen. Sie waren so nahe, daß ich die verchromten Nummern auf ihren Schultern lesen konnte. Ich tat, als bemerkte ich sie nicht.

In dem Augenblick, da sie vorbeifuhren, schob ich den Gang ein und legte den Daumen auf den Starter. Wenn sie hielten und ausstiegen, mußte ich versuchen, ihnen davonzufahren. Der Mord in der Braybrook Street machte noch immer Schlagzeilen, und die Polizeistreifen betrachteten in abgestellten Wagen sitzende Männer mit mehr als dem üblichen Mißtrauen. Ich ließ den Rückspiegel nicht aus den Augen, wandte mich aber nicht um, denn ich mußte damit rechnen, daß auch die Polizisten in ihren Rückspiegel blickten. Wenn sie sahen, daß ich mich für sie interessierte, schöpften sie womöglich Verdacht.

Der Streifenwagen fuhr langsam am Portal des Krankenhauses vorbei und weiter auf die Wood Lane zu, wo er links einbiegend verschwand. Ich nahm den Gang wieder heraus und schaltete mein Sprechgerät ein.

»Fox Michael ruft Baker Charlie. Bitte kommen. Ende.«

»Baker Charlie an Fox Michael. Empfang laut und klar. Ende.«

Ich sagte: »Puh!... Ende.«

»So ist mir auch zumute«, sagte Blake, »Alles gutgegangen? Ende.«

»Ja, alles in Ordnung. Sie sind wieder weg... Ich habe eine Frage: Möchten Sie gleich in der Nacht nach der Flucht das Land verlassen? Ich wüßte einen Weg. Sie fahren sofort nach Irland, entweder verkleidet oder in einem Fahrzeug versteckt auf der Autofähre, dann fahren Sie noch in der Nacht nach Südirland und nehmen am Morgen auf dem Flughafen Shannon eine Maschine nach dem Kontinent. Ich habe alle Fahr- und Flugpläne studiert; es würde sich mit knapper Not machen lassen. Was halten Sie davon? Ende.«

Blake hatte diese Möglichkeit offenbar schon erwogen, denn er antwortete ohne Zögern.

»Ich halte gar nichts davon«, sagte er mit Nachdruck. »Es wäre viel zu gefährlich. Ich denke, es ist besser, wir verstecken uns zunächst einmal und planen die zweite Etappe, die Ausreise, in aller Ruhe. Ende.«

»Einverstanden«, sagte ich. »So ist es auch leichter. Ende.«

Wir verabredeten uns für den Samstag in vierzehn Tagen und schalteten ab. Ich wollte nicht am folgenden Samstag, dem ersten im September, mit Blake sprechen, da ich die Absicht hatte, an diesem Tag meine ganze Aufmerksamkeit dem Polizeirevier Shepherd's Bush zuzuwenden, das am Abend von Blakes Flucht den Anruf aus dem Gefängnis entgegennehmen würde.

Ich schloß die Antenne wieder an das Autoradio an, legte die Blumen auf den Sitz neben mir und kurbelte das Fenster herunter. Die Sonne schien hell, und in dem stickig-heißen Wagen rann mir der Schweiß übers Gesicht. Ich fuhr am Gefängnistor vorbei und kehrte zurück in die Perryn Road.

Am Montag ging ich in die Old Oak Common Lane einkaufen. Bei

Woolworth hatten sie Wäscheleinen, die genau elf Meter lang waren. Man hätte meinen können, sie seien eigens dafür gemacht worden, zu beiden Seiten einer sechs Meter hohen Mauer herabzubaumeln. Ich kaufte drei Stück. Zwei brauchte ich für die Holme meiner Strickleiter, aus der dritten wollte ich die Sprossen machen. Ein Knäuel Garn und eine kräftige Nadel nahm ich ebenfalls mit.

Ich überlegte, daß die beiden senkrechten Seile einer ganz aus Seilen gemachten Strickleiter unweigerlich zusammengezogen werden, sobald man auf die unterste Sprosse tritt, und daß es sehr schwer ist, eine solche Leiter hinaufzuklettern. Die üblichen Strickleitern haben Sprossen aus Holz, aber eine solche Leiter eignete sich nicht für meine Zwecke. Sie wäre zu groß und zu schwer gewesen, um über die Mauer geworfen zu werden, und wenn es mir wirklich gelang, sie darüberzuwerfen, machten die gegen die Ziegel schlagenden Holzsprossen zuviel Lärm. Ich suchte in der Nähe von Woolworth ein anderes Geschäft auf, das Damenunterwäsche, Stoffe, Wolle und Stricknadeln führte. An dem Tisch, wo die Nadeln verkauft wurden, wählte ich eine der Größe 13 aus. Sie war aus Stahl und mit grauem Kunststoff beschichtet und hatte eine Länge von etwa 35 cm. Das war genau das, was ich brauchte. Der Stahl sorgte für die nötige Stärke, der Kunststoff dämpfte das Geräusch, und da die Leiter etwa 28 cm breit werden sollte, bot mir eine 35 cm lange Nadel genug Spielraum auf beiden Seiten.

»Ich brauche davon dreißig Stück«, sagte ich zur Verkäuferin.

Sie runzelte die Stirn.

»Ihre Frau scheint aber fleißig zu stricken«, meinte sie lächelnd.

»Zum Stricken sind sie eigentlich nicht gedacht«, sagte ich mit meinem besten englischen Akzent. »Ich kaufe sie für meine Schüler. Es ist ganz erstaunlich, was für abstrakte Kompositionen diese jungen Kunststudenten aus so einfachen Dingen wie Stricknadeln schaffen.«

»Oh!« machte die Frau geziert. »Ich bin überzeugt, daß sich diese Nadeln für Ihre Zwecke ganz vorzüglich eignen werden.«

An den nächsten drei Abenden nach der Arbeit baute ich mit aller Sorgfalt die Strickleiter zusammen, wobei ich die Sprossen mit den Stricknadeln versteifte. Einige Male wurde ich unterbrochen (der Hausbesitzer kam, um den Gasautomaten zu leeren, und seine im Hause wohnende Vertreterin, eine Mrs. Smith, mußte mir irgend etwas Interessantes erzählen), und bei diesen Gelegenheiten schob ich die halb fertige Leiter rasch unter das Bett, bevor ich die Tür öffnete.

Am Samstag blieb ich bis zehn Uhr im Bett. Dann machte ich mir auf dem Boden kniend mein Mittagessen (wieder einmal Koteletts), spülte es mit einer Tasse Tee hinunter und ließ eine Flasche Guinness folgen. Danach döste ich noch einmal auf meinem Bett ein.

Um halb fünf weckten mich erregte Stimmen draußen auf dem Flur. Die Hausbewohner hielten eine ihrer periodischen Versammlungen zwecks Untersuchung der Missetaten irgendeines unbekannten Frevlers ab. Das neueste Verbrechen bestand, wie ich den entrüsteten Ausrufen vor meiner Tür entnahm, darin, daß sich jemand erfrecht hatte, eine leere Shampoo-Flasche und eine gebrauchte Rasierklinge im Badezimmer liegenzulassen.

»Wie kann man nur so etwas tun!«

»Eine ekelhafte Gewohnheit!«

»Ich war es ganz bestimmt nicht!«

»Wir benutzen das Badezimmer so gut wie nie; es ist ja so schmutzig!«

»Und es passiert natürlich immer wieder!«

Sie sprachen sehr laut, ja sie schrien beinahe; vermutlich in der Hoffnung, andere Mieter herbeizulocken. Mich, zum Beispiel, diesen rätselhaften Menschen in dem Einzelzimmer, der für sich allein blieb und kaum Umgang mit seinen Nachbarn hatte. Gut. Sie sollten ihren Spaß haben. Auch ich wollte meinen Beitrag zu dem aufregenden Ereignis leisten. Es war ohnehin Zeit zu gehen. Ich stand auf, zog meinen Regenmantel an, setzte den Hut auf, machte ein grimmiges Gesicht, öffnete die Tür und trat auf den Flur hinaus.

Plötzlich schwiegen alle. Das englische Ehepaar stand da mit Mrs. Smith und zwei Pakistanis.

»Ah, Mr. Bourke«, begann Mrs. Smith. »Wir sprachen gerade . . .«
Ich hob mit theatralischer Gebärde die Hand, um ihr Schweigen zu gebieten, und sie gehorchte. Die andern starrten mich erwartungsvoll an.

»Mrs. Smith«, sagte ich laut und ungnädig, »ich weiß genau, worüber Sie und die Herrschaften hier gerade gesprochen haben. Wie sollte ich es nicht wissen, nachdem Ihr Geschrei und Gezeter mich geweckt hat und seit einer halben Stunde nicht mehr schlafen läßt. Versuchen Sie nicht, mich in Ihre häuslichen Zänkereien hineinzuziehen. Ich sage absichtlich ›Zänkereien‹, denn einen Streit darf man diese sinnlose Erregung gewiß nicht nennen. Wie Sie wegen einer leeren Flasche und einer gebrauchten Rasierklinge soviel Empörung und moralische Entrüstung aufzubringen vermögen, kann ich beim besten Willen nicht verstehen. Was, zum Kuckuck, ist denn schon passiert, wenn jemand eine leere Flasche und eine Rasierklinge im Badezimmer liegenläßt! Es ist doch kein Verbrechen, oder? Sie führen sich auf, als hätte jemand im Badezimmer eine regelrechte Schweinerei begangen. Es ist unvermeidlich, Madam, daß leere Shampoo-Flaschen und gebrauchte Rasierklingen im Badezimmer liegenbleiben. Ich wäre überrascht, wenn man sie dort *nicht* fände, ja ich möchte beinahe sagen, Badezimmer sind unter anderem dazu da. Sogar in Privathäusern, in denen nur eine einzige Familie wohnt, werden Sie feststellen, daß sich im Badezimmer eine gewisse Menge Abfall ansammelt. Haben Sie das Recht, sich zu wundern, daß es in einem Haus wie diesem geschieht, in dem gewissermaßen sieben verschiedene Familien zusammenleben? Versuchen Sie doch, um Himmels willen, den Sinn für das rechte Maß zu wahren. Ich habe keine Ahnung, wer diese Sachen im Badezimmer liegengelassen hat, und ich will es auch gar nicht wissen. Aber wenn ich es wüßte, würde ich von dem Betreffenden auch nicht schlechter denken. Er hat in meinen Augen nichts getan, dessen er sich schämen müßte.

Ich hörte Sie sagen, Madam, Sie dächten nicht daran, anderer Leute Abfälle wegzuräumen. Das wäre vielleicht unter Ihrer Würde. Gut. Das ist Ihre Angelegenheit, aber es ist nicht unter *meiner* Würde. Sollten die beiden Sachen noch im Badezimmer liegen, wenn ich heute abend zurückkomme, so werde ich sie eigenhändig in den Mülleimer im Hof befördern, und ich bin nicht der Meinung, daß meine Würde oder mein Stolz darunter leiden werden.« Ich sah mich um und blickte in die ehrfurchtsvollen Gesichter meiner Nachbarn. »Alles um des lieben Friedens willen«, schloß ich.

Ich konnte einen ungeahnten Erfolg buchen. Alle strahlten mich plötzlich an. Ich hatte eine gewisse Aufregung in den düsteren Flur gebracht, ein Ereignis aus der tristen Versammlung gemacht.

»Oh, Mr. Bourke, ich wollte Ihnen selbstverständlich nicht nahetreten!« versicherte mir Mrs. Smith.

»Sie müssen Ire sein«, sagte die junge Engländerin lächelnd. »Meine Großmutter war auch Irin.«

Die Pakistanis grinsten entzückt, ihre weißen Zähne leuchteten hell in Gesichtern, die sich kaum vom dunklen Hintergrund des Flurs abhoben.

»Sie sind also Ire?« sagte der eine. »Ihre Art gefällt mir, Sir, ja wirklich, sie gefällt mir sehr.«

Er war offenbar glücklich, einem Weißen zu begegnen, mit dem er die Bürde, Einwanderer zu sein, teilen konnte. Ich war einmal etwas anderes als die vielen weißen Herren.

Ich reagierte nicht auf diese Versöhnungsangebote. Ich hörte sie nur höflich an und nahm sie entgegen wie etwas, was mir gebührte. Dann wandte ich mich auf dem Absatz um und begann die Treppe hinunterzugehen. Da ich mich nun einmal darauf eingelassen hatte, meine Nachbarn zu unterhalten, mußte ich die Komödie auch konsequent zu Ende spielen und ihnen etwas bieten für ihr Geld. Ich hatte kaum die halbe Treppe hinter mich gebracht, als sie auch schon über mich tuschelten. Es war nur gut, daß sie mein grinsendes Gesicht nicht sahen, denn das hätte meinem Auftritt viel von seiner

Wirkung genommen. (Einige Wochen später beschrieb mich Mrs. Smith in einem Fernsehinterview als »sehr redegewandt«.)

Ich sah auf die Uhr. Ein Viertel nach fünf. Ich hatte noch viel Zeit. Ich setzte mich in den Wagen und fuhr die Perryn Road hinunter zur East Acton Lane. Eine halbe Stunde kurvte ich in Acton umher, dann, um zehn Minuten vor sechs, fuhr ich langsam durch die Uxbridge Road auf Shepherd's Bush zu.

Zwei Minuten vor sechs hielt ich am Straßenrand vor dem Eingang des Polizeireviers Shepherd's Bush. Es war ein großes Gebäude mit einer Menge Glas und einem schwarzen, glänzenden, nach Kunststoff aussehenden Material.

Die drei in der Braybrook Street ermordeten Polizisten hatten zu diesem Revier gehört. Zwei der Mörder hatte man schon gefaßt. Auf den dritten, einen gewissen Harry Roberts, wurde noch mit einem großen Aufgebot Jagd gemacht.

Um sechs Uhr drückte ich auf den Knopf meiner Stoppuhr und fuhr los. Tunis Road, Stanslake Road, Frithville Gardens, dann unter der Überführung der Linie Shepherd's Bush—Goldbawk Road durch; noch eine Seitenstraße links, die Macfarlane Road, und dann die Kreuzung Wood Lane—Shepherd's Bush Road. Hier traf ich auf die erste Verkehrsampel. Sie zeigte grünes Licht. Ich schwenkte nach links in die Wood Lane ein. Linkerhand die Fernsehstudios der BBC, rechts die U-Bahnstation White City, weiter vorn, auf der linken Seite, das White City Stadium, dann der Westway, eine breite Straße parallel zur Du Cane Road, die von der Wood Lane zum Western Circus führt. Wieder eine Ampel und wieder grünes Licht. Schließlich die Du Cane Road und die dritte und letzte Ampel. Sie stand auf Rot, und ich mußte beinahe eine Minute warten. Ich bog nach links in die Du Cane Road ein und trat aufs Gaspedal. Auf der linken Seite nur Privathäuser, auf der rechten der Sportplatz an der Ecke, die Schule, das Krankenhaus Hammersmith.

Gegenüber dem Eingang der Artillery Road hielt ich und sah auf die Uhr. Fünf Minuten hatte ich gebraucht, und das unter günstigen

Bedingungen: von drei Ampeln hatten mir zwei grünes Licht gegeben. Und ich hatte feststellen können, daß es für die Polizei außerordentlich schwierig sein würde, bei Rot über die Kreuzungen zu
rasen. Ich fuhr die Strecke an diesem Abend noch dreimal, schaffte
es aber nicht in weniger als fünf Minuten. Einmal, als ich bei zwei
der Ampeln rotes Licht hatte, brauchte ich sogar sechs Minuten.
Das war sehr ermutigend. Die Polizeiwagen konnten sich erst in
Bewegung setzen, nachdem der wachhabende Beamte den Anruf
erhalten und die verfügbaren Männer alarmiert hatte. Der Aufseher
im Gefängnis rief aber erst an, wenn er seiner Sache absolut sicher
war. Selbst wenn man ihnen alle Vorteile einräumte, blieb uns ein
beruhigender Vorsprung. Innerhalb von drei Minuten von dem
Augenblick an, da ich die Strickleiter über die Mauer warf, konnten
Blake und ich schon die Du Cane Road hinter uns gebracht haben;
und wir schafften es selbst dann noch, wenn die Polizei mit uns zugleich losfuhr (was natürlich unmöglich war).

Irland

Am nächsten Abend besprach ich das Unternehmen wieder mit Michael und Anne Reynolds und Pat Porter. Sie hörten begeistert meinen letzten Bericht an und unterbrachen mich oft, um Fragen zu stellen oder Vorschläge zu machen. Pat war viel gesprächiger als Michael. Michael war ein Grübler, während Pat impulsiv war und sich leicht ereiferte. Er sprach manchmal mit Genugtuung von dem Skandal, den Blakes Flucht auslösen mußte. Anne war bei weitem die unkomplizierteste. Sie hatte den praktischen Sinn eines Handwerkers. Was für eine Befriedigung Blakes Flucht auch Michael, Pat oder mir verschaffen mochte: für Anne zählte nur, was sie für Blake selbst bedeutete. Sie dachte nicht über die möglichen Folgen nach und beschränkte sich auf Fragen und Vorschläge, die dazu angetan waren, unsere Erfolgschancen zu erhöhen.

An diesem Abend beschlossen wir, ein Datum für den Ausbruch festzusetzen. Er sollte im kommenden Monat stattfinden, am Samstag, dem 22. Oktober 1966.

Dann sprachen wir über meine Lage. Wie groß war die Wahrscheinlichkeit, daß mich die Polizei mit Blake in Verbindung brachte? Durfte ich in der Fabrik und in der Perryn Road bleiben?

»Was meinst du selbst dazu, Seán?« fragte Michael.

»Man wird mich selbstverständlich überprüfen«, antwortete ich. »Das ist eine reine Routineangelegenheit. In solchen Fällen stellt man eine lange Liste aller theoretisch in Frage kommenden Komplicen zusammen und nimmt sich die Leute systematisch vor. Den

Unschuldigen fällt es dann natürlich nicht schwer, ihre Unschuld zu beweisen.« »Warum nehmen Sie an, daß Sie auf dieser Liste stehen werden?« fragte Pat.

»Es gibt dafür eine ganze Reihe von Gründen«, antwortete ich. »Man weiß, daß ich mit ihm befreundet bin. Während der letzten zwei Monate meines Gefängnisaufenthaltes konnte man uns fast täglich im Trakt auf und ab spazieren sehen, während wir unsere Pläne besprachen. Und noch früher schrieb ich einmal als Herausgeber der Gefängniszeitung einen Artikel, in dem ich für Spione Partei ergriff. Dieser Artikel wurde von einer englischen Zeitung aufgegriffen und heftig kritisiert. Man behauptete sogar, ich hätte mich mit Blake und einem Dritten verschworen, um Blake reinzuwaschen. ›Seltsame neue Freunde des Verräters Blake‹ lautete die Überschrift. Es gab einen Riesenstunk im Innenministerium, und ich glaube, der Gefängnisdirektor bereute, daß er mir die Veröffentlichung meines Artikels erlaubt hatte. Was mich aber noch verdächtiger erscheinen läßt, ist, daß ich von den vielen Bekannten Blakes in Wormwood Scrubs als letzter entlassen wurde. Und zu allem Überfluß weiß man noch, daß ich in East Acton geblieben bin. Ich glaube, offen gestanden, nicht, daß ich auch nur die geringste Chance habe, wenn einmal der Verdacht auf mich fällt.«

»Verdächtigen kann man Sie ja«, sagte Anne, »aber wie will man etwas beweisen?«

»Das wäre nicht schwer«, antwortete ich. »Wir leben im Zeitalter der wissenschaftlichen Polizeiarbeit. Der gewöhnliche Polizist sammelt heute nur noch Spuren und Beweisstücke, aber er wertet sie nicht aus. Scotland Yard hat ein gerichtswissenschaftliches Labor, und dort arbeitet man nach einer sehr einfachen Regel: Jede Berührung hinterläßt eine Spur. Eine Faser von der Strickleiter tief in einer Ritze in den Bodenbrettern meines Zimmers in der Perryn Road, weitere Fasern im Kofferraum, Fasern von Blakes Sträflingskleidung auf dem Sitz des Wagens, Reifenabdrücke in der Artillery Road und so weiter. Es ist praktisch unmöglich, alle diese Spuren zu verwischen. Natürlich, wenn man mich nicht verdächtigte, würde es nichts ausmachen, aber man wird mich verdächtigen.«

»Ja, es sieht ganz so aus«, sagte Michael nachdenklich. »Und selbst wenn du keine Spuren hinterlassen hättest und die Polizei überzeugt wäre, daß du etwas mit der Sache zu tun hast, könnte sie geneigt sein, den Wissenschaftlern... sagen wir: ein bißchen zu *helfen*.«

»Es wäre nicht das erstemal«, stimmte ich ihm bei. »Ich weiß, daß sie es bei einem der Posträuber getan hat, und wir kennen alle die Geschichte von Sergeant Challoner und der West End Central.«

»Sehen wir einmal von den wissenschaftlichen Beweisen ab«, sagte Pat. »Wir wissen ja nicht, was auf dem Schauplatz der Flucht geschieht. Man könnte Sie sehen oder sogar verfolgen, und es ist damit zu rechnen, daß sich jemand Ihre Nummer aufschreibt.«

»Ja, es wäre zu gefährlich, in der Perryn Road zu bleiben und einfach alles weitere abzuwarten«, sagte Anne. »Ich meine, Sie sollten umziehen...«

»Wir könnten gleich die als Versteck gedachte Wohnung suchen, und du könntest dort einziehen«, schlug Michael vor.

»Es wird nicht so einfach sein, die Wohnung zu bekommen«, meinte Pat. Plötzlich grinste er. »Warum kommen Sie nicht zu mir? Ich habe eine Dreizimmerwohnung für mich allein. Wir ersparen uns obendrein, was es kosten würde, jetzt schon eine Wohnung zu mieten.«

Wir sprachen noch eine Weile darüber und machten zuletzt aus, daß ich in der Fabrik mit zwei Wochen Frist kündigen und Ende September zu Pat ziehen sollte. Meinen Arbeitskollegen und meinen Nachbarn in der Perryn Road sollte ich sagen, ich hätte die Absicht, für immer nach Irland zurückzukehren. Ich sollte auch tatsächlich für eine Woche nach Irland fahren, unter einem anderen Namen zurückkommen und die für Blake bestimmte Wohnung mieten. Auf diese Weise hatte es die Polizei bei ihren Nachforschungen ein wenig schwerer.

Am Freitag kündigte ich. Am Samstag kurz vor sechs Uhr abends saß ich wieder in meinem Wagen gegenüber der Artillery Road und bewunderte ostentativ einen großen Chrysanthemenstrauß. Blake freute sich über die Nachricht, daß nun das Datum des Ausbruchs endgültig feststand.

Als ich nach Beendigung des Gesprächs die Antenne des Autoradios von meinem Funksprechgerät abnahm, verbog ich durch eine ungeschickte Bewegung den obersten Teil der Teleskopantenne, und er brach, als ich ihn wieder geradebiegen wollte. An diesem Ende saß der Knopf, ohne den sich die Antenne nur sehr schwer fassen und ausziehen ließ.

Am Montag nahm ich das Gerät in die Fabrik mit und bat einen der Arbeiter, mir die Antenne zu löten.

»Wozu brauchen Sie denn ein Funksprechgerät?« fragte er neugierig.

»Das ist so ein Steckenpferd von mir«, antwortete ich. »Ich habe mich schon immer für Radiotechnik interessiert.«

Plötzlich trat der Inspektor des Verteidigungsministeriums zu uns und sah mein Gerät.

»Was soll denn das sein?« fragte er grinsend. »Gehört das zur Ausrüstung eines neuen Kampfwagens?«

Wir lachten alle drei.

In der Woche darauf traf ich Barry Richards im »Western«. Er hatte wieder alarmierende Nachrichten für mich.

»Wußten Sie schon, Seán«, sagte er beiläufig zwischen zwei Schlukken Whisky, »daß neulich ein paar Kerle aus dem Trakt D ausbrechen wollten?«

»Nein, das wußte ich nicht«, sagte ich. »Wie haben Sie es versucht?«

»Durch das große Fenster auf der Schmalseite«, antwortete Barry lachend. »Man hat sie erwischt, als sie den Rahmen mit einem Eisensägeblatt bearbeiteten. Jetzt sind sie gefleckt.« (Ein Gefangener, der einen Ausbruchversuch unternommen hatte oder eines solchen Versuchs verdächtigt wurde, bekam deutlich sichtbare weiße Stoff-Flecke auf seine Kleidung aufgenäht, und zwar auf den Knie-

scheiben und in den Kniekehlen und auf beiden Brusttaschen.)
Am Samstag sprach ich wieder mit Blake.

»Denken Sie noch an den Wagenheber, um den ich Sie gebeten habe?« fragte er.

»Ja, ich habe ihn nicht vergessen. Ende.«

»Jetzt brauchen wir wahrscheinlich auch noch eine Drahtschere. Sie bringen Drahtgitter vor den Spitzbogenfenstern an. Im Trakt A sind sie schon fertig, und es ist nur eine Frage der Zeit, bis sie zum Trakt D kommen. In einer Woche dürfte es soweit sein. Die Maschenstärke soll ungefähr sechs Millimeter betragen. Ende.«

»Gut«, sagte ich. »Ich schicke die Drahtschere zusammen mit dem Wagenheber in ungefähr zwei Wochen. Es hat keinen Zweck, die Sachen zu früh hineinzuschmuggeln. Ende.«

Wir verabschiedeten uns. Ich fuhr langsam am Gefängnis vorbei zur Braybrook Street und hielt unweit der Stelle, wo die drei Polizisten erschossen worden waren. Dann sah ich mir nacheinander die vier Zellenblocks an. Nur Trakt A hatte ein Gitter vor dem Fenster. Es war frisch aus dem Materiallager gekommen und noch rostig und ungestrichen. Wir schrieben den 17. September. Noch fünf Wochen bis zur Flucht. Bis dahin mußten sie längst bei Trakt D angelangt sein.

Überraschend war an sich, daß sie nicht bei Trakt D *angefangen* hatten, denn dort war doch der Ausbruch versucht worden. Aber das war typisch für die Bauabteilung des Gefängnisses. A, B, C, D... das war leicht und unkompliziert. D, C, B, A oder gar D, A, B, C – undenkbar! Die Bauabteilung brauchte auf Spitzfindigkeiten wie Sicherheit keine Rücksicht zu nehmen. Das war etwas für »gewöhnliche Wärter«, nicht für gelernte Handwerker. Doch selbst die Bauabteilung, sagte ich mir, konnte unmöglich so langsam arbeiten, daß sie es nicht fertigbrachte, in fünf Wochen sechs weitere Gitter zu montieren.

Einige Tage später plauderte ich in der Fabrik mit dem Mann, der meine Antenne repariert hatte. Ich brachte das Gespräch ganz beiläufig auf Drahtscheren und fragte ihn, welche Machart er für die beste halte. Er sah mich an und runzelte die Stirn.

»Was wollen Sie mit einer Drahtschere?« fragte er. »Aus einem Gefängnis ausbrechen? Oder in eines einbrechen?«

Ich lachte verlegen.

»Sie sehen zuviel Krimis«, sagte ich.

Ich hatte mich zu weit vorgewagt und erkannte, wie töricht allzu große Selbstsicherheit ist, aber zugleich wurde mir klar, daß der eigentliche Grund für meine Unvorsichtigkeit die Überzeugung war, daß die Polizei ohnehin kurz nach der Flucht meine Mittäterschaft feststellte. Es erschien mir sinnlos, besondere Anstrengungen zu unternehmen, um meine Spuren zu verwischen. Trotzdem mußte ich in Zukunft vorsichtiger sein, wenn unser Vorhaben nicht entdeckt werden sollte, bevor wir es ausführen konnten.

Am nächsten Tag rief ich Blake wieder vom Wagen aus.

»Ich glaube, es wird Zeit, daß ich den Wagenheber und die Drahtschere schicke«, sagte ich. »Ich kann es leicht durch einen Heiminsassen arrangieren, wenn Sie nicht andere Vorschläge haben. Ende.«

»Ich habe tatsächlich einen anderen Vorschlag«, antwortete Blake. »Sie kennen das große Haus auf dem Vorhof, in dem früher der Anstaltsgeistliche wohnte. Es steht im Augenblick leer und wird von der Bauabteilung renoviert. Wenn man bei der Tür hineingeht, befindet sich gleich links eine Toilette, und vor der Toilette ist ein Bodenbrett locker. Unter diesem Brett finden Sie einen etwa dreißig Zentimeter tiefen Hohlraum. Wenn Sie die Werkzeuge hineinlegen, bringt sie mir einer der Bauarbeiter. Ins Haus kommen Sie leicht hinein, denn die Tür ist ausgehängt worden. Haben Sie das alles mitgekriegt? Ende.«

»Ja«, antwortete ich. »Verstanden. Es ist ein bißchen riskant für mich, den Vorhof zu betreten. Ich könnte die Sachen von einem Heiminsassen hinbringen lassen, aber ich denke, ich gehe lieber selbst. Für den Fall, daß man mich sieht, werde ich mir schon eine Ausrede einfallen lassen. Ende.«

»Wann bringen Sie die Werkzeuge?« fragte Blake. »Ende.«

»Ich kaufe sie am Montag und schaffe sie am Mittwochabend in das Haus. Ich denke, das ist ein günstiger Tag. Am Mittwoch sind die Aufseher pleite, und in ihrem Klub dürfte nicht viel los sein. Ende.«

»Sehr gut«, sagte Blake. »Ich werde unseren Freund bitten, dem Bauarbeiter Bescheid zu geben. Ende.«

Am Montag kaufte ich die Drahtschere und einen kleinen Wagenheber, der in Ruhestellung nicht höher als sechzehn Zentimeter war. Der Hebel war jedoch viel zu lang, beinahe neunzig Zentimeter. Ich brachte ihn in die Western Garage und ließ ihn auf dreißig Zentimeter verkürzen. So mußte die Hebelwirkung noch immer ausreichen, um einen nicht sehr dicken gußeisernen Steg zu brechen. Außerdem ließ sich das Werkzeug leichter ins Gefängnis schmuggeln. Ich verpackte den Heber, die Drahtschere und die Stoppuhr sorgfältig und achtete darauf, daß ich ein sauberes, viereckiges Paket erhielt, indem ich die Zwischenräume mit Stofflappen ausstopfte. Der Mann, der das Paket durch das Tor trug, durfte vielleicht nicht wissen, was es enthielt.

Am Mittwochabend nahm ich die U-Bahn nach East Acton und ging um das Gefängnis herum. Vor dem Straßentor blieb ich stehen. Ich hörte Stimmen im Klub auf der linken Seite des Vorhofs, aber es waren nur wenige. Ich sah auf die Uhr. Zehn Uhr. So spät ging kaum noch jemand durch das Tor; allenfalls ein Heiminsasse, der vom Ausgang zurückkehrte. Wenn man mich auf dem Vorhof sah, wollte ich sagen, ich sei gekommen, um zu fragen, ob nicht Post für mich da sei, die mir der Zensor nachzusenden vergessen habe. Ich ging rasch über den Hof auf die Türöffnung zu. Drinnen war es stockfinster, aber ich hatte eine Taschenlampe mitgebracht und fand das lockere Brett sofort. Es war tatsächlich ein Hohlraum darunter, etwa dreißig Zentimeter tief. Ich legte das Paket hinein, deckte das Loch wieder zu und horchte. Keine Schritte auf dem Kies des Vorhofs. Ich eilte auf die Straße hinaus.

Am folgenden Samstag, dem 1. Oktober, stand ich mit meinem Wagen wieder gegenüber der Artillery Road.

»Sind die Sachen angekommen?« fragte ich, nachdem wir den Erkennungs-Code durchgesagt hatten.

»Ja.« Blakes Stimme klang sehr zufrieden. »Gut, daß Sie die Drahtschere mitgeschickt haben. Die Trakte B und C haben schon ihre Gitter. Wir haben noch drei Wochen vor uns, und in dieser Zeit wird unser Fenster bestimmt noch vergittert. Ende.«

Mehr sprachen wir an diesem Abend nicht. Ich fuhr am Gefängnis vorbei und sah die rostigen Gitter vor den Spitzbogenfenstern der anderen drei Trakte. Nur bei Trakt D mußten sie noch angebracht werden, aber in drei Wochen würde sich die Bauabteilung wohl wirklich dazu aufraffen.

Die ganze nächste Woche suchte ich eine Wohnung. Je mehr ich auszugeben bereit war, desto schwerer war es paradoxerweise, eine Unterkunft zu bekommen, denn je größer die Wohnung war, desto anspruchsvoller war der Vermieter in bezug auf Referenzen. Wenn ich während dieser Woche schon sonst nichts lernte, so erfuhr ich doch, was für ein Nachteil es ist, aus dem Gefängnis zu kommen. Ich suchte eines der besseren Vermittlungsbüros auf, in dem ausschließlich reizende junge Damen in Miniröcken und mit bühnenreifer Aussprache arbeiteten. Wieviel ich bezahlen wollte? Etwa zehn bis fünfzehn Pfund die Woche. Die junge Dame rief den Vermieter oder die Vermieterin an, und diese Telefongespräche waren meist sehr aufschlußreich. »Selbstverständlich, gnädige Frau, er ist Brite... Wie bitte?... O ja, natürlich *Weißer*... Engländer, ja... Der Beruf? Journalist... Ich verstehe... Schade. Ich kann Ihnen aber versichern, daß er einen durchaus respektablen Eindruck macht... Vielleicht möchten Sie selbst mit ihm sprechen?... macht... ich schicke ihn zu Ihnen.«

Journalisten, vor allem freiberufliche, gelten, wie ich feststellen konnte, im allgemeinen nicht als ordentliche Bürger. Aber da ich mich schon einmal für diesen Beruf entschieden hatte, mußte ich ihn notgedrungen frei ausüben, sonst hätte man mich nach dem Namen und der Adresse meines Arbeitgebers gefragt. Zwei Vermieterinnen erklärten sich zögernd bereit, mich zu empfangen, verlangten dann aber Referenzen. Ich erklärte: »Ich bin gerade erst nach zehnjährigem Aufenthalt in Australien nach England zurückgekehrt. Ich habe noch keine Zeit gehabt, berufliche Verbindungen aufzunehmen oder ein Bankkonto zu eröffnen. Ich zahle Ihnen aber gern eine Monatsmiete voraus – in bar.«

Es half alles nichts. Referenzen mußte man haben.

Die Woche ging vorüber, und ich hatte noch immer kein Versteck gefunden. Ich beschloß, am Montag nach Irland zu fliegen, eine Woche daheim in Limerick zu bleiben und es nach meiner Rückkehr noch einmal zu probieren. Am Samstag sprach ich mit Blake und verabredete den nächsten Kontakt für Dienstag, den 18. Oktober – vier Tage vor dem Ausbruch.

Am Montag flog ich nach Shannon. Ich kaufte ein Ticket nur für den Hinflug im Büro der Air Lingus in der Regent Street und gab meinen richtigen Namen an.

Ich war froh, wieder einmal nach Hause zu kommen. Fünf Jahre hatte ich meine Mutter nicht mehr gesehen, und ich wußte nicht, wann es mir wieder möglich sein werde, Limerick zu besuchen. Die Hosteß sagte etwas auf irisch, was kein Mensch verstand, dann wiederholte sie es auf englisch, und das verstanden alle. Ich achtete besonders darauf, wie leicht es war, die Irische Republik von Großbritannien aus zu betreten. Es gab keine Einreiseformalitäten. Von der Zollkontrolle abgesehen, war es nicht anders als ein Flug nach Schottland.

Am Flughafen Shannon nahm ich einen Bus nach Limerick. Ich stieg in der O'Connell Street aus, verzichtete aber auf ein Taxi. Nach fünfjähriger Abwesenheit wollte ich sehen, ob sich etwas verändert hatte.

Limerick war schon immer ein elendes Nest gewesen, aber nun fand ich es noch schmutziger und trübsinniger als je zuvor. Ich ging die William Street entlang und betrat die aus Rohziegeln erbaute Bedürfnisanstalt in der Mitte der Straße. Die Türen der Kabinen hingen schräg in den Angeln und die Wasserspülung funktionierte nicht mehr, aber die Leute benutzten die Klosetts noch immer, und die Exkremente häuften sich. Ich ging ins Pissoir. Dort hing in Augenhöhe hinter Glas und Rahmen noch das gleiche Schild, das schon dort gehangen hatte, als ich noch zur Schule ging. Auf ihm stand in sauberem Kupfertiefdruck ein Gebet, das Gott anflehte, den Betrachter vor allen Versuchungen zu bewahren. Vor Jahren war wohl irgendeinem unbekannten Geistlichen in einem begnadeten Augenblick die Erkenntnis zuteil geworden, daß die unsterbliche Seele eines Mannes nie in größerer Gefahr schwebt, als wenn er seinen Penis in der Hand hält. Oben auf dem Schild standen in großen Buchstaben die Worte: *Nicht für uns selbst – für unser Land!* Das Schild und das sauber gedruckte Gebet nahmen sich sehr seltsam aus in dieser anrüchigen Umgebung. Ich fand den Unterschied in der Behandlung, die die englischen und die irischen Sanitätsbehörden den Toilettenbenutzern angedeihen ließen, höchst bemerkenswert. Die Iren ermahnten einen, die Sünde zu meiden, während die Engländer voraussetzten, daß man schon gesündigt hatte, und die Adresse der Stelle angaben, wo man sich behandeln lassen konnte. Beide aber versuchten einem ein Schuldgefühl zu suggerieren, nur weil man pissen wollte.

Vor der Toilette sprach mich einer der Zigeuner an, die dort immer herumlungerten. Er bettelte um Geld für ein Glas Bier, und ich gab es ihm.

Ich ging die Mulgrave Street hinauf. Zu meiner Rechten kam das Gefängnis, dann das Irrenhaus, das eine enge Gasse, die Jail Boreen (Gefängnisgasse), von diesem trennt. Vor dem Eingang des Irrenhauses endet die Mulgrave Street, und der »Pyke« beginnt. Am Ende des Pykes gabelt sich die Straße. Nach links geht die Ballysimon Road ab, nach rechts die Cork Road, in der ein Stück weiter oben die Bengal Terrace genannte Häuserreihe steht. Auf der rechten Seite befindet sich außerdem der Mount-St.-Laurence-Friedhof, den eine niedrige Mauer von der Irrenanstalt trennt. Genau in der Straßengabelung steht die Munster Fair Tavern. Sie ist eine der wenigen Kneipen Irlands, in denen nicht Guinness-Bier ausgeschenkt wird. Man bekommt dort statt dessen Murphy's. Das Lokal hat zwei Eingänge, einen in der Ballysimon Road und einen in der Cork Road. Letzterer liegt dem Eingang des Friedhofs ziemlich genau gegenüber. In Irland findet man immer eine Kneipe gleich neben dem Friedhof.

Als ich auf die Munster Fair Tavern zuging, sah ich dort einen Mann stehen, der auf jemanden zu warten schien, und ein paar Minuten später merkte ich, daß er auf mich wartete. Zuerst erkannte ich ihn nicht, aber als wir uns die Hand gaben und miteinander sprachen, erinnerte ich mich wieder an ihn. Es war Ger Carey, und ich war mit ihm zur Schule gegangen.

»Tag, Seán«, sagte er. »Deine Mutter hat mir gesagt, daß du heute heimkommst. Mein Gott, wir haben uns lange nicht gesehen. Fünfzehn Jahre wird es her sein.«

»So lange schon, Ger?« sagte ich.

»Ja, bestimmt. Du warst erst siebzehn, als du von Limerick fortgingst, und kurz darauf bin ich selber gegangen. Seither waren wir nie zur gleichen Zeit im Urlaub daheim.«

»Wann fährst du zurück?« fragte ich.

»Nächsten Mittwoch.«

»Trinkst du ein Glas Bier mit mir, Ger?«

»Gern«, sagte er, und leise und vertraulich fügte er hinzu: »Wenn du mir ein Pfund leihen kannst, bevor wir reingehen, schicke ich es dir zurück, wenn ich wieder drüben bin.«

»Das will ich gern tun, Ger.« Ich gab ihm ein Pfund, und wir gingen hinein.

»Auf dein Wohl!« sagte er und hob sein Porterglas.

»Auf dein Wohl, Ger.«

Wir tranken.

»Du bist also auch die ganze Zeit in England gewesen?« fragte ich nach einer Weile. »Ja, in Birmingham. Ich arbeite für die Stadtverwaltung.«

»Für die Stadtverwaltung?«

»Ja.« Er trank rasch hintereinander sechs Schluck Bier. »Ich bin seit zehn Jahren bei der städtischen Müllabfuhr.«

»Wie ist es dort?« fragte ich.

»Ach, gar nicht so übel. Leichte Arbeit und gute Bezahlung. Der einzige Nachteil ist, daß du bei jedem Wetter draußen sein mußt. Die Arbeit ist ja schmutzig, aber Geld stinkt nicht, wie man so sagt. Und was machst du, Seán?«

»Im Augenblick bin ich arbeitslos, Ger.«

»So?« Wieder trank er sechs Schluck Bier hintereinander, und ich hoffte, daß er klug genug gewesen war, in Birmingham eine Rückfahrkarte zu lösen. Aber so vorsichtig war eigentlich jeder Ire.

Ich wollte herausbekommen, ob meine Nachbarn in Limerick wußten, daß ich gesessen hatte. Ger konnte es mir sicher sagen. Ich fragte mich, wie ich das Thema anschneiden sollte, als er selbst mir das Stichwort gab.

»Du arbeitest also nicht«, sagte er. »Weißt du, ich dachte, du seist längst beim Theater oder beim Film.«

»Wieso das, Ger?«

»Habe ich nicht gelesen, daß du eine Romanze mit einer Schauspielerin hattest, als ihr beide in demselben Stück spieltet? Du hast einen Arzt gespielt, hieß es in der Zeitung. Es stand auf der ersten Seite.«

Das Ganze war ein Mißverständnis, zu dem es in der Theatergruppe in Wormwood Scrubs gekommen war. Eine Zeitung hatte tatsächlich ein Foto auf der ersten Seite gebracht, und die Unterschrift hatte gelautet: »Im Gefängnis verlobt.« Die Sache war sehr peinlich gewesen.

»Werden jetzt englische Zeitungen in Irland verkauft?« fragte ich.

»Und ob! Seit vielen Jahren werden sie hier verkauft.«

»Dann wißt ihr also alle, wo ich war, als diese Sache passierte?«

Ger zögerte verlegen. »Ja«, sagte er und starrte in sein Bierglas. »Ich habe gehört, daß du Scherereien hattest; aber das kann jedem passieren.«

Wir begannen über unsere Schulzeit zu plaudern. Obwohl er so lange fort gewesen war, wußte Ger genau, wer in unserem Distrikt im Laufe der letzten fünfzehn Jahre geheiratet hatte oder geboren oder begraben worden war. Es sah so aus, als wäre der *Limerick Leader* in Birmingham an jedem Zeitungsstand zu haben.

»Die alte Mutter Murphy ist auch tot; der Herr sei ihrer Seele gnädig«, sagte Ger.

»Wer ist die alte Mutter Murphy?«

»Das weißt du nicht mehr?« Ger war überrascht.

»Tut mir leid, ich war zu lange weg.«

»Die alte Frau mit dem Schal, die mit einem Eselskarren herumfuhr und saure Milch verkaufte, als wir zur Schule gingen. Erinnerst du dich wirklich nicht mehr an sie, Seán?«

»Ja, natürlich«, sagte ich. »War das nicht die Frau, die unten durchfuhr, als wir alle oben auf der Eisenbahnbrücke waren?«

»Das war sie«, bestätigte Ger und leerte sein zweites Glas. »Weißt du noch, wie mein Bruder Fonsy die arme Frau verunglimpft hat?«

Ich bestellte noch zwei Bier. »Verunglimpft« – das war sehr gewählt ausgedrückt, aber Ger hatte nie etwas für eine vulgäre Sprache übrig gehabt. Er war ein besserer Christ, als wir andren je zu werden hoffen durften. Ich erinnerte mich an den Vorfall, als wäre es gestern gewesen. Unsere Bande hatte sich auf der Eisenbahnbrücke gleich hinter der Bengal Terrace versammelt, dort, wo ohne Übergang das offene Gelände beginnt. Die alte Mutter Murphy kam vom Land herein, wo sie in der Nähe des Dorfes Ballyneety eine Hütte und einen halben Morgen hatte. Sie saß auf ihrem kleinen Karren neben der Kanne mit der sauren Milch, und der klapperige Esel zog sie im Schneckentempo in die Stadt.

Wir sahen sie kommen, und es gab eine hastige Besprechung wie immer, wenn ein paar Jungen auf einer Brücke stehen und ein Ziel auftaucht. Wir hatten jedoch nichts zu werfen bei der Hand. Steine kamen nicht in Frage, und Wasser gab es in der Nähe keines. »Ich hab's!« sagte plötzlich Fonsy, Gers Bruder. »Ich hab's!« Er ließ die Hose herunter, stellte sich breitbeinig über ein großes Loch in den Planken und hockte sich nieder. Sein After befand sich genau über der Mitte des Loches. »Gib mir das Signal, Seán«, sagte er und sah grinsend zu mir auf. »Rechne aber zwei Meter dazu, denn die Brücke ist sehr hoch.« Ich bezog meinen Beobachtungsposten und hob die Hand, wie ich es im Kino beim Kommandeur einer Geschützbatterie gesehen hatte. Mutter Murphy kam näher. Sie starrte unverwandt auf den geplagten Rücken ihres Esels und ahnte nichts von der Gefahr, die über ihr schwebte. Die anderen Jungen lagen alle auf dem Bauch und guckten durch die Löcher in den Planken. Jetzt war sie unter der Brücke. Ein paar Meter noch. »Los!« sagte ich und ließ die Hand sinken. Das erste Geschoß, konisch geformt wie eine Bombe, landete genau zwischen den Ohren des Esels, zerspritzte und besudelte den ganzen Hals des Tieres. Mutter Murphy starrte ungläubig auf den braunen Schmutz. Sechzig Jahre war sie alt geworden, aber Kacke hatte sie noch nie vom Himmel fallen sehen; Hagel, Schnee und Regen, ja, aber Kacke nie. Sie blickte nach oben, Augen und Mund weit offen in fassungslosem Entsetzen. Doch die zweite Bombe war schon unterwegs. Sie hätte die Frau vielleicht verfehlt, wenn nicht der Esel gewesen wäre. Sogar dieses fügsame Geschöpf war so erschrocken, daß es wie festgenagelt stehenblieb. Und Mutter Murphy erblickte senkrecht über sich Fonsys blanken Hintern. Sie sah es kommen, aber sie konnte es nicht glauben. Sie glotzte wie hypnotisiert. Dann schlug es auf, genau auf ihrer Stirn, und breitete sich über ihr ganzes Gesicht aus. »Jesus, Maria und Joseph!« schrie sie. »Ich bin vernichtet! Heilige Mutter Gottes, was geschieht mir da!« Zwölf Augenpaare starrten wie Katzenaugen in der Nacht durch die Löcher in den Planken auf sie hinunter, und Fonsys Hintern hing noch immer drohend über ihr.

»Ihr Dreckskerle!« schrie sie. »Oh, ihr Dreckskerle! Möge der Herr euch vergeben!« Und ihr Gesicht war ganz braun.

»Mein Gott«, sagte ich. »Das ist so lange her. Zehn oder elf Jahre waren wir damals alt, nicht wahr?«

»Ja, freilich.«

»Und wie geht es dir so in Birmingham, Ger?« fragte ich.

»Gar nicht schlecht, Seán. Ich verdiene recht ordentlich, und das ist die Hauptsache. Solange es für ein Glas Bier reicht, hat man, was man braucht.«

»Du bist also nicht verheiratet?«

»Nein, und ich werde wohl auch nie heiraten. Und nie Ehebruch treiben.«

Im ersten Augenblick verblüffte mich dieser Ausdruck. Er kam geradewegs aus dem Kinderkatechismus, den wir in der Schule auswendig lernen mußten, und bedeutete jeden Geschlechtsverkehr, der nicht im heiligen Stande der Ehe vollzogen wurde, gleich ob zwischen Ledigen oder Verheirateten. Es war seit meiner Schulzeit das erstemal, daß ich diesen Ausdruck wieder in dieser Bedeutung hörte, aber daß Ger ihn gebrauchte, durfte mich nicht wundern. Er hatte nie anders gesprochen. Wenn wir damals vor so vielen Jahren auf der Straße spielten und Ger unbedacht fluchte, bekreuzigte er sich und sprach auf der Stelle ein Bußgebet. Das Spiel mußte solange warten.

Ich bestellte noch einmal zwei Bier. Am andern Ende der Theke standen fünf oder sechs Männer. Einige erkannte ich sofort wieder, bei den andern half mir Ger nach. Sie waren ungefähr so alt wie wir, aber sie waren nicht nach England ausgewandert. Sie hatten Arbeit in Limerick gefunden, meist an der Seite ihrer Väter, die ein gutes Wort für sie eingelegt hatten.

Ger hatten sie alle gegrüßt, als wir die Kneipe betraten. Mich ignorierten sie. Sie waren arbeitsame, gesetzesfürchtige Bürger. Sie wußten, daß ich ein Verbrecher war, und wollten ebensowenig mit mir gesehen werden wie mit einem Aussätzigen. Es ist eine in soziologischer Hinsicht interessante Tatsache, daß ein Ire, der aus einem englischen Gefängnis kommt, von den Engländern eher akzeptiert wird als von seinen Landsleuten. Ich kann es nicht bedauern. Wenn die Iren je so kaltschnäuzig und objektiv wie die Engländer werden sollten, würden sie viel von ihrer Eigenart einbüßen.

Wir tranken unser Bier aus und gingen zur Tür.

»Viel Glück, Jungens«, rief uns der Wirt nach. In manchen Teilen Irlands hat »viel Glück« dieselbe Bedeutung wie »auf Wiedersehn«.

»Viel Glück«, antwortete Ger, und wir gingen hinaus. Er sah zum Friedhofstor hinüber. »Sehen wir uns mal die Gräber an, Seán?«

»Warum nicht, Ger?« Wir überquerten die Straße und betraten den Friedhof.

»Das Grab deines Vaters ist gleich hier links, nicht wahr, Seán?« Ich sagte »ja«, fand aber das Grab nicht mehr. Die Stelle war von Unkraut überwuchert. Das Grab von Gers Vater fanden wir dagegen leicht. Ger kümmerte sich gewiß jedesmal darum, wenn er im Urlaub daheim war. Er kniete nieder und sprach einige Gebete.

Als wir zum Tor zurückgingen, sahen wir einen Mann in einem frisch ausgehobenen Grab stehen und die Seiten mit dem Spaten glätten.

»Weißt du nicht, wer das ist?« flüsterte Ger, als wir näher kamen.

»Nein«, antwortete ich.

»Das ist Timmy O'Keefe. Er ist jetzt schon seit Jahren Totengräber.«

Ich war mit Timmy O'Keefe zur Schule gegangen. Wir traten zu ihm. Es war eine seltsame Zusammenkunft an diesem geweihten Ort. Drei alte Schulkameraden. Ein Müllfahrer, ein Totengräber und ein entlassener Sträfling. Die Unvollendeten.

»Hallo, Seán«, sagte Timmy grinsend. »Wie geht's?«

»Nicht schlecht, Timmy«, antwortete ich. »Nicht schlecht.« Daß er sich in einem Grab befand, machte ihm offenbar nicht das geringste aus. Ger und ich standen auf der aufgeworfenen Erde und schauten auf ihn hinunter. Er ging sehr geschickt mit dem Spaten um.

»Und wer – Gott hab' ihn selig – wird hier seine letzte Ruhestätte finden?« fragte Ger.

»Woher, zum Teufel, soll ich das wissen?« antwortete Timmy. »Mir ist das ganz egal. Ich muß nur das verdammte Grab machen.« Ich hörte zum erstenmal jemanden in einem Grab fluchen. Die Szene erinnerte mich ein wenig an *Hamlet*.

»Viel Glück, Jungens«, sagte Timmy, als wir gingen.

»Viel Glück«, sagte auch Ger mit irischem Akzent.

Ich sagte: »Auf Wiedersehn, Timmy.« Ich hatte den Akzent meiner Heimat längst verloren und mochte mich nicht lächerlich machen, indem ich ihn für die kurze Dauer meines Besuchs zu imitieren versuchte. Ger sprach nach all den Jahren noch wie ein Ire, aber er lebte in England in einer irischen Gemeinde und arbeitete mit Iren zusammen.

Vor dem Friedhof sagte Ger, er habe noch in der Stadt zu tun, und wir machten aus, daß wir uns am nächsten Abend noch einmal in der Kneipe treffen wollten.

»Viel Glück, Seán. Bis nachher.«

»Mach's gut, Ger.«

Ich ging die Straße hinauf. Die Bengal Terrace besteht aus einer Reihe von fünfzig Häusern längs der Hauptstraße, die die britische Regierung für Soldaten des Ersten Weltkriegs gebaut hatte. Die Soldaten waren nun fast alle tot, ihre Kinder ausgewandert. Geblieben waren nur die Witwen. Auf der rechten Straßenseite stand eine kleine Grotte mit einer Statue der Heiligen Jungfrau. Sie war mit Hilfe von Spenden errichtet worden. In allen Randbezirken Limericks hatte sich der Brauch eingebürgert, Mariengrotten aufzustellen. Im Vorbeigehen bemerkte ich eine große Menge frischer Blumen zu Füßen der Statue hinter dem schmiedeeisernen Gitter. Jeden Abend um sechs versammelten sich dort einige Männer und Frauen, um ihren Rosenkranz zu beten.

Ich war etwa die halbe Häuserreihe entlanggegangen, als ich Mrs. Rooney auf mich zukommen sah. Sie war nicht zu verwechseln, denn sie trug wohl als die letzte Frau in Limerick noch ein Umhängetuch, und dieses Tuch war gewissermaßen ihr Kennzeichen. Mrs.

Rooney kannte keinen Dünkel und lachte nur über die Aufgeblasenheit der anderen. Sie sagte jedem offen ins Gesicht, was sie von ihm hielt. Ihre Söhne waren auch schon seit langem ausgewandert.

»Guten Tag, Mrs. Rooney«, sagte ich.

Sie blieb stehen.

»Gott, Seán! Bist du's wirklich?«

»Ich bin's.«

»Bist schon lange nicht mehr hiergewesen.«

»Ja, schon lange nicht mehr.«

Wir plauderten etwa zehn Minuten über gemeinsame Bekannte.

»Mein Tommy war vor einem Jahr einmal daheim, nachdem ich ihn zehn Jahre nicht gesehen hatte«, sagte sie. »Und in der ganzen langen Zeit habe ich, glaub' ich, nicht mehr als drei Briefe von ihm bekommen. Aber du weißt ja selbst, daß er nicht lesen und schreiben kann. Er muß immer seine Arbeitskollegen bitten, daß sie für ihn schreiben. In die Schule wollte er ja um keinen Preis gehen, und jetzt sieht er, was er von seiner Faulheit hat.«

»Wie ist es ihm ergangen, Mrs. Rooney?«

»Wie es ihm ergangen ist? Eine schöne Frage stellst du mir da. Nach zehn Jahren in London kam er ohne einen Penny bei der Tür hereinspaziert. Ich mußte mir das Geld für seine Rückfahrt nach England borgen, und solange er hier war, hat er mich arm gegessen. Einen Geldscheißer müßte man haben, um ihn satt zu kriegen.«

Ich lachte. Sie wechselte das Thema. »Hast du von Toddy gehört?«

»Sie meinen Toddy O'Connor?«

»Ja, den. Der hat geheiratet.«

Das überraschte mich.

»Hören Sie, Mrs. Rooney«, sagte ich. »Ich hätte nicht gedacht, daß der für die Ehe taugt.«

»Ja, das hätte niemand gedacht. Wir haben uns alle sehr gewundert. Die Leute meinen, nach einer Weile wird er wohl einen Untermieter ins Haus nehmen müssen.«

»Einen Untermieter? Wieso das?«

»Wieso das?« Mrs. Rooney lachte. »Der kann doch seinen Schwanz nicht von seinem Daumen unterscheiden, nur daß er auf dem einen einen Nagel drauf hat.«

Ich beschloß, ein heikles Thema anzuschneiden.

»Ich habe etwas Merkwürdiges gehört«, sagte ich. »Vor ein paar Jahren soll einmal der Unsinn in der Zeitung gestanden haben, ich hätte einem Polizisten eine Bombe zugeschickt. Haben Sie auch davon gehört, Mrs. Rooney?«

Sie lächelte. »Was heißt ›Unsinn‹! Willst du mich frotzeln? Natürlich stand es in allen Zeitungen, in den englischen und in den irischen. Jeder hier hat es gelesen.«

»Nein, wirklich, Mrs. Rooney! Können Sie sich vorstellen, daß ich so etwas tun würde?«

Sie lächelte nicht mehr und sah mich einen Augenblick aufmerksam an.

»Warum nicht? Du bist doch der größte Esel, der mir je untergekommen ist.«

Wir verabschiedeten uns, und ich ging weiter. Vor der Nummer 32 öffnete ich das Gartentor und ging über den kurzen Pfad zur Haustür. Ich wußte, daß ich in diesem Hause nur einen Menschen antreffen würde: meine Mutter; und sie erwartete mich. Wußte sie, wie alle Nachbarn, von Wormwood Scrubs, oder hatte sie sich durch meine gelegentlichen Briefe täuschen lassen, die einer meiner Brüder in verschiedenen Teilen des Landes für mich aufgegeben hatte? Sie saß vor der offenen Feuerstelle im vorderen Zimmer und blickte auf, als ich eintrat.

»Seán! Mein Gott, warst du lange fort!«

»Ja, Mutter. Aber ich war eben ständig für meine Firma unterwegs; das habe ich dir ja geschrieben.«

»So, für deine Firma warst du unterwegs.«

»Es ist wahr, Mutter.«

»Schon gut.«

»Jedenfalls bin ich froh, wieder daheim zu sein, und abgesehen davon, daß ich dich wiedersehen wollte, hatte ich noch einen guten Grund, nach Limerick zu kommen: deinen Kohl mit Speck. So wie du macht ihn niemand, und ich habe ihn schon gerochen, als ich beim Gartentor hereinkam.«

»Freilich, er steht auf dem Feuer und wartet auf dich.«

»Danke.«

Ich ging in die Spülküche, um mir Teller, Messer und Gabel zu holen. Im Topf lagen vier dicke Speckrippen, in einer großen Menge Kohl gedünstet. Ich legte mir eine auf den Teller.

»Was willst du denn mit einer, Seán? Davon wird nicht einmal ein Spatz satt. Nimm alle vier. Wo die herkommen, gibt's noch mehr.«

»Und du?« fragte ich.

»Ich habe schon gegessen.«

Ich nahm die anderen drei Speckrippen auf meinen Teller und häufte Kohl darauf; sie waren gerade richtig durch, der Speck löste sich leicht und sauber von den Knochen.

»So was bekommst du in London nicht, Seán, oder?«

»Bestimmt nicht, Mutter.«

Ich begann zu essen.

»Ich setze nur eben den Kessel auf, damit wir nachher Tee trinken können.« Sie ging in die Spülküche, um den Kessel zu füllen, und stellte ihn auf das Kohlenfeuer. »Hör mal, Seán«, sagte sie nach einer Weile. »War da nicht einmal ein Foto von dir in einer englischen Zeitung? Von dir und einer Schauspielerin. Ich habe es selbst nicht gesehen. Ich habe schon seit Jahren keine Zeitung mehr gelesen, weißt du. Meine Augen werden immer schlechter. Ich war einmal am Abend bei Mrs. O'Neill, und die hatte die Zeitung. Sie hat sie mir vorgelesen.«

»Was hat sie denn gelesen?« fragte ich. In dem Zeitungsartikel waren meine sieben Jahre Haft mit allen Einzelheiten erwähnt worden.

»Oh, sie sagte nur, daß du irgendwo in London Theater gespielt hast. Wie das Theater hieß, hat sie mir nicht gesagt.« Das war sehr anständig von Mrs. O'Neill, dachte ich. »Und ein andermal, Seán, ging das Gerücht um, du hättest einem Polizisten eine Bombe geschickt. Eine Bombe, stell dir das vor, Seán! Heiliges Herz Gottes! Aber was schieben sie einem nicht alles in die Schuhe. Später hat mir einer von den Nachbarn erzählt, sie hätten die Kerle geschnappt, die es getan haben. Bestimmt haben sie eine lange Strafe gekriegt, was meinst du, Seán?«

»Ja, Mutter, mindestens sieben Jahre, würde ich sagen.« Meine Nachbarn waren wirklich anständige Leute. Es sah gerade so aus, als hätten sie sich verschworen, meiner Mutter die Wahrheit zu verheimlichen.

»Eine Bombe, was sagst du dazu! Heiliges Herz Gottes! So was habe ich seit den Tagen der Tans nicht mehr gehört! Man könnte meinen, du wärst einer von denen, von den Boys; einer von der Irischen Republikanischen Armee, die eine *illegale Organisation* ist, wie es in den Zeitungen heißt.«

Sie wandte sich mir zu und runzelte die Stirn. »Seán«, sagte sie feierlich, »sieh zu, daß du mit diesen Leuten nichts zu tun hast, das ist der Rat, den dir deine Mutter gibt, und du hast nur eine Mutter. Wenn es nach den Helden im Dáil* ginge, wäre ich längst verhungert. John Bull erhält deine Mutter, vergiß das nie, hörst du! Ich bekomme eine schöne Rente von der britischen Regierung, weil dein Vater im Ersten Weltkrieg für John Bull gekämpft hat, und John Bull ist es, der mir ein Dach über dem Kopf gegeben hat, für das ich keine Miete zu zahlen brauche. Die Witwenrente, die ich von unserer irischen Regierung bekomme, würde nicht ausreichen, um mich zu ernähren, von allem andern ganz zu schweigen. Und selbst das bißchen wollten sie mir wegnehmen, als ich letztes Jahr zwei Monate bei deinem Bruder Gerry und seiner Frau in Kanada war. Sie haben behauptet, ich hätte für die zwei Monate kein Recht auf meine Rente, stell dir das vor, Seán! Und wenn John Bull nicht wäre, hätte ich mir diesen Urlaub gar nicht leisten können. Aber

---

* Dáil Eireann, das irische Abgeordnetenhaus. (Anm. d. Übers.)

diese Räuber haben mich doch nicht reinlegen können. Gerry hat ihnen einen geharnischten Brief geschrieben.«

Ich schenkte den Tee ein und setzte mich mit den beiden Tassen zu meiner Mutter ans Feuer. »Eine Bombe, Seán, stell dir das nur vor! Eine schreckliche Verderbtheit ist das! ›Zusendung einer Höllenmaschine durch Ihrer Majestät Post mit der Absicht der Körperverletzung‹... So merkwürdig hat die Anklage gelautet. Hast du je so was gehört, Seán, so klug, wie du bist?«

»Nein, Mutter.«

»Ich auch nicht.« Schwere Verbrechen kommen in Irland so gut wie gar nicht vor, erfuhr ich, aber die kleineren Vergehen nehmen ständig zu.

»Es gibt aber auch genug Verderbtheit hier in Limerick«, fuhr meine Mutter fort. »Diese Stadt ist auf den Hund gekommen. Mrs. Fitz hier in unserer Häuserreihe und ihre unverheiratete Tochter, die bei ihr wohnt, sind vor ein paar Wochen überfallen worden. Die Strolche gingen einfach mitten in der Nacht die Treppe hinauf und in ihr Zimmer, wo sie in ihren Betten lagen. Sag selber, Seán, ist das nicht der Gipfel der Frechheit! Einfach in ihr Zimmer, wo sie in ihren Betten lagen! Heiliges Herz Gottes, ich habe so etwas noch nicht gehört. In Bengal Terrace ist heutzutage kein Gasautomat mehr sicher. Und die *Garda Siochana* taugt zu gar nichts. Mrs. Fitz hat es ihnen natürlich gemeldet, und sie haben sich mit ihren Streifenwagen mitten auf die Straße gestellt. Aber diese Wagen haben doch ein großes Schild auf dem Dach, auf dem *Garda* steht, und die Männer drin haben Uniformen an. Die Kerle werden nicht bei der Haustür reingehen wenn vorne so ein Wagen auf der Straße steht. Sie schleichen hinter den Häusern entlang, das ist doch klar, aber glaubst du vielleicht, sie schicken ein paar Kriminalbeamte in Zivil, die sich hinten verstecken und die Strolche schnappen? Nein, tot könnten Mrs. Fitz und ihre Tochter sein. Ihre Leichen könnten seit Wochen verwesen, und niemand würde was davon wissen. Wir würden erst merken, daß sie tot sind, wenn wir an ihrer Tür vorbeigehen und die Leichen riechen. In ihren Sünden könnten sie dahingerafft werden, Gott möge es verhüten, und den Kerlen, die draußen auf der Straße in ihrem Streifenwagen sitzen wie Schaufensterpuppen, wäre es ganz egal. Mir selbst könnte es eines Tages genauso gehen. Wenn ich beim Tor hereinkomme und eins über den Schädel kriege, ist es aus mit mir. Hörst du auch zu, Seán?«

»Ja, Mutter.«

Sie sah mich an und runzelte die Stirn.

»Gott, Seán, du bist so still. Was hast du?«

»Nichts, Mutter. Ich habe nur ... nachgedacht.«

»Schon gut.«

Einmal war sie von den Nachbarn geschont worden, aber die größte Gutherzigkeit konnte sie nicht vor den Folgen von Blakes Flucht bewahren. In wenigen Wochen würden sich in diesem kleinen Raum Geheimpolizisten drängen, englische und irische. Und sie würden weit klüger und gerissener sein als die Männer in dem Streifenwagen mit der Aufschrift *Garda*.

Ich sah mich um. Ein Tisch in einer Ecke war in einen Altar verwandelt worden. In der Mitte stand eine etwa sechzig Zentimeter hohe Statue der Heiligen Jungfrau, umgeben von Bildern des Heiligen Herzens, der Muttergottes mit dem Jesusknaben und verschiedener Heiliger. Mindestens vier Rosenkränze lagen auf dem Tisch. In diesem Hause wurde wie in fast allen irischen Häusern der Kommunismus als das Erzübel, die schwerste Sünde betrachtet. Kommunist, das hieß soviel wie Teufel. Als ich zur Schule ging, hatte ich tatsächlich erlebt, wie ein Haus in Limerick mit Steinen beworfen wurde, weil man seine Bewohner in Verdacht hatte, mit den Kommunisten zu sympathisieren. Wie sollten die Iren Nichtchristen oder Gegner des Christentums akzeptieren, da es ihnen schon so schwerfiel, Christen anderer Konfessionen gelten zu lassen! Zeugen Jehovas waren in Limerick mehr als einmal verprügelt worden, oft von einem Pöbelhaufen, den ein Priester anführte. An der Wand links vom Altar hing ein Bild des ermordeten Präsidenten Kennedy, der Personifikation des westlichen, christlichen, katholischen, irischen Kampfes gegen das Übel des kommunistischen Atheismus. Meine Mutter stocherte im Feuer und sang vor sich hin. »Ich seh' Diamanten in Amsterdam...« Dieses Lied hatte sie schon gesungen, als ich noch nicht auf der Welt war, und es war das erste Lied, das ich in meinem Leben hörte. Ich betrachtete sie aufmerksam. Sie war nun siebzig Jahre alt und sah kaum noch etwas. Ihre Augen waren milchig trübe. Ihr Haar war trotz des hohen Alters noch schwarz und zeigte nur einige graue Strähnen. Ihr Gesicht war tief gefurcht. Zum erstenmal in meinem Leben, im Alter von zweiunddreißig Jahren, liebte ich sie so, wie ein Sohn seine Mutter lieben sollte. In meiner Kindheit war die Liebe nur zu rasch erstickt worden. Die Armut jener Jahre war ein zu unfruchtbarer Boden gewesen, auf dem kaum mehr als eine laue Anhänglichkeit hatte gedeihen können. Wen oder was soll man lieben, wenn man nach einem aus Tee und Margarinebroten bestehenden Frühstück barfuß durch den Schnee in die Schule geht? In den Predigten sagte man uns, so sei es Gottes Wille, und wir dürften uns nicht beklagen, was allein schon Sünde wäre, sondern müßten Gott für unsere Armut danken. »Selig sind die Armen«, hieß es, »denn ihrer ist das Himmelreich.« Der Mann oben auf der Kanzel war jedoch gut genährt, er trug festes Schuhwerk an den Füßen und wohnte in einem großen Haus neben der Kirche. Er wurde ernährt und gekleidet von seiner armen Gemeinde, die nach den Vorschriften der Kirche für den Unterhalt ihres geistlichen Hirten aufzukommen hatte. Aber freilich waren es nicht die Priester, die uns arm machten. Ihre Schuld lag darin, daß sie uns predigten, Armut sei eine Tugend, ein Segen Gottes, ein Weg zur Gnade. Wir sollten unserm Herrn und Heiland Jesus Christus nacheifern, aber so schlecht war es Jesus nie ergangen. An ein paar Münzen hatte es ihm nie gefehlt, und er hatte auch nicht hart arbeiten müssen. Und warum sollte man beklagen, daß er ans Kreuz geschlagen wurde? Hatte er es nicht selbst gewollt? Es wäre ihm in unseren Tagen nicht besser ergangen. Wenn er Senator Joe McCarthy entronnen wäre, die irische Geistlichkeit würde ihn schon kleingekriegt haben. So wie sie den mutigen Gesundheitsminister kleinkriegte, der nach gut christlichem Grundsatz kostenlose ärztliche Behandlung für *alle* Mütter, gleich ob verheiratet oder ledig, einführen wollte. Wahrscheinlich hat der Erzbischof von Dublin nie von Maria Magdalena gehört.

Ich wußte, als ich meine Mutter ansah, daß meine Liebe zu spät kam. Sie entsprang dem Wissen, daß der Abschied für immer bevorstand. Konnte ich je wieder über diese Schwelle treten? Selbst wenn es mir eines Tages wieder möglich sein sollte: würde ich willkommen sein? Und vor allem: würde noch jemand da sein? Siebzig Jahre war sie nun alt. Was immer nächste Woche geschah – es würde lange dauern, bis ich wieder einmal nach Limerick kam. Zu lange.

Um sieben Uhr sagte meine Mutter, sie wolle eine Freundin in einer neuen Siedlung in Rathbane besuchen. Ich begleitete sie. Wir gingen zusammen die Bengal Terrace hinunter. Als wir an der Mariengrotte vorbeikamen, stand dort etwa ein Dutzend älterer Männer und Frauen, die ihren Rosenkranz beteten. Vorbeter war ein pensionierter Bus-Schaffner, der Mann, der die Spendenaktion für die Errichtung der Statue organisiert hatte. Und mitten in der Versammlung stand Ger Carey. Ein Rosenkranz baumelte von seinen Fingern.

Wir gingen weiter und waren gerade vor dem Friedhofstor angelangt, als eine Frau von etwa sechzig Jahren in einem langen schwarzen Mantel aus der Munster Fair Tavern taumelte, die Straße überquerte und um ein Haar von einem Auto überfahren worden wäre.

»Jesus, Maria und Joseph«, flüsterte meine Mutter. »Es ist Mrs. O'Toole! Tu so, als ob du sie nicht gesehen hättest, Seán. Um Gottes willen tu so, als ob du sie nicht gesehen hättest!« Es war jedoch schon zu spät. Mrs. O'Toole kam auf uns zu.

»Hallo, Agnes!« begrüßte sie meine Mutter. »Wer ist denn der Bursche, den du da bei dir hast?«

»Heiliges Herz Gottes«, flüsterte meine Mutter, »was tun wir jetzt bloß? Paß auf, was sie mit uns aufführen wird!« Dann sagte sie sehr laut: »Es ist einer meiner Söhne, der im Urlaub heimgekommen ist. Seán heißt er.«

»Gott, was für ein großer Junge«, sagte Mrs. O'Toole und hauchte mir eine Fahne »John Jameson's« ins Gesicht. »Ein großer Junge, Gott segne ihn.«

»Ja, er sieht kräftig aus«, sagte oder vielmehr schrie meine Mutter.

»Warum schreist du so?« flüsterte ich.

»Sie ist so gut wie taub, Gott steh uns bei. Wenn du ihr nicht ins Ohr schreist, hört sie überhaupt nichts.«

»Ich kenne deinen Bruder Kevin«, sagte Mrs. O'Toole und schwankte unsicher auf den Beinen. »Er war letztes Jahr hier. Ein feiner Junge, Gott segne ihn.«

»Sie sind Zwillinge«, rief meine Mutter. »Seán und Kevin sind Zwillinge.«

Mrs. O'Tooles glasige Augen öffneten sich weit, sie riß den Mund auf, und ihr Gesicht drückte eine Überraschung aus, die in keinem Verhältnis zu der erhaltenen Mitteilung stand. »Nein so was!« sagte sie. »Wirklich? Ich hätte die beiden nie für Zwillinge gehalten. Sie sehen sich überhaupt nicht ähnlich, nicht wahr, Agnes, überhaupt nicht ähnlich?«

»Kevin ist blond«, antwortete meine Mutter, und zu mir sagte sie leise: »Seán, gib der Ärmsten um Gottes willen ein paar Shilling, sonst stehen wir die ganze Nacht hier.«

»Wird sie das nicht kränken?« fragte ich.

»Kränken? Was dir einfällt! Sie ist doch nur zu uns herübergekommen, weil sie wußte, daß du da bist. Das hat sie gleich herausgekriegt.«

Ich gab ihr zehn Shilling und versuchte meine Verlegenheit zu verbergen.

»Gott segne dich, Seán«, sagte sie. »Ich werde bei der Messe ein Gebet für dich sprechen. Daß deine Wünsche in Erfüllung gehen, darum will ich beten.« In diesem Augenblick ging ein Mädchen in einem hübschen roten Mantel vorbei. Sie war knapp über zwanzig und sah sehr anständig aus. »Komm her, kleines Mädchen«, sagte Mrs. O'Toole und tastete mit unsicherer Hand nach ihrem Arm. »Hilfst du mir wohl die Straße hinauf? – Gott segne dich!«

»Auf Wiedersehen dann, Mrs. O'Toole«, sagte meine Mutter.

»Viel Glück, Agnes«, antwortete sie.

»Auf Wiedersehen, Mrs. O'Toole«, sagte auch ich.

»Viel Glück, Seán.«

Ich lächelte und nickte dem eingefangenen Mädchen zu, als wir uns zum Gehen wandten. Sie wurde feuerrot. Ich blickte noch einmal über die Schulter zurück und sah, wie Mrs. O'Toole ihr unglückliches Opfer über das Pflaster zerrte, auf die Bengal Terrace zu. Meine Mutter fand das sehr spaßig.

»Ich weiß, Seán, es ist schrecklich, daß man darüber lacht, aber die Kleine ist so hochnäsig, und das ist das Komische daran. Sie würde ganz bestimmt nicht mit dir reden. Sie ist viel zu fein, um in einer Stadt wie Limerick zu leben. Jedenfalls hält sie sich für etwas ganz Besonderes. Mein Gott, wie wird sie bloß die Straße hinaufkommen! Mrs. O'Toole wird sie nach allen Regeln blamieren.«

»Ist Mrs. O'Toole oft betrunken?« fragte ich. Meine Mutter sah mich an.

»Machst du Witze, Seán? Sie ist nie nüchtern. Die arme, unglückliche Frau!«

Hinter der Munster Fair Tavern nahmen wir einen Bus, der 200 Meter weiter wieder hielt. »Jemand fürs Irrenhaus?« rief der Schaffner.

»Noch nicht, Gott sei's gedankt!« sagte eine Frau auf einem der vorderen Sitze.

»Gott schütze uns vor allem Übel«, stimmte meine Mutter ein.

An der nächsten Haltestelle stiegen wir aus und gingen durch die Jail Boreen, die nach Janesboro und Rathbane führt. Ich bemerkte einen Polizisten, der an der Ecke stand und das Gefängnis beobachtete. Am oberen Ende der Gasse stand ein zweiter Polizist.

»Warum bewacht die *Garda* das Gefängnis?« fragte ich.

»Weil vor ein paar Monaten einer ausgebrochen ist«, erklärte mir meine Mutter.

»Wie lange mußte er sitzen?«

»Sechs Monate.«

»Nicht mehr?« fragte ich. »Und seither wird das Gefängnis bewacht?«

»Ja, aber er war auch einer von den Boyos«, sagte meine Mutter, »und es sitzen noch ein paar von der Sorte drin. Wenn er ein gewöhnlicher Gefangener gewesen wäre, würden sie sich nicht so viel daraus machen, aber er ist von der Irischen Republikanischen Armee. Sie kriegen ihn bestimmt nicht mehr. Seine eigenen Leute haben ihn herausgeholt, und jetzt verstecken sie ihn irgendwo in den Bergen. Sie machen die ganze Zeit Schießübungen in den Bergen. Die *Garda* befürchtet, daß der Mann mit einer ganzen Abteilung zurückkommt und die anderen Burschen herausholt. Sie fürchten für ihr eigenes Leben.«

»Und weshalb hat man diese Burschen eingesperrt?«

»Ja, das ist eine komische Geschichte, Seán. Ein englisches Schiff machte einen Höflichkeitsbesuch im Hafen Waterford, und die Boyos erwarteten es mit Schußwaffen. Einer schoß mit einem Revolver, stell dir das einmal vor, Seán! Was sagst du dazu: mit einem Revolver! Heiliges Herz Gottes! Was richtet man mit einem Revolver gegen ein Schlachtschiff aus! Aber mit einem Revolver schossen sie, ob du mir's glaubst oder nicht. Die Engländer auf dem Schiff lachten nur. Ist das nicht gut, Seán? So ein Schlachtschiff hat doch große Kanonen. Wenn sie mit so einer auf die Boyos schießen, sind sie erledigt. Ein Schuß, und sie treten vor ihren Schöpfer. Dann knallen sie nicht mehr mit Revolvern herum, diese Strolche.«

»Und was für einen Sinn hatte die ganze Unternehmung, Mutter?«

Sie sah mich erstaunt an.

»Was für einen Sinn? Sie wollten natürlich für Irland sterben.« Ich lachte. »Hüllt mich in die grüne Fahne, Jungens, und so weiter«, fuhr meine Mutter fort. »Aber wenn ein Krieg ausbricht, schießen sie nicht mit Revolvern, sondern verkriechen sich daheim unterm Bett. Aber was geht's uns an! Genug geredet.«

Als wir die Gasse hinaufgingen, hatten wir zur Linken die Mauer der Irrenanstalt und zur Rechten eine andere, niedrigere Mauer. Zwischen dieser niedrigen Mauer und der des Gefängnisses lag ein kurzer Streifen Niemandsland. Ich erinnerte mich, daß es in einer Ecke dieses von hohem Gras überwucherten Streifens einen kleinen stagnierenden Tümpel gegeben hatte, und dort hatte ich so manchen Tag verbracht, wenn ich die Schule schwänzte, meist mit einigen Gleichgesinnten. Wir fingen Plötzen mit einem Stück Brot, das wir auf eine umgebogene Nadel spießten und an einer Schnur ins Wasser hängten. Als Schwimmer diente uns der Korken einer Guinness-Flasche. Sobald er untertauchte, rissen wir die Schnur mit einem Ruck heraus und hatten eine Plötze. Wir füllten meist einen ganzen Eimer mit den Fischen und warfen sie zuletzt wieder in den Tümpel zurück. Das war unterhaltsamer als der Unterricht.

Am oberen Ende der Jail Boreen bogen wir nach links in die Roxboro Road ein, nahmen wieder einen Bus und stiegen eine Viertelstunde später vor der Mariengrotte in Rathbane aus. Meine Mutter stellte mich ihrer Freundin, Mrs. Whelton, und deren kleinen Kindern vor, und ich blieb auf eine Tasse Tee. Ich erfuhr, daß meine Mutter den größten Teil ihrer freien Zeit in diesem Haus zubrachte. Später begleitete mich Mrs. Whelton hinaus, und wir unterhielten uns noch einen Augenblick auf dem Pfad vor dem Gartentor.

»Mrs. Whelton«, sagte ich zögernd, »ich weiß nicht recht, wie ich mich ausdrücken soll, aber wenn ich einmal in etwas . . . . sagen wir: in eine sonderbare Geschichte verwickelt werden sollte – würden Sie so gut sein, es meiner Mutter schonend beizubringen und sie zu trösten?«

»Ihre Mutter ist hier stets willkommen, Seán. Sie brauchen sich deshalb keine Sorgen zu machen.«

»Danke«, sagte ich. »Ich bin Ihnen wirklich sehr dankbar.«

Eine Stunde später traf ich Ger in der Munster Fair Tavern. Von dort aus gingen wir noch zu Kirby in der William Street. Gegen elf Uhr waren wir beide sehr betrunken, und ich hatte Ger noch zwei weitere Pfund geliehen. Wir schwankten die Parnell Street hinauf zu einem jener kleinen, schmutzigen, übelriechenden »Läden«, in denen gekochte Schweinsstelzen verkauft werden. Diese Läden sind eigentlich kaum mehr als ganz gewöhnliche Privathäuser. Im Fenster steht eine Platte voll dampfender Schweinsstelzen, und weitere Stelzen kochen in einem großen schwarzen Topf in einer Wohnküche, die eine kleine Theke vom Flur trennt. Die Parnell Street ist eine schmutzige Gegend mit einem ganz eigentümlichen Geruch, in dem sich die Dünste von Schweinsstelzen, Bratkartoffeln, Fisch und Guinness-Bier mischen.

Wir gingen die Mulgrave Street und den Pyke entlang, aßen zufrieden unsere Stelzen aus dem Zeitungspapier, in das sie gewickelt waren, und Ger sang immer wieder:

»Drunten im Tal eine alte Frau ich traf,

Die pflückte junge Nesseln und sah mich nicht,

Und ich lauschte dem Lied, das sie summte:

Ruhm, o Ruhm den kühnen Feniern.«

Ich erinnerte mich, daß er dasselbe Lied damals auf der Eisenbahnbrücke gesungen hatte, an dem Tag, an dem sich über der armen Mutter Murphy der Himmel auftat.

Neben dem Gefängnistor standen einige Männer der *Garda*. Sie musterten Ger und mich mißtrauisch, und ich mußte in diesem Augenblick denken: Wenn die Engländer nur einen einzigen Polizisten um Wormwood Scrubs herum patrouillieren ließen, konnte niemand entkommen, auch George Blake nicht.

Vor der Mariengrotte fiel Ger auf die Knie und sprach drei »Gegrüßet seist Du, Maria« und drei Vaterunser.

Am nächsten Morgen ging ich mit meiner Mutter durch die Bengal Terrace. Als wir uns dem Friedhof näherten, sah ich Ger. Er saß auf den Stufen des Denkmals für Allen, Larkin und O'Brien, das hart an der Friedhofsmauer steht und von der Straße durch ein hohes Gitter getrennt ist. Auf den Stufen neben ihm lag ein mit Lehm verkrusteter Spaten. Ich blieb stehen, um mit Ger zu reden.

»Ich lasse euch beide allein«, sagte meine Mutter. »Ich muß weiter, denn ich will bei den Augustinern die Messe hören. Macht's gut, Jungens.«

»Wozu brauchst du den Spaten, Ger?« fragte ich.

»Ach, ich dachte, ich mache das Grab deines Vaters ein bißchen sauber, Seán.« Er war verlegen und schien sich beinahe entschuldigen zu wollen.

»Mein Gott, das ist sehr lieb von dir«, sagte ich. »Aber wie hast du das gemacht? Wir konnten das Grab gestern gar nicht finden.«

»Ich habe den Friedhofswärter gebeten, in seinem Buch nachzusehen, und dann haben wir es zusammen ausgemessen.« Ich sah nun, daß auch seine Schuhe voller Lehm waren.

»Und wo hast du den Spaten her, Ger?«

»Timmy O'Keefe hat ihn mir gegeben. Ich muß ihn jetzt zurückbringen.«

»Ich komme mit«, sagte ich.

Wir gingen auf den Haupteingang des Friedhofs zu. Ich sah meinen Freund von der Seite an. Er trug einen alten Anzug und ein Hemd mit offenem Kragen. Wenn man ihn so sah, würde man nicht gedacht haben, daß er je in England gewesen war. Sein wettergebräuntes Gesicht war offen und ehrlich. Ich vermutete, daß er zum Teil nur deshalb etwas so Ungewöhnliches für mich getan hatte, weil er mir auf irgendeine Weise die paar Pfund zurückzahlen wollte, die ich ihm geliehen hatte. Das Grab hob sich tatsächlich sauber von der verwucherten Umgebung ab, und die Erde war frisch umgegraben worden. Ich bekreuzigte mich, um ein Gebet zu sprechen, und bemerkte, daß Ger dasselbe tat.

Tags darauf begleitete ich ihn zum Bahnhof. Er hatte wirklich in Birmingham eine Rückfahrkarte genommen.

»Du fährst mit dem Schiff, Ger?« sagte ich.

»Ja, ich fahre jedes Jahr mit dem Schiff. In einem Flugzeug habe ich noch nie gesessen.«

Wir gaben uns die Hand, und Gers Augen leuchteten plötzlich auf. Er schielte auf seine Handfläche hinunter.

»Danke, Seán«, sagte er mit gesenktem Blick.

»Nichts zu danken, Ger. Ich hoffe, wir treffen uns wieder einmal in Limerick.«

»Bestimmt... mit Gottes Hilfe.«

Ger ging durch die Sperre zum Zug. In ein oder zwei Tagen würde er wieder auf einem Müllwagen durch die Straßen Birminghams fahren und »Die kühnen Fenier« singen. Eins war gewiß: Er würde nie ein englisches Gefängnis von innen sehen.

Ich verließ den Bahnhof und ging die Parnell Street hinunter, und mir wurde übel von dem Anblick und dem Geruch der Schweinsstelzen in den Fenstern. In den nächsten drei Tagen mußte ich allein trinken. Die Emigration ist ein Fluch. Man wird geboren, um in alle Winde zerstreut zu werden. Kein Wunder, daß wir ein so schwermütiges Volk sind.

> Einsam ist nun das Haus
> Und einsam die Heide.
> Die Kinder sind verstreut,
> Die Alten dahingegangen.

> Was steh' ich noch hier
> Wie ein Geist, wie ein Schatten!
> 's ist Zeit, daß ich gehe,
> Zeit, weiterzuziehn.

Am Samstagmorgen war es für mich soweit. Ich hatte am Vortag in der O'Connell Street ein Flugticket nach London gelöst und den Namen Sullivan angegeben.

»Ich fahre jetzt nach Dublin, Mutter. Die nächsten Monate will ich an meinem Buch schreiben. Ein Freund hat mir sein Haus zur Verfügung gestellt. Nach England fahre ich erst irgendwann im nächsten Jahr zurück.«

Das war für die Männer der Sonderabteilung gedacht. Gern belog ich meine Mutter nicht, aber es blieb mir nichts anderes übrig.

»Gut, Seán«, sagte sie. »Aber bleib nicht wieder so lange fort.«

»Ich will mein Bestes tun, Mutter.«

»Komm her, daß ich dir noch was sage, Seán. Vergiß den Rat deiner Mutter nicht. Tu nie etwas gegen John Bull, denn wenn John Bull fällt, fallen viele andere mit ihm. Daran sollst du denken. Gott segne John Bull.« Sie nahm ein Medaillon vom Altar der Heiligen Jungfrau. »Nimm das, Seán«, sagte sie. »Das ist unsere liebe Frau von Knock. Vor ein paar Jahren ist sie dort erschienen. Ich habe letztes Jahr selbst eine Wallfahrt zu ihr gemacht.« Ich steckte das Medaillon in die Tasche. »Sie wird Fürsprache einlegen für dich«, fuhr meine Mutter fort. Dann nahm sie eine Flasche mit Weihwasser vom Altar, kippte sie einige Male in ihre Handfläche und schüttelte ihre Hand gegen mich aus, so daß mir das Weihwasser ins Gesicht und auf die Brust spritzte. Ich umarmte sie.

»Lebwohl, Mutter«, sagte ich, »lebwohl.« Ich hätte gern noch etwas anderes gesagt, aber ich war dazu nicht imstande. Das alles war verschüttet worden vor langer Zeit. Es war zu spät.

Auf dem Flughafen Shannon versuchte ich mich aufzuheitern, indem ich eine Menge Whisky trank, und ein paar Stunden später war ich wieder in London.

2. Die Flucht

Letzte Vorbereitungen

Der nächste Tag war Sonntag, der 16. Oktober. Die Woche, in der die Flucht stattfinden sollte, begann. Am Abend versammelten wir uns in Pat Porters Wohnung. Wir kamen zu dem Schluß, daß wir die Suche nach einer besseren Wohnung aufgeben mußten. Es war für einen ehemaligen Sträfling leichter, einen Spion aus dem Gefängnis herauszuholen, als Referenzen aufzubringen. Wir mußten uns mit einer bescheideneren Unterkunft begnügen.

Am Montag suchte ich ein mehr für die Arbeiterklasse gedachtes Vermittlungsbüro in Paddington auf. Dort gab es zwar keine vornehmen jungen Damen in Miniröcken, aber ich bekam, was ich suchte.

»An was für eine Gegend dachten Sie?« fragte man mich.

»Irgendwas im Westen«, sagte ich. »Acton, Hammersmith, Kensington.«

Ich war mittlerweile zu der Ansicht gekommen, daß ein Versteck in unmittelbarer Nähe von Wormwood Scrubs das beste wäre. Was man mir anbot, konnte kaum näher liegen.

»Wir hätten da etwas in der Highlever Road 28, W. 10.«, sagte man mir. »Die Miete macht vier Pfund fünfzehn pro Woche. Paßt Ihnen das?«

Das paßte ausgezeichnet. Ich füllte das Formular unter dem Namen M. Singworth aus und gab eine falsche Adresse in Croydon an. Nach Referenzen, Banken und so weiter wurde nicht gefragt. Die Vermittlungsgebühr betrug eine Wochenmiete. Ich hatte sie an den Hauseigentümer zu zahlen, der mit dem Büro abrechnete.

Draußen auf der Straße blätterte ich rasch in meinem »London von A bis Z«, das ich bei der Wohnungssuche immer in der Tasche trug. Die Highlever Road war vom Gefängnis und von der Du Cane Road aus praktisch gleich um die Ecke. Sie lag auf dem mir wohlvertrauten Weg zur Station Notting Hill Gate. Von der Du Cane Road brauchte ich nur nach links in die Wood Lane einzubiegen, dann kam 200 Meter weiter auf der rechten Seite die North Pole Road. Noch einmal 200 Meter und noch einmal eine Rechtskurve, und ich war in der Latimer Road. Wenn ich diese Straße ein Viertel ihrer Länge hinunterfuhr, kamen linkerhand die Oxford Gardens und 30 Meter weiter auch schon die Highlever Road. Das Haus Nummer 28 war von den Oxford Gardens nur eine halbe Gehminute entfernt. Ich schätzte, daß die Fahrt vom Gefängnis zum Haus nur etwa drei Minuten dauern würde.

Zu meiner Erleichterung stellte ich fest, daß der Hauseigentümer in einer anderen Straße wohnte. Ich wurde ohne Fragen aufgenommen und zahlte eine Monatsmiete plus Vermittlungsgebühr im voraus. Ich bekam drei Schlüssel: einen für die Haustür und einen für jeden der beiden Räume, von denen der eine ein großes Wohnschlafzimmer war und der andre eine Kombination von Küche und Bad. Es gab nur diese eine abgeschlossene Kleinwohnung im Haus, und ich war der einzige Mieter mit eigenem Bad. Die anderen Räume waren alle separate Wohnschlafzimmer, deren Bewohner ein gemeinsames Badezimmer benutzten. Diese Anordnung war ideal. Es bestand keine Gefahr, daß Blake von irgend jemandem gestört wurde, sobald er die Wohnung erreicht hatte.

Das Wohnschlafzimmer hatte eine Fenstertür, die auf den Hinterhof ging, und an diesen grenzten die Höfe der Häuser in der nächsten Straße, der Balliol Road.

Mit dem Gefühl, etwas geleistet zu haben, schloß ich die Türen meiner neuen Bleibe ab und ging zur Kreuzung Wood Lane-Du Cane Road. Dort blieb ich eine halbe Stunde an die Einzäunung des Sportplatzes gelehnt stehen. Als ich weiterging, war ich sehr zufrieden. Die Ampel an dieser Kreuzung hat einen sogenannten Filter: Zunächst erhalten die Fahrzeuge, die aus der Du Cane Road kommend links einbiegen wollen, freie Fahrt, während diejenigen, die rechts einbiegen wollen, auf das Hauptlicht warten müssen. Während meiner halbstündigen Wache hatte ich festgestellt, daß die Linkseinbieger nur halb so lange zu warten brauchten wie die Rechtseinbieger, und ich würde natürlich links einbiegen.

Am nächsten Morgen holte ich meine Habe aus Pat Porters Wohnung und brachte sie in die Highlever Road. Am Abend um sechs stand ich mit meinem Wagen gegenüber der Artillery Road und hielt einen Chrysanthemenstrauß in der Hand. Das Kabel der Autoantenne hing unten zwischen den Stengeln hervor. Mein Daumen suchte zwischen den Blüten und fand den Sendeknopf.

»Fox Michael ruft Baker Charlie, Fox Michael ruft Baker Charlie. Bitte kommen. Ende.«

»Baker Charlie an Fox Michael, Baker Charlie an Fox Michael. Empfang laut und klar. Ende.«

Wir sprachen den Erkennungs-Code durch.

»Hören Sie, Baker Charlie«, begann ich. »Ich habe einige genaue Anweisungen für den Abend des Unternehmens. Können Sie mir einige Minuten zuhören, ohne unterbrochen zu werden? Ende.«

»Einen Augenblick«, antwortete Blake. »Ich will mich nur vergewissern. Ende.« Nach etwa 15 Sekunden war er wieder da. »Gut, Fox Michael«, sagte er. »Ich bin bereit. Schießen Sie los. Ende.«

»Passen Sie also gut auf«, sagte ich. »Das Unternehmen findet wie geplant am kommenden Samstag, dem 22., statt. Es ist alles vorbereitet. Ich rufe Sie um Punkt sechs Uhr. Ich stehe mit dem Wagen in der Artillery Road, dem Ende des Traktes D genau gegenüber. Sobald ich annehmen darf, daß die Luft rein ist, gebe ich Ihnen das erste Signal. Sie gehen an das Fenster und brechen den Steg heraus. Wenn das geschafft ist, rufen Sie mich und sagen es mir. Daraufhin gebe ich Ihnen das zweite Signal. Sie klettern aus dem Fenster und auf den Boden hinunter. Sie teilen mir wieder mit, daß das geschehen ist. Schließlich gebe ich Ihnen das dritte Signal: ›Die Leiter kommt!‹ Ich steige aus dem Wagen und werfe die Strickleiter über die Mauer. Sobald Sie die Leiter sehen, laufen Sie los und klettern hinauf. Weitere Signale brauchen wir nicht. Sie müssen rasch reagieren, denn es ist anzunehmen, daß der Posten die Leiter im selben Augenblick sieht. Während der ganzen Operation müssen wir unsere Geräte eingeschaltet haben, und jeder muß bereit sein, den andern sofort zu warnen, wenn etwas schiefgeht. Sollte ich, zum Beispiel, eine Festnahme vor Augen haben, warne ich Sie, damit Sie drinnen Ihre Spuren verwischen können, und wenn Sie plötzlich befürchten müssen, daß man Sie fassen wird, warnen Sie mich, damit ich hier draußen verschwinden kann. Haben Sie soweit alles mitbekommen? Ende.«

»Ja, Fox Michael, alles klar. Bitte weiter. Ende.«

Ein Pärchen kam auf mich zu, und ich roch an den Blumen und ordnete sie. Die beiden gingen an mir vorbei, ohne mich zu beachten. Während ich ihnen noch im Rückspiegel nachsah, kam ein Polizist aus der Richtung Wood Lane die Du Cane Road entlanggerast. Ich wandte den Blick nicht vom Spiegel, aber der Polizist fuhr an mir vorbei, ohne mich zu sehen, und bog in die Old Oak Common Lane ein. Ich drückte auf den Sendeknopf.

»Also gut, Baker Charlie. Nun zum zweiten Teil des Unternehmens. Sie sitzen hinten, wenn wir losfahren. Neben Ihnen liegen ein Regenmantel und ein Hut. Sie ziehen den Mantel an und setzen den Hut auf. In der rechten Tasche des Mantels finden Sie einen braunen Umschlag. Er enthält einige Banknoten, Drei- und Sechspenny-Stücke für Telefonanrufe und einen Streifen Papier mit einer siebenstelligen Zahl. Das ist eine chiffrierte Telefonnummer. Den Code sage ich Ihnen noch nicht. Sie erfahren ihn, sobald wir losfahren. Wenn während der Fahrt etwas Unvorhergesehenes passiert und wir uns trennen müssen, können Sie über diese Nummer Verbindung mit meinen Freunden aufnehmen. Falls ich gefaßt werde, übernehmen meine Freunde sofort alles Weitere. Wir haben nur eine kurze Strecke zu fahren, aber ich sage Ihnen auch die Adresse vorsichtshalber nicht per Funk. Sie erfahren sie, sobald wir unterwegs sind. Ich halte an der letzten Straßenecke vor dem Haus, und Sie gehen allein hin. In der linken Tasche des Regenmantels finden Sie drei Schlüssel an einem Ring. Einen Sicherheitsschlüssel und zwei gewöhnliche. Der Sicherheitsschlüssel ist für die Haustür, die beiden anderen sind für die Wohnung.

Wenn Sie durch die Haustür eingetreten sind, stehen Sie in einem langen, engen Flur. Rechter Hand führt eine Treppe in den ersten Stock hinauf. Unsere Wohnung liegt im Parterre. Sie gehen bis ans Ende des Flurs, bis Sie nicht mehr weiterkönnen. Die Tür, vor der Sie dann stehen, ist die unserer Wohnung. Ein Schildchen mit der Nummer 5 ist daran festgeschraubt. Im Zimmer steht ein Bett, und auf dem Bett liegen neue Kleider. Ziehen Sie sich sofort um. Auf dem Tisch finden Sie ein Exemplar von ›London von A bis Z‹ und einen U-Bahnfahrplan. Sie brauchen das, um zur Wohnung meiner Freunde zu kommen, falls etwas passieren sollte. Lernen Sie die Telefonnummer auswendig, sobald Sie sie dechiffriert haben, und verschlucken Sie den Papierstreifen. Er ist nur sehr klein. Ich *muß* Sie leider bitten, ihn aufzuessen, denn es gibt in der Wohnung keine andere sichere Methode, ihn loszuwerden. Im Zimmer finden Sie außerdem ein Fernsehgerät und ein Transistorradio. Das Radio ist schon auf das Inlandsprogramm der BBC eingestellt. Sie brauchen es also nur einzuschalten, um die Nachrichten zu hören. Im Fernsehen haben Sie eine Nachrichtensendung um ungefähr neun Uhr. Um diese Zeit können Sie schon alles über Ihre eigene Flucht hören. Während Sie sich in der Wohnung einrichten, schaffe ich den Wagen fort. Ich fahre so weit wie möglich. Sollte ich verfolgt werden, tue ich mein Bestes, um die Leute abzuschütteln. Gelingt mir das nicht, muß ich es eben auf ein Wettrennen ankommen lassen. Wenn ich innerhalb von zwei Stunden nicht bei Ihnen bin, müssen Sie annehmen, daß man mich geschnappt hat. In diesem Falle rufen Sie die Nummer an. Sie finden ein Münztelefon im Flur neben der Treppe.

Wenn Sie später eine Meldung hören, daß ›ein Mann der Polizei bei ihren Nachforschungen hilft‹, dürfen Sie's nicht glauben. Ich werde den Schweinehunden ganz bestimmt nicht helfen.

Das wär's, Baker Charlie. Haben Sie alles verstanden und haben Sie noch Fragen? Ende.«

Ich lehnte mich bequem zurück und roch an den Chrysanthemen. Diese kleine Rede war ziemlich anstrengend gewesen, denn draußen waren ununterbrochen Fahrzeuge und Fußgänger vorbeigekommen, und mein Blick war ständig zwischen der Straße vor mir und dem Rückspiegel hin und her gegangen. Die Fenster waren fest geschlossen, und der Schweiß stand mir auf der Stirn.

»Alles vollkommen klar, mein Freund«, sagte Blake. »So klar, daß ich keine Fragen mehr habe. Hier drinnen sieht ebenfalls alles sehr günstig aus. Es wird Sie freuen zu hören, daß unser Trakt noch keine Gitter bekommen hat. Da heute Dienstag ist, können wir mir großer Wahrscheinlichkeit annehmen, daß wir auch bis Samstag noch keine haben werden. Ende.«

Ich sah rasch zum Trakt D hinüber. Das Spitzbogenfenster war deutlich zu erkennen, und es hatte tatsächlich noch kein Gitter.

»Mein Gott«, sagte ich, »ich kann es kaum glauben! Was ist denn mit den verdammten Kerlen los? Mit den anderen Trakten sind sie schon vor Wochen fertig geworden. Es gibt da drinnen jemand, der uns gern hat. Ende.«

Ich hörte Blake lachen. »Ja«, sagte er. »Das Gitter wäre ein sehr lästiges Hindernis. Halten wir die Daumen, daß bis Samstag alles unverändert bleibt. Höre ich übrigens vorher noch einmal von Ihnen? Ende.«

»Ja, am Donnerstag um die gleiche Zeit zu einer letzten Besprechung. Ende.«

»Sehr gut, Fox Michael«, sagte Blake. Er zögerte einen Augenblick, bevor er weitersprach. »Sind Sie absolut sicher, daß für Samstag alles bereit ist, daß nichts mehr zu tun übrigbleibt? Ende.«

»Seien Sie unbesorgt, mein Freund«, antwortete ich. Es ist alles bereit. In vier Tagen wird es sein, wie es in einem alten irischen Lied heißt...« Und ich sang laut und klar ins Mikrophon:

»Ich gehe noch heut' mit dir durch die Welt,
Und Träume, Lieder, Blumen segnen deinen Weg.
Ich schau' in deine Augen und halte deine Hand,
Ich geh' an deiner Seite durch dieses gold'ne Land.

Ich ließ den Sendeknopf los und horchte, aber auf der anderen Seite herrschte Stille. Blake war offenbar sehr überrascht. Da saß er, der wichtigste aller inhaftierten kommunistischen Spione, hinter Schloß und Riegel in Wormwood Scrubs, und ich, ein Ire, saß draußen auf der Straße in meinem Wagen, nur wenige Meter vom Haus des Gefängnisdirektors entfernt, und brachte dem Spion ein Ständchen dar, indem ich ein irisches Lied in ein Funksprechgerät sang, das in einem Strauß rosaroter Chrysanthemen versteckt war. Eine immerhin recht ungewöhnliche Situation.

Blake erholte sich von seiner Verblüffung.

»Lieber Freund«, sagte er, »ich hoffe, ich werde in ein paar Tagen die Gelegenheit und das Vergnügen haben, Sie das direkt singen zu hören. Ende.«

»Dessen bin ich gewiß«, antwortete ich. »Und ich glaube, das ist für heute alles, oder haben Sie mir noch etwas zu sagen? Ende.«

»Nein«, sagte Blake. »Ich habe nichts hinzuzufügen. Ende.«

»Gut. Fox Michael an Baker Charlie. Ende, Ende. Gute Nacht.«

»Baker Charlie an Fox Michael. Ende, Ende. Gute Nacht.«

Ich steckte die Antenne wieder in das Autoradio, schob das Funksprechgerät unter meinen Sitz und sah die Blumen an. Sie waren noch frisch. Ich hatte sie erst kurz vor Ladenschluß in der Old Oak Common Lane gekauft. Früher hatte ich die Chrysanthemen immer weggeworfen, aber nun fand ich, es sei schade um sie. Ich war so froh gelaunt. Ich stieg aus dem Wagen und ging zum Krankenhaus hinüber. Es war halb sieben, und in der Eingangshalle saßen schon einige Menschen und warteten auf den Beginn der Besuchszeit um sieben. Ich ging durch die Tür, die zu den Stationen führte, und be-

trat eine der Abteilungen auf der linken Seite des Ganges. Gleich
hinter der Tür saß eine hübsche junge Schwester an einem Tisch und
schrieb.

»Guten Abend, Schwester«, sagte ich.

Sie blickte auf und sah rasch mich an und dann die Blumen. Sie lächelte und stand auf.

»Guten Abend«, sagte sie. »Ich besorge Ihnen eine Vase. Zu wem
möchten Sie denn?«

»Ich brauche keine Vase, Schwester. Ich bin zu Ihnen gekommen.«

Sie sah mich verständnislos an. »Ich bin in dieses Krankenhaus gekommen, um die Blumen dem hübschesten Mädchen zu geben, das
ich finde. Sie sind das hübscheste Mädchen. Sie würden mir einen
großen Gefallen tun, wenn Sie diese kleine Gabe eines glühenden
Bewunderers annähmen.« Ich reichte ihr die Blumen.

»Aber ... wer ...?« Sie sah verwirrt und ungläubig drein. Ich legte
ihr die Hand auf die Schulter.

»Auf Wiedersehn, Schwester«, sagte ich. »Leben Sie wohl und vielen Dank.«

Ich wandte mich um und verließ die Abteilung. Sie lief mir bis zur
Tür nach. »Aber wer sind Sie denn? Bitte sagen Sie es mir!« Ich ging
den Korridor hinunter, ohne mich umzudrehen. Wie schade, dachte
ich, daß ich mich nicht mit ihr verabreden kann! Das bittere Los des
Kriminellen!

Ich fuhr in die Old Oak Common Lane und stellte den Wagen dort
ab. Dann ging ich zu Fuß zurück zur Highlever Road. Der Wagen
durfte nie in der Nähe unseres Verstecks gesehen werden. Wenn er
bei der Flucht identifiziert werden sollte, würden Beschreibung und
Kennzeichen sofort bekanntgegeben werden.

An diesem Abend versammelten wir uns wieder in Hampstead. Wir
setzten unsere letzte Besprechung auf den Freitagabend fest. Michael, Anne und Pat sollten jeder ein Blatt Papier mit Fragen mitbringen, die sie mir stellen wollten, damit wir uns in letzter Stunde
noch einmal vergewissern konnten, daß nichts übersehen worden

war. Da die Flucht nun unmittelbar bevorstehende Wirklichkeit war, hatte der leichtherzige Optimismus der ersten Tage einer nervösen Spannung Platz gemacht. Keiner sprach davon, aber alle wußten wir, daß das, was am Samstag geschehen sollte, etwas Großes war, denn das lag in der Natur unseres Vorhabens. Wenn wir Erfolg hatten, war es eine große Leistung; wenn das Unternehmen mißglückte und wir gefaßt wurden, war es eine beinahe ebenso große Katastrophe. Und mit dem, was wir taten, lösten wir eine Reihe von Ereignissen aus, auf die wir keinen Einfluß mehr hatten. Wir traten gegen Kräfte an, deren Macht grenzenlos war.

Am folgenden Tag fuhr ich in die Tottenham Court Road, um einige Besorgungen zu machen. Bei »Jackson the Tailors« kaufte ich einen dunkelgrünen Sportsakko aus Harris-Tweed und eine dazu passende Hose. Der Verkäufer wollte mir ein Maßband um die Taille legen, aber ich sagte: »Sie ist nicht für mich, sondern für einen Freund. Er hat ungefähr Ihre Größe. Wenn die Hose Ihnen paßt, paßt sie auch ihm. Würden Sie so gut sein, sie anzuprobieren?«

Er probierte sie an, sie paßte, und ich nahm sie. In einem anderen Geschäft kaufte ich einige Hemden und Unterwäsche. Dann brachte ich meine Einkäufe in die Highlever Road.

Am Donnerstagmorgen kaufte ich in der Seven Sisters Road für fünfzehn Pfund einen gebrauchten Fernsehapparat. Ich brachte ihn in einem Taxi nach Kensington, entlohnte den Fahrer in Oxford Gardens und trug das Gerät um die Ecke zum Haus, sobald das Taxi verschwunden war. Dann machte ich mir ein Mittagessen aus Würstchen und Eiern und trank eine Flasche Guinness dazu. Nach den Entbehrungen in der Perryn Road war es ein Vergnügen, auf einem richtigen Gasherd zu kochen.

Um fünf Uhr nachmittags verließ ich das Haus und ging am Gefängnis vorbei in die Old Oak Common Lane. Dort stieg ich in den Wagen, blieb noch eine Weile sitzen und fuhr dann durch den Westway zur Wood Lane und vom entgegengesetzten Ende her in die Du Cane Road. An der üblichen Stelle, dem Eingang der Artillery Road gegenüber, hielt ich. Ich sah zum Trakt D hinauf. Noch immer kein Gitter vor dem Spitzbogenfenster!

Blake wartete schon und antwortete augenblicklich. Wir hatten jedoch nichts mehr zu besprechen und verabredeten uns noch einmal für Samstagmittag. Dies war eine letzte Vorsichtsmaßnahme für den Fall, daß im letzten Augenblick noch irgendeine Änderung in der Gefängnis-Routine eintrat, die den Ausbruch um sechs Uhr abends unmöglich gemacht hätte.

Ich fühlte mich versucht, noch einmal mit den Blumen in das Krankenhaus zu gehen und die Schwester zu suchen, aber dann ließ ich es doch bleiben. Es konnte Komplikationen geben, und zu diesem Zeitpunkt durfte ich nicht das geringste Risiko eingehen. Ich warf die Blumen in einen Mülleimer. Den Wagen parkte ich wieder in der Old Oak Common Lane, dann ging ich zu Fuß in die Highlever Road.

Unser letztes Treffen vor dem Ausbruch begann am Freitagabend um acht und dauerte bis elf Uhr. Anne machte eine Kanne Kaffee nach der andern, während wir uns unterhielten. Wir gingen noch einmal alle Einzelheiten durch, bis wir überzeugt waren, daß wir das Bestmögliche getan hatten, um den Erfolg zu sichern.

»Was ist mit dem Posten?« fragte Michael nach einem Blick auf seine Liste. »Wir setzen voraus, daß er die Strickleiter in dem Augenblick sieht, in dem sie über die Mauer kommt. Glaubst du wirklich, daß er keine Chance hat, Blake aufzuhalten?«

»Nein, er hat keine Chance«, antwortete ich. »Er müßte mehr als hundert Meter laufen, während es für Blake nur fünfzehn sind. Und selbst wenn der Wärter wirklich zu der Stelle hinläuft, kann er Blake nicht folgen, denn sobald Blake oben auf der Mauer angekommen ist, lasse ich draußen natürlich die Leiter los.«

»Und die Patrouille?« fragte Pat, der seine eigene Liste konsultierte. »Blake kann sich eine ganze Weile im Schatten unter dem Spitzbogenfenster verstecken. Er gibt mir das Zeichen erst, wenn er sich vergewissert hat, daß dieser Mauerabschnitt frei ist. Aber selbst wenn der Mann in dem Augenblick um die Ecke kommt, wo Blake auf die Leiter zurennt, ist er nicht besser dran als der Wärter im Postenhäuschen.«

Anne meldete sich zu Wort: »Nehmen wir an, der Posten in der Ecke alarmiert sofort die Schreibstube. Haben Sie genug Zeit, aus der Artillery Road hinauszukommen, bevor die Verstärkung eintrifft?«

»Wir werden bis dahin nicht nur die Artillery Road hinter uns haben, sondern sogar schon die Du Cane Road. Drei Minuten, nachdem ich die Leiter über die Mauer geworfen habe, müßten wir schon in der Wood Lane sein. Ich habe die Zeiten genau gestoppt. Da unser Versteck in dieser Richtung liegt, biegen wir von der Artillery Road aus nach links ein und brauchen daher nicht die Gegenfahrbahn zu überqueren. Und in der Wood Lane haben wir einen weiteren Vorteil durch die Ampel, die den rechtseinbiegenden Verkehr zurückhält.«

»Was ist mit den Leuten, die zum oder vom Krankenhaus kommen?« fragte Michael als nächstes. »Ich habe dort oft abgestellte Wagen gesehen, auch in der Artillery Road. Besteht nicht die Möglichkeit, daß euch jemand in einem dieser Wagen sieht?«

»Auch das habe ich sorgfältig beobachtet«, antwortete ich. »Auf dem Gelände des Krankenhauses gibt es hinter den Hauptgebäuden einen für das Personal reservierten Parkplatz. Tagsüber erreicht man ihn durch eine Seiteneinfahrt in der Artillery Road, die beinahe genau der Stelle gegenüberliegt, an der Blake über die Mauer kommt. Von Montag bis Freitag beendet die Tagschicht ihre Arbeit um 17 Uhr, und alle, die ein Auto haben, verlassen das Krankenhausgelände durch diese Seiteneinfahrt. Aber auch an diesen Wochentagen sind innerhalb von 20 Minuten alle fort, und um 17 Uhr 30 wird das Seitentor geschlossen. Wer das Krankenhaus später verlassen will, muß den Haupteingang in der Du Cane Road benutzen. Doch das gilt nur für die Wochentage von Montag bis Freitag. Am Samstag hat die Tagschicht um 12 Uhr mittags Arbeitsschluß, und

das Seitentor in der Artillery Road wird schon um halb eins geschlossen. Die wenigen Wagen, die du in der Artillery Road gesehen
hast, gehören allen Leuten von der Tagschicht. Das Personal, das
länger arbeitet, zieht natürlich die Sicherheit des eigenen Parkplat-
zes vor.«

»Und die Besucher des Krankenhauses?« warf Pat ein.

»Sie parken zum größten Teil in der Du Cane Road«, sagte ich.

»Aber manche stellen ihren Wagen auch in der Artillery Road ab.
Das ist jedoch kein Problem. Die Besuchszeit beginnt erst um sie-
ben, und vor dreiviertel sieben treffen die ersten Besucher im allge-
meinen nicht ein. Einige, die besonders früh dran sind, kommen
vielleicht schon um halb sieben. Das bedeutet, daß die Artillery
Road von Montag bis Freitag zwischen 17 Uhr 30 und 18 Uhr 30
– das ist die für uns entscheidende Stunde – von Wagen frei ist. Am
Samstag ist sie frei von kurz nach Mittag bis wiederum 18 Uhr 30.
Das Unternehmen beginnt um 18 Uhr. Wir haben also reichlich
Spielraum. Bedenkt, daß wir bei allen unseren Berechnungen der
Gegenseite *jeden* Vorteil eingeräumt haben. Wir nehmen an, daß die
Schreibstube sofort von dem Posten im Telefonhäuschen verstän-
digt wird, und wir nehmen an, daß die Schreibstube sofort das Poli-
zeirevier Shepherd's Bush alarmiert. Wir verlassen uns nicht darauf,
daß wir einfach Glück haben.«

Die Karte des Bezirks Hammersmith und Umgebung lag vor uns
auf dem Tisch. Michael betrachtete sie. Das Haus Highlever Road
28 war mit einem X in roter Tinte gekennzeichnet, und eine rote
Linie zeigte den Weg vom Gefängnis zum Versteck an.

»Wie lange dauert die Fahrt?«

»Binnen vier Minuten ist Blake in der Wohnung und in Sicherheit.«

»Wird er die Telefonnummer haben, die er für den Notfall
braucht?« fragte Anne.

»Ja.«

»Und sie wird natürlich verschlüsselt sein?« fügte Pat rasch hinzu.

»Ja.«

»Was bedeutet diese punktierte Linie, die durch die Latimer Road läuft?« wollte Michael wissen.

»Das ist ein weiterer für uns günstiger Umstand«, erklärte ich. »Sie zeigt die Grenze zwischen den Stadtbezirken Hammersmith und Kensington an. Unser Versteck liegt knapp hinter dieser Grenze und damit außerhalb des Dienstbereichs des Polizeireviers Shepherd's Bush. Da dieses Revier als erstes alarmiert wird, beschränkt sich die Arbeit der Polizei zunächst einmal auf das Gebiet westlich der punktierten Linie. Wir befinden uns gerade ein paar Meter außerhalb dieses Gebietes.«

Pat meldete sich wieder: »Wie groß ist die Wahrscheinlichkeit, daß man das Versteck in einem der Häuser in der Gegend dort vermutet?«

»Gleich Null«, antwortete ich. »Das ist ein elendes, trostloses Viertel. Eine Häuserreihe nach der anderen, in monotoner Gleichförmigkeit über ein weites Gebiet ausgedehnt. Das unwahrscheinlichste Versteck für einen Spion, das man sich denken kann. Außerdem viel zu nahe beim Gefängnis. Kein Polizist wird den Vorschlag wagen, dort zu suchen, weil er befürchten muß, ausgelacht zu werden. Nein, Pat, die Polizei wird vielzuviel mit dem Flughafen und den Docks und den osteuropäischen Botschaften zu tun haben, um sich den Luxus leisten zu können, solchen ausgefallenen Spekulationen nachzugehen. Und später, wenn sie den Verdacht fassen, daß ich etwas mit der Sache zu tun habe, werden sie natürlich an Irland denken und annehmen, daß sich Blake dort versteckt.«

»Sofern sie bis dahin nicht schon davon überzeugt sind, daß Blake die Britischen Inseln unmittelbar nach dem Ausbruch verlassen hat«, bemerkte Anne.

Wir schwiegen einen Augenblick. Michael trank einen Schluck Kaffee, stellte seine Tasse auf der Karte von Hammersmith nieder und sah mich ernst an.

»Seán«, sagte er, »was geschieht, wenn du trotz der sorgfältigen Vorbereitungen im letzten Augenblick von einem Straßenpassanten gesehen wirst, der dich angreift? Oder wenn euch ein Gefängnisbeamter einholt, bevor ihr Zeit gehabt habt, aus der Artillery Road hinauszukommen? Was tust du dann?«

Ich hatte auf diese Frage gewartet. Michael, Anne und Pat zweifelten nicht daran, daß es recht war, Blake zu befreien, der zu 42 Jahren verurteilt worden war. Aber diese drei Menschen waren keine Verbrecher, und Gewalttätigkeit gegen einen unschuldigen Bürger – gleich unter welchen Umständen – hätten sie nie mit ihrem Gewissen vereinbaren können. Sie wußten, daß ich es wußte, und sie müssen sich gedacht haben, daß ich ihnen die etwaige Absicht, eine Pistole bei mir zu tragen, verschwiegen haben würde. Sie dachten an die Ermordung der drei Polizisten im August. Von dieser Affäre in der Braybrook Street war noch immer in den Zeitungen zu lesen, und der dritte Mörder, Harry Roberts, war noch nicht gefaßt worden.

»Michael, Anne, Pat«, sagte ich und sah einen nach dem andern an. »Wenn es zu einem Handgemenge kommt, gewinnt der Stärkere. Ich werde unsere Beute nicht ohne Kampf aufgeben. Aber ich werde nicht bewaffnet sein. Im Gegenteil, ich bin so fest entschlossen, *nicht* bewaffnet zu sein, daß ich nicht einmal eine Handkurbel in meinem Wagen haben werde, ja ich werde mir nicht einmal einen Füllhalter einstecken.«

Alle drei sahen mich erleichtert an.

Um elf Uhr nahmen wir eine feierliche Einäscherung vor. Die Karte von Hammersmith, die verschiedenen Aufzeichnungen, die wir uns für diese Besprechung gemacht hatten, und alle anderen schriftlichen Spuren unseres Vorhaben wurden in den offenen Kamin gelegt und angezündet.

Pat wandte sich an mich. »Alles weitere liegt nun bei Ihnen, Seán«, sagte er.

»Ja«, erwiderte ich, »alles weitere liegt nun bei mir.«

Er schüttelte mir die Hand. »Alles Gute«, sagte er.

»Danke.«

Ich ging mit Michael und Anne zur U-Bahnstation Hampstead. Die beiden wollten nach Camden Town fahren und konnten den nächstbesten Zug nehmen. Mein Ziel war Latimer Road. Ich mußte daher auf einen Zug warten, der über King's Cross fuhr, wo ich auf die Metropolitan Line umsteigen konnte. Auf der Anzeigetafel sah ich, daß der nächste Zug über Charing Cross ging. Nichts für mich. Kurz darauf hörten wir ihn auch schon tief drinnen im Tunnel rumpeln. Michael wandte sich mir zu.

»Es ist soweit, Seán«, sagte er, ohne zu lächeln. »Ich wünsche dir Erfolg.«

Wir drückten uns fest die Hände.

»Ich danke dir«, sagte ich.

Anne trat einen Schritt näher und streckte die Hand aus. Ich ergriff sie dankbar. »Viel Glück, Seán«, sagte sie.

»Danke, Anne.«

Die Türen gingen auf, und Michael und Anne stiegen ein. Sie setzten sich so, daß sie mir ihre Gesichter zuwandten. Als der Zug anrollte, hoben sie jeder eine Hand und deuteten ein zaghaftes Winken an, aber sie versuchten gar nicht erst zu lächeln. Ich tat es ihnen nach und lächelte auch nicht. Das Lächeln mußte noch warten. Der Zug trug sie fort, auf das gähnende Loch am Ende des Bahnsteigs zu, und dann schlug das Dunkel des Tunnels hinter ihnen zusammen.

Ich war allein. So mußte es sein. Michael und Pat gehörten nicht zu den Menschen, die Strickleitern über Gefängnismauern werfen, und das war ihr größtes Verdienst. Sie waren mit Vorbedacht ausgesucht worden, weil sie so waren, wie sie waren. Man konnte nicht beides haben. Die Leere und Stille des Bahnsteigs ließ mich in diesem Augenblick meine Einsamkeit doppelt stark empfinden.

Auch der Zug nach Latimer Road war beinahe leer, und später fand ich sogar die kleine Wohnung bedrückend. Ich ging sofort zu Bett, aber der Schlaf ließ noch lange auf sich warten, und als er endlich kam, war er leicht und wirr. Das Gefühl, daß ich außerhalb meiner selbst stand und meine Handlungen aus der Ferne beobachtete – ein

Gefühl, das den ganzen folgenden Tag andauerte –, hatte schon begonnen. Noch war es Zeit umzukehren, aber ich wußte, daß das undenkbar war. Ein Fehlschlag, und das Gefängnis würde leichter zu ertragen sein als der Blick in den Augen meiner Freunde, wenn ich ihnen sagte: »Nein, ich kann nicht.«

Ich dachte: Wenn es nur schon vorüber wäre!

Der Ausbruch

Am Samstagmorgen machte ich mir ein Frühstück aus Würstchen und Eiern, rührte es aber kaum an. Um zehn Uhr ging ich aus, um Lebensmittel zu besorgen. Ich hatte in der vergangenen Woche immer in der Nachbarschaft eingekauft, damit sich die Leute an mich gewöhnten, bevor die Flucht Schlagzeilen machte. Ich kaufte Koteletts und Eier und eine Menge Obst- und Gemüsekonserven. In den nächsten Tagen brauchte ich genug Vorräte für zwei.

In die Wohnung zurückgekehrt, zog ich ein frisches Hemd an und wechselte auch die Unterwäsche und die Socken. Ich mußte immerhin mit einer Verhaftung rechnen, und wer einmal den erniedrigenden Prozeß einer wochenlangen Untersuchungshaft durchgemacht hat, weiß, wie wichtig es ist, wenigstens am Anfang frische Wäsche am Leibe zu haben. Ich zog auch meinen besten Anzug an. Zuletzt noch ein sauberes Taschentuch in die Brusttasche gesteckt, und ich sah recht annehmbar aus. Dann prüfte ich den Inhalt meiner Taschen, um mich zu vergewissern, daß ich nichts bei mir trug, was andere belasten konnte. Schließlich zog ich den Regenmantel an, setzte den Hut auf, steckte das Funksprechgerät in die Tasche und verließ die Wohnung.

Ich ging durch die Du Cane Road zur Old Oak Common Lane. Es war 11 Uhr 30. Eine halbe Stunde noch bis zum verabredeten Kontakt mit Blake. Ich kaufte einen Strauß Chrysanthemen in der Blumenhandlung und ein paar Türen weiter, in der Konditorei Clark, ein großes Stück Apfelkuchen für drei Shilling. Das sollte mein Mittagessen sein. Der Wagen stand ein paar hundert Meter weiter die

Straße hinauf. Ich setzte mich hinein. Die Blumen legte ich auf den Sitz neben mir, dann schaltete ich das Radio ein, hörte Popmusik und aß dazu mit Genuß meinen Apfelkuchen.

Um zehn vor zwölf fuhr ich los. Westway, Wood Lane, dann die Du Cane Road. Als ich gegenüber der Artillery Road hielt, war es zwei Minuten vor zwölf. Ich schaltete das Autoradio ab, zog die Antenne und befestigte sie am Funksprechgerät. Punkt zwölf fand mein Daumen den Sendeknopf zwischen den Chrysanthemenblüten.

»Fox Michael ruft Baker Charlie, Fox Michael ruft Baker Charlie. Bitte kommen. Ende.«

»Baker Charlie an Fox Michael, Baker Charlie an Fox Michael. Empfang laut und klar. Ende.«

Es folgte der Erkennungs-Code.

»Es ist also soweit«, sagte ich. »Dies ist der große Tag. Hier draußen ist alles in Ordnung. Wie sieht es bei Ihnen aus? Ende.«

»Gut, mein Freund«, antwortete Blake. »Alles bereit für heute abend. Die Bedingungen sind ideal. Die meisten werden im Kino sein, und im Trakt bleiben wie üblich nur zwei Aufseher zurück. Ich weiß nicht, ob Sie es von dort sehen können, aber unser Fenster ist noch nicht vergittert. Ende.«

Ich sah zum Spitzbogenfenster hinüber. Blake hatte recht. »Mein Gott, Baker Charlie!« rief ich, außerstande, meine Freude zu verbergen. »Ich hätte nie gedacht, daß einmal der Tag kommen wird, an dem ich diesen Faulenzern im Monteuranzug für ihre Trödelei dankbar sein werde. Das scheint mir alle die kalten Winter mit schlecht funktionierender Zentralheizung wert zu sein. Ende.«

Ich hörte Blake lachen.

»Ich gebe Ihnen recht, Fox Michael. Es ist nicht zu glauben, daß man uns dieses Hindernis nicht in den Weg gelegt hat. Und es wäre ein sehr beachtliches Hindernis gewesen. Ende.«

Allerdings. Ein Gitter mit einer Maschenstärke von sechs Millimetern durchschneiden – das wäre nicht ohne Lärm abgegangen ...

»Ich verschwinde jetzt lieber, Baker Charlie«, sagte ich. »Ich rufe Sie um Punkt sechs. Ende.«

»Gut«, sagte Blake. »Ich darf also annehmen, daß für heute abend alles bereit ist? Ende.«

»Das dürfen Sie, mein Freund«, antwortete ich. »In genau sechs Stunden gehe ich ›an Ihrer Seite durch diese Welt‹. Es gibt übrigens Koteletts zum Abendessen und als Nachspeise Erdbeeren mit Sahne. Wie gefällt Ihnen das? Ende.«

Blake lachte. »Mir läuft schon das Wasser im Mund zusammen. Ende.«

»Bis heute abend also. Fox Michael an Baker Charlie. Ende, Ende.«

»Baker Charlie an Fox Michael. Ende, Ende.«

Zum erstenmal verabschiedeten wir uns, ohne einander gute Nacht zu sagen.

Ich brachte den Wagen wieder in die Old Oak Common Lane und ging durch die Du Cane Road und am Gefängnis vorbei zur Wohnung. Unterwegs traf ich einen Wärter, der mich kannte.

»Hallo!« sagte er grinsend. »Wie geht's immer?«

»Ach, wissen Sie, gar nicht schlecht. Und Ihnen?«

»Ich kann mich nicht beklagen, Seán. Ich bin so glücklich, wie man's eben sein kann, wenn man übers Wochenende Dienst hat. Aber man kann nicht alles haben. Irgendwie muß ich ohnehin meine Raten abzahlen. Und Sie – Sie arbeiten?«

»Ja, ich bin jetzt hier in der Gegend zu Hause. Ich wohne und arbeite in Acton.« Ich breitete die Arme aus, als wollte ich das ganze Viertel umarmen, und sah mich um. »Das ist jetzt sozusagen mein Revier.«

Als ich weiter die Du Cane Road entlang und auf die Wood Lane zuging, mußte ich denken: Wenn sich dieser Wärter für die Psychologie des Verbrechers interessiert, wird er glauben, ich gehörte zu jener Kategorie ehemaliger Sträflinge, die es unbewußt in die Nähe der abgeschlossenen, sicheren kleinen Welt zurückzieht, in der man keine Verantwortung hat und alles bekommt, was für die physische

Existenz vonnöten ist. Vielleicht sprach er über diese Entdeckung mit seinen Kollegen. Aber er hatte nur wenig Zeit, es zu tun, bevor der wahre Grund für meinen Aufenthalt in der Nähe des Gefängnisses ans Licht kam.

Um ein Uhr war ich in der Wohnung. Ich machte mir eine Kanne Tee und ruhte mich aus. Vor halb fünf brauchte ich mich nicht auf den Weg zu machen.

Um zwei Uhr begann ich mit der Strickleiter zu üben. Sie mußte beim ersten Wurf über die Mauer gehen. Wenn sie nicht sofort auf der andern Seite hinunterfiel und der Wärter im Telefonhäuschen sie sah, konnte er zur Stelle sein, bevor sie für Blake bereithing. Ich stellte mich in eine Ecke des Zimmers und warf die Leiter in der schräg gegenüberliegenden Ecke an die Decke. Sie war sehr leicht und ließ sich gut werfen. Das wichtigste war, sie so zusammenzurollen, daß sich die Stricke nicht verhedderten, und auf diese Weise gerollt mußte sie auch im Kofferraum meines Wagens liegen, damit ich sie sofort aufnehmen und werfen konnte.

Um drei Uhr hatte ich die beste Methode gefunden. Die Tragkraft und Festigkeit der Leiter hatte ich schon erprobt, aber ich beschloß, einen letzten Versuch zu machen, um ganz sicherzugehen. Die Sprossen waren genau 30,5 cm voneinander entfernt und 30,5 cm breit. An der Zimmertür waren zwei Kleiderhaken befestigt, zwischen denen der Abstand zufällig ebenfalls 30,5 cm betrug. Ich legte die sechste Sprosse über die Haken, so daß die erste gerade knapp über dem Boden hing. Dann hielt ich mich an den Haken fest und trat auf die unterste Sprosse. Sie bog sich ein paar Zentimeter durch, hielt mich aber, und ich sah zu meiner Erleichterung, daß trotz meines Gewichtes die zweite Sprosse und alle weiteren dank der Versteifung durch die Stricknadeln vollkommen gerade blieben. Ich war um etwa 24 Pfund schwerer als Blake. Wenn die Leiter mich trug, trug sie auch ihn.

Ich breitete Blakes neue Kleider einschließlich der Unterwäsche, Socken und Schuhe auf dem Bett aus und legte ein neues Exemplar von »London von A bis Z« zusammen mit einem Fahrplan der U-Bahn mitten auf den Tisch. Ich schrieb Michaels Telefonnummer auf einen kleinen Papierstreifen und steckte ihn zusammen mit einigen Banknoten und Münzen in ein braunes Kuvert. Ich schaltete das Radio ein, stellte das Inlandsprogramm ein und schaltete wieder ab. Dann schaltete ich den Fernsehapparat ein, drehte die Zimmerantenne hin und her, bis ich ein klares Bild empfing, und schaltete das Gerät wieder ab. Als nächstes rollte ich die Strickleiter sorgfältig zusammen und schob sie in einen großen Papiersack mit dem Aufdruck *Jackson's the Tailors*. Es war der Sack, den ich bekommen hatte, als ich den Sakko und die Hose für Blake kaufte. Schließlich zog ich den Regenmantel an, setzte den Hut auf, steckte das braune Kuvert in die rechte Manteltasche und das Funksprechgerät in die linke, nahm den Papiersack, sah mich ein letztes Mal im Zimmer um und ging. Ich schloß die Tür hinter mir zu und steckte die Schlüssel in die linke Tasche meines Regenmantels. Ich hatte beschlossen, Blake für die kurze Fahrt meinen eigenen Mantel und Hut zu geben; das war die einfachste Lösung.

Im Flur erledigte ich noch einen Telefonanruf. Eigentlich hätten es zwei sein sollen, aber Pat hatte kein Telefon. Die Stimme am andern Ende der Leitung sagte »ja?« und nannte die Nummer. Es war Michael. Wir hatten schon vor Wochen vereinbart, keine Namen zu nennen, sondern uns darauf zu verlassen, daß jeder die Stimme des andern erkannte.

»Hallo«, sagte ich. »Wie geht's?«

»Hallo, mein Freund«, antwortete er. »Nicht schlecht. Und dir?«

»Gut«, sagte ich. »Ich habe mich allerdings schon besser gefühlt. Ich rufe nur an, um dir zu sagen, daß ich mich jetzt auf den Weg mache.«

»Viel Glück«, sagte Michael.

»Danke, das werde ich brauchen. Auf Wiedersehn!«

Langsam ging ich die Du Cane Road entlang. Der Himmel war bedeckt, es nieselte ein wenig. Ich sah auf die Uhr: ein Viertel vor fünf. Wenn sich dieses Nieseln im Laufe der nächsten Stunde in einen richtigen Regen verwandelte, konnte es mir nur recht sein. Ein kräftiger Regen hielt die Leute davon ab, auf den Straßen herumzubummeln, er verbesserte auch nicht gerade die Sicht an einer Gefängnismauer, die ohnehin unzulänglich beleuchtet war, und er machte es einem Posten vielleicht völlig unmöglich zu erkennen, was an einer hundert Meter entfernten Stelle der Mauer vorging. Ich ging auf der andern Straßenseite am Gefängnis vorbei und begegnete einigen Wärtern, die mich jedoch nicht zu bemerken schienen. In der Old Oak Common Lane betrat ich den Blumenladen. Schnittchrysanthemen waren ausverkauft. Ich mußte einen Topf nehmen. Die Blüten waren rosa. Ich ging zum Wagen, legte den Papiersack mit der Strickleiter in den Kofferraum, setzte mich ans Steuer und stellte den Blumentopf auf den Sitz neben mir. Dann schaltete ich das Radio ein und versuchte, meine Nerven zu beruhigen. Es war 5 Uhr 15. Ich hatte noch viel Zeit.

Ich fuhr die East Acton Lane hinunter zum Vale und blieb eine Weile in nächster Nähe des »King's Arms« im Wagen sitzen. Ich dachte an die sehr hübsche junge Kellnerin in diesem Lokal, die mir täglich zum Mittagessen mein Glas Guinness serviert hatte, als ich noch in der Fabrik auf der andern Straßenseite arbeitete. Der Regen fiel immer dichter. Gut so. Ich drehte das Fenster hinauf. Meine Nerven machten mir zu schaffen. In solchen Fällen hilft eine Zigarette, hatte ich gehört, aber ich bin Nichtraucher.

Vielleicht tat es mir gut, die Kehle anzufeuchten. Ich stieg aus, ging in den Süßwarenladen an der Ecke Larden Road, kaufte zwei »Rolos« und setzte mich wieder in den Wagen. Ich riß eine Rolle auf, nahm zwei Schokoladebonbons heraus und steckte beide auf einmal in den Mund. Niemand, dachte ich, wird behaupten können, diese einfachen Vorbereitungen hätten etwas ungebührlich Dramatisches an sich. Ich benahm mich so normal wie möglich, aber wie groß der Einfluß der Massenmedien auf unser Leben ist, erkennt man daran, daß wir bewußte Anstrengungen unternehmen müssen, um die von ihnen propagierten Verhaltensweisen nicht zu imitieren.

Ich sah auf meine Uhr: ein Viertel vor sechs. Länger durfte ich nicht mehr warten. Ich fuhr langsam die East Acton Lane hinauf zur Old Oak Road und zum Western Circus.

Dort gab es eine Stockung im Kreisverkehr. Die Wagen stauten sich in allen Richtungen: in der Old Oak Common Lane mir gegenüber auf der anderen Seite des Platzes; rechts im Westway; links in der Western Avenue. Und ich selbst blieb in der Old Oak Road stecken. Sonst wurde hier der Verkehr durch Ampeln gelenkt, aber an diesem Abend war er so lebhaft, daß die Ampeln abgeschaltet worden waren und zwei Polizisten die Regelung übernommen hatten.

Es war schon sechs Uhr, als ich mich endlich bis zum Platz vorgeschoben hatte. Ich verfluchte mich selbst, weil ich nicht näher beim Gefängnis gewartet hatte. Blake hatte nun schon sein Gerät eingeschaltet und rief mich, und ich stak in einer Verkehrsstauung und war der Gnade eines Polizisten ausgeliefert. Plötzlich drehte sich jedoch der Polizist um und wandte sich der Old Oak Road zu. Ich war der erste in der Schlange, und er sah mir direkt ins Gesicht. Der Regen tropfte vom Rand seines Helms auf seinen Mantel. Er gab mir das Zeichen, und als ich an ihm vorbeifuhr, beugte ich mich aus dem Fenster und sagte: »Danke!«

»Nichts zu danken, Sir.«

Ich fuhr die Old Oak Common Lane entlang und entdeckte zu meiner Erleichterung eine Lücke in der Autokolonne an der Einmündung in die Du Cane Road. Die englischen Autofahrer sind die höflichsten der Welt. An diesem Abend mußte ich mich dem Gefängnis zum erstenmal von East Acton her nähern. Ich fuhr langsam am Tor vorbei, bog links in die Artillery Road ein und fuhr bis zu deren Ende, wo ich wendete, indem ich dreimal hin und her stieß. Dann fuhr ich die Artillery Road langsam wieder hinunter und hielt kanpp hinter der Seiteneinfahrt, durch die man den Parkplatz des Krankenhauses erreichte. Ich wußte genau, wo ich halten mußte, damit der Wagen dem Ende des Traktes D gegenüberstand: Rechts neben der Einfahrt des Krankenhauses war ein Schild angebracht, das mir als Orientierungspunkt diente.

Ich zog rasch den Regenmantel aus und legte ihn zusammen mit dem Hut auf den Rücksitz. Dann klemmte ich die Radioantenne an mein Funksprechgerät. Ich brauchte es nicht in den Blumen zu verstecken, denn die Artillery Road war dunkel und menschenleer. Die Blumen waren nur für den Notfall gedacht. Ich war nur wenige Zentimeter von der Mauer entfernt und sah zur Du Cane Road hinunter. Meine Uhr zeigte sechs Minuten nach sechs. Ich drückte auf den Knopf.

»Fox Michael ruft Baker Charlie, Fox Michael ruft Baker Charlie. Bitte kommen. Ende.«

Blake wartete allerdings schon auf mich!

»Baker Charlie an Fox Michael, Baker Charlie an Fox Michael. Empfang laut und klar. Ende.«

»Steinmauern machen keinen Kerker und Eisenstäbe keinen Käfig. Ende«, sagte ich.

»Unschuld'ge, stille Geister wohnen drin gleich wie in einer Klause. Ende.« Seine Stimme klang ungeduldig.

»Richard Lovelace muß ein Narr gewesen sein. Ende.«

»Oder nur ein Träumer«, schloß Blake. »Ende.«

»Die Verspätung tut mir leid«, sagte ich. »Eine Verkehrsstockung. Hier draußen ist jetzt alles in Ordnung. Sind Sie bereit? Ende.«

»Ja«, antworte Blake, »ich bin bereit. Unser gemeinsamer Freund hat es liebenswürdigerweise übernommen, das Fenster für mich aufzuknacken. Er steht mit dem Wagenheber in der Hand hier neben mir. Kann ich ihm sagen, daß er anfangen soll? Ende.«

Ich sah auf die Uhr. Zehn nach sechs. »Ja, Baker Charlie, sagen Sie ihm, er soll anfangen... *jetzt*! Ende.«

»Er ist schon unterwegs«, meldete Blake. »Ende.«

Ich sagte: »Es wäre vielleicht gut, wenn Sie auf den Gang hinausgingen und sich übers Geländer lehnten, damit Sie sehen, was er macht. Wenn es Schwierigkeiten gibt, sind wir beide gewarnt. Ende.«

»Einverstanden, Fox Michael. Ich rufe zurück. Ende.«

Ich drehte mich auf dem Sitz um und sah durch das Rückfenster zum oberen Ende der Artillery Road hinauf. Alles stockfinster. Ich sah wieder nach vorn zur Du Cane Road. Dort herrschte ein ziemlich reger Verkehr. Etwa alle zehn Sekunden ein Wagen. In diesem Augenblick wurde mir bewußt, wie verwundbar ich war. Wenn plötzlich ein Streifenwagen in die Artillery Road einbog, erfaßten mich seine Scheinwerfer, und ich saß in der Falle. An ein Entkommen war nicht zu denken, denn ein einziges Fahrzeug genügte, um diese enge Straße zu blockieren. Der Regen fiel nun sehr heftig, er trommelte auf das Dach des Wagens, peitschte gegen die Fenster und verdeckte die Sicht fast völlig. Wenn das Spitzbogenfenster aufgebrochen war, mußte es unbedingt noch an diesem Abend benutzt werden, denn man würde es sehr bald entdecken. Irgendein Aufschub aus irgendeinem Grunde, und wir mußten nach einem neuen Plan noch einmal von vorn beginnen – sofern es überhaupt noch eine andere Möglichkeit gab und Blake noch so lange in Wormwood Scrubs blieb.

Aus dem Gerät erklang Blakes Stimme. »Baker Charlie ruft Fox Miachel. Bitte kommen. Ende.«

»Fox Michael an Baker Charlie. Empfang laut und klar. Ende.«

»Das Fenster ist geschafft«, sagte Blake. »Ich bin bereit auszusteigen. Ende.«

Das war schnell gegangen. Genau drei Minuten hatte es gedauert. Der entscheidende Augenblick war gekommen. Sobald Blake durch das Fenster und auf den Boden hinuntergestiegen war, gab es keine Rückkehr mehr. Wenn es mir nicht gelang, ihn über die Mauer zu bringen, saß er morgen in Parkhurst. In diesem Augenblick befand er sich noch in Sicherheit. Sein künftiges Glück stand in jedem Falle auf dem Spiel. Ich hatte eine teuflisch schwere Verantwortung übernommen.

Er wartete darauf, daß ich etwas sagte. Ich drückte auf meinen Sendeknopf, und im gleichen Augenblick schwenkten zwei Scheinwerfer in die Artillery Road ein und erhellten die ganze Straße, daß ich geblendet war. Ich hatte das Sprechgerät, um auf einen solchen Fall vorbereitet zu sein, nicht zu hoch gehalten. Jetzt ließ ich es in meinen Schoß fallen, nahm den Chrysanthementopf in die Hand und begann an den Blumen zu riechen. Die Scheinwerfer hielten auf mich zu. Das Licht war so grell, daß ich keine Einzelheiten wahrzunehmen vermochte. Endlich fuhr der Wagen – ein Lkw, wie ich nun erkannte – sehr langsam an mir vorbei. Ich sah mir den Fahrer nicht an, da ich nicht neugierig erscheinen wollte. Im Rückspiegel verfolgte ich die roten Schlußlichter des Wagens, der zum oberen Ende der Artillery Road hinauffuhr. Das war ungewöhnlich. Was wollte ein Lkw dort oben? Wo die Artillery Road an den Park stößt, ist die linke Seite durch vier Betonpfosten gesperrt, die Fahrzeugen den Zugang zum Park verwehren. Auf der rechten Seite führt nur ein schmaler Weg zu dem ein ganzes Stück weiter rechts gelegenen Sportplatz, und vor dem Weg befindet sich eine niedrige, ungefähr sechzig Zentimeter hohe Schranke, die sich wie ein Tor öffnen läßt. Diese Schranke war nun offen, und der Lkw bog in den Weg ein und verschwand in Richtung des Sportplatzes.

Ich drückte den Sendeknopf.

»Sind Sie noch da?« fragte ich. »Ende.«

»Ja«, antwortete Blake. »Was ist passiert? Ende.«

»Ein Lkw fuhr die Straße zum Park hinauf. Ich nehme an, ein Parkwächter oder Platzwart. Vermutlich kontrolliert er den Sportplatz. Er kommt natürlich zurück, und deshalb kann ich Sie jetzt nicht aus dem Fenster steigen lassen. Sobald er weg ist, gebe ich Ihnen Bescheid. Ende.«

»Gut, Fox Michael, ich warte. Ende.«

Fünf Minuten später erschienen die Scheinwerfer wieder am oberen Ende der Artillery Road. Sogar aus dieser Entfernung erhellten sie das Innere meines Wagens. Ich nahm wieder den Blumentopf in die Hand. Der Lkw hielt vor der Schranke, und der Fahrer stieg aus. Ich konnte ihn nicht sehen, aber ich hörte ihn die Tür zuschlagen. Ich nahm an, daß er die Schranke absperrte. Auf meinen Erkundungsgängen in den letzten Monaten hatte ich eine Kette und ein Vorhängeschloß gesehen. Die Tür fiel wieder zu, und der Wagen setzte sich in Bewegung. Er kam langsam, sehr langsam näher, er kroch förmlich, die Scheinwerfer waren voll aufgedreht, und ich begriff augenblicklich, daß ich genau gemustert wurde. Das bedeutete, daß ich dem Mann verdächtig erschien. Ein Parkwächter wird dafür bezahlt, mißtrauisch zu sein.

Der Wagen rollte an mir vorbei und blieb ungefähr zwei Meter vor mir, dicht an der Krankenhausmauer stehen. Eine Minute geschah nichts. Ich konnte das Sprechgerät nicht aufnehmen, denn der Lkw war zu nahe, und ich wußte, daß mich der Fahrer im Spiegel beobachtete. Plötzlich ging die Tür auf, und ein Mann stieg aus.

Er sah ganz nach einem Wachmann aus, war groß und trug eine niedrige Stoffmütze, einen dunklen Rock und Stulpenstiefel aus Gummi. Er blieb bei seinem Fahrzeug stehen und starrte mich an, ohne sein Mißtrauen zu verbergen. Ich hielt noch immer den Blumentopf und sah auf meine Arbanduhr in der Hoffnung, den Eindruck zu erwecken, daß ich voll Ungeduld auf den Beginn der Besuchszeit im Krankenhaus wartete. Er ließ sich jedoch nicht täuschen und rührte sich nicht von der Stelle. Wäre ein Polizist in der Nähe gewesen, er würde ihn zweifellos gerufen haben.

Vielleicht gab er sich zufrieden, wenn ich mit den Blumen ausstieg und auf das Krankenhaus zuging. Ich wollte es eben tun, als er mir den Rücken wandte, sich ins Führerhaus seines Wagens beugte und etwas murmelte. Ich hörte eine Kette klirren, und im nächsten Augenblick sprang ein riesiger Schäferhund auf die Straße. Der Mann drehte sich wieder mir zu und hielt den Hund kurz an straffer Leine, wie um anzudeuten, daß er ein gefährliches Tier sei. Keine vier Meter trennten uns, den Wachmann und den Verdächtigen, und jeder wußte, was der andere dachte. Es war ein offenes Spiel. Der Mann war imstande, den Hund auf mich zu hetzen, wenn er es für nötig hielt.

Ich entschloß mich endlich wegzufahren. Dieser Mann hatte mehr

Zeit als ich. Jede Minute, die ich bei diesem Katz-und-Maus-Spiel vertrödelte, war unwiederbringlich verloren, brachte mich eine Minute dem Fehlschlag näher. Mein Gott, dachte ich, was gäbe ich in diesem Augenblick dafür, wenn ich hier irgend etwas ganz Legales zu erledigen hätte! Ich würde aussteigen, auf den Kerl zugehen und ihn fragen, warum, zum Teufel, er mich die ganze Zeit so anstarrte! Zögernd startete ich den Wagen und fuhr los, und ich wußte, daß dies allein schon als Eingeständnis meiner Schuld aufgefaßt werden mußte.

Als ich nach links in die Du Cane Road einbog, war ich überzeugt, daß der Ausbruch mißglückt war. Nicht nur für diesen Abend – für allezeit. Und ich hatte nicht einmal die Gelegenheit, Blake eine Erklärung zu geben. Er sprach jetzt zweifellos in ein stummes, gleichgültiges Gerät und fragte sich voll bitterer Enttäuschung, warum man ihn im Stich ließ – gerade in dem Augenblick, da die Freiheit in Reichweite war. Nie gehofft zu haben, wäre besser als das. Ich konnte mir vorstellen, wie ihm zumute war. Aber was sollte ich tun? Dieser Wachmann holte sicherlich die Polizei oder lag zumindest auf der Lauer und wartete auf meine Rückkehr. Wie sollte ich das Michael, Anne und Pat erklären? Würden Sie mir glauben?

Vor mir die Wood Lane. Die Ampel zeigte Grün. Nach links zur Highlever Road und dann die Trostlosigkeit der kleinen Wohnung? Oder nach rechts zum Westway und noch einmal zurück zur Du Cane Road?

Ich bog nach rechts ein. Der Regen schlug gegen die Windschutzscheibe. Rechts hinein in den Westway. Ich sah auf die Uhr. Beinahe schon halb sieben. Gegen sieben kamen die Männer von Trakt D gewöhnlich aus dem Kino zurück, manchmal auch schon früher. Es gab ein Gedränge auf den Gängen, und ein halbes Dutzend Wärter ging herum und sperrte die Zellentüren auf. Wenn Blake bis dahin nicht ausgestiegen war, kam er nicht mehr heraus. Nach rechts in die Old Oak Common Lane und noch einmal nach rechts in die Du Cane Road. Ich fuhr am Gefängnistor vorbei, hielt vor dem Haus des Direktors, stieg aus und ging langsam am Eingang der Artillery Road vorbei.

Der Lkw war weg, aber an genau derselben Stelle stand jetzt ein Pkw. Ein Wagen der Kriminalpolizei? Ich warf einen Blick auf die Uhr. Fünf Minuten nach halb sieben. Ich mußte mein Vorhaben *jetzt* ausführen oder es endgültig aufgeben. Ich kehrte zu meinem Wagen zurück, startete und fuhr los. Ich bog in die Artillery Road ein, fuhr noch einmal ans obere Ende hinauf, wendete, kam langsam zurück und hielt an derselben Stelle wie früher. Dann sah ich zu dem andern Wagen hinüber.

Mein Gott, ein Liebespaar!

Im Gegensatz zum Lkw stand dieser Wagen mit dem Heck zur Du Cane Road. Seine Insassen blickten also in Richtung des Parks, und ich sah ihre Gesichter so deutlich, wie sie meines sahen. Nur wenige Meter trennten uns. Ich mußte sie loswerden. Irgendwie *mußte* ich sie loswerden. Wieder sah ich auf die Uhr. Zwanzig Minuten vor sieben. Ich stieg aus, lehnte mich gegen die Tür, stand im Regen und glotzte. Das Mädchen hob den Kopf von der Schulter des Mannes und setzte sich auf. Der Mann sah zu mir herüber und machte sich nervös am Steuer zu schaffen. Sie wechselten einen verstohlenen Blick und lächelten einander verlegen an. Ich stand da und glotzte. Eine volle Minute hielten sie es aus, dann wandte das Mädchen den Kopf, sagte etwas zu ihrem Begleiter, und er startete und fuhr im Rückwärtsgang los. Er mußte ein paarmal hin und her stoßen, bis er den Wagen in der engen Straße gewendet hatte, dann verschwand er aus der Artillery Road.

Die gleiche Situation wie vor einer halben Stunde, dachte ich, nur mit umgekehrtem Vorzeichen. Hielten die beiden mich für einen Polizisten? Ich sprang in meinen Wagen und griff nach dem Funksprechgerät. Wartete Blake noch auf mich?

»Fox Michael ruft Baker Charlie. Bitte kommen. Ende.«

Ich sprudelte die Worte nur so hervor.

Und ob er wartete!

»Baker Charlie an Fox Michael«, sagte er hastig. »Ich kann hier nicht länger bleiben. Sie kommen schon aus dem Kino zurück. Ich muß jetzt hinaus. Keine Zeit für Erklärungen. Ende.«

»Gut, Baker Charlie. Gehen Sie los. Ende.«

»Ich komme«, sagte Blake. »Ich rufe Sie, wenn ich draußen bin. Ende, Ende.«

In diesem Augenblick kamen von der Du Cane Road wieder zwei Scheinwerfer herein. Der Wagen hielt in einer Entfernung von etwa 30 Metern, hart an der Mauer. Die Scheinwerfer blieben eingeschaltet und ertränkten mich in Licht. Blakes Stimme kam aus dem Sprechgerät:

»Baker Charlie an Fox Michael. Ich bin draußen. Sie können die Leiter herüberwerfen. Ende.«

Meine Augen waren geblendet von dem Licht, meine Ohren taub von Blakes Stimme, die in dem abgeschlossenen, stickigen Wageninnern laut dröhnte. Mir schwindelte. Wegen der Leute in dem andern Wagen, die ich nicht sehen konnte, nahm ich die Chrysanthemen in die Hand und roch an ihnen. Die Scheinwerfer wurden noch immer nicht abgeschaltet.

»Fox Michael, sind Sie noch da? Bitte kommen. Ende.«

Ich nahm das Sprechgerät vom Sitz, hielt es so tief, daß es durch die Windschutzscheibe nicht zu sehen war, und bückte mich ein wenig. Zugleich hob ich mit der linken Hand die Blumen höher.

»Fox Michael an Baker Charlie. Warten Sie eine Minute. Da sind ein paar Leute. Ich muß warten, bis sie weg sind. Ende.«

»Gut, Fox Michael. Ich hoffe nur, sie verschwinden bald. Ich bin schon draußen und warte auf die Leiter. Die andern sind vom Kino zurück, und jeden Augenblick kann die Patrouille vorbeikommen. Beeilen Sie sich. Ende.«

Seiner Stimme waren die Ängste anzumerken, die er durchstand, während er dort, nur 15 Meter von mir entfernt, im Regen kauerte und auf die Rettungsleine wartete, die für ihn die Freiheit bedeutete. Auch er wußte, daß es jetzt kein Zurück mehr gab. Die Scheinwerfer des Wagens vor mir gingen endlich aus, und die Insassen begannen auszusteigen. Zwei Männer und zwei Frauen. Sie gingen zur Du Cane Road zurück. Ich sah auf die Uhr. Ein Viertel vor sieben. Die Leute gehen offenbar ins Krankenhaus, sagte ich mir, und von jetzt an bis sieben Uhr wird der Verkehrsstrom nicht mehr abreißen. Ich wollte mich gerade wieder bei Blake melden, als ein zweiter Wagen in die Artillery Road hereinbog. Er hielt dem ersten gegenüber, dicht an der Einfassungsmauer des Krankenhauskomplexes. Die Scheinwerfer blieben an. Wieder nahm ich den Blumentopf in die Hand. Das Sprechgerät lag neben mir, eingeschaltet.

»Fox Michael! Fox Michael! Bitte kommen! Ich kann nicht mehr warten! Bitte kommen! Bitte kommen!«

Noch immer strahlten mich die Scheinwerfer an, und die Leute im Wagen rührten sich nicht. Ich stieg aus und ging, den Blumentopf in der Hand, auf sie zu. Als ich am Wagen vorbei war, verloschen die Scheinwerfer, und ein Mann und eine Frau stiegen aus. Sie folgten mir. Auf dem Gehsteig in der Du Cane Road ging ich langsamer, bis sie mich überholt hatten, dann lief ich zum Wagen zurück. Ich riß die Tür auf, und Blakes Stimme schlug mir entgegen.

»Fox Michael! Fox Michael! Bitte kommen! Kommen! Kommen! Ich habe keine Zeit mehr! Kommen!«

Als ich die Tür hinter mir zuzog, schwenkte das nächste Paar Scheinwerfer von der Hauptstraße herein und beleuchtete die ganze Artillery Road bis hinauf zur weißgestrichenen Schranke und den Betonpfosten, die deutlich hervortraten.

Der Wagen hielt vor dem zuletzt gekommenen an der Krankenhausmauer. Die Scheinwerfer zielten genau auf mich. Ich kam mir nackt und preisgegeben vor. Die Insassen sahen mich, blieben aber selbst unsichtbar.

Noch einmal nahm ich den Blumentopf und stieg aus.

In diesem Augenblick erklang wieder Blakes Stimme. *»Fox Michael! Fox Mi...«* Ich schlug die Tür zu und hoffte, daß die andern nichts gehört hatten. Die Scheinwerfer gingen aus, ein Mann und zwei Frauen stiegen aus dem Wagen. Ich wartete, bis sie um die Ecke verschwunden waren.

Ein Blick auf die Uhr. Fünf Minuten vor sieben. Jetzt oder nie! Blake konnte nicht in den Zellentrakt zurückkehren. Er würde das Innere dieses Gebäudes nie wiedersehen. Für ihn gab es nur die Freiheit oder Parkhurst. Die relative Bequemlichkeit von Wormwood Scrubs hatte er so oder so für immer verloren. Und *ich* war derjenige gewesen, der ihm gesagt hatte, er solle aus dem Fenster steigen. Die Leiter mußte nun ohne Rücksicht auf weitere Störungen über die Mauer. Wenn es zu einem Handgemenge kam, hatten wir eben Pech.

Ich stellte den Blumentopf an die Gefängnismauer. Ich brauchte ihn nicht mehr.

Dann kehrte ich in den Wagen zurück. Blakes Stimme dröhnte noch immer aus dem Gerät. Er war einer Panik nahe.

»*Fox Michael! Sie müssen jetzt die Leiter werfen, Sie müssen. Ich habe keine Zeit mehr. Werfen Sie sie jetzt herüber, Fox Michael, jetzt! Sind Sie noch da? Bitte kommen!*«

Ich hatte schon das Gerät in der Hand, ließ Blake aussprechen und drückte auf den Sendeknopf.

»Fox Michael an Baker Charlie. Die Leiter kommt. Ohne Rücksicht auf die Folgen. Die Leiter kommt. Ende.« Ich sprach langsam und deutlich.

»Gut, Fox Michael, gut, aber machen Sie schnell! Ich kann nicht mehr warten. Ich rechne jeden Augenblick damit, gefaßt zu werden. Werfen Sie sie herüber. Sofort. Das ist unsere letzte Chance. Ende.«

»Sie kommt«, wiederholte ich. »Beobachten Sie die Mauer. Ende, Ende.«

Ich stieg aus dem Wagen, ging nach hinten zum Kofferraum und nahm mit aller Vorsicht die Strickleiter aus dem Papiersack, indem ich sie so faßte, wie ich es geübt hatte. Dann machte ich den Kofferraum leise wieder zu. Die eine Hälfte der Leiter hatte zwanzig Sprossen, und dieser Teil sollte drinnen über die Mauer hinunterhängen. Die andre Hälfte, *meine* Hälfte, bestand nur aus den zwei Seilen, die die Holme bildeten. Diese hatte ich zu einem dicken Strick zusammengedreht, der in einer Schlinge endete. Bei der zwanzigsten Sprosse, die auf der Innenseite der Mauer knapp unter dem oberen Rand zu hängen kam, hatte ich zwei dicke Knoten um die Holme gebunden, damit die hängende Leiter einige Zentimeter von der Mauer abstand, so daß Blake die Sprossen leichter fassen konnte.

Ich schob nun den linken Arm durch die Schlinge und packte den dicken Strick mit der linken Hand. Den zusammengerollten Teil mit den Sprossen hielt ich in der rechten Hand. Ich sah zum Mauerrand hinauf und holte Schwung, doch dann zögerte ich. Die Mauer sah sehr hoch aus, als ich so unmittelbar darunter stand. Ich wollte die Leiter beim ersten Versuch mit einem sauberen Wurf hinüberbefördern und zweifelte plötzlich daran, daß ich dazu imstande war. Ich sah den Wagen an. Er stand nur wenige Zentimeter von der Mauer entfernt. Das Nummernschild war in der Mitte des Kofferraums angebracht, seine Beleuchtung in einem schützenden Metallgehäuse eingeschlossen, das fünf oder sechs Zentimeter hervorstand. Ich setzte meinen linken Fuß auf diesen Vorsprung und sprang auf das Wagendach. Dann sah ich noch einmal rasch zur Du Cane Road hinüber. Dies war der kritische Augenblick. Ein Wagen, der jetzt in die Artillery Road einschwenkte, würde mich voll mit den Scheinwerfern erfassen, wie ich da auf dem Dach meines Wagens stand und eine Strickleiter schwang. Nun gab es auch für mich kein Zurück mehr.

Ich sah zur Mauer hinauf. Die Höhe des Wagens und meine eigene Größe brachten mir die steinerne Krönung viel näher. Ich schwang meine zusammengerollte Leiter dreimal hin und her und warf. Ich war viel zu vorsichtig gewesen. Sie flog ein oder zwei Meter höher, als nötig gewesen wäre, und fiel innen ganz gerade hinunter. Ich sprang vom Wagen und riß die Leiter etwa zwei Meter weiter nach rechts, damit Blake nicht auf das Wagendach sprang. Er wäre wahrscheinlich durchgebrochen. Zugleich zog ich die Leiter an mich, bis ich den Widerstand der beiden Knoten spürte, die unter der Mauerkrönung hängenblieben. Die zwanzigste Sprosse befand sich nun also knapp unter dem Rand, die unterste berührte beinahe den Boden. Die Schlinge war noch um meinen linken Arm gewunden, und den zusammengedrehten Strick hielt ich mit beiden Händen fest. Ich brauchte nicht Blakes ganzes Gewicht zu halten, denn dank dem scharfen Winkel trug das meiste die Mauer.

Ich trat dieses Winkels wegen so dicht wie möglich an sie heran, und meine Stirn berührte sogar die Ziegel, während ich darauf wartete, den Zug am Seil zu spüren. Eine Weile geschah nichts, und ich fragte mich schon, ob man Blake gefaßt hatte. Eine Ewigkeit schien vergangen zu sein, seit ich die Leiter geworfen hatte. »Komm! Komm! Komm!« zischte ich durch die Zähne, und ich schlug mit der Stirn gegen die Ziegel, daß es schmerzte. Seit einigen Minuten war kein Wagen mehr gekommen, aber lange konnte dieses Glück nicht mehr dauern. Mein Wagen deckte mich, denn er stand zwischen mir und der Hauptstraße, aber der obere Teil des Stricks war natürlich zu sehen. Ebenso war Blake in dem Augenblick, da er oben auftauchte, zu sehen, und ich hatte nun keine Möglichkeit mehr, ihn zu warnen. Ich trat gegen die Mauer. »Um Gottes willen, Mann, beeil dich«, sagte ich, ja ich schrie es beinahe. Der Regen rann mir übers Gesicht und in den Hals, und ich war schon klatschnaß bis auf die Unterwäsche. Endlich hörte ich genau vor mir, unten, knapp über dem Boden, einen Tritt gegen die Mauer, dann noch einen ein Stück höher und noch einen. Jemand kletterte die Leiter hinauf, aber ich spürte kaum einen Zug am Strick. Die Mauer übernahm mehr von der Last, als ich erwartet hatte. Aber wer war der Mann auf der Leiter? Blake oder ein Wärter?

Die regelmäßigen Tritte von Schuhleder gegen festes Ziegelwerk waren jetzt auf halber Höhe der Mauer zu hören. Wer war es? Half ich Blake? Oder wirkte ich in diesem Augenblick an meinem eigenen Verderben mit? Ich blickte hinauf, starrte auf die Stelle, wo der

Strick über der Krönung verschwand. Wenn da oben das falsche Gesicht erschien, konnte ich immer noch loslassen.

Die Tritte gegen die Ziegel kamen nun schon von ganz oben. Jeden Augenblick . . . dachte ich; jeden Augenblick . . . Zwei Hände griffen über die Krönung, die Finger weit gespreizt und verkrampft. Dann tauchte ein Gesicht auf. Es war Blake.

Er sah auf mich herunter, verwirrt, mit weit aufgerissenen Augen. Wir hatten uns fast ein Jahr nicht mehr gesehen, und er brauchte ein paar Sekunden, um mich in der dunklen Straße zu erkennen. Später dachte ich oft, daß sich Blake im letzten Augenblick gefragt haben mag, wer oder was ihn auf der anderen Seite der Mauer erwartete. Der Secret Service? Das KGB? In seinem Beruf kann man sich auf nichts – und niemanden – verlassen. Das ist der Preis, den man zu zahlen hat. Zögerte er deshalb einige Sekunden – solange er noch in der Lage war, ins Gefängnis zurückzukehren?

»Weiter, Mann, weiter!« rief ich. Er zog sich auf den Mauerrand hinauf, saß eine Sekunde rittlings auf der Krönung und ließ sich dann auf der Außenseite herab, mit den Händen am Mauerrand hängend. Er sah fragend über die Schulter zu mir herunter.

»Springen Sie!« sagte ich. »Springen Sie!«

Er ließ los und stemmte sich gleichzeitig von der Mauer weg. Ich sprang vor, um seinen Fall zu bremsen, aber er streifte mich nur und stürzte vor meinen Füßen der Länge nach hin. Sein Kopf schlug laut auf der geschotterten Straße auf, und er blieb regungslos liegen.

In diesem Augenblick war die Artillery Road plötzlich grell erleuchtet. Ein neuer Wagen war gekommen, mit voll aufgedrehten Scheinwerfern. Der Strick baumelte an der Mauer herunter, und Blake lag auf dem Boden. Zum Glück waren wir beide durch meinen Wagen gedeckt. Ich richtete mich halb auf und sah durch das Rückfenster und die Windschutzscheibe zur Du Cane Road hinunter. Der Wagen kam langsam auf uns zu. Ich sah Blake an. Er rührte sich nicht. Ich sah zum Strick hinauf. Zu spät, ihn wegzuschaffen. Der andere Wagen hielt etwa zehn Meter vor uns, fuhr dann wieder ein Stück zurück und blieb vor dem ersten Wagen, dicht an der Gefängnismauer stehen. Ich wartete, aber die Scheinwerfer brannten weiter. Unsere einzige Hoffnung war, in den Wagen zu kommen und loszufahren; dann konnte uns niemand mehr aufhalten.

Ich richtete mich ganz auf und trat neben den Wagen. Die andern – wer immer sie waren – sahen mich nun. Ich öffnete die hintere Tür und kehrte hinter das Heck zurück. Blake lag noch an derselben Stelle. Ich bückte mich und faßte ihn unter den Achselhöhlen. »George! Was haben Sie? Um Christi willen, was ist los?«

Es war unter den gegebenen Umständen nicht sehr gescheit, das zu sagen, aber mir fiel nichts anderes ein. Blake stöhnte nur. Immerhin: er war nicht mehr völlig ohne Bewußtsein.

Ich begann ihn zur Tür hin zu schleifen, und im gleichen Augenblick gingen vorn die Scheinwerfer aus. Wir wären jedoch trotzdem noch gesehen worden, wenn uns nicht die offene Tür meines Wagens gedeckt hätte. Ich schob Blake auf den Rücksitz, und dort blieb er stöhnend liegen.

Ich schlug die Tür zu und setzte mich rasch ans Steuer. Der Motor sprang sofort an. Als ich nach dem Schalthebel griff, begannen die Leute vorn auszusteigen. Ein Mann, eine Frau, ein Mädchen. Die Frau und das Mädchen blieben schwatzend mitten auf der Straße stehen, während der Mann den Wagen abschloß. Ich fuhr los und schob, bevor ich sie erreichte, laut den zweiten Gang ein. Sie erschraken und sprangen zur Seite. Aus den Augenwinkeln sah ich, daß mich der Mann verdutzt anstarrte, als ich vorbeifuhr. In der Du Cane Road traf ich auf eine Verkehrslücke und konnte sofort einbiegen. Blake kam zu sich und setzte sich auf.

»Wie fühlen Sie sich, George?« fragte ich, ohne mich umzusehen.

»Nicht schlecht, mein Freund, nicht schlecht«, antwortete er. Seine Stimme zitterte.

»Neben Ihnen liegt ein Regenmantel. Ziehen Sie ihn an. Ein Hut ist auch da.«

Es goß nun in Strömen, der Regen klatschte laut gegen die Windschutzscheibe. Die Fenster, die ich geschlossen hatte, während wir über Funk miteinander sprachen, waren noch zu, und ich sah kaum die Straße vor mir, da die Windschutzscheibe so stark beschlagen war. Ich wollte sie eben mit der Hand abwischen, da bemerkte ich den Wagen vor mir. Zu spät. Wir waren kurz vor dem Zebrastreifen in der Nähe des Krankenhausportals, und der Wagen hielt, um einige Fußgänger über die Straße zu lassen. Ich trat kräftig auf die Bremse. Sie blockierte zwar die Räder, aber der Wagen schlitterte auf der regennassen Straße noch ein Stück weiter.

Unsere Stoßstangen prallten mit einem lauten Knall aufeinander, und mein Motor blieb stehen.

Ich wischte einen kleinen Kreis auf meiner Windschutzscheibe sauber und starrte durch den Regen nach vorn. Die Straße war wieder frei, aber der Wagen vor uns machte keine Anstalten weiterzufahren. Ich sah nach links. Da stand eine lange Schlange, etwa vierzig Menschen, die auf einen Bus der Linie sieben warteten. Sie waren keine zwei Meter entfernt und starrten uns an. Die vordersten bückten sich und musterten Blake und mich.

Ich startete den Motor wieder. »Um Gottes willen, warum fährt der Kerl nicht weiter?« rief ich.

Blake beugte sich vor.

»Ruhig, Seán«, sagte er eindringlich. »Bleiben Sie ganz ruhig. Was immer geschieht – wir dürfen nicht den Kopf verlieren.«

Das war leichter gesagt als getan. Hinter uns stauten sich schon die Wagen. Endlich setzte sich unser Vordermann in Bewegung. Er überquerte langsam den Zebrastreifen, hielt dahinter an der Gehsteigkante und winkte mir.

»Du bist ein hoffnungsloser Optimist«, murmelte ich.

Ich trat kräftig aufs Gaspedal, schaltete laut den zweiten Gang ein und dann den dritten und raste vorwärts, auf die Wood Lane zu. Aus dieser Entfernung sah ich, daß die Ampel Rot zeigte. »Ich pfeife auf die Ampel!« knurrte ich.

Wieder hörte ich Blakes eindringliche Stimme hinter mir: »Seán, um

Himmels willen, passen Sie auf. Wir wollen doch nicht im letzten Moment alles verderben.«

Doch ich brauchte nicht bei Rot über die Kreuzung zu fahren. Das Licht wechselte, bevor ich hinkam. Links hinein in die Wood Lane. Weiter vorn in der North Pole Road hatte ich ebenfalls Grün. Ich wandte mich nach rechts. Keine Ampeln mehr. Noch einmal nach rechts in die Latimer Road. Ich blickte in den Rückspiegel. Wir wurden nicht verfolgt. Dann fielen mir meine Instruktionen für Blake ein.

»George«, sagte ich, ohne den Blick von der Straße zu wenden, »die Schlüssel sind, wie vereinbart, in der linken Tasche des Regenmantels, und in der rechten finden Sie den braunen Umschlag. Im Umschlag steckt der Papierstreifen mit der Telefonnummer. Der Code ist einfach. Sie brauchen nur von jeder Ziffer eins abzuziehen. Fünf bedeutet also vier, und acht ist sieben. Die ersten drei Ziffern entsprechen den Buchstaben der Vermittlung. Haben Sie mich soweit verstanden?«

»Ja, das ist klar.«

»Die Adresse lautet: Highlever Road 28. Aber ich fahre Sie hin.«

Oxford Gardens. Ich bog links ein und hielt etwa zwanzig Meter hinter der Einmündung der Highlever Road. Dann wandte ich mich nach Blake um und erschrak. Sein Gesicht war mit Blut besudelt, das aus einer Stirnwunde rann. In dieser Verfassung konnte er nicht allein ins Haus gehen.

»Ich komme doch lieber mit, George, und schaffe den Wagen später weg. Gehen wir.«

Wir stiegen aus. Es regnete noch in Strömen, und die Straße war menschenleer.

»Geben Sie mir die Schlüssel«, sagte ich.

Er wollte mit der linken Hand in die Tasche greifen, war dazu aber nicht imstande. Ich sah, daß die Hand schlaff herunterhing.

»Sieht nach einer Verstauchung aus«, sagte ich.

»Ich fürchte, sie ist nicht nur verstaucht; sie ist gebrochen.« Er hielt die Hand in die Höhe. Sie war im Gelenk in einem unnatürlichen Winkel abgebogen.

»Ja, sie ist gebrochen«, bestätigte ich und griff in seine Tasche, um die Schlüssel herauszunehmen. »Haben Sie starke Schmerzen?«

»Nein, es tut kaum weh. Ich habe nur so ein taubes Gefühl.«

Wir gingen schweigend die Highlever Road entlang. Plötzlich sah mich Blake von der Seite an. »Seán, Sie sind ein feiner Kerl«, sagte er impulsiv.

Ich lachte. »Darüber sprechen wir später. Alles der Reihe nach.«

Wir erreichten die Wohnung, ohne jemandem zu begegnen.

»Hier sind wir«, sagte ich. »Es ist nichts Besonderes, aber es ist das Beste, was wir kriegen konnten. Und außerdem ist es ja nur für eine kleine Weile. Auf dem Bett liegen Ihre Kleider. Ich hoffe, Sie können sich umziehen mit Ihrer Hand. In der Ecke dort ist ein Spülbekken. Sie brauchen also nicht nach nebenan ins Badezimmer zu gehen, um sich das Gesicht zu waschen.« Ich zündete den Gasofen an.

Blake hatte den Hut abgenommen und den Regenmantel ausgezogen und stand in seiner grauen Gefängnishose und dem gestreiften Hemd mitten im Zimmer.

Ich schüttelte den Kopf. »Ich kann es kaum glauben, George, daß Sie hier sind – frei! Ich werde eine Weile brauchen, um mich an diesen Gedanken zu gewöhnen. Es ist gerade so, als sähe man einen zweistöckigen Omnibus oben auf der Nelson-Säule.«

Blake lachte. »Ich kann es selbst noch nicht glauben.«

Ich nahm den Haustorschlüssel vom Ring und gab ihm die beiden anderen. »Ich bringe jetzt den Wagen weg. Schließen Sie die Zimmertür hinter mir ab. Wenn ich zurückkomme, klopfe ich dreimal.«

»Werden Sie lange fortbleiben?«

»Ungefähr eine Stunde. Ich möchte eine möglichst große Entfernung zwischen das Haus und den Wagen bringen. Er hat, vom Ausbruch abgesehen, heute abend in West-London schon genug von sich reden gemacht. Bis später.«

Ich zog den Regenmantel an und nahm den Hut. Blake kam zur Tür, um hinter mir abzuschließen. »Könnten Sie mir etwas zu trinken mitbringen?« fragte er.

»Ja, George. Tut mir leid, daß ich nichts im Hause habe. Das ist das einzige, was ich vergessen habe.«

Ich trat auf den Flur hinaus und hörte hinter mir den Schlüssel im Schloß. Ich knipste die Flurbeleuchtung an und sah auf die Uhr. Zwanzig nach sieben. Selbst wenn Blake von dem Posten in der Mauerecke nicht gesehen worden war, mußte man ihn nun schon vermissen. Um sieben Uhr wurden am Wochenende die Zellen geschlossen, und jeder Häftling mußte in seiner Zelle sein, wenn die Wärter von Guckloch zu Guckloch gingen. Dies war der letzte – und sicherste – Anwesenheitsappell des Tages. Wenn die Zellen geschlossen wurden, konnte nichts mehr die Tatsache verbergen, daß ein Häftling fehlte. Mein Gott, den Leuten in Wormwood Scrubs muß ein schöner Schrecken in die Glieder gefahren sein! dachte ich. Ich trat an das Telefon am Fuß der Treppe und wählte Michaels Nummer. Er und Pat wollten sich hieb- und stichfeste Alibis verschaffen, indem sie an diesem Abend einige höchst respektable Leute einluden. (Denn es bestand immerhin die Möglichkeit, daß man eine Verbindung zwischen Michael und mir entdeckte.) Außerdem hatten sie sich vorgenommen, in der Nähe eines Fernsehgeräts zu bleiben, um das Ergebnis unserer abendlichen Unternehmung sehen zu können. Daß ich Michael anrief, war in unserem Plan nicht vorgesehen, aber ich wollte ihm eine angenehme Überraschung bescheren.

Er war selbst am Apparat.

»Hallo!« sagte ich nur.

Er erkannte mich sofort. »Hallo, mein Freund?« Seine Stimme klang fragend, erwartungsvoll. Er wußte, daß um diese Zeit längst alles vorbei sein mußte.

»Wie geht's?« fuhr ich fort.

»So leidlich. Und dir?«

»Es könnte schlechter gehen.« Ich hörte Stimmengewirr im Hintergrund. Er hatte also wirklich Freunde eingeladen. Eine Weile schwieg ich. Ich konnte mir vorstellen, wie sich Michael nervös auf die Unterlippe biß. Endlich sagte ich so, als wäre mir gerade etwas eingefallen: »Ach, übrigens, das Unternehmen ist erfolgreich beendet.«

»Wirklich! Ich...« Er beherrschte sich. »Das freut mich«, sprach er ruhig weiter. »Wie hat es geklappt?«

»Ich ging, wie vereinbart, zu der Party und sprach mit unserem Freund. Ich warf ihm den Köder hin, und er schluckte ihn samt Haken, Schnur und Schwimmer. Ich brauchte ihn nur herauszuziehen. Er ist jetzt hier bei mir.«

Michael schwieg einen Augenblick. Ich wußte, wie schwer es ihm fiel, sich zu beherrschen.

»Ich brauche dir wohl nicht zu sagen, wie sehr ich mich freue«, sagte er endlich, und seine Stimme zitterte ein wenig.

»Ich muß jetzt gehen«, sagte ich. »Ich besuche dich morgen früh. Es hat sich da ein neues Problem ergeben, und wir brauchen Hilfe.«

»Gut. Wir sprechen uns also morgen früh. Jetzt muß ich zurück zum Fernsehen.«

»Ja, geh nur«, sagte ich. »Es gibt heute abend sicher noch ein paar ganz interessante Sendungen.«

Ich verließ das Haus und ging zum Wagen. Zuerst dachte ich, ich säße in der Klemme. Der Motor wollte nicht anspringen. Es dauerte ganze fünf Minuten, bis er endlich zu sich kam. Ich fuhr ans Ende der Oxford Gardens und dann nach rechts in die Ladbroke Grove. An derem Ende wandte ich mich nach links und fuhr an der U-Bahnstation Notting Hill Gate vorbei und durch die Bayswater Road. Danach kreuzte ich noch eine halbe Stunde ziellos auf den Straßen umher, blind in meiner Freude. Schließlich kam ich in eine lange Straße mit Häusern auf der einen und einer Bahnlinie auf der andern Seite. Ich fuhr etwa die halbe Länge hinunter, stieg aus und schloß den Wagen ab. Dann ging ich an den Anfang der Straße zurück und las den Namen. Harvist Road, N. W. 6. (Als ich später auf dem Stadtplan nachsah, stellte ich fest, daß ich von der Bayswater Road aus nach links gefahren war. Inverness Terrace, dann Porchester Road, über die Eisenbahnbrücke, links hinein in die Harrow Road und rechts hinein in die Fernhead Road. Am Ende der Fernhead Road war ich nach links abgebogen und an der Bahnstation Queen's Park vorbei in die Harvist Road gelangt. Ich hatte also in Wirklichkeit nicht einen möglichst großen Abstand zwischen mich und die Highlever Road gebracht, sondern war nur um den Bezirk herumgefahren.)

Ich ging nun die Kingswood Avenue hinunter, sah ein Wirtshaus auf der rechten Seite und überquerte die Straße. Vor dem Lokal sprachen mich zwei kleine Mädchen an. Sie hatten eine große, grob zusammengeflickte Fetzenpuppe in einem ebenso grob gezimmerten hölzernen Karren mit zwei Rädern von einem Kinderwagen. »Einen Penny für den Guy*, Mister? Einen Penny für den Guy?« Ich kramte in meinen Taschen, fand jedoch keine Münzen, aber ich war viel zu glücklich, um zwei neunjährige Mädchen zu enttäuschen, die im Regen um Pennys bettelten. Daher zog ich meine Brieftasche und gab ihnen einen Zehnshillingschein.

»Kinder«, sagte ich, »ihr werdet nie erfahren, was für großen Ereignissen ihr diese noble Geste verdankt.«

Sie hörten mir gar nicht zu. Sie starrten mit aufgerissenen Augen den Schein an, den beide zugleich festhielten. Dann sahen sie zu mir auf. »Menschenskind! ... Danke, Mister! Danke, Mister! Danke!«

Im nächsten Augenblick erfuhr ich etwas über den finanziellen Aspekt des Guy-Fawkes-Geschäfts. Die beiden Mädchen packten ihren Karren und rannten mit Freudenschreien die Straße hinunter. »Danke, Mister!« riefen sie noch einige Male, während sie ver-

---

* Guy Fawkes, Rädelsführer einiger englischer Edelleute, die den – in letzter Minute vereitelten – Plan verfolgten, am 5. 11. 1605 das Parlament zu sprengen. Zur Erinnerung an diese »Pulververschwörung« wird in London am 5. November eine Strohpuppe, der »Guy«, öffentlich verbrannt. (Anm. d. Übers.)

schwanden. Nun brauchten sie nicht mehr im Regen zu stehen. Ich hatte mich oft gefragt, wieviel wohl bei diesem Geschäft zu verdienen war. Zehn Shilling waren offenbar mehr als genug für einen Tag. Ich betrat das Lokal und kippte vier doppelte Whiskys in einer Viertelstunde. Als ich wieder ging, hatte ich eine Flasche Whisky in der einen Tasche und eine Flasche Kognak in der andern.

Am Ende der Kingswood Avenue nahm ich ein Taxi. An der Ecke vor der Highlever Road stieg ich aus und ging zu Fuß weiter. Ich sperrte die Haustür auf, ging durch den dunklen Flur und klopfte dreimal.

Blake öffnete vorsichtig, und wieder glaubte ich einen Schatten des Zweifels in seinen Augen zu entdecken. Was für Vorstellungen hatten ihn während meiner Abwesenheit gequält? Brachte ich wirklich nur den Wagen weg? Oder meldete ich irgendwelchen finsteren Gestalten im Hintergrund, daß ihre Beute nur abgeholt zu werden brauchte? Dieser Mann hatte sich wahrhaftig einen seltsamen Beruf ausgesucht.

Ich trat ein und sperrte die Tür hinter mir ab. Blake hatte sich umgezogen und sah geradezu elegant aus. Seine Gefängniskleidung lag in einem Bündel auf dem Bett.

»Da sehe ich Sie nun zum erstenmal in Zivil, George. Ich hätte Sie kaum wiedererkannt.«

Er lächelte. »Ich muß sagen, ich fühle mich sehr wohl in diesen Kleidern.«

Er hatte sich gewaschen, aber aus der Stirnwunde quoll noch immer Blut. Ich sah sie mir genauer an. Es handelte sich eigentlich nicht um *eine* tiefe Wunde, sondern um mehrere kleine Löcher, die der grobe Schotter der Artillery Road verursacht hatte und die sich über der rechten Braue konzentrierten. Es sah beinahe aus, als hätte er eine Ladung Schrot abbekommen. Das rechte Auge begann schon zuzuschwellen. Der linke Arm hing schlaff herunter.

»Bis morgen ist das Auge zu«, sagte ich. »Aber es ist nichts Ernstes. Die Verletzungen sind nur oberflächlich. Das Handgelenk allerdings... Heute abend können wir nichts mehr machen, aber morgen hole ich einen Arzt. Meine Freunde haben noch andere Freunde. Einstweilen mache ich Ihnen eine Schlinge.«

Wir verwendeten Blakes Gefängnishemd für die Schlinge, dann richtete ich eine kalte Kompresse her und wickelte sie um das gebrochene Handgelenk.

»Wie fühlen Sie sich?« fragte ich.

»Es geht«, sagte Blake lächelnd. »Die Kompresse tut gut. Morgen ist das wieder in Ordnung.«

Ich hielt die beiden Flaschen in die Höhe. »Whisky oder Kognak?«

»Für mich Kognak, wenn Sie nichts dagegen haben.«

»Gut. Ich trinke lieber einen Schluck von dem scharfen Zeug.« Ich füllte zwei Wassergläser bis zur Hälfte und reichte ihm seinen Kognak. Dann hob ich mein Glas. »Trinken wir auf...«, begann ich. Blake unterbrach mich. »Auf diesen großen Augenblick und auf Sie, Seán.«

Wir stießen an und tranken. »Das tut gut«, sagte Blake. »Ich habe schon sehr lange nichts mehr von... von diesem scharfen Zeug, wie Sie sagen, gehabt.«

Ich füllte die Gläser nach und schaltete den Fernsehapparat ein. Blake saß auf dem Bett, ich im Sessel. Ich sah auf meine Uhr. Ein Viertel vor neun.

»Die Nachrichten beginnen um neun«, sagte ich. Dann wandte ich mich an Blake und fügte mit gespielter Gleichgültigkeit hinzu: »Bin neugierig, ob es etwas Interessantes geben wird.«

Blake lachte. »Ich auch«, sagte er.

Die laufende Sendung ging zu Ende. Einen Augenblick blieb der Bildschirm leer, dann begann die Kennmelodie der Nachrichtensendung, und im gleichen Augenblick füllte ein Foto Blakes den ganzen Schirm. Es blieb, bis die Kennmelodie endete, dann erschien der Sprecher.

»In West-London ereignete sich heute abend ein dramatischer Vorfall«, begann er. »George Blake, der Doppelagent, der wegen Spionage zugunsten der Sowjetunion eine Haftstrafe von zweiundvierzig Jahren zu verbüßen hatte, floh heute abend aus dem Gefängnis Wormwood Scrubs. Blake stand im Mai 1961 vor dem Zentralen Strafgericht und wurde zu der längsten je von einem britischen Gericht verhängten Freiheitsstrafe verurteilt. Er wurde in fünf Punkten der Weitergabe von Information an die Russen während seiner Tätigkeit für den britischen Geheimdienst in Berlin überführt. Aus dem Innenministerium verlautet, daß Blake beim Anwesenheitsappell um 19 Uhr nicht in seiner Zelle war. Der Gefängniskomplex wurde sofort durchsucht, aber man fand keine Spur von Blake. Es wird daher angenommen, daß er geflohen ist. Eine Großfahndung unter der Führung der Sonderabteilung des Scotland Yard wurde eingeleitet. Alle Flugplätze und Häfen werden überwacht, die Botschaften der osteuropäischen Staaten stehen unter Beobachtung. Weitere Meldungen über diese dramatische Flucht folgen...«

Ich wandte mich an Blake und hob mein Glas. »So nimm denn, Unheil, deinen Lauf!«

Blake lachte. Wir stießen an und tranken.

Der Arzt

Wir fanden beide keinen Schlaf in dieser ersten Nacht nach der Flucht. Blake hatte das Bett für sich, ich lag auf ein paar Decken vor dem Kamin. Die Kompresse mußte jede Stunde abgenommen und wieder in kaltes Wasser getaucht werden, um den Schmerz zu lindern. Aber nicht das hielt mich wach: ich hätte auch unter anderen Umständen nicht schlafen können. Immer wieder erlebte ich den Alptraum jener Stunde zwischen sechs und sieben Uhr, und alle zehn Minuten murmelte ich, wenn ich überlegte, wie knapp wir davongekommen waren, laut »Jesus Christus!«

Am früheren Abend hatten wir gegessen, Koteletts und Erdbeeren mit Sahne, wie ich es Blake versprochen hatte, und während wir bei Tisch saßen, hörten wir Stimmengemurmel aus den anderen Zimmern und sogar aus dem Nachbarhaus, und wir wußten, daß sich die Leute über die aufsehenerregende Flucht des Meisterspions George Blake unterhielten.

»Stellen Sie sich das vor, George«, sagte ich. »In den anderen Räumen dieses Hauses sitzen sechs Personen oder Gruppen von Personen, und während sie die Geschichte des Ausbruchs auf dem Fernsehschirm verfolgen, haben sie keine Ahnung, daß der Spion mit ihnen unter einem Dach wohnt, daß er sogar in diesem Augenblick auf ihre Stimmen horcht, ja daß sie selbst seine Stimme hören können.«

»Und obendrein«, sagte Blake lächelnd, »tragen sie durch ihre Anwesenheit gewissermaßen dazu bei, uns zu verstecken.«

Am nächsten Morgen, nach einem Frühstück aus Würstchen und

Eiern, ging ich zum Zeitungsstand in der North Pole Road. Von der Polizei war nichts zu sehen, aber das überraschte mich nicht. Sie konzentrierte ihre Anstrengungen, wie ich vorausgesehen hatte, auf alle Punkte, an denen ein Flüchtiger versuchen würde, das Land zu verlassen. Sie konnte nicht ahnen, daß Blake nur wenige Gehminuten von dem Gefängnis, in dem er noch einen Tag zuvor gesessen hatte, unterschlupfen würde, und ebensowenig konnte sie ahnen, daß sein Befreier nur wenige Stunden nach der Tat unbekümmert durch die Straßen in nächster Nähe des Gefängnisses schlendern würde. Ich kaufte ein Exemplar von jeder Zeitung und ging lesend die Latimer Road entlang. Die Flucht war in großen schwarzen Schlagzeilen auf jeder Titelseite, und alle Zeitungen brachten Fotos von Blake. Ich kehrte in die Wohnung zurück.

»Was gibt es Neues?« fragte Blake lächelnd. Ich las den ersten Absatz aus der zuoberst auf dem Stapel liegenden Zeitung vor:

»George Blake, der Meisterspion, der wegen Weitergabe von Geheiminformationen an die Russen zu zweiundvierzig Jahren Haft verurteilt worden war, entfloh gestern abend unter dramatischen Umständen aus dem Londoner Gefängnis Wormwood Scrubs. Der Premierminister wurde sofort auf seinem Landsitz informiert.« Ich warf die Zeitung auf das Bett. »Der Premierminister, kein Geringerer! Sie werden sehr böse auf uns sein, George, sehr, sehr böse!«

»Da haben Sie recht«, erwiderte Blake. »Aber man kann es ihnen kaum verdenken.«

»Kaum!«

Während der nächsten halben Stunde blätterten wir die Zeitungen durch, dann war es Zeit, etwas wegen des gebrochenen Handgelenks zu unternehmen.

»Ich muß nach Camden Town fahren«, sagte ich zu Blake. »In ein oder zwei Stunden bin ich wieder zurück. Machen Sie niemandem auf!«

Ich ging zur Station Latimer Road und nahm einen Zug. Alle schienen über die Flucht zu lesen. Blakes Foto starrte mich von allen Sei-

ten an. In Camden Town stieg ich aus und ging zum Haus. Michael
öffnete mir. Er umarmte mich.

»Gut gemacht, Seán! Mein Gott, das hast du gut gemacht! Eine
großartige Arbeit!« Anne kam die Treppe herunter, und wir küßten
uns impulsiv. Das ganze Sofa war mit Zeitungen bedeckt, und Blakes Schlagzeilen waren überall obenauf.

»Wie ist es gegangen?« fragte Anne. »Erzählen Sie uns, um Gottes
willen, wie Sie es gemacht haben; aber in allen Einzelheiten.«
Ich schilderte die Qualen des vergangenen Abends, vor allem der
nervenzermürbenden Stunde zwischen sechs und sieben. »Das war
die längste Stunde meines Lebens«, schloß ich. »Für eine Million
Pfund möchte ich das nicht noch einmal durchmachen.«
Dann berichtete ich von dem gebrochenen Handgelenk. »Wir müssen einen Arzt holen«, sagte ich. »Wir *müssen*. Wenn wir keinen
kriegen, muß ich George heute abend in ein Krankenhaus bringen
und behaupten, er sei mein Bruder und habe sich die Hand bei einem Sturz auf der Treppe gebrochen oder irgend etwas dieser Art.«
Michael runzelte die Stirn. »Das wäre gefährlich, nicht wahr? Ich
meine, weil doch sein Bild auf allen Titelseiten zu sehen ist.«
»Diese Gefängnis-Fotos sind nicht sehr gut«, sagte ich. »Wir hätten
eine gute Chance, daß man ihn nicht erkennt, und außerdem würde
niemand erwarten, daß er seelenruhig in einem Krankenhaus erscheint.«
Michael sah einen Augenblick nachdenklich vor sich hin. »Ich
glaube, ich könnte tatsächlich einen Arzt auftreiben«, sagte er. »Ich
kenne einen, der vielleicht Verständnis für unsere Lage hat. Er ist
zwar kein Freund von mir, aber der Freund eines Freundes. Ich rufe
ihn an.«
Er ging ans Telefon, sprach fünf Minuten und kam zurück. »Ich
glaube, es wird klappen, Seán«, sagte er. »Ich suche heute noch meinen Freund auf, und er bringt mich zu diesem Doktor. Wir wollen
hoffen, daß wir ihn erreichen und daß er bereit ist, uns zu helfen.«
»Ich hoffe es, Michael«, sagte ich, »sonst bleibt uns nur das Kran-

kenhaus. Wir wissen nicht, wie lange sich George in London verstecken muß, und er kann nicht wochen- oder gar monatelang mit einem gebrochenen Handgelenk dasitzen.«

Ich trug absichtlich ein bißchen dick auf, damit ich einen Arzt bekam, wenn auch nur die geringste Chance bestand, einen zu bekommen.

»Wenn der Doktor nicht zu Hause ist, müssen wir ihn vielleicht in ganz London suchen«, sagte Michael. »Das kann eine Weile dauern, und ich möchte dich auf dem laufenden halten. Andrerseits denke ich, wir sollten möglichst wenig Spuren hinterlassen, die zur Highlever Road führen. Ich schlage deshalb vor, daß ich Anne jede Stunde anrufe und daß du *sie* anrufst, wenn du wissen willst, wie die Sache steht.«

Wir vereinbarten einen einfachen Code, und ich fuhr zurück in die Highlever Road.

Blake war sehr froh über die Nachricht, die ich ihm brachte. Er litt, behauptete aber, keine Schmerzen zu haben. Wir aßen Speck, Eier, Würstchen und Erbsen und zum Nachtisch Birnenkompott aus der Dose. Dann unterhielten wir uns stundenlang über die Ereignisse des Vorabends und zählten noch einmal alles auf, was beinahe schiefgegangen wäre.

Als ich von dem Wachmann mit dem Hund gezwungen worden war, für eine halbe Stunde aus der Nähe des Gefängnisses zu verschwinden, hatte mich Blake weiter mit dem Funksprechgerät zu erreichen versucht. Zuletzt war er überzeugt gewesen, daß ich das Unternehmen aufgegeben hatte. Er wollte gerade das Gerät verstekken, als ich mich wieder meldete. Aber nun glaubte er, es sei zu spät. Die anderen Häftlinge, die im Kino gewesen waren, kehrten schon durch das Seitentor in den Trakt D zurück. Sobald sie begannen, die schmalen Eisentreppen zu den Gängen vor den Zellen hinaufzusteigen, konnte er sich nicht mehr an ihnen vorbeidrücken. Er mußte aber vom dritten in den zweiten Stock hinuntergehen, um das aufgebrochene Fenster zu erreichen.

»Ich war gerade unten an der Treppe angelangt, als die andern in langer Reihe heraufkamen«, berichtete er. »Eine Sekunde später, und ich wäre zehn oder fünfzehn Minuten oben im dritten Stock festgehalten worden, und dann wären natürlich alle Gänge voll von Häftlingen und Wärtern gewesen.«

»Aber das war noch lange nicht das Ende der Qualen«, sagte ich lächelnd. »Das Ende?« Blake sah mich mit dem einen offenen Auge an. »Das war erst der Anfang! Ich stand unter dem Fenster, im strömenden Regen, das Funksprechgerät in der Hand. Volle 20 Minuten stand ich da! Ich sagte mir zum zweitenmal, daß Sie aufgegeben hatten, und wartete buchstäblich nur noch darauf, daß mich die Patrouille auflas. Ich war ebenso überrascht wie erleichtert, als ich plötzlich wieder Ihre Stimme hörte. Das war das letzte, was ich erwartet hätte.«

»Auch ich hatte meine Augenblicke der Verzweiflung«, sagte ich. »Wir hatten mehr Glück, als irgendeiner erhoffen darf. Ich verstehe noch immer nicht, warum der Wachmann nicht die Polizei gerufen hat. Ich meine, wenn ich ihm schon so verdächtig vorkam, daß er mich mit seinem Hund bedrohte, sollte man doch annehmen, daß er die Polizei verständigt hätte, sobald ich weg war.«

Blake seufzte. »Es ist nur gut, daß ich nicht wußte, was Sie draußen durchmachten, sonst hätte ich jede Hoffnung aufgegeben.«

Im Laufe des Tages rief ich jede Stunde einmal bei Anne an. Michael hatte Schwierigkeiten. Die Nachrichten, die er mir durch Anne zukommen ließ, besagten, daß er in ganz London umherfuhr. Der erste Arzt war nicht in der Stadt und unerreichbar. Der zweite auf der Liste war ebenfalls unterwegs, und es wurde sieben Uhr abends, bis man ihn endlich fand. Ich erfuhr am Telefon, daß wir »in ungefähr einer Stunde« mit seinem Besuch rechnen durften.

Um halb neun läutete die Türglocke dreimal mit gleichmäßig langen Abständen. Ich öffnete die Fenstertür, die auf den Hof ging.

»Man kann nie wissen«, sagte ich zu Blake. »Hier haben Sie immerhin noch eine kleine Chance. Schließen Sie hinter mir zu, und flüch-

ten Sie durch den Hof, wenn Sie ein Handgemenge im Flur hören.«
Der Schlüssel drehte sich hinter mir im Schloß, als ich durch den
dunklen Flur zur Haustür ging. Draußen stand jedoch wirklich Michael, und neben ihm auf den Stufen sah ich einen Mann von etwa
45 Jahren mit der obligaten schwarzen Tasche. Ich führte die beiden
durch den Flur und klopfte dreimal an die Zimmertür. Blake schloß
auf, und wir traten ein. Wir begrüßten einander mit Handschlag,
stellten uns aber nicht vor. Der Arzt hob Blakes Arm in die Höhe
und besah sich einen Augenblick nachdenklich das Handgelenk.
»Ja«, sagte er, ohne den Blick zu heben. »Es ist tatsächlich gebrochen, daran ist nicht zu zweifeln.«
Er sah mich an und dann wieder Blake, und er machte eine Pause,
bevor er weitersprach:
»Für mich liegt der Fall so: Sie haben ein gebrochenes Handgelenk.
Normalerweise müßten Sie ein Krankenhaus aufsuchen, um es einrichten zu lassen. Ich höre jedoch, daß Sie aus dem einen oder andern Grunde etwas gegen Krankenhäuser haben; genauer gesagt, Sie
weigern sich, ein Krankenhaus aufzusuchen. Sie können aber offensichtlich nicht mit einem gebrochenen Handgelenk herumlaufen.
Ich betrachte es daher als meine Pflicht, Ihnen zu helfen. Ist das
klar?« Der Doktor sah noch immer Blake an.
»Ja«, antwortete Blake. »Das ist klar. Ich bin Ihnen sehr verbunden.«
»Gut«, sagte der Doktor. Er trat an den Tisch und öffnete seine Tasche. »Ich will Ihnen aber nicht verschweigen, daß ich diese Behandlung vor etwa zehn Jahren zum letztenmal vorgenommen
habe.«
Dieser Arzt war augenscheinlich ein ehrlicher Mann. Er wirkte in-
telligent und besonnen, und er war gewiß kein Quacksalber, sonst
hätten ihn Michael und Pat nicht gekannt. Er wandte sich an mich.
»Ich brauche etwas heißes Wasser für den Gips, und wenn Sie ein
paar Zeitungen hätten, könnten wir den Tisch damit abdecken.«
Die Morgenzeitungen waren die einzigen, die wir hatten. Ich brei-

tete sie auf dem Tisch aus, ohne an ihren Inhalt zu denken. Vier Fotos von Blake sahen uns an. Ich beobachtete den Arzt, aber er schien nichts zu bemerken. Ich füllte im Badezimmer einen Eimer bis zur Hälfte mit heißem Wasser und stellte ihn mitten auf den Tisch. Plötzlich läutete das Telefon, und ich ging hinaus. Es war Pat Porter.

»Herzlichen Glückwunsch«, sagte er. »Ich hatte noch keine Gelegenheit, mit Ihnen zu sprechen. Ich weiß, ich sollte nicht anrufen, aber ich konnte der Versuchung nicht widerstehen.«

»Schon gut«, sagte ich. »Wir haben heute alle merkwürdige Dinge getan.«

»Ich bin in der Nähe. Hätten Sie etwas dagegen, wenn ich hinüberkäme?«

»Warum sollten Sie uns nicht besuchen?« antwortete ich.

»Danke, Seán. Ich bin in ungefähr einer Viertelstunde bei Ihnen.«

Ich kehrte in das Zimmer zurück. »Sie müssen das Hemd ausziehen«, sagte der Doktor zu Blake, und Blake gehorchte. Die nötigen Gerätschaften lagen schon auf dem Tisch. Es war sehr wenig: Eine Injektionsspritze, eine Ampulle mit einem Betäubungsmittel, Binden, eine Büchse Gips.

»Ich mache eine Lokalanästhesie«, sagte der Doktor. »Sie wird den Schmerz vielleicht nicht ganz betäuben, aber helfen wird sie auf alle Fälle.« Dann wandte er sich wieder an mich: »Wo kann ich mir die Hände waschen?«

Ich führte ihn ins Badezimmer und gab ihm ein Stück Seife. Der Doktor ließ sich mindestens eine Viertelstunde Zeit. Er rollte sich die Ärmel auf und wusch sich gründlich von den Ellbogen an abwärts, schrubbte jeden Finger einzeln und reinigte sich die Nägel. Dann streckte er mir die Unterarme entgegen, und ich legte ihm ein sauberes Handtuch über die Hände. Da er offenbar nichts mehr berühren wollte, bevor er die Instrumente zur Hand nahm, hielt ich ihm die Tür des Badezimmers und dann die des Zimmers auf.

An der Haustür klingelte es dreimal, und ich öffnete. Es war Pat.

Er trat ein und blieb schweigend im Hintergrund stehen. Da ich bei dieser Versammlung gewissermaßen die Rolle des Vorsitzenden spielte, beschloß ich, mit den Vorstellungen zu warten, bis der Doktor gegangen war. Alles andere wäre ihm gegenüber unfair gewesen.

Ich ging zum Tisch. »Kann ich irgendwie helfen?« fragte ich.

»Ich glaube, Sie werden seinen Arm festhalten müssen«, sagte der Doktor. Blake saß auf einem Stuhl, sein Arm lag ausgestreckt auf dem Tisch, die Handfläche nach unten. Ich faßte ihn mit beiden Händen, und der Doktor führte die Nadel zwischen die gebrochenen Knochenenden ein. Er wartete etwa zehn Minuten, dann packte er das Gelenk zu beiden Seiten des Bruches und begann die gebrochenen Knochenenden einzurichten. Zu diesem Zweck mußte er sie zunächst kräftig auseinanderziehen. Das Betäubungsmittel wirkte nur teilweise, und Schweiß strömte über Blakes Gesicht. Er wand sich vor Schmerzen. Das dauerte etwa fünf Minuten. Pat und Michael konnten es nicht mehr mit ansehen und zogen sich in den hintersten Winkel des Zimmers zurück.

»Ich glaube, so stimmt es«, sagte der Doktor endlich.

Die häßliche Ausbeulung war tatsächlich verschwunden, das Gelenk sah wieder gerade aus. Der Doktor öffnete die Gipsbüchse, schüttete etwas von dem weißen Pulver in das heiße Wasser im Eimer und rührte kräftig um. Dann tauchte er die Binden in den Gipsbrei und wickelte sie um das verletzte Gelenk, den Unterarm und die Hand, wobei er die Finger freiließ. Zuletzt gaben wir Blake die Schlinge, die er schon vorher getragen hatte.

»Soweit wäre alles in Ordnung«, sagte der Doktor. »Der Gips ist in ein paar Stunden hart.« Er entnahm seiner Tasche eine andere Nadel und ein Fläschchen mit einer durchsichtigen Flüssigkeit. »Ich spritze Ihnen lieber etwas Penicillin, um sicherzugehen, daß es keine Infektion gibt«, sagte er. Blake streckte ihm den gesunden Arm hin. Der Doktor lächelte. »Nicht da. Sie müssen schon Ihre Hose herunterlassen.« Blake begann zögernd an seinen Knöpfen zu

fingern, und Michael, Pat und ich wandten uns ab und begannen zu
plaudern.

»Das ist dann alles«, sagte der Arzt und begann seine Instrumente
einzupacken.

»Eine Bitte hätte ich noch«, sagte ich. »Haben Sie ein Schlafmittel?«

»Natürlich.« Er griff noch einmal in die Tasche und gab mir einige
kleine Plastikphiolen, die ein graues Pulver enthielten. »Eine pro
Person und Nacht«, sagte er. Ich bedankte mich.

Michael sah auf die Uhr und schaltete den Fernsehapparat ein; es
war gerade Zeit für die Nachrichten. Die ersten Meldungen betrafen
wieder die Flucht. Blakes Foto leuchtete auf dem Schirm auf, es
folgten Bilder von Wormwood Scrubs und graphische Darstellungen der Fluchtroute.

Der Doktor warf einen kurzen Blick auf den Bildschirm, lächelte
flüchtig und schwieg.

Schließlich fragte er mich: »Wo haben Sie hier eine Toilette?«

»Die dritte Tür rechts«, sagte ich. Er ging hinaus.

Ich sah Michael an. »Soll man ihm ein Honorar anbieten?«

Er dachte einen Augenblick nach.

»Ich glaube nicht«, sagte er langsam. »Es könnte falsch ausgelegt
werden, und er ist kein Arzt von *der* Sorte.«

Die Meldungen über die Flucht waren zu Ende.

»Möchte jemand den Rest sehen?« fragte ich.

Niemand hatte Lust dazu.

Der Doktor kam zurück und nahm seine Tasche. Ich schüttelte ihm
die Hand.

»Leben Sie wohl, Doktor«, sagte ich. »Und vielen Dank.«

»Nichts zu danken.«

Als nächster gab ihm Blake die Hand. »Leben Sie wohl. Ich bin Ihnen
sehr dankbar für Ihre Hilfe.«

»Schon gut.«

Ich ging mit ihm und Michael zur Haustür. Auf der Straße stand
ein Wagen, und der Doktor stieg ein.

»Sie brauchen nicht mitzukommen«, sagte er zu Michael.

»Wenn Sie meinen... Gute Nacht!«

Der Doktor fuhr los und bog in die Oxford Gardens ein. Wir kehrten ins Zimmer zurück.

»Die Vorstellungen sind jetzt eigentlich schon überflüssig«, sagte ich zu Blake. »Das ist also Michael Reynolds, und das ist Pat Porter. Wie ich Ihnen schon sagte, kannte ich Michael schon, bevor ich ins Gefängnis mußte. Pat habe ich erst vor ein paar Monaten kennengelernt. Er ist ein alter Freund von Michael.«

Die drei schüttelten sich herzlich die Hände.

»Ich weiß nicht, was ich sagen soll«, begann Blake. »Ich habe, ehrlich gestanden, nicht gewußt, daß es Menschen wie Sie gibt. Ich werde Ihnen nie sagen können, wie dankbar ich Ihnen für alles bin, was Sie für mich getan haben.«

Michael und Pat versicherten ihm, daß er sich nicht zu bedanken brauche. Dann läutete das Telefon, und ich ging auf den Flur hinaus. Anne war am Apparat.

»Ist Michael noch dort?« fragte sie. Ich bejahte. »Darf ich auch hinüberkommen, Seán?«

»Ja, bitte kommen Sie«, antwortete ich. »Sie sind die einzige, die noch fehlt. Kommen Sie, und es wird eine richtige Party.«

»Gut, ich bin in einer halben Stunde dort.«

Ich ging ins Zimmer zurück. »Anne ist unterwegs«, sagte ich. »Jetzt können wir gleich eine kleine Feier veranstalten. Ich hole noch ein paar Flaschen. Macht euch inzwischen miteinander bekannt. In zwanzig Minuten bin ich wieder da. Schließt die Tür hinter mir ab. Ich klopfe wie üblich dreimal.«

Ich ging in ein Lokal in der Nachbarschaft und kaufte noch zwei Flaschen, Whisky und Kognak. Als ich zurückkam, unterhielten sich Blake, Michael und Pat wie alte Freunde. Kurz darauf läutete es wieder, und ich öffnete. Es war Anne. Ich führte sie hinein und stellte sie Blake vor.

»Meine Damen und Herren«, sagte ich, »da diese kleine Versammlung nicht in unserem Plan vorgesehen war, bin ich nicht vorbereitet. Ich habe nur zwei Gläser gekauft. Eines muß natürlich Anne bekommen, und das zweite gebührt unserem berühmten Gast, George. Wir andern müssen aus Tassen trinken.«

Ich schenkte ein.

»Haben Sie was zu essen, Seán?« fragte Pat. »Ich bin halb verhungert. Ich habe seit heute mittag nichts mehr gehabt.«

»Wir sind im Augenblick nicht sehr gut versehen«, sagte ich. »Ich muß erst wieder einkaufen gehen, aber Brot und Butter haben wir genug im Haus.«

So saßen wir dann alle fünf da, aßen Butterbrote und spülten sie mit Whisky und Kognak hinunter, und drei von uns tranken aus Teetassen. George und Pat saßen auf dem schmalen Bett, Anne hatte den Fauteuil, und Michael und ich saßen auf geraden Stühlen. Wir bildeten einen nicht ganz regelmäßigen Kreis, und auf dem Boden in der Mitte dieses Kreises standen zwei Tabletts, das eine mit einem Berg grob geschnittener Brotscheiben, das andere mit einem Ein-Pfund-Stück Butter. Das Messer, das einzige, das wir besaßen, wurde herumgereicht. Alle waren wir in bester Laune, während wir noch einmal über die dramatischen Ereignisse des Vortages sprachen.

»Ich wollte es vorher nicht eingestehen, Seán«, sagte Pat plötzlich, »aber ich hätte nie tun können, was Sie getan haben. Es wäre mir in physischer und emotioneller Hinsicht unmöglich gewesen, zur Gefängnismauer zu gehen und eine Strickleiter darüberzuwerfen...« Er schüttelte den Kopf, wie um sich von dieser Vorstellung zu befreien. »Ich hätte es einfach nicht fertiggebracht. Ich wäre umgekommen vor Angst...«

»Ich hätte es auch nicht gekonnt«, fügte Michael rasch hinzu. Er schüttelte sich scherzhaft. »Mein Gott, ich weiß nicht, wie du das gemacht hast, Seán! Ich hätte es um mein Leben nicht über mich gebracht.«

»Glaubt nur nicht, ich hätte keine Angst gehabt«, sagte ich. »Es war einfach so, daß ich instinktiv fühlte: wenn es heute nicht geht, geht es nie. Und als das Fenster aufgebrochen war, gab es natürlich kein Zurück mehr.«

Wir tranken alle ein bißchen zuviel, und den größten Schwips hatte Pat. »Herrgott im Himmel!« rief er. »Ich bin so begeistert, daß ich aufs Dach steigen und der ganzen Welt zurufen möchte: ›Wir haben es getan!‹«

»Ich hoffe, das läßt du bleiben«, sagte Anne, und wir lachten.

Dann sprachen wir über die Zukunft. Die Wohnung in der High-lever Road war von Anfang an nur als eine Übergangslösung be-trachtet worden, ein Versteck, das wir vom Gefängnis aus rasch aufsuchen konnten, um uns so schnell wie möglich unsichtbar zu machen. Nun brauchten wir eine sicherere Bleibe. Ich wies darauf hin, daß die Wohnung einmal die Woche, und zwar am Mittwoch, von den Eigentümern gereinigt wurde. Es blieben uns also nur noch zwei Tage. Michael und Pat überlegten, ob man sich an den einen oder andern ihrer Freunde wenden konnte. Einige hatten Häuser mit freien Zimmern.

»Wichtig ist natürlich, daß so wenig Leute wie möglich eingeweiht werden«, sagte Blake. »Je mehr etwas wissen, desto größer ist die Gefahr, daß etwas durchsickert.«

Michael und Pat versicherten, sie würden sich nur an Freunde wen-den, die hundertprozentig sicher und vertrauenswürdig wären. Das genügte Blake und mir.

Es ging schon auf Mitternacht zu, als wir unsere Gäste zur Tür brachten.

»Wir dürfen uns glücklich schätzen, solche Menschen zu kennen«, bemerkte ich zu Blake, als sie gegangen waren.

»Mein Freund, das brauchen Sie mir nicht zu sagen«, erwiderte er.

Auf der Flucht

Der Montag war ein ruhiger, müßiger Tag in der Highlever Road. Ich machte am Morgen meine Einkäufe und nahm ein Exemplar von jeder Zeitung mit. Die Flucht stand noch immer in Balkenlettern auf allen Titelseiten, und das ging fast noch die ganze Woche so weiter. Auch für die Karikaturisten war es eine große Woche. Kein anderer Gefangener in ganz Großbritannien hätte der Fleet Street soviel Stoff liefern können wie Blake. Auch zu dieser Zeit gab es im Kino und im Fernsehen so etwas wie einen Spionenkult. Die »Experten« und Kommentatoren hatten während der nächsten Monate alle Hände voll zu tun und stellten die ausgefallensten Theorien über allerlei internationale Verschwörungen auf.

Ich überflog die Schlagzeilen. Der kleine Chrysanthementopf, den ich rein zufällig auf dem Schauplatz des Ausbruchs zurückgelassen hatte, nahm bereits eine geheimnisvolle Bedeutung an. DIE SPUR DER ROSA CHRYSANTHEMEN lautete eine Schlagzeile. Und das war nur ein Vorgeschmack des Kommenden.

Zu Mittag tischte in einer Rundfunksendung der BBC, die unter dem Titel »Die Welt um eins« lief, ein kanadischer Journalist, der mit Blake in Korea interniert gewesen war, die erste der phantastischen Theorien auf. Über das Transatlantikkabel berichtete er einem Mann von der BBC, Blake könne aus dem einfachen Grunde nicht aus dem Gefängnis ausgebrochen sein, weil er nie in einem Gefängnis gewesen sei. Das Ganze, behauptete er, sei nur ein Trick des Secret Service, um das sowjetische KGB (Kommissariat für Staatssicherheit) hinters Licht zu führen. Blakes Prozeß sei nur ein

Die Artillery Road mit dem Blick nach Norden. Die Betonpfosten wurden erst nach dem Ausbruch aufgestellt.

George Blake

Seán Bourke

① Michael ② Anne, ③ of about twenty-five.
④ Anne. ⑤ "These are ours", Michael said, nodding
at the two small children playing on the floor. "One
is four and the other is two and a half."

not a communist, any more than I
was, and I wondered as I approached
the house whether this would influence
his decision. His background was
Irish catholic though he himself
was only half Irish, his mother being
a Dublin woman and his father a
Londoner. I rang the bell and almost
immediately the door opened. ▉▉▉▉
shook my hand vigorously. "Come in
Sean, come in" - We went to the
sitting room. "You know, of course", he
said over his shoulder, "that I've got
married!" "Yes, I heard about it"
This is my wife, ▉▉▉ he said
introducing me to an attractive girl
▉▉▉ "This is Sean ④ ▉▉▉
He shook hands and sat down."
⑤ ▉▉▉▉▉▉▉▉▉▉▉▉▉▉▉▉
▉▉▉▉▉▉▉▉▉▉▉▉▉▉▉

784

785

▉▉▉▉▉▉▉▉▉▉▉▉▉▉▉▉▉▉
▉▉▉▉▉▉▉▉▉▉▉▉▉▉▉▉▉▉
▉▉▉▉▉▉▉▉▉▉▉▉▉▉▉▉▉▉
▉▉▉▉▉▉▉▉▉▉▉▉▉▉▉▉▉▉
▉▉▉▉▉▉▉▉▉▉▉▉▉▉▉▉▉▉
▉▉▉▉▉▉▉▉▉▉▉▉▉▉▉▉▉▉
▉▉▉▉▉▉▉▉▉▉▉▉▉▉▉▉▉▉
▉▉▉▉ card of ont lie for that
▉▉▉▉▉▉▉▉▉▉▉▉▉▉ "It's not as
▉▉▉ or that ▉▉▉▉▉ I'm
not ▉▉▉▉▉▉ interested ▉▉▉▉
▉▉▉▉▉▉▉▉▉▉▉▉▉▉▉▉▉▉

* [See notebook 2]

786

▉▉▉▉▉▉▉▉▉▉▉▉▉▉▉▉▉▉
▉▉▉▉▉▉▉▉▉▉▉▉▉▉▉▉▉▉
▉▉▉▉▉▉▉▉▉▉▉▉▉▉▉▉▉▉
* am ▉▉▉▉▉▉▉▉▉▉▉▉ satisfied with
▉▉▉▉▉▉▉▉▉▉▉▉▉" I see.
I know about it. And what are
▉▉▉▉▉▉▉▉▉▉▉▉▉▉▉▉▉▉
leaned back in his chair and crossed
his legs. "I'm working in an office,"
he said. "Fourteen pounds a week.
It keeps us from starving." ▉▉ He
threw a glance round the sitting
room, not exactly luxuriously
furnished. "This place costs us -
six pounds a week in mortgage
payments", he said. "I don't know

* [See notebook 2]

787

① Anne. ② thirty years of age, very slightly built,

where we'd be without ① ▉▉▉ She's a
great girl.
② ▉▉▉▉▉▉▉▉▉▉▉▉▉▉▉▉
▉▉▉▉▉▉▉▉▉▉▉▉▉▉▉▉▉
I looked intently at my friend for a
moment. He was about ③ ▉▉▉▉
▉▉▉▉▉▉▉ and his face was
rather pale and drawn, reflecting
the struggles of the past few years
It certainly had not been easy for
him with a wife and family to think
④ ▉▉▉▉▉▉▉▉▉▉▉▉ At
that moment there really seemed little
point in discussing the business
which had brought me. This family
had enough troubles of their own, and
in any case they obviously could not
help with money. Still I would
③ She has been the breadwinner in this house for the past few years
whilst he's been at university. She has been slaving in an
office all day and the children have been in a kindergarten."
④ whilst he was a university.

Vier Seiten des Originalmanuskripts, die das Ausmaß der in Moskau
vorgenommenen Streichungen erkennen lassen.

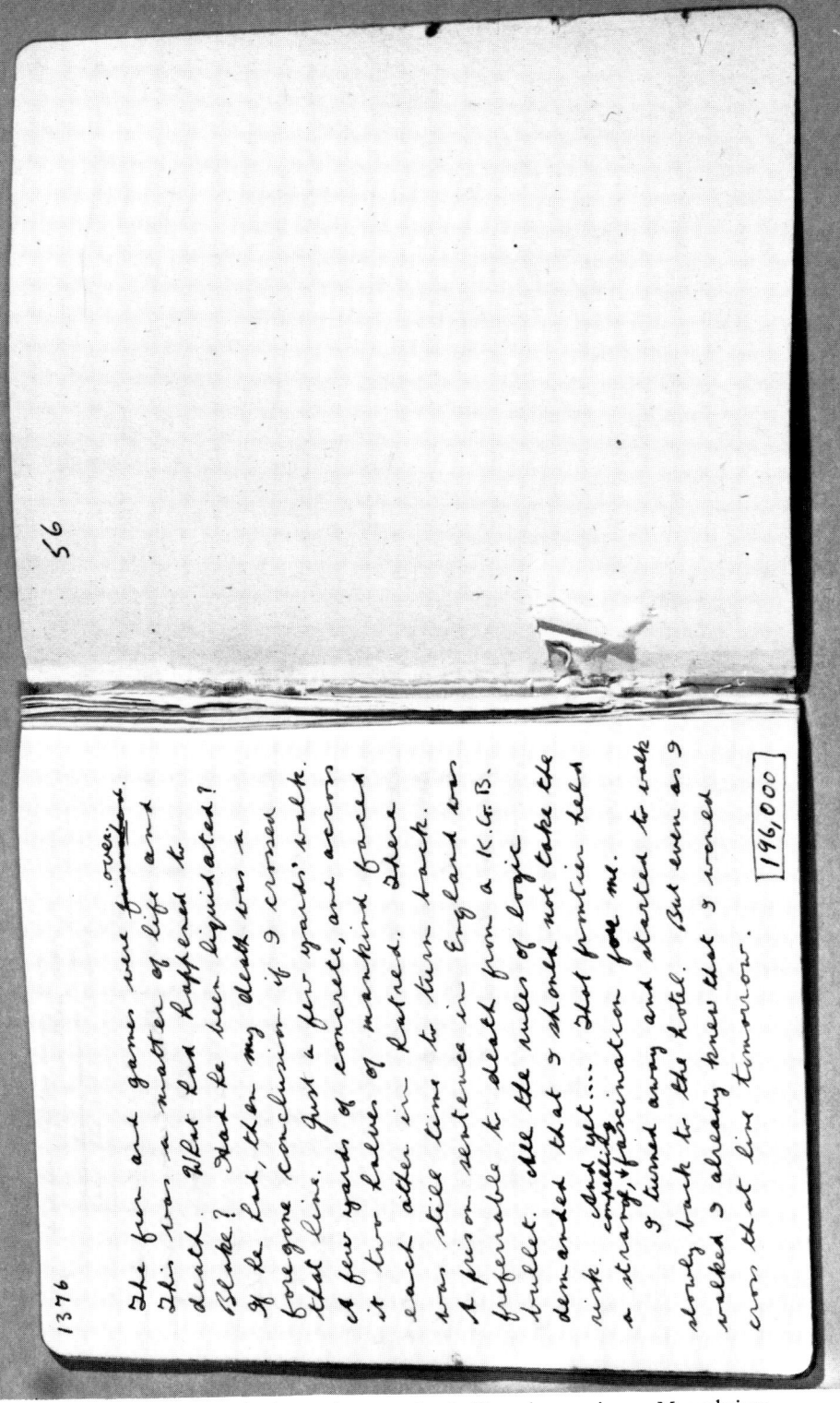

Der – in Westberlin – abrupt endende Text des zensierten Manuskripts.

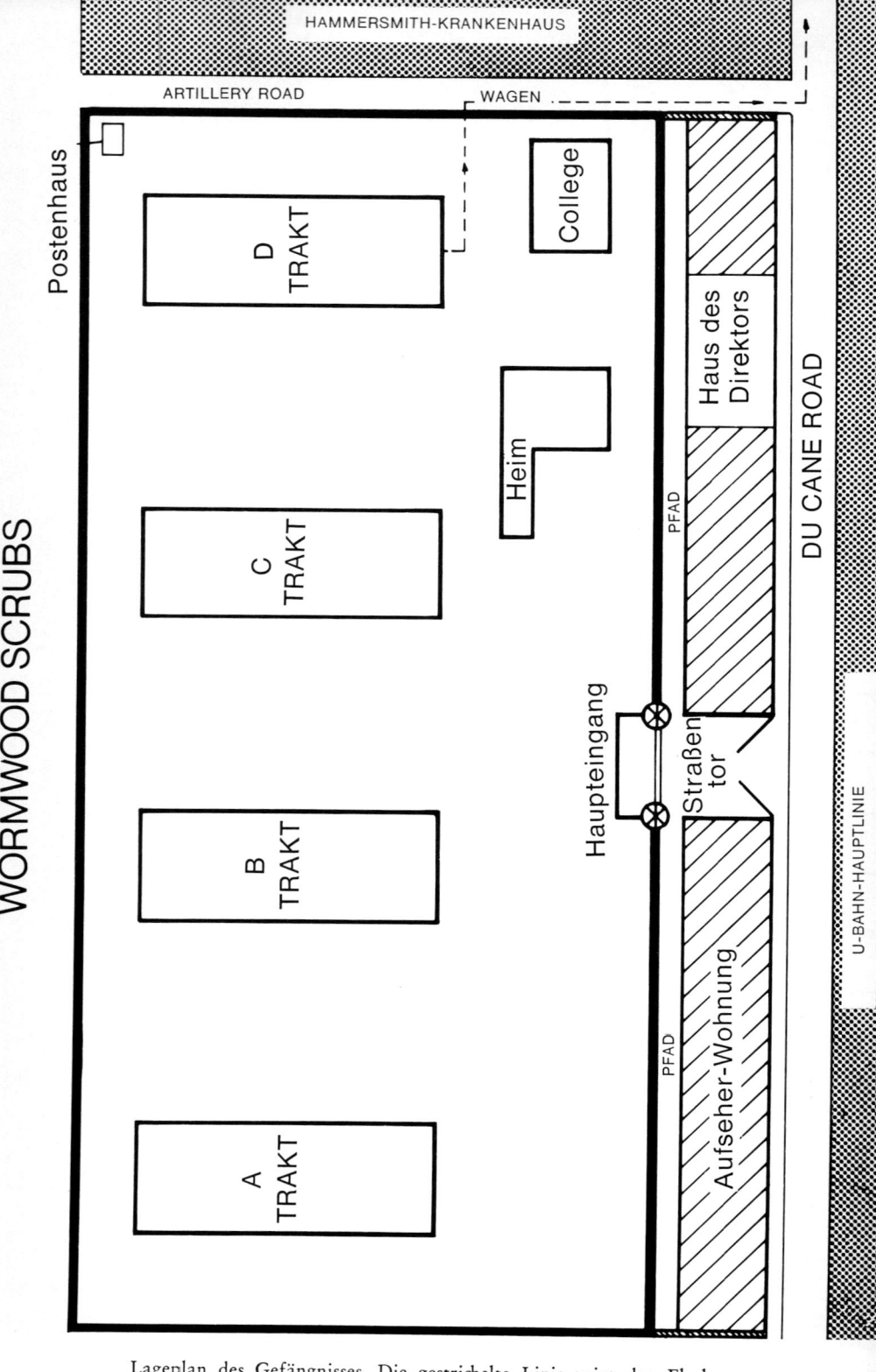

Lageplan des Gefängnisses. Die gestrichelte Linie zeigt den Fluchtweg.

BOUGHT OF

McDONALD STORES
(COVENTRY STREET) LTD.

RADIOS · RECORDS · CAMERAS · TYPEWRITERS

26, PICCADILLY, LONDON, W.1.
REGent 4442

66, SHAFTESBURY AVE.,
LONDON, W.1

34, COVENTRY ST.,
LONDON, W.1

30 – 4 – 1962

M_____

1 Zucfizu w/Talkie			
	£25=0=0		
Cash ✓			
Cheque			
Account	Stock No.		

Die Quittung für die Funksprechgeräte.

Seán Bourke bei der Arbeit an diesem Buch in Blakes Moskauer Wohnung – Juni 1968.

Scheinmanöver gewesen, das die Russen davon überzeugen sollte, daß Blake ihr treuer Diener gewesen sei, während er in Wirklichkeit natürlich nur die Instruktionen der MI 6 (Abteilung 6, British Military Intelligence) ausführte. Nach dem Scheinprozeß sei Blake aus der Öffentlichkeit verschwunden, um sich's irgendwo unter falschem Namen gutgehen zu lassen, während ein Ersatzmann an seiner Stelle ins Gefängnis wanderte. Nun hatte die MI 6 eine Flucht vorgetäuscht. Der Ersatzmann bekam sein Geld und verschwand, der echte George Blake tauchte wieder auf und ging nach Rußland, wo ihn das KGB als Helden empfing. Blake würde natürlich für das KGB arbeiten und seinen Herren in London regelmäßig Bericht erstatten. Damit wäre es dann der MI 6 gelungen, einen ihrer Männer in die KGB-Zentrale in Moskau einzuschleusen.

Nach der Sendung sah ich Blake an.

»So ist das also!« sagte ich. »Ich habe die ganze Zeit für die MI 6 gearbeitet! Ich wollte nur, sie hätten es mir am Samstag nicht so schwer gemacht. Oder haben sie den Wachmann, das Liebespaar und all die andern Schreckgespenster nur auf mich gehetzt, damit es echter aussah? Sehr schlau! Gerissener als ›Der Spion, der aus der Kälte kam‹, das muß ich Ihnen lassen, George. Oder heißen Sie gar nicht George?«

Blake lachte. »Können Sie sich vorstellen, daß es der britische Secret Service wagen würde, den Innenminister, den Ersten Kronanwalt und den Lordoberrichter zum Narren zu halten?«

Nein, das konnte ich mir nicht vorstellen.

Im Unterhaus verkündete der Innenminister am Nachmittag, daß er den »Admiral of the Fleet Earl Mountbatten of Burma« zum Vorsitzenden eines Regierungsausschusses ernannt habe, der die Sicherheit der englischen Gefängnisse mit besonderer Bezugnahme auf die Flucht George Blakes untersuchen sollte. Diese Geste genügte jedoch nicht, um die Opposition zufriedenzustellen, die ein Mißtrauensvotum beantragte. Man einigte sich darauf, den Antrag am folgenden Montag zu debattieren. Das Unheil nahm in der Tat seinen Lauf. Gegen vier Uhr ging ich in den Raum nebenan, der Küche und Bad zugleich war, um ein Bad zu nehmen. Blake blieb lesend im Wohnschlafzimmer zurück. Ich war ungefähr eine Viertelstunde in der Wanne, als die Türglocke zu läuten begann. Das Läuten hatte einen gewöhnlichen, unregelmäßigen Rhythmus; daher beschloß ich, es zu ignorieren. Der Besucher würde nach einer Weile genug haben und wieder gehen, dachte ich. Ich irrte mich jedoch. Es läutete immer weiter. Schließlich klopfte Blake an die Wand zwischen den beiden Räumen.

»Lassen Sie nur!« rief ich. »Sie gehen schon wieder.«

Das Läuten hörte jedoch nicht auf, und nun klopfte Blake an die Tür.

»Um Gottes willen, Seán«, sagte er ängstlich. »Gehen Sie zur Tür. Wer weiß, was für Komplikationen es gibt, wenn Sie nicht aufmachen.«

Widerstrebend stieg ich aus der Wanne. Ich wickelte mir ein Handtuch um die Hüfte und ging, kleine Wasserpfützen im Flur hinterlassend, zur Haustür, öffnete sie und trat zur Seite. Ein Schulmädchen von etwa vierzehn Jahren kam herein, die Büchertasche unter dem Arm. Sie war Inderin oder Pakistani, lächelte mich freundlich an und war nicht im mindesten verlegen. »Danke«, sagte sie und ging die Treppe hinauf zu dem Wohnschlafzimmer, in dem sie mit Mutter und Vater lebte, vielleicht auch noch mit einem Bruder und einer Schwester, die mit großen Augen zusahen, wie ihre Eltern sich paarten.

»Wer war es?« fragte Blake, als ich zurückkam.

»Eine vierzehnjährige Schülerin«, sagte ich. »Und ich so gut wie splitternackt an der Tür! Wenn das Handtuch verrutscht wäre, hätte man mich wegen unzüchtiger Entblößung schnappen können. Allmächtiger Gott, stellen Sie sich das vor! Was für ein schmähliches Ende unser Abenteuer genommen hätte! Unzüchtige Entblößung! Herrgott, ich hätte während meiner ganzen Haft Spielzeug für Waisenkinder machen und jeden Morgen in die Kirche gehen müssen.«

Im Fernsehen wurde an diesem Abend gemeldet, daß alle in England inhaftierten Spione im Laufe des Tages in andere Anstalten überführt worden seien. Sie standen nun in absolut sicheren Gefängnissen unter besonderer Bewachung.

Am Dienstagnachmittag rief Michael an und sagte, er habe eine andere Unterkunft gefunden. Blake und ich packten. Um acht Uhr abends läutete es dreimal an der Haustür. Es waren Michael und Anne. Auf der Straße wartete ein Wagen, den sie für diesen Abend geborgt hatten. Michael betrachtete die beiden Koffer, die mitten im Zimmer standen.

»Ich fürchte, ich habe eine schlechte Nachricht für dich, Seán«, sagte er. »Die Leute haben nur ein kleines Zimmer und können nur einen von euch beiden aufnehmen.«

»Wieso ist das eine schlechte Nachricht?« fragte ich. »Ich bin hier noch eine ganze Weile sicher. Schließlich haben mich der Besitzer und einige der Mieter schon gesehen. Ich bin hier sicher, solange sie nicht mein Foto in den Zeitungen und auf dem Fernsehschirm bringen. Aber George muß weg. Morgen kommen sie, um die Wohnung zu reinigen und die Bettwäsche zu wechseln.«

Michael und Anne sahen erleichtert aus, aber Blake schien sich Sorgen zu machen. »Schade, daß Sie nicht mitkommen können, Seán«, meinte er.

»Wir versuchen natürlich, eine andere Unterkunft für Seán zu finden«, sagte Anne.

Michael sah mich merkwürdig an. »Woher weißt du eigentlich so genau, daß die Polizei hinter dir her sein wird?« fragte er.

»Das stand von Anfang an fest«, antwortete ich, »und über die Gründe haben wir schon gesprochen. Dazu kommen jetzt noch alle die Zeugen, der Wachmann vor allem. Nein, es ist nur eine Frage der Zeit. Ich wäre nicht überrascht, wenn sie mich schon suchten.«

»Aber wenn das der Fall ist – warum haben sie dann nicht gleich Ihren Namen und Ihr Bild veröffentlicht?« fragte Anne.

»Das wäre eine schlechte Taktik«, erklärte ich. »Sie wollen mich natürlich nicht warnen. Mein Foto werden sie erst veröffentlichen, wenn sie überzeugt sind, daß *ich* weiß, daß sie mich suchen.«

»Gut, Seán, wir werden jedenfalls unser Bestes tun, um etwas für dich zu finden«, sagte Michael. Dann wandte er sich an Blake, und sein bleiches Gesicht sah ein wenig ratlos aus.

»Die Leute, zu denen wir Sie bringen, wissen natürlich, wer Sie sind«, sagte er ruhig. »Sie haben nur eine Sorge... Sie wollen ebensowenig wie wir anderen dem russischen Geheimdienst helfen, und sie hätten gern eine Art Versicherung, daß Sie keine Informationen mehr weitergeben.«

Ich war bestürzt über diese Forderung, und es war Michael offensichtlich nicht leichtgefallen, sie vorzubringen. Ein peinliches Schweigen folgte. Ich sah Blake an. Das war etwas, was auch er nicht erwartet hatte, obwohl er natürlich wußte, daß keiner seiner Helfer Kommunist war.

»Hören Sie«, begann er zögernd, »ich kann Ihnen versichern, daß sich dieses Problem gar nicht ergeben wird. Selbst wenn ich Informationen weitergeben wollte, könnte ich es nicht, weil ich keine Informationen mehr besitze. Was ich zum Zeitpunkt meiner Verhaftung vielleicht noch wußte, ist jetzt völlig wertlos. Sie können also in dieser Hinsicht ganz unbesorgt sein.«

Michael nickte. »Sehr gut«, sagte er.

Ich war verblüfft. Ich fand den Wortwechsel, den ich soeben mit angehört hatte, im höchsten Grade naiv. Blake hätte doch gar nicht anders antworten können! Und als überzeugter Kommunist würde er natürlich nicht zögern, dem KGB bei nächster Gelegenheit alles zu sagen, was er wußte. Keiner von uns wollte den Russen helfen, aber wir konnten uns immerhin damit trösten, daß wir niemanden gefährdeten, indem wir Blake halfen, denn die Engländer mußten unmittelbar nach seinem Ausbruch alle nötigen Vorsichtsmaßnahmen ergriffen haben. Ich dachte mir, daß Michael, Anne, Pat und die anderen eben ihr Gewissen beruhigen wollten, so gut es ging.

Einerseits wollten sie mithelfen wiedergutzumachen, was sie als Unrecht betrachteten; andrerseits scheuten sie vor dem Gedanken zurück, sie könnten ihrem Lande schaden.

»Fahren wir also«, sagte ich.

Wir gingen alle vier zum Wagen hinaus. Ich ging voraus, um mich zu vergewissern, daß die Luft rein war. Michael und Anne stiegen vorne ein, Blake setzte sich mit dem kleinen Koffer, den ich für ihn gekauft hatte, auf den Rücksitz. Vorn konnte er auf dieser Seite des Eisernen Vorhangs niemals mehr sitzen. Ich gab allen dreien die Hand und trat ein paar Schritte zurück, um zu sehen, wie verdächtig sie wirkten. Sie wirkten überhaupt nicht verdächtig, fand ich. Mit dem Arm in der Schlinge, dem verschwollenen Auge und einem Hut, den ihm Michael gebracht hatte, sah Blake ganz anders aus als auf den Fotos. Er hätte ruhig auf einen Polizisten zutreten und ihn nach der Uhrzeit fragen können. Der Wagen fuhr los, schwenkte in die Oxford Gardens ein und rollte in Richtung Stadtmitte davon.

Ich kehrte in die Wohnung zurück, legte mich auf das Bett und starrte zur Decke hinauf. Ich mußte nachdenken. Es war anders gekommen, als ich erwartet hatte. Blake konnte natürlich nicht in der Highlever Road bleiben, aber nun, da er weg war, war mir doch unbehaglich zumute. Andrerseits war es eine Frage von vielleicht nur wenigen Tagen, bis Scotland Yard meinen Namen und mein Bild veröffentlichte. Sobald sie die Gewißheit hatten, daß ich der Schuldige war, konzentrierten sie selbstverständlich ihre Anstrengungen darauf, mich zu finden. Blake war dann um so sicherer in seinem Versteck. Je eher sie von meiner Schuld überzeugt waren, desto besser war es also. Sollte man nicht den Gang der Ereignisse ein wenig beschleunigen, da es sich ohnehin nur noch um ein paar Tage handeln konnte?

Ja, warum eigentlich nicht?

Ich sprang vom Bett, nahm Hut und Mantel und verließ die Wohnung. Ich ging in die Latimer Road und bestieg einen U-Bahn-Zug nach Paddington. Auf dem Bahnsteig in Paddington ging ich an einem Polizisten und einem Mann in Zivil vorbei, der augenscheinlich ein Detektiv war. Die beiden musterten mich kurz und wandten dann ihre Aufmerksamkeit den anderen Menschen zu, die aus dem Zug stiegen. Sie suchten jemanden. Mich? Möglich. Diese Gefängnisfotos sind oft für den Verfolgten eine größere Hilfe als für die Verfolger. Ich ging zur Station der Hauptlinie. Vor einer Reihe von Telefonzellen zog ich meine Handschuhe an, dann betrat ich die erste und wählte Whitehall 1212.

»Scotland Yard.«

»Ich habe eine Meldung zu machen.«

»Tut mir leid, wir dürfen in der Vermittlung keine Meldungen entgegennehmen.«

»Dann verbinden Sie mich mit einem Polizeibeamten.«

»Mit welchem Beamten?«

»Mit irgendeinem.«

»Einen Augenblick, bitte.«

Eine kurze Pause, dann eine andere Stimme, kühler, selbstsicherer. Der Mann nannte seine Klappennummer und fragte: »Kann ich Ihnen helfen?«

»Sind Sie Polizeibeamter?«

»Ja.«

»Haben Sie Bleistift und Papier bei der Hand?«

»Ja.«

»Dann notieren Sie: Der Fluchtwagen...«

»Der Flucht... wa... gen...« wiederholte er langsam.

»... mit dem George Blake vom Gefängnis Wormwood Scrubs...« Einen Augenblick zögerte er, dann wiederholte er: »Der Flucht... wa... gen...« Herrgott, dachte ich, der Mann hat Nerven! Ich sah förmlich, wie er nach dem andern Telefon griff.

»Hören Sie«, sagte ich, »ich weiß, Sie versuchen jetzt festzustellen, woher der Anruf kommt, aber Sie verschwenden nur Ihre Zeit. Der Wagen steht in der Harvist Road, N. W. 6.«

»Wissen Sie das Kennzeichen?«

»Ja«, sagte ich. »117 GMX. Gute Nacht.«
Ich legte auf und verließ die Telefonzelle.

Das, dachte ich, dürfte sie nicht nur von Blake ablenken, sondern auch einige Verwirrung im Yard stiften. Sie mußten zu dem Schluß kommen, daß ich das Ding mit Unterstützung der Unterwelt gedreht hatte und daß mich nun einer der angeheuerten Gauner verraten hatte, um eine persönliche Differenz mit mir zu begleichen. Vielleicht, weil er keinen anständigen Anteil an der Beute bekommen hatte. Und weiter: Bevor es eine »Beute« gab, mußte jemand da sein, der bereit war, für Blakes Befreiung zu zahlen. Das konnten nur die Russen sein. Daheim in meinem Zimmer goß ich mir einen großen Schluck Whisky ein. Ich hatte ein sauberes Stück Arbeit geleistet. Ich hatte die Männer der Sonderabteilung nach allen Regeln hereingelegt.

Am Donnerstag wurde im Fernsehen die Wagennummer bekanntgegeben. Die Polizei, hieß es, suchte den Besitzer des Wagens. Sein Name wurde nicht genannt, obwohl man zu dieser Zeit schon wissen mußte, daß ich es war.

Am Freitag rief Michael an und sagte, er habe eine Unterkunft für mich gefunden. Ich packte wieder einmal meinen Koffer. Am Abend kam er mit Anne vorbei. Er hatte noch einmal denselben Wagen geborgt. Wir fuhren zu einem Haus in der Cromwell Road unweit der U-Bahn-Station Gloucester Road.

»Der Eigentümer«, erklärte mir Michael unterwegs, »ist übers Wochenende verreist. Er kommt erst am Sonntagabend zurück. Ich habe mit ihm telefoniert, und er sagte mir, es sei alles in Ordnung. George kommt morgen abend zu dir. Er legt übrigens großen Wert darauf, daß ihr beide zusammen seid. Wo er jetzt wohnt, ist er nicht sehr glücklich.«

Michael hatte einen Schlüssel. Wir gingen die Treppe hinauf und traten in ein Schlafzimmer. »Hier wohnt noch eine alte Dame«, sagte Michael. »Die Mutter des Mannes. Sie erwartet dich und George, hat aber keine Ahnung, wer ihr seid. Sie liest keine Zeitungen und sieht nicht fern. Ihr seid einfach Freunde ihres Sohnes und seiner Frau.«

»Schön«, sagte ich. »So weit, so gut.«

Anne stellte eine Papiertragtasche auf den Boden. »Hier ist etwas zu essen für Sie, Seán. Es sollte reichen, bis die Gastgeber zurückkommen.« Ich bedankte mich. Michael gab mir den Schlüssel für die Haustür, und wir sagten einander gute Nacht.

Neben dem Schlafzimmer befand sich ein geräumiges, bequemes Wohnzimmer. Ich ging hinein, schaltete den elektrischen Kamin ein und setzte mich vor den Fernsehapparat. In den Nachrichten war noch immer von Blakes Flucht die Rede. Man zeigte nun Bilder des Wagens, und es hieß, Scotland Yard kenne den Besitzer, sei aber noch nicht bereit, den Namen bekanntzugeben. Man nehme an, es handle sich um einen zweiunddreißigjährigen Iren.

Ich hörte Schritte auf der Treppe, und die alte Dame trat ein. Sie war an die Siebzig, groß und hager und ganz in Schwarz gekleidet. Ich stand auf.

»Guten Abend, Madam.«

»Oh, guten Abend«, antwortete sie mit einer zitternden, aber kultivierten Stimme. »Ist der andere Herr schon da?«

»Nein, Madam, er kommt erst morgen.«

»Ich verstehe. Sie wissen, wo alles ist, ja?«

»Ja, ich glaube schon.«

»Gut. Das Badezimmer ist eine Treppe höher. Ich hoffe, Sie haben es bequem. Gute Nacht.«

»Gute Nacht, Madam.«

Sie ging langsam die Treppe hinunter.

Am nächsten Morgen lud sie mich ein, ihr beim Frühstück Gesellschaft zu leisten. Es gab Kaffee, Brot, Butter und zwei weiche Eier. Später ging ich aus, um Zeitungen zu holen. Ich wußte, daß nun schon jeder englische Polizist ein Foto von mir in der Tasche hatte, aber es war ein Foto, das ihm nicht viel nützte, denn es war vor fünf Jahren gemacht worden, bei meiner Einlieferung in Wormwood

Scrubs. Ich kam auf dem Weg zum Zeitungsstand an zwei Polizisten vorbei. In allen Zeitungen war der Wagen abgebildet.

Die Abendzeitungen sprachen dann schon offen davon, daß ein Ire gesucht wurde. Ich ging die Cromwell Road entlang und las meine eigene Personenbeschreibung. Sie war zwar ziemlich genau, aber trotzdem zwecklos. Jede Beschreibung, die auf *einen* Mann paßt, paßt auch auf eine Million andere. Wer sie liest, vergißt sie augenblicklich wieder. Er hat an anderes zu denken.

Blake traf gegen acht mit Michael und Anne ein. Sie kamen ins Wohnzimmer, und Blake streckte mir die Hand entgegen.

»Mein Freund«, sagte er. »Ich bin froh, Sie wiederzusehn.«

»Und ich freue mich, daß Sie es geschafft haben«, sagte ich.

Wir setzten uns und plauderten eine Weile, dann schaltete ich den Fernsehapparat ein. Noch immer die Flucht, nach sieben Tagen! Zwei höhere Beamte der Sonderabteilung des Scotland Yard waren nach Irland geflogen, teilte uns der Sprecher mit. Sie wollten die Mutter des gesuchten Iren besuchen und mit ihr über ihren Sohn sprechen. Man nahm an, daß sich vielleicht auch Blake in Irland versteckte.

»Hoffen wir, daß sie das noch lange glauben«, bemerkte Blake.

Michael stand auf, um sich zu verabschieden. »Hier werdet ihr wohl eine Weile sicher sein«, sagte er. Dann ging er mit Anne.

»Und wo sind Sie die ganze Woche gewesen?« fragte ich Blake.

Er schnitt eine Grimasse. »Du meine Güte«, sagte er. »Was für ein Erlebnis! Ich habe nicht die leiseste Ahnung, wo ich war, aber ich werde nie vergessen, *wie* es war. Ich wohnte bei einem Ehepaar. Die Leute starben vor Angst. Sie sperrten mich in ein Zimmer und hätten mich am liebsten überhaupt nicht herausgelassen. Das Essen wurde mir gebracht, und meine Notdurft mußte ich in einen Eimer verrichten. Vor ein Uhr morgens ließen sie mich nicht ins Badezimmer, um den Eimer auszuleeren. Und während des Tages verlangten sie von mir, daß ich nicht nur im Zimmer blieb, sondern sogar im Bett! Sie meinten, die Nachbarn könnten Verdacht schöpfen, wenn ich im Zimmer hin und her ginge.« Ich lachte. »So etwas wie Einzelhaft, wie?«

»Schlimmer«, sagte Blake. »Wer Einzelhaft hat, darf immerhin täglich eine Stunde spazierengehen. Und im Bett braucht er auch nicht zu liegen.«

»Haben Sie schon gegessen?«

»Ja, ich bekam mein Abendessen, bevor ich wegfuhr. Und Sie? Wie ist das hier geregelt?«

»Ich habe heute morgen mit der alten Dame gefrühstückt, aber mein Mittagessen kam aus dem Papiersack, den mir Anne gebracht hat. Ich nehme an, sie wird uns beide einladen, morgen mit ihr zu frühstücken.«

Ich hörte Schritte auf der Treppe und ging zur Tür, um die alte Dame zu begrüßen.

»Oh, guten Abend«, sagte sie. »Ist der andere Herr gekommen?«

»Ja, Madam, er ist da.«

Sie kam ins Zimmer und begrüßte Blake.

»Wenn Sie beide in der Küche mit mir essen wollen, habe ich eine Kleinigkeit für Sie.«

»Gern, Madam.«

Wir gingen mit ihr in die Küche hinunter.

»Nehmen Sie bitte Platz«, sagte sie in ihrer matronenhaften Art, und wir setzten uns. Sie legte vor jeden ein Messer und eine Gabel hin und brachte Gläser. Aha, dachte ich, ein Tropfen von dem »scharfen Zeug«. Dann stellte sie ein Tablett mit einigen Schnitten Schwarzbrot in die Mitte des Tisches, trat an den Gasherd, hob den Deckel von einem Topf und guckte hinein. »Hm«, machte sie. »Sieht gut aus!« Sie nahm einen großen Holzlöffel und begann den Inhalt auf unsere Teller zu schöpfen. Es war gekochter Blumenkohl... Blumenkohl und sonst nichts. Ich sah Blake an, und Blake sah mich an. Macht nichts, dachte ich. Da sind ja noch die Gläser.

»Oh, die Gläser!« sagte die alte Dame, als hätte sie in meinen Gedanken gelesen. Sie griff nach einem Krug und füllte ihn mit kaltem

Wasser. »Ich denke, ich esse ein bißchen mit«, fuhr sie fort. Sie tat sich etwas Blumenkohl auf einen Teller und setzte sich ans Kopfende des Tisches. Blake schob sich eine Gabelvoll von dem lauwarmen Gemüse in den Mund, kaute nachdenklich, machte eine beifällige Miene und sagte: »Köstlich!«

Die alte Dame gestattete sich den Schatten eines Lächelns und nickte gnädig. »Ja, er ist ganz frisch«, gab sie zu.

Am Sonntagmorgen war ich als erster auf. Blake und ich hatten in demselben Zimmer geschlafen – er im Bett, ich in einem Schlafsack auf dem Boden. Als ich ins Badezimmer ging, um mich zu rasieren, begegnete ich der alten Dame.

»Oh, guten Morgen!« sagte sie. »Ist der andere Herr schon aufgestanden?«

»Ja, Madam, er zieht sich gerade an.« In Wirklichkeit schlief Blake noch tief.

»Sehr gut. Wenn Sie beide in einer halben Stunde zu mir kommen wollen, gibt es ein Frühstück.«

Ich dankte ihr und ging mich rasieren. Dann weckte ich Blake. Das Frühstück war im Gegensatz zum Abendessen sehr ausgiebig. Wir bekamen reichlich Brot und Butter, Marmelade, je zwei weiche Eier und Kaffee, soviel wir wollten.

Später wollte ich Zeitungen holen, aber Blake war entsetzt.

»Ihnen scheint nicht klar zu sein, daß die Polizei des ganzen Landes Sie sucht«, sagte er. »Sie mehr als mich. Der gewöhnliche Polizist fühlt sich für mich gar nicht zuständig. Ich bin ein Fall für die Sonderabteilung des Yard und für den Secret Service. Für *Sie* aber ist er zuständig.«

»Gut«, sagte ich. »Dann gehe ich nicht.«

Eine halbe Stunde später kam jedoch die alte Dame ins Wohnzimmer.

»Entschuldigen Sie bitte«, sagte sie. »Würde es Ihnen wohl sehr viel ausmachen, ins nächste Lebensmittelgeschäft zu gehen und ein Paket tiefgekühlten Fisch für Claudia zu holen?« Blake und ich wechselten nervöse Blicke.

»Für Claudia?«

»Ja. Das ist meine Katze. Das arme Ding ist schon halb verhungert.«

»Ich verstehe. Natürlich gern, Madam, sehr gern.«

»Danke, das ist lieb von Ihnen«, sagte sie und ging wieder.

Ich sah Blake an und zuckte die Schultern. »Ich konnte nicht gut ablehnen, oder?«

»Nein«, gab er zu. »Das konnten Sie nicht.«

Unterwegs kam ich an zwei Polizisten vorbei, die plaudernd an der Ecke standen. Ich wußte, was ich zu tun hatte, wenn ich erkannt wurde: Ich mußte sie so weit wie möglich von unserem Versteck weglocken...

Ich nutzte die Gelegenheit und ging zum Zeitungsstand. Die Flucht stand noch immer auf den Titelseiten. Zwei Männer von der Sonderabteilung hatten mit meiner Mutter gesprochen. Sie hatte ihnen gesagt, ich sei vom 10. bis zum 15. Oktober in Limerick gewesen und dann in Geschäften nach Dublin gefahren. *Ich verstehe das nicht*, hatte sie einem Bericht zufolge gesagt. *Mein Sohn ist ein guter Junge. Er würde so etwas nicht tun.*

Ich gab der alten Dame den Fisch für Claudia und ging mit den Zeitungen nach oben. Blake spähte durch eine Ritze in den Jalousien in die Cromwell Road hinunter. Er blickte über die Schulter, als ich eintrat.

»Wissen Sie, das ist interessant«, sagte er.

»Was meinen Sie?«

»Als ich für die MI 6 arbeitete, hatte ich mein Büro in dieser Straße, gar nicht weit von hier.«

»Das ist allerdings interessant«, stimmte ich ihm bei. »Jetzt sitzen sie wahrscheinlich da drüben, kratzen sich den Kopf und fragen sich, wo Sie sind. Und Sie wohnen in derselben Straße!«

Wir aßen zu Mittag und zu Abend aus dem Papiersack. Im Fernsehen, in der Informationssendung der Polizei, wurden Zeugen gesucht, die der Polizei bei ihren Nachforschungen helfen konnten. Der Mann auf dem Bildschirm hielt einen Blumentopf und eine Stricknadel der Größe 13 in die Höhe und ersuchte Geschäftsleute, die solche Gegenstände kurz vor Blakes Ausbruch verkauft hatten, sich zu melden. »An die Stricknadeln sollte man sich eigentlich leicht erinnern«, sagte er. »Es wurden zwanzig davon für die Strickleiter verwendet, und jeder Geschäftsmann, der eine solche Menge auf einmal verkauft, muß sich Gedanken machen.«

In den Abendnachrichten sah man zwei Männer der Sonderabteilung aus einem Hotel in Limerick treten.

Es wurde elf, bis unser Gastgeber kam. Er war etwa vierzig Jahre alt, groß und schlank und sehr auffällig gekleidet. Das Haar trug er beinahe schulterlang. In der Hand hielt er ein großes Transistorradio.

Blake und ich standen auf und sagten guten Abend.

Er beachtete unseren Gruß nicht und fragte nur: »Wo ist Michael?«

Ich begriff sofort, daß unsere Tage in diesem Haus gezählt waren.

»Er ist nicht da«, antwortete ich. »Vermutlich ist er zu Hause.«

»Ich muß ihn anrufen.« Er stellte das Radio auf den Kaffeetisch und ging auf das Telefon zu. Plötzlich blieb er stehen und sah mich an. »Kann ich diesen Apparat überhaupt benutzen?« fragte er.

»Es wäre vielleicht klüger, es nicht zu tun.«

»Gut, dann rufe ich von einer Telefonzelle aus an.« Er verließ das Haus.

»Ich habe ganz entschieden den Eindruck, daß wir hier nicht sehr willkommen sind«, sagte ich zu Blake. »Hier muß ein Mißverständnis vorliegen.«

»Sie könnten recht haben«, erwiderte er, »aber warten wir ab.«

Nach einer Viertelstunde kehrte unser Gastgeber zurück, noch immer mit finsterer Miene.

»Michael ist unterwegs«, berichtete er.

Eine junge Frau trat ins Zimmer. Ich schätzte sie auf Ende zwanzig.

»Meine Frau«, sagte unser Gastgeber. Wir gaben ihr die Hand. Sie sah ebenso sorgenvoll drein wie er. »Wir könnten etwas essen, während wir auf Michael warten«, schlug der Mann vor. »Die liebe alte Dame hat etwas für uns zubereitet, was ich ganz reizend von ihr finde.«

Wir zogen alle in die Küche hinunter.

Während des Essens begann unser Gastgeber ein wenig aufzutauen. Wir sprachen von den Aufregungen der vergangenen Woche, ohne auf die Einzelheiten des Ausbruchs oder unsere Zukunftspläne einzugehen.

Es war Mitternacht, als Michael und Anne eintrafen. Wir setzten uns zu einer Besprechung ins Wohnzimmer. Es wurde mir bald klar, daß Michael mit den Nerven am Ende war. Panik lag in der Luft. Unser Gastgeber hatte nicht geahnt, daß er gebeten worden war, den Mann zu beherbergen, der im ganzen Lande gesucht wurde wie kein zweiter. Das Haus war auch tatsächlich nicht sehr sicher. Unser Gastgeber war Schriftsteller und hatte viele Besucher. Außerdem beschäftigte er eine Sekretärin, die täglich sieben Stunden im Hause arbeitete. Sie mußte wohl oder übel die beiden erwachsenen Männer bemerken, die das Haus offenbar nie verließen. Und manchmal kamen Verwandte zu Besuch.

»Ich glaube«, sagte ich schließlich, »das Problem ist nur halb so groß, wenn ich in die andere Wohnung zurückkehre. Die Miete ist für einen Monat bezahlt. Solange mein Foto nicht veröffentlicht wird, bin ich dort ziemlich sicher.«

»Ja, das ist vielleicht das beste«, stimmte Michael zu. Er wandte sich an Blake: »Ich weiß einen Ausweg für Sie. Sie könnten in die russische Botschaft gehen.«

Blake starrte ihn mit offenem Munde an.

»In die russische Botschaft?«

»Ja«, sagte Michael drängend. »Ich habe mich erkundigt. Es ginge ganz einfach. Ich bringe Sie im Kofferraum des Wagens hin und sage, ich wollte ein Visum beantragen. Hinter dem Gebäude gibt es einen Hof, wo Sie aussteigen können, ohne von den Leuten der

Sonderabteilung gesehen zu werden, und Sie betreten die Botschaft durch die Hintertür. Ich versichere Ihnen, es läßt sich machen. Ich habe mir alles genau angesehen.« Michael sprach rasch und mit großer Eindringlichkeit.

Blake war verblüfft. »Aber das wäre reiner Wahnsinn! Selbst wenn ich vor den Augen der Sonderabteilung hineinkäme – was ich nicht einen Augenblick glaube –, wäre doch nichts gewonnen. Ich müßte wieder herauskommen, um das Land verlassen zu können. Warum sollte ich mich in einem Gebäude verstecken, das von der Polizei besonders gründlich beobachtet wird und das ich nicht wieder verlassen kann, ohne geschnappt zu werden? Ich möchte kein zweiter Kardinal Mindszenty sein. Lieber gehe ich morgen wieder nach Wormwood Scrubs zurück. Im Gefängnis lebe ich viel bequemer als in einer Botschaft. Ich habe mehr Platz, mehr Annehmlichkeiten – und die zwar vage, aber nicht völlig unbegründete Hoffnung auf Entlassung. Wenn ich aber in die russische Botschaft gehe, wähle ich freiwillig lebenslängliche Einzelhaft. Und bedenken Sie, daß mir die Russen ganz bestimmt nicht dankbar wären. Sie könnten sich sogar verpflichtet fühlen, mich den Briten auszuliefern.«

»Aber es würde doch niemand wissen, daß Sie dort sind«, wandte Michael ein. »Und später könnten die Russen Sie hinausschmuggeln.«

»Glauben Sie nur das nicht«, sagte Blake mit Nachdruck. »Selbst wenn es mir gelänge, in die Botschaft hineinzukommen, würde es der Secret Service binnen weniger Stunden wissen, das kann ich Ihnen versichern.«

»Ich meine trotzdem, Sie sollten es versuchen«, sagte Michael beharrlich. »Vielleicht ist es nicht so schlimm, wie Sie glauben.«

»Michael«, sagte Blake entschieden, »das ist der Rat der Verzweiflung.«

Einen Augenblick schwiegen wir alle, dann hatte Michael einen neuen Einfall:

»Nehmen wir an, ich gehe zur Botschaft und bitte um Hilfe. Ich

könnte den Leuten sagen, wo Sie sind, und alles weitere ihnen überlassen.«

»Das wäre äußerst gefährlich«, entgegnete Blake. »Es besteht die
hohe Wahrscheinlichkeit, daß Sie nach einem solchen Besuch vom
Secret Service beschattet werden; auch wenn Sie vorgegeben haben,
lediglich um ein Visum ansuchen zu wollen.«

An diesem Punkt sah ich mich gezwungen einzugreifen.

»Michael«, sagte ich, »sobald du in die russische Botschaft gehst,
nimmt der ganze Fall eine andere Schattierung an. Wir wären im
gleichen Augenblick russische Agenten.«

Er sah mich nachdenklich an. »Ja, da hast du recht«, sagte er. »Und
ich möchte nicht als Sowjetagent abgestempelt werden.«

»Ganz zu schweigen von der Gefängnisstrafe, die das mit sich bringen würde«, fuhr ich fort. »Fünfzehn Jahre für Landesverrat statt
fünf Jahre für Beihilfe zur Flucht.«

Diese Feststellung, so nötig sie war, trug nur dazu bei, die nervöse
Spannung und das Gefühl der Angst und Verzweiflung zu erhöhen.

»Wie dem auch sei«, sagte unser Gastgeber schließlich, »Sie können
im günstigsten Falle damit rechnen, daß Sie in meinem Hause noch
drei oder vier Tage sicher sind.«

Michael seufzte. »Wenigstens noch eine kleine Atempause!«

Wir beschlossen, alles weitere am folgenden Abend zu besprechen,
und dann gingen Michael und Anne. Es war schon zwei Uhr morgens.

Am nächsten Tag, es war Montag, der 31. Oktober, debattierte das
Unterhaus das Mißtrauensvotum gegen den Innenminister. Mr.
Jenkins zog sich jedoch so glänzend aus der Affäre, daß er seine Po-
sition im Unterhaus und in der Öffentlichkeit nur noch festigte.
Man hörte sogar Andeutungen, daß er der nächste Premierminister
sein könnte. Der Premier selbst stand auf und versicherte dem
Haus, Blake stelle für die Sicherheit des Landes keine Bedrohung
mehr dar.

»Wir haben ihm also nicht geschadet«, bemerkte ich zu Blake.

Er lachte. »Im Gegenteil!«

Den ganzen Tag hörten wir das leise Klappern der Schreibmaschine, während unser Gastgeber im Erdgeschoß mit seiner Sekretärin arbeitete. Seine Frau holte die Zeitungen. Wir erfuhren, daß die Polizei schon in meinem alten Zimmer in der Perryn Road gewesen war. Das überraschte mich nicht, denn ich hatte mich nie bemüht, diese Adresse geheimzuhalten. Die Gefängnisverwaltung hatte mir sogar meine Post in die Perryn Road nachgeschickt. Die Zeitungen brachten Fotos von dem Haus und von Mrs. Smith, die lächelnd vor der Tür stand, und es wurde von einer drei Meter langen Antenne berichtet, die die Polizei mitgenommen hatte.

Michael und Anne kamen kurz vor sechs, und wir setzten uns alle vor den Fernsehapparat, um die Nachrichten zu sehen, bevor wir mit unserer Diskussion begannen. Was wir sahen, konnte immerhin unsere Überlegungen beeinflussen. Es gab einen Bericht über die Unterhausdebatte, und die Regierung hatte natürlich eine große Stimmenmehrheit. Dann wurde das Haus in der Perryn Road gezeigt, und die Kamera nahm sogar mein altes Zimmer auf. Mrs. Smith wurde im Vorgarten über mich ausgefragt, und der Reporter hielt ihr ein Mikrofon vors Gesicht.

»Was für ein Mensch war er?«

»Er blieb eigentlich immer für sich allein, aber ein netter Mann, wirklich, immer elegant angezogen und sehr redegewandt... o ja, er drückte sich sehr gewählt aus. Ich hätte ihm nicht zugetraut, daß er sich auf so etwas einlassen würde. Er zog hier ein und sagte, er wolle nach Irland zurück. Später schickte er mir auch eine Ansichtskarte von dort.«

Michael grinste. »Sie hält anscheinend sehr viel von dir!«

»Ich glaube, sie war in ihn verliebt«, sagte Anne lächelnd.

Die Atmosphäre war bei weitem nicht so gespannt wie am Abend zuvor. Die Panikstimmung schien verflogen. Michael sagte, er sei überzeugt, daß es ihm gelingen werde, ein Versteck für Blake zu finden.

Während wir uns unterhielten, gingen wir in das Schlafzimmer, das Blake und ich bewohnten. Das Gespräch verlief ruhig und reibungslos. Nach einem kurzen Schweigen setzte unser Gastgeber auf eine höchst lässige Weise zu einer Erklärung an, und sein Tonfall war so unbekümmert, daß wir nichts Schlimmes ahnten.

»Was meine Frau und mich betrifft«, begann er, »gibt es allerdings eine Kleinigkeit in unserem Privatleben, die – wie soll ich sagen? – eine gewisse Auswirkung auf Ihre Lage haben könnte. Meine Frau macht im Augenblick eine psychoanalytische Behandlung durch. Nun ist, wie Sie wissen, eine wesentliche Voraussetzung für den Erfolg einer solchen Behandlung, daß sie ihrem Arzt gegenüber unbedingt aufrichtig ist. Sie muß ihm ehrlich von allen Belastungen berichten, denen sie zu Hause ausgesetzt ist und die irgendeinen Einfluß auf ihre Stimmung und Gemütsverfassung haben können.« Er sah zuerst mich an und dann Blake. »Und das geht nun Sie beide an.«

Ein peinliches Schweigen folgte. Aller Augen waren auf unseren Gastgeber gerichtet. Dann sprach Blake:

»Sie meinen«, begann er unsicher, »daß sie sich verpflichtet fühlen könnte, ihrem Arzt von uns zu erzählen?«

»Oh, das hat sie ja schon getan!«

Michael und Anne saßen da wie gelähmt. Blake öffnete den Mund, brachte aber kein Wort hervor. Die Frau des Hauses stand blaß und mit verkniffenem Gesicht neben ihrem Mann und nickte bestätigend. Blake wandte sich an sie, sein Gesicht drückte Bestürzung und Ungläubigkeit aus.

»Ihr ... äh ... Psychoanalytiker *weiß* also, daß wir in diesem Hause sind?« stotterte er.

»Ja und nein«, antwortete die Frau. »Ihre Namen habe ich ihm nicht genannt. Ich sagte ihm nur, daß ich nervös sei, weil wir zwei Männer versteckten, die von der Polizei gesucht würden. Das ist alles.«

Es war ganz still im Zimmer. Niemand rührte sich, niemand atmete. Blake starrte sie mit großen Augen an.

»Und was sagte Ihr . . . äh . . . Psychoanalytiker?« fragte er mit unsicherer Stimme.

»Ach, er dachte, ich phantasierte«, sagte die Frau gekränkt. »Er sagte, ich hätte mich zu sehr beeindrucken lassen von dem Rummel um den Spion George Blake, der aus dem Gefängnis ausgebrochen ist. Er meinte, das gäbe sich wieder.«

Das Schweigen war mit Händen zu greifen. Niemand wagte zu sprechen, niemand wußte, was er sagen sollte. Die Situation war so bizarr, daß sie komisch gewesen wäre, wenn nicht die Freiheit aller im Raum Anwesenden auf dem Spiel gestanden hätte. Blake war sichtlich erschüttert, aber sein Blick verriet einen Entschluß.

»Gut«, stammelte er und bemühte sich verzweifelt, ruhig zu bleiben. »In Anbetracht dessen, was Sie uns soeben eröffnet haben, tun wir wohl am besten daran, sofort in die High . . .« Er unterbrach sich gerade noch rechtzeitig ». . . in unsere frühere Wohnung zurückzukehren.« Mein eigener Kommentar war stumm, aber nicht minder beredt. Ich hatte mich schon bevor Blake zu sprechen begann, darangemacht, meinen Koffer zu packen. Ich wartete buchstäblich darauf, daß man uns im nächsten Augenblick die Haustür einrannte. Nach einigem Hin und Her ließ sich Blake dazu überreden, noch eine Nacht in der Cromwell Road zu bleiben und dann direkt sein neues Versteck aufzusuchen, anstatt mit mir in die alte Wohnung zu fahren. Ich war erleichtert, daß niemand so unklug gewesen war, die Highlever Road in Gegenwart der Frau unseres Gastgebers namentlich zu erwähnen, denn wir hatten keinen Grund anzunehmen, daß die Dame ihrem Psychoanalytiker gegenüber in Zukunft weniger offenherzig sein werde als bisher.

Michael und Anne fuhren nach Hause, und unser Gastgeber machte sich erbötig, mich zu meiner früheren Wohnung zu bringen. Ich war von diesem Angebot nicht begeistert, konnte es aber nicht gut ablehnen.

Eine halbe Stunde später setzte er mich im Ladbroke Grove ab, und wir verabschiedeten uns. Ich ging den knappen Kilometer durch die

Oxford Gardens zur Highlever Road und kaufte unterwegs eine Flasche Whisky. In der Wohnung angekommen, zündete ich die Gasheizung an, schenkte mir ein Glas ein und setzte mich in den Fauteuil, um mich zu beruhigen. Ein wenig sicherer fühlte ich mich, aber auch enttäuscht und gescheitert. Es war nicht angenehm, ganz von anderen abzuhängen. Michael, Anne und Pat waren vortreffliche Menschen, aber darum war es nicht leichter für mich, ihnen für jeden Penny danken zu müssen. Ich hätte lieber selbst genug Geld gehabt, um unabhängig zu sein und meine Entscheidungen frei treffen zu können. Aber dann dachte ich wieder, daß keine noch so hohe Summe die Hilfe erkaufen konnte, die diese Menschen leisteten. Man kann die Dienste professioneller Verbrecher kaufen und sich skrupellosen Leuten ausliefern, die nicht zögern, einen an den Meistbietenden zu verraten. Aber Menschen wie Michael, Anne und Pat kann man nicht kaufen. Das war der wesentliche Unterschied. Bei ihnen durfte ich mich sicher fühlen, denn ich wußte, daß sie auf meiner Seite standen, weil sie es selbst *wollten*.

Ich verlebte eine ruhige Woche und ging täglich aus, um meine Einkäufe zu machen und die Zeitungen zu holen. Am Mittwochmorgen, als die Hauswirtin mit einer Gehilfin kam, um aufzuräumen, spannte ich einen Bogen Papier in meine Schreibmaschine und hämmerte wild auf die Tasten. Ich begann in dem Augenblick, da sie das Haus betraten, und blieb dabei, bis sie mit allen Räumen fertig waren. Alles in allem ergab das ein Nonstop-Tippen von etwa zwei Stunden.

(Später, in Moskau, las ich in einer Zeitung, die Hauswirtin habe ausgesagt, ich hätte ständig vor der Schreibmaschine gesessen.)

Am Donnerstag rief Michael an, und wir verabredeten ein Treffen in der Station Great Portland Street. Während wir uns unterhielten, gingen wir durch die Albany Street und am Regent's Park vorbei. Michael berichtete mir, daß Blake nun in Pat Porters Wohnung untergebracht sei. Wir machten aus, daß ich am Montag ebenfalls dort einziehen sollte. Das war zufällig Blakes Geburtstag, und wir wollten ihn feiern. Alle hatten sich beruhigt, und die Zukunft sah wieder recht rosig aus.

Die Ausreise

Am Montag, dem 7. November, kam ich am Nachmittag mit einem
Koffer in Hampstead an. Die Wohnung in der Highlever Road hatte
ich nicht aufgegeben. Ich wollte sie mir für den Notfall in Reserve
halten und hatte sogar einen Teil meiner Habe dort zurückgelassen,
unter anderem die Schreibmaschine, den Fernsehapparat, das Tonbandgerät und die beiden Funksprechgeräte.

Von der U-Bahn-Station ging ich zu Fuß in Pats Wohnung. Michael
hatte mir das verabredete Signal gesagt. Ich drückte zweimal kurz
hintereinander auf den Klingelknopf, wartete einige Sekunden und
klingelte noch zweimal kurz. Blake öffnete mir.

»Da sind Sie ja!« sagte er. Er lächelte übers ganze Gesicht und sah
viel glücklicher aus als bei unserem letzten Zusammensein.

»Wo ist Pat?«

»Bei der Arbeit«, antwortete Blake. »Vor fünf kommt er nicht nach
Hause.«

»Ja, ich erinnere mich. Also dann: Alles Gute zum Geburtstag.«

»Danke.«

Pat kam, mit Vorräten beladen, kurz nach fünf, und um sieben läu-
teten Michael und Anne an der Tür. Es gab ein köstliches Geburts-
tagsessen mit einer Menge Wein. Um elf gingen Michael und Anne
wieder.

Die Wochen in Hampstead verliefen ereignislos. Pat ging täglich
von neun bis fünf seiner Arbeit nach, und wenn er nach Hause kam,
brachte er die Lebensmittel für die eine große Mahlzeit mit, die wir
uns täglich zubereiteten. Ich war am Morgen meistens schon vor

Blake auf und brachte ihm eine große Tasse Tee in sein Zimmer. Da Pats Wohnung zwei Schlafzimmer hatte, brauchte ich nicht mehr mit Blake in einem Zimmer zu schlafen. Ich hatte endlich einen Raum für mich allein. »Das ist außerordentlich liebenswürdig von Ihnen«, murmelte Blake, wenn ich mit dem Tee kam, und dann setzte er sich mühsam im Bett auf.

Die erste halbe Stunde des Tages trieben wir Gymnastik. Blake, der ein begeisterter Turner war, spielte den Lehrer. Wir betrachteten die Übungen als sehr notwendig, da wir sonst keine Bewegung hatten. Eines Tages lernte ich einen Charakterzug Blakes kennen, von dem ich bis dahin nichts geahnt hatte. Ich saß mit ausgestreckten Beinen auf dem Boden und sollte mich vorbeugen und meinen Kopf an die Knie drücken, ohne diese zu beugen. Das wollte mir nicht gleich gelingen. »Ich helfe Ihnen«, sagte Blake. Er stand hinter mir, legte mir die Hände in den Nacken, setzte mir ein Knie in den Rücken und begann, meinen Kopf und meine Schultern nach unten zu drük-ken. Plötzlich schien er die Beherrschung zu verlieren. »Runter! Runter! Runter!« zischte er durch die Zähne. Ich spürte sein Knie schmerzhaft im Rücken, er drückte mich mit brutaler Kraft nieder, bis meine Stirn die Knie berührte, und hielt mich einige Sekunden in dieser Stellung fest. »Runter, runter, runter!« wiederholte er, und sein Körper verkrampfte sich in einer großen Erregung, die sich mir durch seine Finger mitteilte, die meinen Hals wie Krallen umklammerten. Plötzlich ließ er los und richtete sich auf. Ich sah ihn überrascht an. Er war noch erregt und rot im Gesicht. Dann begann er zu lachen, aber sein Lachen klang nervös und gezwungen, und ich wußte, es war ihm klar, daß er zu weit gegangen war und etwas von sich verraten hatte. Was er getan hatte, war brutal und gemein – ich konnte es nicht anders nennen.

In der ersten Woche blieb ich in der Wohnung, aber danach ging ich regelmäßig aus, um einzukaufen oder unsere Wäsche in eine Schnellwäscherei in der Hampstead High Street zu bringen. Auf dem Wege dorthin kam ich am Polizeirevier vorbei, und ich blieb oft stehen, um die ausgehängten Steckbriefe zu lesen. Auf dem Gehsteig begegnete ich ständig Polizisten. Sie erkannten mich nicht, weil sie nicht nach mir suchten.

Die Mountbatten-Untersuchung löste im ganzen Lande eine Serie von Ausbrüchen aus, und Blake und ich fanden das recht unterhaltsam. Die Insassen der britischen Gefängnisse schienen zu befürchten, daß sie keine Chance mehr hatten zu entkommen, wenn sie es nicht sofort probierten.

Eine weitere Quelle der Unterhaltung war der unaufhörliche Strom der »Experten«, die auf dem Fernsehschirm erschienen, um ihre Theorien über die Flucht des Meisterspions zu verkünden. Eine komplizierte Erklärung klingt stets glaubwürdiger als eine einfache, und das wußten offenbar auch diese »Fernseh-Theoretiker«. Einer behauptete, ich hätte es mit Hilfe der Irischen Republikanischen Armee gemacht, und sowohl Blake als auch ich selbst würden von dieser Organisation in Irland versteckt. Und warum hatte es die IRA getan? Nicht weil sie prokommunistisch, sondern weil sie antibritisch war.

Die interessanteste Theorie stammte jedoch von einem ausländischen Journalisten mit einem starken mitteleuropäischen Akzent. Seiner Meinung nach war die ganze Sache unter der Leitung des KGB wie eine militärische Operation aufgezogen worden. Blake hatte England noch am Abend nach dem Ausbruch verlassen und war mit einer Eskorte tschechischer Geheimagenten per Flugzeug, Hubschrauber und Auto durch Europa gereist. Der Fluchtweg wurde auf einer Karte gezeigt, und man nannte sogar die Namen der Hotels, in denen Blake angeblich übernachtet hatte. Wo hatte der Mann diese Informationen her? Aus osteuropäischen Quellen, hieß es, die aus naheliegenden Gründen nicht preisgegeben werden konnten. Blake und ich erwogen die Möglichkeit, daß das KGB diese Geschichte in Umlauf gebracht hatte, um die Briten irrezuführen und Blake die Flucht nach Rußland zu erleichtern. In Moskau erfuhren wir jedoch, daß dem nicht so war.

In der zweiten Woche unseres Aufenthalts in Hampstead besorgte ich mir für den Bedarfsfall einen falschen Paß. Das war nicht schwer. Ich ließ die Fotos ganz offen in einem Atelier im Hampstead anfertigen und gab als Namen Kennedy an. Dann ging ich in ein Lokal in einer Seitenstraße der Tottenham Court Road und wandte mich an einen Mann, den ich schon vor meiner Entlassung durch die Vermittlung eines Heiminsassen kennengelernt hatte. Binnen 24 Stunden hatte ich meinen Paß, ausgestellt auf den Namen James Richardson, britischer Staatsbürger, Architekt, wohnhaft in Oxford Gardens, London W. 10.

Blake prüfte den Paß mit Interesse. »Als ehemaliger britischer Vizekonsul, zu dessen Obliegenheiten es gehörte, solche Dinger auszustellen, kann ich Ihnen versichern, daß das eine sehr saubere Arbeit ist«, sagte er lächelnd.

Wir bekamen nicht selten Besuch, während Pat bei der Arbeit war. Am Samstag kam der Milchmann kassieren, und ab und zu läutete ein Nachbar und fragte nach irgend etwas. Wir öffneten immer; allerdings nicht ohne gewisse Vorsichtsmaßregeln. Blake ging in sein Zimmer und sperrte die Tür ab. Dann machte er das Fenster weit auf, um im Notfall über den Hinterhof zur nächsten Straße laufen zu können. Wir wußten natürlich, daß die Sonderabteilung die ganze weitere Umgebung abriegeln würde, wenn sie uns in dieser Wohnung vermutete, aber wir fanden, daß wir dennoch einen letzten Versuch unternehmen müßten. Als es auf Weihnachten zuging, kamen immer öfter Sänger an unsere Tür. Wenn sich Blake in sein Zimmer eingeschlossen hatte, machte ich vorsichtig auf, und da stand dann irgend so ein Bürschchen von vielleicht fünf Jahren, sah mich mit engelhafter Unschuld an und sang »O kommt, ihr Gläubigen alle!«

Eines Tages erschien ein Besucher, der nicht so unschuldig war: ein Angestellter der Firma, der die Wohnungen gehörten. Ich mußte ihn einlassen, denn er war gekommen, um zu inspizieren. Während er sich in der Küche aufhielt, klopfte ich an Blakes Tür. Ein von innen abgesperrtes Schlafzimmer konnte verdächtig wirken. Ich sagte Blake flüsternd, wer der Mann war. »Wenden Sie den Rücken zur Tür und machen Sie Ihr Bett«, schlug ich vor.

Der Mann kam aus der Küche und sah sich im Wohnzimmer um. Er warf einen Blick zu Blake hinein, der sich bückte, um das Leintuch unter die Matratze zu stecken, und uns den Rücken kehrte, dann sagte er zu mir:

»Scheint ja alles in Ordnung zu sein. Wenn Sie irgendwelche Beschwerden haben, wenden Sie sich bitte an mich.«

»Selbstverständlich.« Ich brachte ihn zur Tür und sah ihm nach, während er den Weg zur Straße hinausging.

Blake war ein wenig beunruhigt. »Ich frage mich, ob er wirklich ist, was er zu sein vorgibt«, sagte er nachdenklich.

»Er hat mir seinen Ausweis gezeigt«, sagte ich.

»Das hat nichts zu bedeuten«, winkte Blake ungeduldig ab. »Die Sonderabteilung des Scotland Yard hat eine ganze Sammlung aller möglichen Ausweise. Ihre Leute können in jeder Rolle auftreten, als Stadtbaumeister oder Gasmann. Ich muß es schließlich wissen.«

»Allerdings!«

Wir hätten uns jedoch keine Gedanken zu machen brauchen. Es geschah nichts.

Ein andermal kam ein Polizist von der Straße herein und verschwand im Haupteingang unseres Blocks, aber obwohl Blake und ich ihn kommen sahen, waren wir nicht sehr besorgt. »Von einem einzelnen Beamten in Uniform haben wir nichts zu befürchten«, sagte ich. »Wenn Scotland Yard nur den leisesten Verdacht hätte, würde das Haus von allen Seiten her von hundert bewaffneten Beamten in Zivil gestürmt werden.«

Blake nickte zustimmend. Ich hielt weiter Ausschau am Fenster, und nach einer Weile kam der Polizist wieder aus dem Haus und ging auf die Straße hinaus.

»Der Mann wird nie erfahren, wie nahe er heute an seiner Beförderung zum Sergeanten vorbeispaziert ist«, sagte ich, und Blake lachte. Während unseres Aufenthalts in Hampstead kamen Michael und Anne jeden dritten oder vierten Abend zum Essen, und wir diskutierten Blakes Ausreise aus Großbritannien. Er hatte keine große Lust, sich hinter den Eisernen Vorhang zu begeben. Lieber wäre er in ein neutrales Land gegangen, von dem man erwarten durfte, daß es ihn nicht an die Briten auslieferte. In erster Linie dachte er an Ägypten. Er gab mir nie eine Erklärung, aber ich nehme an, er wußte damals nicht recht, wie man ihn in Rußland aufnehmen würde.

In Anbetracht unserer äußerst beschränkten Mittel mußten wir uns jedoch bald zu der Einsicht bequemen, daß Blake keine andere Wahl blieb, als am nächstgelegenen Punkt die Grenze nach Osteuropa zu überschreiten. Deutschland kam am ehesten in Frage, zumal Blake fließend deutsch sprach.

Unklar war nur noch das Wie. Es gab für Blake grundsätzlich zwei Möglichkeiten, das Land zu verlassen. Er konnte offen mit einem falschen Paß reisen oder in einem Fahrzeug versteckt. Wir debattierten lange über die Vor- und Nachteile beider Methoden.

»Ich sehe es so«, sagte ich schließlich: »Wenn George offen reist – gleich, wie gut maskiert –, muß er an jeder Grenze den Paß- und Zollbeamten von Angesicht zu Angesicht gegenübertreten. Reist er andrerseits in einem Fahrzeug versteckt, braucht er niemanden zu sehen, außer das Fahrzeug selbst wird als verdächtig untersucht.«

Nach weiteren Diskussionen entschieden wir uns für ein Fahrzeug. Als nächstes ergab sich die Frage, wer es fahren sollte. Ich hätte es gern selbst getan, aber Michael wies sofort auf die Gefahren hin: »Wenn du erkannt wirst, Seán, entdeckt man automatisch auch George, denn dann wird natürlich das ganze Fahrzeug auseinandergenommen.«

»Wenn er aber durchkommt, schlägt er zwei Fliegen mit einer Klappe«, meinte Pat.

»Richtig, aber das Risiko ist zu groß. Wir würden Scotland Yard die Chance geben, die beiden am eifrigsten gesuchten Männer ganz

Englands auf einmal zu schnappen.« »Aber was bleibt mir sonst übrig?« fragte Blake.

Michael zögerte eine Weile, dann sagte er: »Der Wagen muß von jemand gefahren werden, den die Polizei nicht sucht... Ich selbst fahre ihn.«

»Und ich komme mit«, warf Anne rasch ein. »Das sieht dann noch unverdächtiger aus.«

»Das ist außerordentlich großzügig von Ihnen«, sagte Blake ernst. »Sie nehmen eine sehr große Gefahr auf sich.«

Michael zuckte die Schultern. »Es gibt keine andere Möglichkeit.«

Zwei Wochen später hatte Michael ein gebrauchtes »Dormobile« gekauft. Es hatte eine kleine Kochgelegenheit und ein Bett hinter dem Führersitz. Das Bett bestand aus einem Klappbrett, das mit einem Scharnier auf einer etwa 60 cm hohen Kommode befestigt war, die eine einzige große Schublade enthielt. Diese Lade war etwa 1,68 m breit und 78 cm tief und diente zur Aufbewahrung des Bettzeugs. Wir nahmen das hintere Brett ab, verkürzten die Lade auf 38 cm und setzten das Brett wieder ein. Wenn nun die Lade ganz hineingeschoben wurde, blieb hinter ihr ein Hohlraum frei, der gerade groß genug war, um Blake aufzunehmen, wenn er sich ganz schmal machte. Auf den Boden legten wir eine Schaumgummimatte, um Blake die Reise im Versteck ein wenig bequemer zu machen. Wir setzten die Abreise auf Samstag, den 17. Dezember 1966, fest.

An diesem Abend fuhren Michael und Anne um sechs Uhr mit dem Dormobile vor. Pat hatte sich stundenlang Mühe gegeben, ein köstliches Essen zuzubereiten. Es gab in Milch gebackenen Fisch mit dünn geschnittenen Kartoffeln. Michael, Anne und Blake selbst tranken nur wenig Wein, aber Pat und ich bedienten uns reichlich. Die Atmosphäre war die einer beherrschten Nervosität. Wir hatten beschlossen, daß der Wagen den Kanal zwischen Dover und Ostende überqueren, durch Belgien und Westdeutschland bis zur Grenze der DDR und von dort aus auf der Autobahn nach Berlin fahren sollte. Blake sollte kurz vor Berlin auf dem Gebiet der DDR abgesetzt werden, während Michael und Anne nach Berlin weiterfuhren. Dort sollten sie einen Tag bleiben und dann auf demselben Wege nach England zurückkehren.

Auch über meine eigene Ausreise hatten wir uns unterhalten. Ich war dafür gewesen, nach Irland zu gehen und mich der Auslieferung mit der Begründung zu widersetzen, daß ich ein »politisches Verbrechen« begangen hätte, etwa ebenso wie wenn ich einem Angehörigen der Irischen Republikanischen Armee bei der Flucht behilflich gewesen wäre. Meine Freunde waren über diesen Plan entsetzt und hielten mir vor, daß ich in einem katholischen Irland, das wirtschaftlich von Großbritannien abhing, auf keine Sympathien hoffen durfte, da Blake Kommunist war und zum Schaden Großbritanniens für Rußland spioniert hatte. Widerstrebend gab ich nach und erklärte mich bereit, ebenfalls nach Osteuropa zu gehen, jedoch nur für kurze Zeit.

»Sie kommen mir also bestimmt nach Ostdeutschland nach?« fragte Blake.

»Ja.«

»Können wir ein endgültiges Datum festsetzen, damit ich den Leuten sagen kann, wann Sie kommen und wann man Sie erwarten soll?«

Ich zog ein Stück Papier aus der Tasche und konsultierte meine Aufzeichnungen. »Ja«, sagte ich und trank einen Schluck Rotwein. »Ich fahre hier am Silvesterabend ab, genau zwei Wochen nach Ihnen. Um 20 Uhr 30 besteige ich auf dem Victoria-Bahnhof den Zug London–Paris. Er geht um 21 Uhr ab und kommt am Neujahrstag um 8 Uhr morgens auf dem Gare du Nord an. Ich fahre sofort nach Orly und nehme ein Flugzeug nach Westberlin. Dort übernachte ich, und am Montag, dem 2. Januar 1967, gehe ich um 10 Uhr vormittags am Checkpoint Charlie nach Ostberlin hinüber.«

»Klingt ganz einfach«, sagte Blake und lehnte sich lächelnd zurück.

»Wenn Sie einen Paß haben, müßte es ohne weiteres klappen. Ich weiß aus Erfahrung, daß es kein Problem ist, von Westberlin nach Ostberlin zu kommen. Jeder, der einen Paß einer der Besatzernationen besitzt, hat das Recht, sich frei in ganz Berlin zu bewegen. So steht es im Potsdamer Abkommen.«

Anne sah auf ihre Uhr. »Halb acht«, sagte sie. »Die Fähre geht um Mitternacht, und wir müssen um elf an Bord sein.«

»Richtig«, pflichtete Michael ihr bei. »Es wird Zeit, daß wir fahren.«

Pat schenkte noch einmal Wein ein und hob sein Glas. »Auf eine glückliche Reise«, sagte er mit ernster Miene.

Wir standen auf und stießen miteinander an. »Auf eine glückliche Reise«, wiederholten wir im Chor.

Michael holte ein kleines braunes Paket hervor, nahm das Packpapier ab und hielt eine Gummiwärmflasche in die Höhe. »Sie werden sehr lange in dem engen Raum hinter der Lade stecken«, sagte er zu Blake. »Von hier bis Dover und auf alle Fälle auf dem Fährschiff bis Ostende. Neun oder zehn Stunden alles in allem. Sollte sich die Natur zur unrechten Zeit melden, wird es nützlich sein, das hier zu haben.« Er schraubte den Verschluß ab und steckte den Zeigefinger in das Loch. »Ich hoffe, es hat die richtige Größe.« Anne lachte und Blake wurde rot.

Wir gingen auf die Straße hinunter. Der Wagen stand etwa zwanzig Meter weiter. Es war niemand zu sehen. Michael und Anne stiegen mit Blake hinten ein, und ich machte die Tür hinter ihnen zu. Dann setzte ich mich ans Steuer, um die Straße vor mir im Auge zu behalten, während Pat auf dem Gehsteig blieb, um in die andere Richtung zu sehen. Ich blickte über die Schulter. Michael hob das Klappbrett auf, das die Bettunterlage bildete, und ich sah die mit Decken und Bettwäsche gefüllte verkürzte Lade und den Hohlraum dahinter. Blake stieg mit seiner Wärmflasche hinein und blieb aufrecht auf der Schaumgummimatte sitzen. Pat setzte sich neben mich und reichte die Hand nach hinten. Blake streckte den Arm aus und ergriff sie. »Leben Sie wohl, George«, sagte Pat ernst. »Ich hoffe, wir sehen uns wieder einmal.«

»Das hoffe ich auch«, sagte Blake. »Und ich bin sicher, daß wir uns noch einmal begegnen. Danke für alles, Pat.«

»Nichts zu danken.«

Dann beugte ich mich über die Rückenlehne des Fahrersitzes und drückte Blake die Hand.

»*Au revoir*«. sagte er nur.

»*Au revoir*«, erwiderte ich. »Wir sehen uns in vierzehn Tagen.«

Blake sah uns alle vier nacheinander an; er blickte lange in unsere ernsten Gesichter und machte selbst eine bange Miene, dann legte er sich sehr langsam – nur widerstrebend, schien es – in seinem sargähnlichen Abteil nieder. Michael ließ das Klappbrett herunter, und Anne legte eine Matratze darauf und machte das Bett. Ein Bild reiner Unschuld. Wir schwiegen eine Weile, und ich dachte mir, daß wir wohl alle Blakes Zögern bemerkt hatten und seine Bedeutung errieten. Michael und Anne würden im Passagierraum des Fährschiffs reisen, während der Wagen mit allen anderen Fahrzeugen unten auf dem Wagendeck stand.

Wir stiegen noch einmal aus und standen eine Weile auf dem Gehsteig, um Abschied zu nehmen. Dann setzte sich Michael ans Steuer, und Anne nahm neben ihm Platz. Der Wagen fuhr an, rollte langsam die Straße hinunter und verschwand um die Ecke.

Ich stellte den Wecker auf sieben Uhr. Der nächste Tag war ein Sonntag. »Um acht können wir Nachrichten hören«, sagte ich zu Pat. »Wenn sie in Dover geschnappt wurden, erfahren wir es schon.«

Wir waren beide um sieben auf, und um acht beugten wir uns gespannt über das kleine Transistorradio. Über Blake wurde nichts gemeldet.

»Puh!« Pat seufzte erleichtert auf. »So weit, so gut.«

»Ja, so weit, so gut«, sagte ich. »Dover haben sie jedenfalls passiert.« Ich sah auf die Uhr. »Sie sind jetzt in Ostende. Wenn man sie dort faßt, erfahren wir es zu Mittag.«

Wir hörten im Laufe dieses Tages jede Nachrichtensendung, aber

Blake wurde nicht erwähnt. Nach den Sechsuhrnachrichten gestattete sich Pat ein leises Lächeln. Es war das erstemal an diesem Tag, daß einer von uns lächelte.

»Wir dürfen annehmen, daß sie in Ostende gut durchgekommen sind, Seán.«

»Ja, das dürfen wir. Und wenn wir um neun im Fernsehen nichts von ihnen hören, bedeutet das, daß sie Westdeutschland erreicht haben und schon auf dem Weg zur Grenze sind.«

Auch im Fernsehen wurde nichts über Blake berichtet. »Wann sollen sie hinüber?« fragte ich.

Pat sah auf seine Uhr. »In ungefähr einer Stunde«, antwortete er.

»Die letzte Grenze, nicht wahr?« Ich lächelte bitter. »Und vor morgen werden wir nicht erfahren, ob sie es geschafft haben.«

»Richtig. Wir können frühestens in den Achtuhrnachrichten etwas hören.«

Wieder stellte ich den Wecker auf sieben Uhr, und wieder beugten wir uns um acht über das Radio. Nichts. Blakes Name wurde nicht erwähnt.

»Es sieht so aus, als hätten sie es geschafft«, sagte Pat begeistert und stellte das Radio ab.

»Ich dachte einen Augenblick nach. »Vielleicht...«

»Was heißt ›vielleicht‹? Der Grenzübertritt war für gestern abend zehn Uhr vorgesehen. Wenn man sie geschnappt hätte, wüßte es die BBC doch schon.«

»Es sei denn, Scotland Yard hält die Nachricht absichtlich noch ein paar Stunden zurück, um eine bessere Chance zu haben, Michaels Freunde zu erwischen.«

Pat ging an diesem Morgen eine halbe Stunde später zur Arbeit. Ich hörte mir im Laufe des Tages wieder jede Nachrichtensendung an. Um sechs Uhr abends kam Pat nach Hause. Er warf seine Einkäufe auf einen Sessel und wandte sich mir mit einem breiten Grinsen zu.

»Seán«, sagte er aufgeregt, »sie haben es geschafft! Sie haben es tatsächlich geschafft! Michael hat mich heute nachmittag aus Westberlin angerufen.« »Herrgott, das ist großartig!« rief ich, und die Sorgen und Ängste der letzten Tage, ja der letzten Monate fielen mit einem Schlage von mir ab.

»Sie bleiben bis Mittwoch in Berlin, damit es möglichst unverdächtig aussieht«, berichtete Pat weiter. »Am Donnerstag abend sind sie wieder in London.« Er nahm eine Flasche Whisky aus dem Einkaufsbeutel und füllte zwei Gläser. »Auf einen großen Erfolg!« sagte er strahlend.

»Auf einen großen Erfolg!« wiederholte ich. »Und auf Michael und Anne.«

»Auf Michael und Anne!«

»Wissen Sie, Pat«, sagte ich, »Michael und Anne haben einen Vorzug, den man nicht hoch genug einschätzen kann. Sie sehen so ehrlich und anständig aus, weil sie so ehrlich und anständig *sind*. Niemand würde auch nur im Traum vermuten, sie könnten den Meisterspion George Blake in ihrem Wagen versteckt haben.«

Am Freitagmorgen rief Michael Pat an und sagte ihm, daß sie am Abend zuvor zurückgekommen waren. Da es nur noch zwei Tage bis Weihnachten waren und sie den Heiligen Abend und den ersten Feiertag bei Freunden auf dem Land verbringen wollten, konnten sie uns erst am zweiten Feiertag besuchen.

Pat und ich verbrachten einen ruhigen Weihnachtstag in der Wohnung. Wir aßen zuviel Truthahn und Weihnachtspudding und waren danach nur noch imstande zu schlafen. Am nächsten Tag kamen Michael und Anne. Sie waren noch ganz aufgeregt von ihrer Reise und erlebten sie für Pat und mich noch einmal in allen Einzelheiten nach.

Alles war wie am Schnürchen gegangen. Blake hatte nicht während der ganzen Fahrt in seiner verkrampften Stellung ausharren müssen. Er kroch immer eine halbe Stunde vor der Grenze ins Versteck und kam eine halbe Stunde hinter der Grenze wieder heraus. »Eine Qual war nur die erste Etappe bis Ostende«, erzählte Michael. »Am

Samstagabend um halb acht legte er sich in sein Versteck. Das Fährschiff fuhr mit zwei Stunden Verspätung ab, und als wir in Ostende
ankamen, gab es noch einmal eine Verzögerung von einer Stunde,
bis wir losfahren konnten. Wir beschlossen zu warten, bis wir die
Stadt weit hinter uns gelassen hatten, ehe wir George befreiten, und
das dauerte wieder eine Stunde. Am Sonntagmorgen um acht kam
er endlich heraus, nachdem er über zwölf Stunden in dem engen
Loch zugebracht hatte.«

Anne schüttelte sich. »Mein Gott, als wir das Brett aufklappten,
machten wir uns darauf gefaßt, eine Leiche zu finden. Wir meinten,
George müsse erstickt sein. Es war eine furchtbare Nervenprobe.«

»Und es gab keine Schwierigkeiten mit Zollbeamten oder Grenz-
wachen?« fragte ich.

»Überhaupt keine«, sagte Michael. »Ich habe mich sehr gewundert.
Ein kurzer Blick auf unsere Pässe, und schon winkte man uns weiter. Der Wagen ist nicht ein einziges Mal durchsucht worden. Man
hat ihn nicht einmal aufgemacht. Ein halbes Dutzend Spione hätten
wir drin haben können!«

»Und die Ostdeutschen?« fragte Pat.

»Nicht einmal die haben sich den Wagen angesehen. Wir hatten es
erwartet, aber das machte uns natürlich keine Sorgen mehr, denn
wir waren ja schon drüben, hinter dem Eisernen Vorhang. Der Wagen interessierte sie aber gar nicht. Wir fuhren weiter und setzten
George ungefähr anderthalb Kilometer vor einem Postenhaus kurz
vor Berlin an der Autobahn ab. Er sagte, er werde uns Zeit lassen,
die Stadt zu erreichen, bevor er sich stellte. Wir fuhren nach Berlin
hinein, blieben ein paar Tage und fuhren wieder zurück. Und nicht
einmal beim Verlassen der DDR wurde der Wagen durchsucht.«

Ich begann sofort mit den Vorbereitungen für meine eigene Abreise.
Als erstes bestellte ich ein Schlafwagenabteil Erster Klasse in dem
Zug London–Paris für den Silvesterabend. Dann suchte ich das
Büro der Air France in der Bond Street auf und buchte einen Platz
in einer Maschine, die am Sonntag von Paris nach Berlin flog. Damit

war das Wesentliche getan. Wenn ich sicher nach Ostberlin gelangte und mich einige Monate nicht in England sehen ließ, hatten Michael und Pat genug Zeit, ihre Spuren zu verwischen.

Ein Problem hatte ich jedoch vor meiner Abreise noch zu lösen. Ich hatte, während ich in Hampstead wohnte, meine Miete für die Wohnung in der Highlever Road regelmäßig jede Woche überwiesen und der Vermieterin in kurzen Briefen erklärt, ich sei ständig für meine Zeitung unterwegs. Diese Briefe hatte ich selbstverständlich nicht in Hampstead aufgegeben. Am Donnerstag sagte mir nun Pat, er habe die Absicht, einige Tage nach meiner Abreise in die Highlever Road zu gehen und die Sachen zu holen, die ich dort zurückgelassen hatte. Ich war deshalb in großer Sorge, denn es bestand durchaus die Möglichkeit, daß die Polizei die Wohnung im Laufe der letzten zwei Monate entdeckt hatte. Wenn das der Fall war, erfuhr man natürlich nichts davon. Da ich die Miete per Post überwies, wartete die Polizei darauf, daß ich eines Tages in die Wohnung zurückkehrte. Jedenfalls war das das Klügste, was sie tun konnte. Das versuchte ich Pat begreiflich zu machen, aber es half alles nichts. Ich verstand nicht, warum er so darauf versessen war, in die Wohnung zu gehen. Es gab dort nichts, was das Risiko wert gewesen wäre. Eine Schreibmaschine, ein Tonbandgerät, zwei Funksprechgeräte, die keiner von uns mehr brauchte, und ein paar Bücher – nichts, wofür man seine Freiheit aufs Spiel setzte! Und mit Pats Verhaftung wäre die Geschichte noch nicht zu Ende gewesen. Er setzte die Freiheit von mindestens *drei* Menschen aufs Spiel. Aber Pat ließ nicht mit sich reden.

Ich erinnerte mich, daß er einmal gesagt hatte, er würde gern die Gelegenheit haben, im Old Bailey auf der Anklagebank zu sitzen und dem Gericht zu sagen, was er davon hielt, daß man einen Menschen für 42 Jahre ins Gefängnis schickte. Die Gleichgültigkeit, mit der er eine Verhaftung und eine Gefängnisstrafe ins Auge faßte, war es, was mir Sorgen machte. Wenn Pat aber so fest entschlossen war, in die Highlever Road zu gehen, war ich ebenso fest entschlossen, ihn daran zu hindern.

Am Freitagmorgen steckte ich eines meiner übriggebliebenen Fotos in ein Kuvert und ging langsam die Hampstead High Street hinunter. In der Willoughby Road sah ich zwei Jungen Fußball spielen. Ich fragte den älteren mit einem Akzent, von dem ich hoffte, daß er deutsch oder zumindest so ähnlich klang, ob er so freundlich sein würde, einem Ausländer zu helfen, der »mit englische Sprache nicht gut zurechtkam«. Er sagte, er würde mir gern behilflich sein. Ich schraubte meinen Füllhalter auf und gab ihn dem Jungen. Dann nahm ich das Foto aus dem Kuvert, legte es mit der Bildseite nach unten auf meine Brieftasche und diktierte dem Jungen, was er auf die Rückseite schreiben sollte: *Bourke, 28 Highlever Road W. 10.* Schließlich bat ich ihn noch, eine Adresse auf das Kuvert zu schreiben, gab ihm und seinem Freund je zwei Shilling und kehrte in die Hampstead High Street zurück. Im Gehen zog ich meine Handschuhe an und wischte den Umschlag und das Foto gründlich ab. Im Postamt steckte ich das Foto wieder ins Kuvert, das ich zuklebte, frankierte und in den Briefkasten warf.

Ich kehrte in die Wohnung zurück und machte mir eine Tasse Kaffee. Pat stand nun vor einer vollendeten Tatsache. Wenn es bisher noch Zweifel gegeben hatte: Nun stand fest, daß die Sonderabteilung die Wohnung in der Highlever Road binnen vierundzwanzig Stunden besetzte. Natürlich bestand immer noch die Möglichkeit, daß mir Pat diese Geschichte nicht glaubte und daß die Polizei ihre Entdeckung, in der Hoffnung, mich in der Wohnung abfangen zu können, so lange wie möglich geheimhielt. Wenn eine Weile verging und über die Highlever Road nichts berichtet wurde, konnte es Pat wieder einfallen, hingehen zu wollen. Dem hatte ich jedoch vorgebeugt. Anstatt die Botschaft direkt Scotland Yard zu schicken, hatte ich den Brief an eine Zeitung in der Fleet Street adressieren lassen, die die Polizei unter Druck setzen und auf Erlaubnis zur Veröffentlichung der Story drängen würde. Und sobald die Sache publik war, mußte sich Pat geschlagen geben. Die Highlever Road belastete im übrigen nur mich. Alle Spuren, die man dort finden konnte, wiesen auf mich allein. Ich hatte von den anderen verlangt, daß sie Handschuhe trugen, wenn sie mich in der Wohnung besuchten, und um ganz sicherzugehen, hatte ich alles gründlich abgewischt, bevor ich die Wohnung verließ.

Am Samstagabend gab es wieder ein Abschiedsessen, das zweite innerhalb von vierzehn Tagen. Wieder floß der Wein in Strömen, und wir waren alle in gehobener Stimmung. Das Ende des Abenteuers war in Sicht.

Wir waren jedoch trotz unserer guten Laune imstande, über die Folgen eines eventuellen Mißerfolgs zu sprechen. Ich versicherte ihnen, daß sie nichts zu fürchten hätten, falls ich verhaftet würde. Sie zweifelten auch nicht an meiner Entschlossenheit, den Mund zu halten, aber Michael und Pat meinten, ich könnte mit allen Mitteln gezwungen werden zu reden.

»Man wird dich bestimmt schlagen, Seán«, sagte Michael. »Sie sind wütend, denn wir haben sie gründlich blamiert. Wahrscheinlich stehen einige Reputationen auf dem Spiel.«

»Von dem politischen Druck ganz zu schweigen«, fügte Pat hinzu.

»Was immer heute abend geschieht«, sagte ich, »gewonnen haben wir auf jeden Fall. Blake ist frei, für immer ihrem Zugriff entzogen. Das können sie uns nicht nehmen.«

Michael nippte nachdenklich an seinem Wein, setzte das Glas nieder und sah mich an. »Was wohl aus Blake geworden ist?«

»Wie meinst du das?«

»Ich frage mich, wie man ihn im Osten aufgenommen hat.«

»Sie können ihn auch liquidiert haben«, sagte Anne. »Was wissen wir schon davon?«

Ein kurzes, unbehagliches Schweigen folgte, dann versuchte sie, ihre Bemerkung durch ein Lachen abzuschwächen. Wir andern lachten nervös mit. Sie hatte etwas beim Namen genannt, was uns alle in den letzten Wochen beschäftigt hatte und worüber keiner gern sprechen mochte. Auch jetzt ließen wir das Thema rasch fallen.

Wir fuhren im Dormobile zum Victoria-Bahnhof. Michael steuerte, Anne und Pat saßen vorn neben ihm, ich saß auf dem Bett, das George Blake als Versteck gedient hatte. Wir kamen um halb acht am Bahnhof an und gingen sofort in die Golden Arrow Bar. Bis spätestens halb neun mußte man eingestiegen sein. Wir hatten also noch eine Stunde Zeit. Wir fanden einen freien Tisch in einer Ecke, und ich bestellte drei Whiskys und für Anne einen Gin. Um acht hatten wir drei Runden getrunken, und da wir vorher schon Wein gehabt hatten, waren wir ziemlich beschwipst.

»Wissen Sie, Seán«, sagte Anne, »der einzige Nachteil an diesem aufregenden Abenteuer ist, daß uns das Leben von jetzt an furchtbar langweilig vorkommen wird. Ich meine, wie sollten wir noch einmal etwas erleben, was sich *damit* vergleichen ließe?«

»Ja, wie sollten wir!« stimmte ihr Michael bei.

Wir bestellten noch eine Runde. »Sie werden betrunken sein, wenn Sie durch die Sperre gehen«, warnte mich Pat.

»Das ist der Zweck der Übung«, sagte ich. »Wenn ich in einer halben Stunde verhaftet werden soll, kann ich mich vorher ruhig noch einmal vollaufen lassen.«

»Bei Gott, da hast du recht«, sagte Michael mit einem kräftigen irischen Akzent, den er manchmal imitierte, um uns daran zu erinnern, daß seine Mutter Irin war.

»Hör mal, Michael«, sagte ich mit einem ebenso kräftigen Akzent, »ich denke, zu einem solchen Anlaß gehört ein Lied, und was wäre in einer englischen Bar besser am Platz als die irische Nationalhymne! Kennst du sie ganz auswendig, Michael?«

Er blinzelte mich über sein Glas hinweg an. »Willst du mich frotzeln, Seán? Hab' ich dir nicht gesagt, daß meine Mutter Irin ist? Und warum sollten wir das ›Lied des Soldaten‹ auf englisch singen, wenn wir den gälischen Text haben?«

»Recht so, Michael. Drei, vier...« Und wir beide sangen die irische Nationalhymne auf irisch.

»Ein einmaliges Schauspiel«, sagte Anne lächelnd. »Ein Ire und ein

Engländer singen in einer vollbesetzten englischen Bar mitten in London die irische Nationalhymne auf irisch, um die Befreiung eines kommunistischen Spions aus einem englischen Gefängnis und seine Ablieferung hinter dem Eisernen Vorhang zu feiern.«

»Kein Mensch würde es glauben!« sagte Pat lachend.

Ich dachte an die Männer der Sonderabteilung, die in diesem Augenblick in der Highlever Road im Dunkeln saßen und seelenruhig darauf warteten, daß ich bei der Tür hereinspazierte, und ich dachte an die vielen anderen Männer der Sonderabteilung, die auf den Straßen der näheren Umgebung in ihren mit Funkgeräten ausgerüsteten, getarnten Streifenwagen saßen. All das auf Grund eines Tips, den ich selbst ihnen gegeben hatte. Sie nahmen natürlich an, daß dieser Tip wie der vorausgegangene Telefonanruf der Racheakt eines Komplicen war, eine Annahme, die scheinbar bekräftigt wurde durch die kritzelige Handschrift des Jungen. Viele erwachsene Verbrecher haben, wie ich in den zwei Jahren meiner Arbeit an der Gefängniszeitung bemerkte, eine unentwickelte Handschrift. Die Polizei konnte leicht feststellen, daß ich nicht der Schreiber war, denn sie fand in Wormwood Scrubs genug Schriftproben von mir. Die armen Teufel saßen womöglich wochenlang in meiner Wohnung in der Highlever Road. Ich hob mein Glas. »Meine Damen und Herren, ein Trinkspruch!« verkündete ich. »Auf Scotland Yard!«

»Hört, hört!« rief Michael. Wir tranken.

Es war Zeit aufzubrechen. Wir gingen zum Bahnsteig. Die Zollsperre war nicht zu sehen, denn sie befand sich in der schmalen Holzbaracke, die man für die Zoll- und Paßbehörde aufgestellt hatte. Ungefähr zwanzig Meter vor dem einzigen Zugang blieben wir stehen, um uns zu verabschieden.

»Ruf mich morgen aus Paris an, Seán«, sagte Michael. »Ich bleibe immer in der Nähe des Apparats.«

»Ja, das werde ich tun.« Ich reichte ihm die Hand. »Leb wohl Michael, und Dank für alles. Eines Tages kommen wir wieder zusammen.«

Dann gab ich Pat die Hand. »Ich danke auch Ihnen für alles, was Sie für uns riskiert haben. Leben Sie wohl.«

Zuletzt drückte ich Anne die Hand, und wir küßten uns. »Leben Sie wohl, Anne. Sie waren sehr lieb, und es war schön, mit Ihnen zusammenzuarbeiten.« Ich sah die drei der Reihe nach an. »Wenn ihr euch davon überzeugen wollt, daß ich dieses erste Hindernis schaffe, wartet hier, bis der Zug abfährt. Wenn ich nicht in Begleitung von zwei Kriminalbeamten in Zivil wieder aus dieser Baracke herauskomme, wißt ihr, daß es geklappt hat.«

»Wir warten«, sagte Michael.

Ich ging auf die Baracke zu und trat ein. Auf der linken Seite, wenige Meter vom Eingang entfernt, saß ein großer, hagerer Mann hinter einem hohen, schmalen Tisch. »Verzeihung, Sir. Dürfte ich bitte Ihren Paß sehen?«

»O ja, natürlich«, murmelte ich geistesabwesend, griff in meine Innentasche, nahm den Paß heraus und reichte ihn lächelnd dem Beamten. Er blätterte ihn langsam durch und prüfte jede Seite. Das Foto schien ihn am wenigsten zu interessieren.

»Danke.« Er klappte den Paß zu und gab ihn mir zurück.

Ein paar Schritte weiter kam ein niedriger Tisch, hinter dem drei Zollbeamte standen. Ich stellte meine Reisetasche nieder. »Etwas zu verzollen, Sir?« fragte der erste.

»Nichts«, antwortete ich grinsend. »Zwei Hemden, ein Paar Socken und eine Zahnbürste.« Ich begann den Reißverschluß aufzuziehen.

»Danke, Sir, das ist nicht nötig«, sagte der Mann. »Wieviel Geld haben Sie bei sich?«

»Nur die bewußten fünfzig Pfund.« Ich griff nach der Brieftasche, aber wieder sagte er, ich brauchte mich nicht zu bemühen.

»Das ist alles, Sir.«

»Danke.«

Ich ging durch die Sperre. Zollbeamte müssen geschulte Psychologen sein, sagte ich mir. Wie könnten sie sonst so selbstsicher sein? Sie interessieren sich mehr für das Gesicht eines Menschen als für sein Gepäck. Der Paßbeamte überraschte mich jedoch. Er mußte ein Foto von mir in seinem Schreibtisch haben! Doch das war nicht das einzige, was mir Sorgen gemacht hatte. In der vergangenen Woche hatte ich in der Zeitung gelesen, daß die Sonderabteilung des Yard strengere Maßnahmen gegen den Handel mit falschen Pässen ergriffen habe und mit besonderer Wachsamkeit nach Fälschungen Ausschau halte. Ich hatte sie also in zwei Punkten geschlagen.

Am nächsten Morgen um 8 Uhr frühstückte ich im Zug, und um neun war ich in Paris. Ich sah mir ein paar Stunden die Stadt an und nahm dann ein Taxi zum Flughafen Orly.

Dort ging ich in das Postamt und rief bei Michael an. Er kam selbst an den Apparat.

»Nun, Michael«, sagte ich. »So weit, so gut.«

»Großartig, mein Freund, großartig!«

»Ich muß dir jetzt etwas Wichtiges sagen, Michael. Hör gut zu.«

»Ja, was gibt es?«

»Ich habe Verbindung mit meiner früheren Adresse aufgenommen, das heißt, ich habe die Vermieterin angerufen. Die Polizei ist dort. Sie wartet auf meine Rückkehr. Sorge, um Gottes willen, dafür, daß unser Freund nicht hingeht. Wenn er's tut, landet ihr alle im Kittchen. Du hast jetzt die Verantwortung.«

»Gut, mein Lieber, überlaß das nur mir.«

»Lebwohl, Michael. Ich setze mich mit dir in Verbindung, sobald ich kann.«

»Ich freue mich schon darauf, von dir zu hören. Lebwohl!«

Die Maschine startete um zwei Uhr nachmittags, und kurz nach fünf war ich in Berlin. Wir machten eine Zwischenlandung in Frankfurt und hatten eine halbe Stunde Aufenthalt. Sowohl in Orly als auch in Frankfurt warfen die Beamten nur einen flüchtigen Blick auf meinen Paß. Auf dem Flugplatz in Berlin nahm ich ein Taxi und ließ mich zum Hotel Tiergarten am Kurfürstendamm fahren. Der Portier sprach Englisch, und ich fragte ihn so beiläufig wie möglich nach den Formalitäten beim Übergang in den Ostsektor aus. Ich behauptete, ich sei Tourist und wolle während meines Deutschlandaufenthalts soviel wie möglich sehen. Er erklärte mir, wie man zum Checkpoint Charlie kommt.

Ich aß auf der verglasten Veranda des Hotels zu abend und beobachtete die Passanten, während ich mit Muße eine große Flasche Wein austrank.

Später ging ich zum Checkpoint Charlie. Es war bitter kalt in Berlin, und mein Regenmantel erwies sich als unzulänglich. Die andern schienen alle dicke Mäntel und Pelzmützen zu tragen. Ungefähr fünfzig Meter vor dem Übergang blieb ich stehen, um zu beobachten. Die Gegend war hell erleuchtet. Zwei amerikanische Soldaten standen auf der westlichen Seite, ein Stück vor der Grenzlinie. Sie hatten keine Schilderhäuser oder irgendeine andere Art von Unterstand. Ich sah ungefähr eine Viertelstunde zu, und während dieser Zeit wechselten ein Wagen und zwei Fußgänger in den Osten hinüber. Was mich am meisten interessierte, war, daß die Amerikaner die Papiere der Leute nicht genauer kontrollierten. Auf der Ostberliner Seite dagegen sah ich eine lange Baracke, vor der jeder stehenbleiben mußte, und dort stand auch ein Schilderhaus.

Das war es also. Die Grenze der Welt. Ich stand vor der größten Entscheidung meines Lebens. Bisher war alles nur Spiel gewesen. Jetzt wurde es ernst.

Was war mit Blake geschehen? Hatte man ihn liquidiert? Wenn ja, unterschrieb ich mein Todesurteil, sowie ich diese Grenze überschritt. Ein paar Meter hatte ich nur zu gehen. Ein paar Meter Beton, und über sie hinweg betrachteten die beiden Hälften der Menschheit einander voll Feindschaft. Noch war es Zeit umzukehren. Eine Gefängnisstrafe in England war dem Tod durch eine Kugel des KGB auf alle Fälle vorzuziehen. Alle Regeln der Logik forderten, daß ich das Risiko nicht einging. Und doch... Diese Grenze übte eine seltsame Anziehung auf mich aus.

Ich wandte mich um und begann langsam zum Hotel zurückzugehen, und während ich so dahinging, wußte ich schon, daß ich am nächsten Tag diese Linie überschreiten würde.

3. Das Nachspiel

Berlin

Ich verließ das Hotel und ging langsam den Kurfürstendamm entlang. Es war neun Uhr morgens, Montag, der 2. Januar 1967. Ich hatte Blake gesagt, daß ich um zehn am Übergang sein wollte. Eine halbe Stunde lang sah ich mir die Schaufenster an. Dann stieg ich in ein Taxi.

»Checkpoint Charlie«, sagte ich.

Zwanzig Minuten später waren wir dort. Der Fahrer fuhr an den amerikanischen Posten vorbei bis zur Grenzlinie. Ich zahlte im Wagen und gab dem Mann einen Betrag, der ungefähr dem doppelten Fahrpreis entsprach. Das Geld hatte für mich keinen Wert mehr. Ich stieg aus, das Taxi machte einen U-Bogen und fuhr rasch nach Westberlin zurück. Ich schielte zu den beiden Amerikanern hinüber, die ungefähr zwanzig Meter entfernt links und rechts der Straße standen. Sie sahen nicht in meine Richtung und schienen nur daran interessiert zu sein, sich in der beißenden Kälte Berlins warm zu halten. Sie hätten mich aber auch nicht mehr aufhalten können, denn ich stand nur einen Schritt vor dem Eisernen Vorhang. Ich sah auf die Betonstraße hinunter, zögerte noch einen Augenblick und ging nach Ostberlin hinüber.

Ein paar Meter weiter, auf der rechten Seite, standen zwei Soldaten mit über die Schulter hängenden Maschinenpistolen in einem Schilderhaus. »Paß!« sagten sie. Ich gab ihnen meinen Paß, und sie prüften ihn sorgfältig.

Sie sprachen offenbar nicht Englisch, denn der eine, der mir den Paß zurückgab, zeigte nur auf die lange, schmale Baracke, die etwa zehn

Meter weiter vorn begann. Ich betrat sie an der vorderen Schmalseite und gelangte in einen Korridor, der durch die ganze Länge der
Baracke lief.

Auf dem Weg durch diesen Korridor wurde der Paß noch dreimal
kontrolliert. Unmittelbar hinter der Tür kam ein Büroraum mit einer Vorderwand aus Glas, in dem ein russischer Offizier saß. Er
blätterte meinen Paß ebenso sorgfältig durch wie die beiden Wachtposten und gab mir das Einreisevisum. Einige Meter weiter standen
zwei Angehörige der ostdeutschen Grenzpolizei mit Pistolen an der
Hüfte hinter einem niedrigen Tisch. Auch sie prüften meinen Paß
mit großer Sorgfalt. Am Ende des Korridors befand sich schließlich
noch einmal ein Büro mit einer Glaswand, wo ich drei DM-West
in drei DM-Ost umwechseln mußte, gewissermaßen als Einreisege-
bühr. In diesem Büro saß eine Frau mittleren Alters. Sie kontrol-
lierte ebenfalls meinen Paß und mein Visum, bevor sie das Geld
wechselte. Als sie mir den Paß zurückgab, lächelte sie, und ich empfand so etwas wie Dankbarkeit, denn es war das erste Lächeln, das
ich in Ostberlin sah. Die Wachtposten, der russische Offizier und
die Grenzpolizisten waren anscheinend fest entschlossen gewesen,
nicht das geringste Vergnügen an meinem Besuch zu bekunden. Es
sah gerade so aus, als nähmen sie es einem britischen Staatsangehö-
rigen übel, daß er das Recht hatte, Ostberlin zu betreten, wann immer es ihm paßte.

Ich verließ die Baracke und hatte ungefähr noch fünfzig Meter abgesperrtes Gebiet bis zur nächsten öffentlichen Straße vor mir. Auf
halbem Wege fielen mir drei Betonsockel auf, die etwa sechzig Zentimeter hoch und halb so breit wie die Straße waren. Zwei befanden
sich auf der linken Seite der Straße, der dritte, auf Lücke gesetzt,
auf der rechten, so daß sich alle Fahrzeuge im Schritt-Tempo zwischen ihnen durchwinden mußten.

Ich hatte beinahe die öffentliche Straße erreicht, als eine Stimme zu
meiner Linken »Paß!« sagte. Wieder ein Schilderhaus, in dem wieder zwei Soldaten mit Maschinenpistolen standen. Ich gab ihnen

meinen Paß, und er wurde noch einmal gründlich, Seite für Seite, geprüft. Man gab ihn mir ohne Kommentar zurück, und ich ging weiter. Fünf Paßkontrollen und drei Betonsockel an der Grenze der Welt.

Ich hielt mich auf der linken Straßenseite. Nach etwa zwanzig Metern kam ich an einem großen schwarzen Wagen vorbei, der an der Gehsteigkante stand und in die Richtung gedreht war, in die ich ging. Ein paar Meter weiter hörte ich, wie der Motor angelassen wurde. Der Wagen fuhr an mir vorbei und blieb zehn Meter vor mir wieder stehen. Ich wollte ein zweites Mal vorbeigehen, als die hintere Tür geöffnet wurde und ein Mann den Kopf herausstreckte. Er trug einen grauen Mantel und eine dazu passende Pelzmütze.

»Mr. Richardson?«

Ich blieb stehen. »Ja.«

»Steigen Sie bitte ein.« Er rückte auf die andere Seite, und ich setzte mich neben ihn. Als ich die Tür zuschlug, fuhr der Wagen an und beschleunigte rasch sein Tempo. Der Mann neben mir grinste übers ganze Gesicht.

»Ich hätte Sie überall erkannt, Mr. Bourke. George hat Sie uns sehr gut beschrieben.« Sein Englisch war grammatikalisch korrekt, aber er hatte einen starken Akzent. Er war ungefähr fünfundvierzig Jahre alt, schon ein wenig grau und sah sehr russisch aus.

»Wie geht es George?« fragte ich und versuchte meine Besorgnis zu verbergen.

»Oh, ausgezeichnet... ja, ausgezeichnet.« Ich sah ihn an, suchte nach irgendeinem verräterischen Zeichen in seinem Gesicht, aber er lächelte nur. »Mein Name ist übrigens Wladimir«, sagte er.

Wir gaben uns die Hand.

Der Fahrer saß still und regungslos hinter dem Steuer, seine hohe Pelzmütze und sein dicker Mantel ließen ihn noch größer erscheinen, als er war. Er wandte den Blick nicht von der Straße vor ihm, so daß ich sein Gesicht nicht sehen konnte.

Als wir durch die Straßen Ostberlins fuhren, konnte ich nicht umhin, Vergleiche zu ziehen und den Unterschied zwischen den beiden Hälften dieser geteilten Stadt zu bemerken. In Westberlin waren die Gehsteige voll lächelnder, glücklicher Menschen gewesen, in den Schaufenstern hatte ich ein glänzendes Angebot von Luxusartikeln gesehen, und auf den Straßen hatte ein lebhafter Verkehr von modernen Autos aller Typen geherrscht. Hier in Ostberlin waren die Auslagen der schäbigen Läden leer, und die wenigen Menschen gingen mit hängenden Schultern und verdrossenen Mienen umher. Autos gab es fast überhaupt keine, und die wenigen, die da und dort auftauchten, schienen alle das gleiche Modell zu sein. Die ganze Stadt wirkte streng und grau, so als hätte der Krieg nicht vor mehr als zwanzig Jahren, sondern erst gestern geendet.

Nach etwa zwanzig Minuten kamen wir vor dem russischen Kasernenkomplex an. Die Einfahrt war durch einen rot-weiß gestrichenen Schlagbaum versperrt, vor dem ein Wachtposten stand. Gleich dahinter, auf der linken Seite, führte ein Tor in einen Vorhof, und auf der hinteren Seite des Hofes erhob sich ein großes Gebäude, die sowjetische Kommandantur. An diesem Tor stand auf der rechten Seite ein zweiter Wachtposten, und links befand sich ein Wachzimmer mit einem Fenster, das auf die Straße ging. Drinnen sah ich noch mehr Soldaten. Ich beobachtete, wie ein russischer Offizier vor uns den Komplex betrat. Er mußte dem Posten einen Ausweis vorzeigen, obwohl er Uniform trug. Als wir vor dem Schlagbaum hielten, trat der Posten heran, blickte in unseren Wagen und erkannte Wladimir offenbar, denn er richtete sich auf, salutierte stramm und hob den Schlagbaum. Wir fuhren hinein und bogen nach rechts ab, von der Kommandantur weg. Als wir das zweite Tor passierten, salutierte auch dort der Posten. Zwei Ehrenbezeugungen, und Wladimir hatte sich nicht auszuweisen brauchen. Das KGB hatte hier offenbar große Macht.

Wir fuhren langsam eine schmale Straße entlang, von der auf der linken Seite mehrere Wege abzweigten, an denen in größeren Abständen recht komfortabel aussehende Häuser standen. An einem dieser Wege hielt der Wagen. Wladimir stieg aus und winkte mir, ihm zu folgen. Wir gingen zum letzten Haus auf der linken Seite, und Wladimir sperrte die zwei Schlösser der Eingangstür auf.

»Da sind wir, Mr. Bourke«, sagte er. »Hier werden Sie ein paar Tage wohnen.«

Auf der rechten Seite des Flurs lag ein Eßzimmer, geradeaus ein Wohnzimmer. Links, gleich neben der Tür, ein Bad, daneben eine kleine Garderobe und hinter dieser die Küche. »Hier hinein, Mr. Bourke«, sagte Wladimir, und ich folgte ihm ins Eßzimmer. In der Mitte stand ein langer Tisch, an jedem Ende des Tisches ein Stuhl. Mein Gastgeber zeigte auf den weiter von der Tür entfernten.

»Nehmen Sie bitte Platz.«

Ich setzte mich. Er nahm eine Aktentasche von der Anrichte und setzte sich mir gegenüber ans andere Ende des Tisches. Dann öffnete er die Tasche, stellte sie neben seinem Stuhl auf den Boden, stützte die Ellenbogen auf den Tisch, verschränkte die Hände vor der Brust und lächelte.

»Sie haben gewiß irgendwelche Papiere, Mr. Bourke.«

Ich zog meinen Paß aus der Tasche und warf ihn Wladimir zu. Er bückte sich, kramte einen Augenblick in seiner Aktentasche und brachte eine kleine Lupe mit einer Plastikfassung zum Vorschein. Mit dieser betrachtete er jede einzelne Seite meines Passes, wobei er dem Foto und dem Prägestempel des Außenministeriums besondere Aufmerksamkeit widmete.

»Hm . . . sehr gut gemacht, Mr. Bourke.« Er nickte beifällig, als er den Paß zu seiner Rechten auf den Tisch legte. Ich nahm noch einige Papiere aus meiner Tasche.

»Meine Fahrkarte London–Paris«, sagte ich und warf sie über den Tisch. »Die Durchschrift meines Flugtickets Paris–Berlin.« Sie flog über den Tisch. »Meine Rechnung aus dem Hotel Tiergarten.« Sie folgte den anderen Papieren. »Und schließlich mein Visum vom Checkpoint Charlie.«

Meine Gründlichkeit schien ihm zu gefallen, aber er schwieg. »Ich habe übrigens noch etwas, was Sie interessieren könnte«, sagte ich. Ich griff in meine Rocktasche, nahm ein Foto in Postkartenformat heraus und warf es über den Tisch. »Das ist das Fenster im Zellentrakt, durch das George ausgestiegen ist. Wie Sie bemerken werden, kann es nur *innerhalb* der Gefängnismauer aufgenommen worden sein. Ich habe es von meinem Zimmerfenster im Häftlingsheim aus gemacht.

Wladimir studierte das Foto eine Weile, und sein zufriedenes Lächeln wurde noch breiter. Dann steckte er alle Papiere in einen großen Umschlag und diesen in seine Aktentasche. Er sah mich ernst an. »Was für Pläne haben Sie nun, Mr. Bourke?«

Die Frage verblüffte mich. Ich hatte gedacht, *sie* würden die Pläne machen.

»Ja, ich ...«, begann ich unsicher. »Ich hatte gehofft, man wird mir einige Monate Gastfreundschaft gewähren, damit meine Freunde in London genug Zeit haben, ihre Spuren gründlich zu verwischen. George meinte auch, das sei keine schlechte Idee.«

Wladimir nickte. »Sie haben recht. Die Genossen in Moskau meinen, Sie sollten dort hinkommen. Sie werden einen neuen Paß brauchen. Wir müssen noch einige Aufnahmen machen.«

»Das ist nicht nötig.« Ich zog meine Brieftasche, entnahm ihr zwei Fotos und schob sie über den Tisch. »Ich habe gleich ein paar mitgebracht. Ich dachte mir, daß ich sie brauchen werde.«

Wladimir war beeindruckt.

Wir gingen ins Wohnzimmer. »Sie werden hier wohnen, solange Sie in Berlin bleiben«, sagte er. »George war auch eine Woche hier.«

»Und wo ist George jetzt?« fragte ich und suchte in seinem Gesicht nach einer Reaktion, von der ich hoffte, daß sie ausblieb. Aber Wladimir lächelte nur.

»Er ist schon in Moskau. Aber jetzt muß ich mit Moskau telefonieren und den Genossen sagen, daß Sie da sind.« Er ging in die Garderobe, und ich hörte ihn eine Nummer wählen. Eine halbe Minute später sprach er laut mit Moskau.

Als er ins Wohnzimmer zurückkehrte, sah er sehr zufrieden aus. »Die Genossen in Moskau freuen sich, daß Sie gut angekommen sind, und bitten mich, Ihnen ihre aufrichtigen Glückwünsche zu dem Erfolg Ihrer Mission zu übermitteln.«

»Danke.«

»Und jetzt, denke ich, sollten wir etwas essen. Sie müssen verzeihen, daß wir hier keine Köchin haben. Ich werde etwas aus der Kantine holen müssen. Aber vorher muß ich meinen Kameraden anrufen und ihn bitten, daß er mich ablöst. Entschuldigen Sie bitte.« Er ging wieder in die Garderobe und führte ein kurzes Gespräch. Fünf Minuten später läutete die Türglocke, und er ging in den Flur hinaus. Ich hörte einen kurzen Wortwechsel in russischer Sprache, dann kam Wladimir zurück. »Ich hole also etwas zu essen, Mr. Bourke«, sagte er. »In zehn Minuten bin ich wieder da.« Er ging, und einen Augenblick später hörte ich die Haustür ins Schloß fallen. Im Flur erklangen Schritte, und ein Mann trat ein. Er war mittelgroß und untersetzt, und er trug einen eng gegürteten Regenmantel aus braunem Leder und einen tief in die Stirn gezogenen weichen Filzhut. Seine Augen waren hinter grün getönten Brillengläsern verborgen. Ich traute meinen Augen nicht: Der Mann sah aus, als wäre er soeben aus einem James-Bond-Roman gestiegen. Er durchquerte rasch das Zimmer und streckte mir die Hand entgegen.

»Herzlichen Glückwunsch, Mr. Bourke«, sagte er lächelnd. »Eine großartig gelungene Unternehmung.«

Ich ergriff seine Hand. »Danke sehr.«

»Mein Name ist Edmund. Willkommen in der Deutschen Demokratischen Republik, Seán.«

»Danke.«

»Entschuldigen Sie mich einen Augenblick.« Er ging in die Garderobe, und als er zurückkam, war er kaum wiederzuerkennen. Er trug einen zerknitterten grauen Anzug und einen grünen Pullover, und er hatte nichts Unheimliches mehr an sich. Man hätte ihn für einen Lehrer oder Büroangestellten halten können. Er setzte sich mir gegenüber in einen Fauteuil. »Ja, eine großartige Unternehmung«, wiederholte er. »Wissen Sie, für uns hier ist das ziemlich aufregend. So etwas passiert nicht alle Tage. Ehrlich gesagt, ich habe es in der ganzen Zeit, die ich nun hier bin, noch nicht erlebt.« Ich bemerkte, daß er ein viel geläufigeres Englisch sprach als Wladimir. »Sogar unser Chef war ganz aufgeregt, als er hörte, daß Sie gut angekommen sind. In meinem Büro läutete das Telefon, und als ich abhob, sagte der Chef nur: ›Kommen Sie sofort zu mir.‹ So eilig hat er es noch nie gehabt. Ich ließ den Hörer fallen und rannte, ja, ich rannte buchstäblich in sein Büro. Als ich hinkam, sah er mich an und sagte: ›Er ist da! Bereiten Sie alles vor!‹ Ja, Seán, Ihre Unternehmung hat hier in Berlin eine Menge Aufregung verursacht.«

»Und was hatten Sie noch vorzubereiten?« fragte ich.

Edmund zuckte die Schultern. »Ja, wissen Sie«, sagte er nachdenklich, »wir mußten Vorsichtsmaßregeln treffen. Hier in Ostberlin sind Sie ein bißchen zu nahe bei den Briten und Amerikanern. Wenn sie herauskriegen, daß Sie hier sind, könnten sie . . . etwas versuchen. Aber jetzt haben sie keine Chance mehr, in Ihre Nähe zu kommen.«

»Wieso?« fragte ich mit einem gewissen Unbehagen.

Edmund schlug die Beine übereinander und lehnte sich zurück. »Weil dieses Haus jetzt von sechs russischen Soldaten mit Maschinenpistolen umstellt ist, und solange Sie hier sind, stehen sie da draußen, vierundzwanzig Stunden am Tag.« Er bemerkte meine Bestürzung. »Seien Sie unbesorgt, Seán«, sprach er rasch weiter. »Diese Soldaten sind da, um zu verhindern, daß die andern *Ihnen* etwas tun. Sie haben strengen Befehl, nur Wladimir und mich durchzulassen. Jeder andere, der es versucht . . .« Er zuckte die Schultern.

Wladimir kam zurück. Er brachte einige große Thermosflaschen mit Suppe und einem Fleischgericht und ungefähr ein halbes Dutzend Flaschen mit etwas zu trinken mit. Im Eßzimmer füllte er drei Gläser mit Wodka, und wir standen auf.

»Auf Sie, Seán«, sagte er. »Auf Sie und Ihr erfolgreiches Unternehmen.«

»Ja, auf Ihr großartiges Unternehmen und auf Ihre Zukunft, Genosse Seán«, fügte Edmund hinzu.

»Ich danke Ihnen, meine Herren«, sagte ich.

Während des Essens lauschten beide gespannt, als ich berichtete, wie der Ausbruch bewerkstelligt worden war. Ihren Fragen entnahm ich bald, wie wenig sie über das Leben in England und die freien Verhältnisse wußten, die den Ausbruch ermöglicht hatten. Sie bewunderten mich, als hätte ich das Unternehmen unter den in Osteuropa herrschenden Bedingungen durchgeführt.

Wir begannen uns über Berlin zu unterhalten, und ich spielte auf die Gegensätze zwischen den beiden Hälften der Stadt an. »Wissen Sie«, erklärte mir Edmund, »man hat Westberlin zum Schaufenster des Westens gemacht. Die Westdeutschen und ihre Verbündeten pumpen Millionen Dollar in Westberlin hinein, um es über Wasser zu halten.«

Ich erwähnte, wie leicht ich Westberlin hatte verlassen können und auf wie viele Einschränkungen ich gestoßen war, sowie ich die Grenze überschritten hatte. Edmund trank einen Schluck Wodka.

»Lassen Sie sich dadurch nicht täuschen«, sagte er. »Die Amerikaner haben am Checkpoint Charlie Fernsehkameras versteckt und filmen jeden, der kommt und geht. Unterschätzen Sie die Leute nicht, Seán.«

»Mit den Engländern kommt man viel besser aus«, sagte Wladimir lächelnd. »Keine der drei westlichen Besatzungsmächte anerkennt Ostberlin als die Hauptstadt der Deutschen Demokratischen Republik, aber die Engländer sagen es wenigstens nicht bei jeder Gelegenheit.«

»Richtig«, pflichtete ihm Edmund bei. »Die Amerikaner sind da anders. Manchmal fahren amerikanische Militärangehörige nur nach Ostberlin, um demonstrativ von dem Recht Gebrauch zu machen, das ihnen nach dem Potsdamer Abkommen zusteht. Sie bege-

hen irgendein geringfügiges Verkehrsdelikt, und wenn sie ein Ostberliner Polizist anhält, erklären sie ihm, er solle sich um seinen
eigenen Kram scheren; sie würden in Ostberlin nur die Autorität
der Russen anerkennen. Aber die Ostberliner wissen sich zu helfen.« Edmund lachte. »Sie keilen das Fahrzeug mit drei Polizeiwagen ein und halten die Amerikaner in der Falle fest, bis ein russischer
Offizier eintrifft und sie befreit.«
Wladimir lächelte. »Die Engländer dagegen tun ihr Bestes, um Zwi-
schenfälle zu vermeiden, und befolgen um des lieben Friedens willen sogar Anweisungen der Ostberliner Polizei.«
Wir brachten bis zum Ende der Mahlzeit noch drei Trinksprüche
aus: auf Irland, auf die Deutsche Demokratische Republik und auf
die Sowjetunion.
Am Nachmittag ging Wladimir für ungefähr eine Stunde fort. Als
er zurückkam, teilte er mir mit, daß alle schriftlichen Unterlagen
über mein Erscheinen im Checkpoint Charlie entfernt worden
seien. »Nur eine Vorsichtsmaßnahme...«
»Und als weitere Vorsichtsmaßnahme«, schaltete sich Edmund ein,
»werden Wladimir und ich uns ablösen, so daß immer jemand bei
Ihnen ist. Wir werden sogar hier schlafen.«
»Trotz der vielen Soldaten?«
Ich blickte durch das Eßzimmerfenster zu den Häusern in der
Nachbarschaft hinüber. »Zu sehen ist allerdings nichts von ihnen«,
bemerkte ich.
»Sie können ganz beruhigt sein«, sagte Edmund. »Die sind schon
da draußen, gut versteckt natürlich. Und die Läufe ihrer Maschi-
nenpistolen zeigen auf alle Teile des Hauses.«
»Ein tröstlicher Gedanke«, sagte ich leise.
Im ersten Stock gab es zwei Schlafzimmer und ein zweites Bad. Ei-
nes der Schlafzimmer wurde mir zugewiesen, und Wladimir und
Edmund wollten abwechselnd die Nacht im Haus verbringen und
auf einer Couch im Wohnzimmer schlafen. In der ersten Nacht war
Wladimir dran. Es war elf Uhr geworden. Wir sagten einander gute

Nacht, und ich ging in mein Schlafzimmer hinauf. Dort trat ich ans Fenster und sah hinaus. In einigen Häusern in der Nachbarschaft brannte noch Licht, aber kein Laut war zu hören, keine Bewegung zu sehen. Dann entdeckte ich jedoch einen Schatten in einem halboffenen Fenster auf der Schmalseite des gegenüberliegenden Hauses, und einen Augenblick später glänzte ein Lauf im blassen Mondlicht. Ich trat vom Fenster zurück und sah der ersten meiner vielen unruhigen Nächte hinter dem Eisernen Vorhang entgegen.

Am nächsten Morgen erklärte mir Wladimir, er wolle Kleidung für mich einkaufen. »Sie brauchen zwei Mäntel«, sagte er, »einen schweren für den Winter und einen leichten für den Frühling. Außerdem brauchen Sie einige Anzüge.«

»Aber ich habe einen Anzug und einen Regenmantel!«

Wladimir sah Edmund an, und beide lächelten. »Sie haben noch keinen russischen Winter erlebt«, sagte Edmund. Wenn Sie mit Ihrer Kleidung in Moskau leben wollten, würden Sie erfrieren, buchstäblich erfrieren.«

»Dann brauchen Sie noch eine Pelzmütze«, zählte Wladimir weiter auf, »und Unterwäsche für den Winter und den Sommer, Pelzstiefel und gewöhnliche Schuhe und Socken und Pyjamas, Hemden und Waschzeug und Badetücher und einen Trainingsanzug und noch einiges mehr und schließlich zwei Koffer, in die Sie das alles hineintun können. Mein Chef hat mir Anweisung gegeben, zweitausend Mark springen zu lassen, um Sie für Ihren Besuch in Moskau auszustatten. Ich besorge die Sachen drüben im Westen, das ist leichter.«

Ich dachte an die Schaufenster in Ostberlin und verstand, was er meinte.

Vier Stunden später kehrte Wladimir mit zwei großen Koffern zurück, die mit Kleidungsstücken prall gefüllt waren. Ich brauchte eine ganze Stunde, um sie anzuprobieren, und zu Wladimirs offensichtlicher Erleichterung paßten sie alle recht gut.

Tags darauf, am Mittwoch, rief Wladimir, der, wie ich inzwischen festgestellt hatte, von meinen beiden Gastgebern der rangältere war, wieder in Moskau an. Er sprach ungefähr zwanzig Minuten, und ich mußte unwillkürlich denken, daß diese direkte Verbindung quer durch Europa von Berlin nach Moskau gewiß auf sehr geheimen Wegen zustande kam. Als er wieder erschien, grinste er übers ganze Gesicht.

»Die Genossen möchten Sie am Samstag in Moskau sehen, Seán. Sie bleiben also noch drei Tage in Berlin. George weiß schon, daß Sie gut angekommen sind, und schickt Ihnen seine Glückwünsche.«
Als Wladimir am Abend kam, um Edmund abzulösen, hatte er mir wieder etwas zu eröffnen. »Ihr neuer Name ist Robert Garvin«, sagte er. »Sie stammen aus Riga, der Hauptstadt Estlands. Ihr Vatersname ist Adamowitsch.«
»Was heißt das?« fragte ich.
»Das heißt, daß Sie der Sohn eines Mannes sind, der Adam heißt. Ihr voller Name lautet also Robert Adamowitsch Garvin.«
Der Rest der Woche verlief ereignislos. Das Haus war ein sogenannter »sicherer Ort«, das heißt, es diente ausschließlich der Beherbergung von Spionen oder anderen wichtigen Gästen des Geheimdienstes. Es war gut eingerichtet, und alles war am richtigen Platz, aber es hatte keine Atmosphäre und wirkte ein wenig nüchtern. Es war eben ein Haus – kein Heim. Wladimir oder Edmund ging mit den Thermosflaschen in irgendeine weit entfernt gelegene Kantine, um das Mittag- oder Abendessen zu holen. Das Frühstück machten wir uns selbst in der Küche. Da sonst niemand auch nur in die Nähe des Hauses gelassen wurde, mußten die beiden das Geschirr selber spülen, eine Arbeit, an der ich mich immer freiwillig beteiligte. Wladmir und Edmund waren vollendete Gastgeber. Sie horchten aufmerksam auf jedes meiner Worte und beobachteten jede Miene, jede Bewegung, um meinen Wünschen zuvorzukommen. Wenn ich das Wohnzimmer betrat und sie im Radio den Sender Moskau hörten, stellten sie augenblicklich die BBC ein.
Später in Moskau erfuhr ich, daß Wladimir Oberst war und Edmund Major. Der »Chef«, den sie ständig erwähnten, war der Leiter

des KGB in Ostberlin und hatte den Rang eines Generals. Wladimir und Edmund waren offenbar geradezu glücklich und betrachteten es als ein Privileg, daß Blake und ich durch ihre Hände gingen. Wir waren eben sehr wichtige Persönlichkeiten. Nur drei Menschen in ganz Ostberlin wußten von meiner Anwesenheit: meine beiden Gastgeber und der »Chef«, und sie setzten alles daran, daß ich gut behandelt wurde und Moskau keinen Grund zu Klagen hatte.

Am Freitagnachmittag sagte mir Wladimir, ich solle am nächsten Morgen nach Moskau fliegen, und er werde mich begleiten. »Gehen Sie heute abend früh zu Bett, Seán, denn ich muß Sie schon um vier Uhr herausholen.« Ich packte also an diesem Abend und lag schon um zehn im Bett.

Wladimir weckte mich um Punkt vier Uhr morgens aus einem leichten Schlaf. Ich zog mich rasch an und ging ins Erdgeschoß hinunter. Wladimir und Edmund standen im Flur und unterhielten sich leise in russischer Sprache. Edmund trug wieder seine »Uniform«, aber ich entdeckte eine kleine Veränderung in seiner äußeren Erscheinung: Sein Ledermantel wölbte sich unter der linken Achselhöhle ein wenig vor. Ich malte mir aus, wie Edmund durch den Checkpoint Charlie ging, was er ja gelegentlich tun mußte, und wie ihm jeder Agent der CIA oder der MI 6 in Westberlin über den Kurfürstendamm nachschlich. Wladimir wandte sich mit ernster Miene an mich: »Wir gehen jetzt, Seán. Zwischen dem Haus und dem Wagen kein Wort!« Mein Gott, dachte ich, sie trauen keinem! Wir sind von den Häusern russischer Offiziere umgeben, und trotzdem darf niemand meine Stimme hören.

Wladimir nahm meine Koffer, Edmund öffnete die Tür. Wladimir trat als erster hinaus, ich folgte ihm, Edmund ging als letzter und schloß die Tür leise hinter sich zu. Die sechs Soldaten, die während der ganzen Woche unsichtbar geblieben waren, traten nun in Erscheinung. Sie standen mit schußbereiten Maschinenpistolen auf dem Weg. Wir gingen zur Straße hinaus, eine unheimliche Prozession: drei Soldaten voraus, drei hinterdrein, und dazwischen im

Gänsemarsch Wladimir, Edmund und ich – ich in der Mitte. Die Häuser zu beiden Seiten des Weges lagen im Dunkeln wie der ganze Komplex, und die drei Soldaten vor mir nahm ich nur als Silhouetten wahr.

Auf der Straße standen drei Wagen. In jedem saßen ein Chauffeur und ein zweiter Mann. Als wir näher kamen, stieg der Fahrer des mittleren Wagens aus. Er nahm Wladimir die Koffer ab, legte sie in den Kofferraum und setzte sich wieder ans Steuer – alles ohne ein Wort zu sprechen. Edmund machte die hintere Tür auf und bedeutete mir mit einer Handbewegung einzusteigen. In diesem Augenblick nahmen die Soldaten auf einen Wink ihres Unteroffiziers Haltung an und salutierten stramm. Ich nickte dankend und stieg in den Wagen. Wladimir wechselte ein paar Worte mit Edmund und setzte sich neben mich. Edmund schloß die Tür hinter ihm und stieg in den Wagen hinter uns. Die drei Fahrzeuge setzten sich in Bewegung und hielten eine Minute später am Haupteingang. Der Mann neben dem Fahrer zeigte dem Posten einen Ausweis, der Posten salutierte und hob den Schlagbaum.

Wir verließen den Kasernenkomplex und fuhren durch die leeren Straßen Ostberlins. Ab und zu begegneten wir einem einsamen Radfahrer mit einer blechernen Proviantdose auf dem Gepäckträger, der von einer Nachtschicht kam oder zu einer Frühschicht fuhr. Als wir uns dem Stadtrand näherten, trat ein Polizist aus einem Schilderhaus neben der Straße und hob die Hand. Der Wagen vor uns hielt, der Mann neben dem Fahrer zeigte seinen Ausweis. Der Polizist, diesmal ein Deutscher, salutierte und winkte den Wagen weiter. Dann kamen wir an die Reihe. Der Mann neben unserem Fahrer zeigte ebenfalls seinen Ausweis vor, wieder salutierte der Polizist, und wir durften weiterfahren. Ich wandte mich um und sah durch das Rückfenster, daß sich bei Edmunds Wagen dasselbe wiederholte.

Sobald wir die Stadt hinter uns gelassen hatten, fuhren wir mit großer Geschwindigkeit über die Landstraße. Mein Wagen blieb in der

Mitte, Edmunds Wagen bildete die Nachhut, und seine Scheinwerfer waren ständig in unserem Rückspiegel zu sehen. Nach etwa einer halben Stunde kam zu unserer Rechten eine Gruppe großer, hell erleuchteter Gebäude. »Der Zivilflughafen«, erklärte Wladmir. »Wir starten von einem Militärflugplatz.«

Wir fuhren schweigend weiter. Noch eine Viertelstunde, und wir bogen von der Hauptstraße rechts ab und befanden uns in bewaldetem Gelände. Zwanzig Minuten später schwenkten wir in eine andere Nebenstraße ein, diesmal nach links, und nach einer Weile begann sich der Wald zu lichten. Schließlich ließen wir ihn hinter uns und fuhren durch offenes Land. Weit vor uns und ein Stück weiter rechts schwebte die unverkennbare Rauchwolke einer Lokomotive langsam über die Landschaft, deutlich sichtbar im blassen Mondlicht. Der Rauch bewegte sich auf uns zu, im rechten Winkel zu unserer Fahrtrichtung, und es sah so aus, als müßten wir, der Zug und die Wagen, zur gleichen Zeit an irgendeinem fernen Bahnübergang ankommen. Zehn Minuten später hielten wir tatsächlich vor einer geschlossenen Schranke. Die Lok schnaufte langsam an uns vorüber. Der einzige Waggon war hell erleuchtet, aber alle Abteile waren leer. Es sah ein wenig unheimlich aus, wie ein Geisterzug, der da durch die Nacht kroch. Eine schattenhafte Gestalt in einem Holzhäuschen neben der Straße drehte an einem Rad, und die Schranken hoben sich langsam in den frühmorgendlichen Himmel wie die Rohre einer Zwillings-Flak. Unsere Wagen rollten weiter. Eine Viertelstunde später kamen wir auf dem Flugplatz an. Diesmal gab es keinen gewöhnlichen Schlagbaum vor der Einfahrt. Der Weg war durch ein hohes Eisengitter versperrt. Ein russischer Soldat kam aus einem kleineren Tor zu Linken und ging auf den ersten Wagen zu. Es war also ein russischer Flugplatz. Der Soldat ließ sich von dem Mann vorn im Wagen den Ausweis zeigen, salutierte und öffnete sofort das große Tor. Dieser Ausweis muß von einem General unterschrieben sein, dachte ich.

Wir fuhren hinein und hielten fünf Minuten später vor einem Ziegelbau. Dort stiegen wir alle aus. Wladimir ging in das Gebäude, und Edmund und ich begannen draußen auf und ab zu spazieren. Die anderen drei KGB-Männer standen in einer Gruppe beisammen, und die drei Fahrer bildeten wiederum eine Gruppe für sich. Der Schnee lag tief, und es war bitter kalt. Ich war plötzlich dankbar für meinen neuen Pelzmantel und die Pelzmütze.

Edmund sah auf meine Füße hinunter und machte ein bestürztes Gesicht. »Seán!« rief er. »Sie haben Ihre Pelzstiefel nicht angezogen!«

»Diese Schuhe sind sehr bequem«, versicherte ich ihm.

»Aber Sie werden sich erkälten!« Seine Stimme verriet echte Besorgnis.

»Das glaube ich nicht, Edmund.«

Er schüttelte langsam den Kopf. »Schade, Seán«, sagte er bedrückt. »Sehr schade. Ich habe meine Pflicht vernachlässigt. Ich hätte mich vergewissern müssen, daß Sie Ihre Pelzstiefel tragen.« Er sah mich einen Augenblick forschend an und versuchte zu lächeln, aber seine Augen blieben ernst. »Jetzt können Sie den Genossen in Moskau sagen, wie wenig wir uns in Berlin um Sie gekümmert haben.« Sein tapferer Versuch, lässig zu scherzen, sollte nur den wahren Ernst dieser Bemerkung verschleiern. Es war keine Feststellung, es war eine Frage, und ich begriff, daß eine Antwort erwartet wurde.

»Ich kann Ihnen versichern, Edmund«, sagte ich, »daß mein Aufenthalt in Berlin sehr angenehm war und daß die Gastfreundschaft, die Sie und Wladimir mir erwiesen haben, nicht hätte überboten werden können. Das werde ich auch in Moskau sagen.«

Edmunds Miene hellte sich auf. »Danke, Seán«, sagte er. »Danke sehr.«

Zum erstenmal lernte ich dieses kindlich-aufrichtige Streben nach Lob und Beifall kennen, das, wie ich später entdeckte, für die Russen aller Schichten so typisch ist. Diese Menschen haben noch eine Offenherzigkeit und Arglosigkeit, die den blasierteren Völkern längst abhanden gekommen ist.

Wladimir trat aus dem Gebäude. Er lächelte. »Es wird Sie freuen zu hören, daß Ihr Pilot ein General ist.« »Das ist tatsächlich sehr beruhigend.«

»Wir starten um sieben«, erklärte er, »und landen drei Stunden später in Moskau. Da die Moskauer Zeit aber der mitteleuropäischen um zwei Stunden voraus ist, wird es bei unserer Ankunft schon Mittag sein.« Er sah auf die Uhr. »Viertel nach sechs. Wir können noch eine halbe Stunde drinnen warten.«

Wir gingen in das warme Gebäude, und Wladimir führte uns in einen großen Raum, ein Unterrichtszimmer mit mehreren Bankreihen und vielen graphischen Darstellungen an den Wänden, die etwas mit Navigation zu tun hatten. Die vordere Wand wurde von einer Tafel beherrscht, und über dieser hing, so tief, daß der untere Rand den oberen Tafelrand berührte, ein großes gerahmtes Leninporträt.

Wladimir holte eine Flasche Wodka und drei kleine emaillierte Becher hervor. Er füllte die Becher und verteilte sie. Edmund hob den seinen: »Auf Ihr Wohl, Genosse Seán.«

Die Becher wurden nachgefüllt. Diesmal brachte ich den Trinkspruch aus: »Auf die Sowjetunion.«

»Auf die Sowjetunion«, wiederholten sie, und wir tranken.

Ich sah zu dem Leninporträt hinauf. »Dieser Mann hat wirklich etwas in Gang gebracht, wie?« sagte ich lächelnd.

»Ja, das hat er«, erwiderte Edmund ernst. »Er hat eine ganz neue Welt geschaffen.«

Ich hatte binnen einer halben Stunde meine zweite Lektion über die Russen gelernt. Im Westen ist nichts so heilig, daß man nicht darüber scherzen könnte, nicht einmal Gott. Aber in der kommunistischen Welt passen Lenin und Lachen nicht zusammen. Dazu ist es noch zu früh in der Geschichte.

Ein junger Luftwaffenoffizier trat ein und sagte etwas zu Wladmir. Wladimir wandte sich an mich: »Der General möchte mit mir über unseren Flug sprechen.« Zu meiner Überraschung schenkte er aber noch einmal Wodka ein, und wir tranken noch etwa fünf Minuten, ehe er den Raum verließ. Sogar ein General der sowjetischen Luftwaffe hatte gefälligst zu warten, wenn sich ein Oberst des KGB der wichtigen Aufgabe widmete, mich zu unterhalten.

Nach wenigen Minuten kehrte Wladimir zurück und sagte, es sei Zeit zu gehen. Wir stiegen wieder in unsere Autos und fuhren am dunklen Rollfeld entlang zur Maschine, die etwa anderthalb Kilometer weiter draußen stand. Sie war sehr groß und hatte vier Propellermotoren; ein Truppentransporter, nahm ich an.

Wladimir holte die Koffer aus dem Wagen trug sie in das Flugzeug. Edmund plauderte mit den anderen drei KGB-Männern. Die Fahrer waren in den Wagen sitzen geblieben. Auf der anderen Seite des stockfinsteren Rollfeldes sah ich einige Lichter. Der Kontrollturm und die Verwaltungsgebäude, dachte ich. Ich stand genau unter einer der massiven Tragflächen der Maschine und sah nach oben. Die Seriennummer, in etwa neunzig Zentimeter großen Ziffern aufgemalt, lautete: CCCP 11123.

Wladimir kam die Einstiegtreppe herunter und trat zu Edmund und den anderen KGB-Männern. Er gab diesen die Hand und kam dann mit Edmund zu mir. Edmund reichte mir lächelnd die Hand. »Leben Sie wohl, Seán. Ich hoffe, wir sehen uns wieder. Grüßen Sie bitte die Genossen in Moskau von mir.«

»Das will ich tun, Edmund«, versicherte ich ihm. »Auf Wiedersehn.«

Wladimir ging an Bord, und ich folgte ihm. Der Rumpf der Maschine war völlig leer und enthielt keinerlei Einrichtungen. Vorne, unmittelbar hinter dem Cockpit, befand sich eine kleine Kabine mit je einem Tisch und zwei Sitzen zu beiden Seiten des Mittelganges. Wladimir und ich setzten uns an den linken Tisch. Am rechten saßen schon drei Feldwebel der Luftwaffe mit Pistolen an den Hüften. Fünf Minuten später kamen der General und die drei Mann starke Besatzung. Der General lächelte Wladimir kurz zu und führte die drei ins Cockpit. Der letzte zog die Verbindungstür hinter sich zu.

Die riesige Maschine zitterte, als die Motoren ansprangen, und einen Augenblick später rollten wir auf das Ende der Piste zu, um uns in den Wind zu drehen.

Wladimir lehnte sich über den Tisch und zog etwas aus der Innentasche seines Rocks. »Ihr neuer Paß«, sagte er.

Ich nahm ihn. Er war viel kleiner als die britischen, und das einzige, was mir bekannt vorkam, war mein Foto. Ich bemerkte mit Interesse, daß der über das Bild gehende Stempel nicht geprägt war wie bei den britischen Pässen, sondern ein einfacher Gummistempel. Wladimir streckte die Hand aus, und ich gab ihm den Paß zurück. Ich durfte ihn natürlich nicht behalten. Das wäre wohl zuviel verlangt gewesen. Er wurde nur für den Notfall gebraucht, etwa wenn wir gezwungen waren, irgendwo außerhalb der Sowjetunion zu landen.

Das Flugzeug heulte die Startbahn hinunter und hob vom Boden ab. Es gewann rasch an Höhe, neigte sich leicht über die eine Tragfläche und flog ostwärts, der Sonne entgegen. Infolge unserer großen Höhe war es plötzlich strahlend heller Tag. Ich sah aus dem Fenster. Unter mir lag Deutschland noch im Dunkeln. Eine Stunde später warf Wladimir einen Blick aus dem Fenster und sagte, wir befänden uns über Polen. Wieder eine Stunde später erfuhr ich, daß wir Weißrußland überflogen. Ich blickte hinunter. Das ganze Land war mit Schnee bedeckt.

Um halb zehn näherten wir uns Moskau, und ich sah dichte Wälder unter mir. Die russische Hauptstadt wurde einst aus dem Wald herausgehauen. Wir gingen tiefer, und bald darauf knirschten die Räder auf einer vereisten Piste. Wir waren in Rußland.

Es war Samstag, der 7. Januar 1967. Ich sah auf die Uhr. Genau zehn Uhr. Der General hatte Wort gehalten. »In Moskau ist es jetzt Mittag«, erinnerte mich Wladimir. »Sie können also Ihre Uhr zwei Stunden vorstellen.«

Ein Wagen erwartete uns direkt auf dem Rollfeld. Außer dem Fahrer war noch ein junger Mann von etwa dreißig Jahren mitgekommen. Der Schnee lag sehr tief, und nicht einmal mein Pelzmantel und meine Pelzmütze schienen imstande zu sein, die grimmige Kälte abzuhalten. Der junge Mann kam uns entgegen und sagte ein paar Worte zu Wladimir, dann begrüßten wir uns mit einem Händedruck. Wir verließen den Flugplatz durch eine kleine Seiteneinfahrt, und der junge KGB-Mann zeigte dem Posten die nötigen Papiere vor.

Der Flugplatz lag an die fünfzig Kilometer südlich von Moskau, und unsere Fahrt in die Stadt war langsam und nicht ungefährlich. Überall waren Schneepflüge unterwegs, und der von den Straßen geräumte Schnee lag zu beiden Seiten zwei Meter hoch aufgeschichtet. Ich bemerkte, daß die meisten Häuser ebenerdig und aus Holz waren. Mit ihren schneebeladenen Dächern und Schornsteinen erinnerten sie an Weihnachtskarten, und die Illusion wurde nur zerstört durch die allgegenwärtigen Fernsehantennen, die selbst aus den kleinsten Hütten hervorsprossen. In regelmäßigen Abständen kamen wir an kleinen Gruppen von Menschen mit Pelzmützen vorbei, die sich geduldig um eine Bus-Haltestelle scharten. Die Geduld fällt den Russen, wie ich noch bemerken sollte, nicht schwer.

Nach einer Stunde hielten wir vor dem Hotel Leningrad. »Hier wohnen Sie fürs erste«, sagte Wladimir, während er meine Koffer aus dem Wagen nahm. Er und der junge Mann trugen je einen in mein Zimmer hinauf. Es war ein kleines Zimmer im zweiten Stock, und die Möbel waren altmodisch. Ein Schreibtisch mit grüner Filzauflage, einer reich verzierten Messinglampe und einer Löschwiege aus weißen Marmor. Die einzige Konzession an die Neuzeit war das Telefon. »Ich muß mich jetzt verabschieden«, sagte Wladimir lächelnd. »Ich hoffe, wir sehen uns wieder, Seán.«

Wir reichten uns die Hand, und er ging.

»Ich heiße übrigens Viktor«, sagte der junge Mann. Es waren seine ersten Worte in englischer Sprache.

Er nahm den Telefonhörer ab, sprach kurz mit jemandem und wandte sich wieder an mich. »Wir wollen jetzt George besuchen«, sagte er in seinem langsamen, korrekten Englisch. Das weckte meine Lebensgeister. Nach einer Woche völliger Abgeschlossenheit sehnte ich mich schon nach einem normalen Leben, nach irgendeiner Berührung mit gewohnten Dingen. Ich war auch erleichtert über die Andeutung, daß George lebte, denn ich wußte, daß mein eigenes Leben unmittelbar mit dem seinen zusammenhing.

Viktor begleitete mich nach unten, und wir warteten in der Halle, in der Nähe der großen Drehtür. Nach einigen Minuten trat ein Mann ein, sah Viktor und kam auf uns zu. Er war groß, schlank und breitschultrig und etwa vierzig Jahre alt. »Mr. Bourke!« sagte er lächelnd und hielt mir seine Hand entgegen. »Sie haben großartige Arbeit geleistet, Mr. Bourke, großartige Arbeit! Willkommen in Moskau.«

»Danke.«

»Ich heiße übrigens Stanislaw. Meine Freunde nennen mich Stan. Ich hoffe, Sie werden es auch tun.«

Er deutete auf die Drehtür. »Gehen wir also.«

Draußen wartete ein Wagen. Wir fuhren bis ans Ende der Straße und wandten uns nach links. Kurz darauf bogen wir nach rechts ab und hielten vor dem Eingang einer Gasse, die zu einem Wohnblock hinter den Geschäften längs der Straße führte. Wir stiegen die Betonstufen in den dritten Stock hinauf. Stan drückte drei Mal auf den Knopf der Türglocke und machte eine gleich lange Pause nach dem ersten und dem zweiten Läuten. Ich bemerkte, daß die Tür zwei Schlösser hatte.

Drinnen waren Schritte zu hören. Die Schlösser wurden geöffnet, und zwar indem ein Griff dreimal gedreht wurde. Dann ging die Tür einige Zentimeter weit auf, bis sich eine dicke Sperrkette straffte. Eine Frau mittleren Alters mit grauem Haar sah heraus. Sie erkannte Stan und hakte sofort die Kette aus. Wir traten ein. Stan sagte der Frau auf russisch, wer ich war, aber ich hörte nur den Namen »Robert« heraus. Dann wandte er sich an mich und sagte: »Robert, das ist Sinaida Iwanowna, Georges Haushälterin.« Die Frau nahm unsere Mäntel und Mützen. Wir standen in einem geräumigen Flur, von dem fünf Türen abgingen. Das erste Zimmer links war, wie ich später erfuhr, das der Haushälterin. Die Küche lag auf der rechten Seite, und hinter ihr kam das Bad. Die vierte Tür war geschlossen; sie führte in Blakes Schlafzimmer. Die letzte Tür, die wir beim Betreten der Wohnung geradeaus vor uns hatten, war offen, und ich sah in ein Speisezimmer, in dem ein für vier Personen gedeckter Tisch stand, der mit Obst und Wein beladen war.

»Nach Ihnen«, sagte Stan und zeigte in dieses Zimmer.

Ich trat ein. In der linken hinteren Ecke sah ich noch eine Tür. Ich ging durch das Speisezimmer und stieß sie auf. Sie führte in ein Arbeitszimmer. Quer zur Tür stand dort ein auf Hochglanz polierter Mahagoni-Schreibtisch, und hinter diesem saß George Blake.

Er stand auf und kam mit einem breiten Lächeln und mit ausgestreckter Hand um den Tisch herum. Er trug einen neuen dunklen Anzug und sah viel jünger aus als bei unserem letzten Zusammensein in London.

»Ich freue mich, Sie zu sehen«, sagte er. Wir schüttelten uns die Hände. Ich lächelte und sagte: »Wir haben es also geschafft.«

Moskau

Unser Festmahl war ausgezeichnet. Es gab den traditionellen Borschtsch, eine Kohlsuppe mit drei Arten Fleisch, Saft von roten Rüben und anderen Zutaten, und es gab Huhn und Schinken, sehr viel Wein und Wodka und armenischen Kognak. Sinaida Iwanowna bediente uns. Blake und Viktor saßen einander an den Schmalseiten des Tisches gegenüber, Stan und ich an den langen Seiten. Den ersten Trinkspruch brachte Blake aus, und wir standen dazu auf. »Auf Seán«, sagte er, »ohne dessen Mut und Findigkeit wir heute abend nicht hier wären.«

Das Essen dauerte zwei Stunden, und in dieser Zeit gingen wir die Flucht noch einmal in allen Einzelheiten durch. Ich erfuhr, daß Stan mehrere Jahre der KGB-Mann in der sowjetischen Botschaft in London gewesen war; daher sein ausgezeichnetes Englisch. Auch sein tadellos geschnittener Anzug stammte aus England. Er hatte ein hageres, muskulöses, sonnengebräuntes Gesicht. Die Augen lagen tief in den Höhlen und sahen einen unverwandt an, wenn man mit ihm sprach. Es war, als versuchten sie einem bis ins Hirn zu blicken. Er wägte alles, was er sagte, sorgfältig ab und schien nie ein überflüssiges Wort zu gebrauchen; vielleicht, weil er an der Moskauer Universität Jura studiert hatte, bevor er zum KGB ging. Viktor hatte ebenfalls an der Moskauer Universität studiert und das Staatsexamen in Geschichte abgelegt. Danach hatte er den Bestimmungen gemäß einige Jahre unterrichten müssen, und so war er erst vor kurzem zum KGB gekommen.

Viktor verließ uns, und Blake, Stan und ich gingen mit einer Flasche

Kognak ins Arbeitszimmer. »Hören Sie, Seán«, begann Stan. »Sie werden sich während der wenigen Monate Ihres Aufenthalts in Moskau irgendwie beschäftigen wollen, um sich nicht zu langweilen. Ich habe von George erfahren, daß Sie in Wormwood Scrubs die Gefängniszeitung herausgegeben haben. Wenn Sie wollen, können Sie hier etwas tun, was ungefähr auf dieser Linie liegt. Was meinen Sie dazu?«

»Ich denke, das ist eine gute Idee«, sagte ich.

»Schön. Sehen Sie, unsere Verlage beschäftigen eine ganze Anzahl Übersetzer, die russische Werke ins Englische übertragen, aber da diese Leute Russen sind und nie in England gelebt haben, fehlt ihnen natürlich das richtige Sprachgefühl. Hier könnten Sie helfen. Ihre Aufgabe würde darin bestehen, die Übersetzungen zu lesen und zu verbessern.«

»Das dürfte nicht so schwer sein«, sagte ich.

»Müßte er in einem Büro arbeiten?« fragte Blake.

Stan schüttelte den Kopf. »Nein. Viktor oder ich würden ihm die Manuskripte bringen, und er könnte zu Hause arbeiten.«

Eine Stunde später stand Stan auf, um sich zu verabschieden. »Wenn Sie wollen, können Sie gleich nach Hause fahren, und ich bringe Seán zu Fuß zu seinem Hotel«, sagte Blake.

Wir begleiteten Stan zur Tür und kehrten in das Arbeitszimmer zurück. »Und jetzt erzählen Sie«, sagte ich. »Was geschah, nachdem Michael und Anne sie kurz vor Berlin abgesetzt hatten?«

Blake lächelte, schob seinen Stuhl vom Tisch zurück und schlug die Beine übereinander.

»Lauter höchst interessante Dinge«, begann er. »Ich gab den beiden Zeit, die Stadt zu erreichen, und ging dann zu dem Postenhaus, das natürlich von Deutschen besetzt war. Ich verlangte einen russischen Offizier. Die Deutschen waren überrascht mich zu sehen und versuchten herauszubekommen, wen sie da vor sich hatten, aber ich schwieg. Schließlich riefen sie in Berlin an, und eine Stunde später traf ein russischer Offizier ein. Es war mittlerweile zwei Uhr morgens geworden. Ich sagte ihm, wer ich sei, und er erklärte mir, er müsse nach Berlin zurück und Meldung machen, denn er sei nicht imstande, mich zu identifizieren. Er gab den Deutschen Anweisung, mir ein Bett zur Verfügung zu stellen, und fuhr weg.

Punkt neun Uhr morgens flog die Tür auf, und drei Russen kamen herein. Der in der Mitte war vor Jahren, als ich für den Secret Service in Berlin arbeitete, einer meiner Kontaktmänner gewesen. ›Er ist es!‹ rief er. ›Er ist es!‹ Er stürzte auf mich zu und umarmte mich. Dieser Mann hatte sechs Stunden zuvor in seiner Wohnung in Moskau im Bett gelegen und geschlafen. Das KGB in Berlin hatte die Zentrale in Moskau angerufen und jemanden angefordert, der mich identifizieren könnte. In nur sechs Stunden hatten sie diesen Mann aus dem Bett geholt, zu einem Militärflugplatz in der Nähe von Moskau gefahren, nach Berlin geflogen und zum Postenhaus gebracht. In sechs Stunden!«

»Tüchtige Leute«, gab ich zu.

»Danach ging es mir nicht viel anders als Ihnen«, fuhr Blake fort. »Ich wohnte eine Woche mit Wladimir und Edmund in dem Haus in Berlin und wurde dann in einem Sonderflugzeug zu einem Flugplatz in der Nähe Moskaus gebracht, der sonst nur von Regierungsmitgliedern benutzt wird.«

Er zog eine Lade des Schreibtischs auf und nahm einen schwarzen Aktenordner heraus. »Sehen Sie sich das an!« Es war ein Dossier über die Flucht, zusammengestellt aus Artikeln der britischen Zeitungen und Fernschreibmeldungen aller größeren Nachrichtenagenturen. Ich sah ihn aufmerksam durch und bemerkte, daß alle mich betreffenden Stellen kräftig mit roter Tinte unterstrichen waren. Ich gab Blake den Ordner zurück.

»Wissen Sie«, sagte ich lachend, »es dürfte nicht viele Menschen geben, die das Privileg genossen haben, ihre eigene KGB-Akte zu lesen. Ein unheimliches Gefühl... so als sähe man seine eigene Todesanzeige.«

Um zehn Uhr begleitete mich Blake zu meinem Hotel. Wir verabschiedeten uns auf den Stufen vor dem Eingang, nachdem wir die Telefonnummern ausgetauscht und uns für den nächsten Tag verabredet hatten.

Viktor war uns als allgemeiner Führer und Helfer zugeteilt worden, und er war es auch, der uns am nächsten Tag, einem Sonntag, in einem Wagen mit Chauffeur abholte. Wir machten eine Rundfahrt durch die verschneite Stadt.

»Auf den Lenin-Hügeln hat man eine sehr schöne Aussicht«, sagte Viktor. »Ich denke, wir sollten hinauffahren.«

Die Lenin-Hügel sind genaugenommen keine Hügel, sondern nur ein ansteigendes Gelände am Westrand der Stadt, auf dem die Moskauer Universität steht. Vor dieser zieht sich eine etwa einen Meter hohe Aussichtsmauer hin, hinter der das Terrain steil zum Fluß abfällt. An dieser Mauer hat man tatsächlich einen großartigen Blick über die ganze Stadt, und Fremde suchen sie deshalb gern auf. Als wir näherkamen, beugte sich Viktor vor, um die etwa zwölf Wagen zu mustern, die nahe der Mauer standen. Plötzlich wandte er sich rasch an den Chauffeur und sagte etwas, und der Wagen fuhr mit erhöhter Geschwindigkeit an den Menschen vorbei, die sich über die Mauer lehnten.

»Tut mir leid«, sagte Viktor und wandte sich nach Blake und mir um. »Da standen einige Wagen von westlichen Diplomaten. Deshalb konnten wir nicht halten. Sie dürfen natürlich nicht gesehen werden.«

Am Dienstagabend rief mich Blake in meinem Hotel an. »Hören Sie, Seán, hätten Sie Lust, bei mir zu essen? Ich habe Ihnen etwas Interessantes zu zeigen. Eine kleine Überraschung.«

»Ich kann es kaum erwarten!«

»Gut. Ich hole Sie in einer halben Stunde vor dem Transportministerium ab. Das ist das große Gebäude am oberen Ende der Straße, in der Ihr Hotel steht.«

Wir trafen uns vor dem Ministerium und stapften durch den Schnee zu Blakes Wohnung. Der Tisch war wieder für vier Personen gedeckt. »Diesmal«, erklärte Blake, »habe ich Sinaida Iwanowna und ihre Tochter Sofia eingeladen. Sofia kennen Sie noch nicht. Sie wohnt auch hier, im Zimmer ihrer Mutter. Sie ist fünfundzwanzig und arbeitet als Übersetzerin im Außenhandelsministerium. Ein etwas zu dralles Mädchen, würde ich sagen. Ganz und gar nicht mein Geschmack. Ah ja, die Überraschung! Kommen Sie mit.«

Ich folgte ihm in das neben dem Speisezimmer gelegene Schlafzimmer. Er wandte mir den Rücken zu, öffnete den Kleiderschrank, nahm etwas heraus und schien dann etwas an seinem Anzug in Ordnung zu bringen. Dann drehte er sich mit einem breiten Grinsen um. Auf seiner Brust staken zwei Orden.

»Was, um Himmels willen, sind das für welche?« fragte ich.

Blake zeigte auf den einen. »Der Lenin-Orden«, verkündete er stolz. »Er wurde mir gestern auf einem Bankett vom Minister für Staatssicherheit im Namen der Sowjetregierung verliehen.«

»Man scheint Ihre Dienste hoch zu schätzen«, sagte ich.

Blake zuckte die Schultern. »Man war nicht unzufrieden mit mir.«

»Und der andere?«

»Das«, erklärte Blake, »ist der Orden vom Roten Banner. Er wurde mir schon verliehen, als ich noch in Berlin arbeitete, aber damals konnte er mir aus naheliegenden Gründen nicht überreicht werden.« Er lachte.

»Natürlich nicht«, sagte ich.

Sinaida Iwanowna und Sofia waren von Blakes Medaillen so angetan, daß sie ihn dazu überredeten, sie beim Essen zu tragen, und so saß er dann am Kopfende des Tisches und war offensichtlich sehr mit sich zufrieden. Es gab einige Trinksprüche, und Blake sagte wieder: »Auf Seán, ohne den wir heute abend nicht hier wären.«

Danach aß ich fast täglich in Blakes Wohnung zu abend. Am Ende der zweiten Woche, als uns Stan einmal besuchte, schlug Blake vor, ich solle zu ihm ziehen. »Schließlich ist die Wohnung groß genug, und Seán könnte das Arbeitszimmer haben. Das Sofa, das darin steht, läßt sich zu einem Bett niederklappen, und Sinaida Iwanowna kann ebensogut für zwei kochen wie für einen. Außerdem brauchen Sie Viktor nicht mehr jeden Tag ins Hotel zu schicken, damit er für Seán dolmetscht.«

Stan dachte einen Augenblick nach. »Die Idee ist nicht schlecht«, sagte er, »aber ich müßte erst noch die Genehmigung meiner Vorgesetzten einholen.«

Die Genehmigung wurde eine Woche später erteilt, und ich zog zu Blake in die Wohnung.

Einige Tage darauf, gegen Ende Januar, besuchte mich Stan. Er machte eine sehr besorgte Miene, und Blake kam mit ihm ins Arbeitszimmer.

»Seán«, begann Stan, »ich fürchte, ich habe schlechte Nachrichten für Sie.«

»So?« Mehr wußte ich nicht zu sagen.

»Ja. Scotland Yard hat die Wohnung in der Highlever Road entdeckt, und Sie werden nun öffentlich gesucht. Ihr Bild ist auf allen Titelseiten.«

»Ich verstehe«, sagte ich und bemühte mich, meine Erleichterung zu verbergen. »Früher oder später mußte es ja kommen.«

»Ja, aber es ist bedauerlich, daß es passieren mußte«, sagte Stan. »Das ändert Ihre Lage vollkommen.« Er ging durch die ganze Länge des Zimmers auf und ab, die Hände hinter dem Rücken, den Blick auf den Boden gesenkt, jedes Wort sorgfältig abwägend.

»Ich sehe nicht ein, inwiefern sich dadurch irgend etwas ändert«, erwiderte ich. »Ich habe es immer als unvermeidlich betrachtet, daß die Polizei meine Identität feststellt, und ich habe von Anfang an die Absicht gehabt, nach Irland zurückzukehren und durchzusetzen, daß ich nicht ausgeliefert werde.«

Stan blieb am Ende des Zimmers stehen, drehte sich um und sah mich mit seinem durchdringenden Blick an. »Ich bitte Sie, Seán! George Blake ist Kommunist, und Irland ist ein katholisches Land. Irland hängt außerdem wirtschaftlich von England ab. Gesetze lassen sich unterschiedlich auslegen, je nachdem, wie es der Regierung gerade paßt. Und man wird einen nicht geringen Druck auf die irische Regierung ausüben.«

»Das Risiko muß ich auf mich nehmen«, sagte ich. »Und etwas haben wir durch diese Entwicklung immerhin gewonnen. Die Polizei weiß jetzt, daß ich der Schuldige bin und wird sich auf die Suche nach mir konzentrieren. Ihr Netz wird weniger weit ausgespannt sein, und meine Freunde werden eine noch viel größere Chance haben, unentdeckt zu bleiben.«

»Ich bin ganz seiner Meinung«, warf Blake ein. »Michael und Pat sind keine Verbrecher, und man kennt sie nicht als seine Freunde.« Er nickte in meiner Richtung. »Wenn schon vorher kaum die Gefahr bestand, daß man sie faßte, so ist diese Gefahr jetzt noch viel geringer geworden. Die Polizei wird sich vor allem seine Freunde vornehmen« – er nickte wieder zu mir herüber – »einschließlich der Freunde, die er im Gefängnis hatte. Damit sind Michael und Pat außer Gefahr. So, wie ich es sehe, ist diese Entdeckung und die eindeutige Feststellung seiner Schuld« – wieder ein Nicken in meiner Richtung – »ein Segen. Im Hinblick auf unsere Freunde in London konnte gar nichts Besseres passieren.«

»Ja, Sie haben vielleicht recht«, gab Stan zögernd zu.

»Wann können wir die Zeitungen sehen?« fragte ich.

»Ich fordere sie morgen telegraphisch in London an«, antwortete Stan bereitwillig.

Die Zeitungen kamen einige Tage später, und mein Bild war tatsächlich auf den Titelseiten. BLAKES HELFER NOCH IN LONDON lautete eine fette Schlagzeile. Darunter war ein Foto zu sehen, das mich in ganzer Länge zeigte. Es war 1961, während meines Prozesses in Sussex, aufgenommen worden.

»Da sie glauben, Sie seien noch in London, wollen wir dafür sorgen, daß sie es auch weiter glauben«, sagte Stan. »Wenn Sie nach Hause schreiben wollen, schicken wir die Briefe im Diplomatengepäck nach London und lassen sie dort aufgeben.«

Der Moskauer Fortschritt-Verlag gab mir eine Probearbeit, um festzustellen, ob ich mich für die Bearbeitung von Manuskripten eignete. Es war die Rohübersetzung eines Artikels, der in einer russischen Zeitschrift erschienen war und von einer Heldin der Arbeit namens Jekaterina Borisowna handelte. Sie war Leiterin einer großen Kolchose, Gemeinderätin und Mitglied des Parlaments und führte ein arbeitsames Leben zum Ruhme der Sowjetunion. Bei der Beschreibung der Kolchose war dem Übersetzer ein Schnitzer unterlaufen. Er hatte sagen wollen, daß die »roten Kämme Tausender weißer Hühner im Winde schwankten«, hatte aber »Kamm« statt mit *comb* mit *cock* übersetzt.

Ich machte eine Anmerkung am Fuß der Seite, in der ich erklärte, daß *cock* in der englischen Vulgärsprache soviel wie Penis bedeutet, so daß Jekaterina Borisowna in den Verdacht geraten könnte, ein recht sonderbares Getier zu züchten; andrerseits, schrieb ich, sei *cock* die Kurzform vom *cockerel* und bezeichne den männlichen Vertreter der Spezies, also den Hahn, und man könne sich nur schwer vorstellen, daß diese stämmigen Geschöpfe im Winde schwankten, es sei denn, sie wären betrunken...

Ich bekam die Anstellung, und das erste Manuskript, das man mir anvertraute (es blieb das einzige, denn danach arbeitete ich nicht mehr), war die Übersetzung eines Werkes mit dem Titel »Wissenschaftlicher Kommunismus – Eine gemeinverständliche Einführung«. Sein Verfasser war ein russischer Professor der Staatswissenschaft. Auch dieser Text enthielt einige amüsante Zweideutigkeiten. (»Die Kraft des Windes, des Wassers und der Muskeln der Menschen wurde nach und nach durch den elektrischen Strom ersetzt.«) Das KGB zahlte mir monatlich dreihundert Rubel. Bei einem Wechselkurs von zweieinhalb Rubeln für ein englisches Pfund waren das hundertzwanzig Pfund im Monat oder beinahe dreißig Pfund pro Woche.

Etwa zweimal die Woche aßen Blake und ich mit Stan in einem Moskauer Restaurant zu Abend. Gewisse Restaurants mußten wir allerdings meiden, weil sie von westlichen Ausländern besucht wurden. Bei solchen Gelegenheiten läutete das Telefon, und Stan meldete, daß er auf dem Wege zu uns sei. Blake und ich verließen die Wohnung und warteten auf der Straße. Zwei, drei Minuten später kam ein schwarzer Wolga angefahren. Stan saß neben dem Chauffeur und sah in einem dunklen englischen Anzug sehr elegant aus. Blake und ich stiegen hinten ein, und der Wagen raste ins Stadtzentrum. Auf der Heimfahrt nach dem Essen ließ sich Stan jedesmal woanders absetzen. Er war geschieden und hatte viele Freundinnen. Von allen meinen Bekannten in Rußland kam er dem James-Bond-Typ am nächsten.

Blake verbrachte den größten Teil des Tages damit, lange Berichte für das KGB zu schreiben. Jeden Abend um sechs kam Stan und holte sie ab. Er brachte ein kleines Tonbandgerät mit, und die beiden saßen gewöhnlich zwei Stunden in Blakes Schlafzimmer und unterhielten sich leise. Blake gab dem KGB natürlich jede Information, die er vor seiner Verhaftung nicht mehr hatte weitergeben können, und berichtete über die Methoden, die die Briten bei seinem Verhör und den Nachforschungen in seinem Falle angewandt hatten.

Von dem Augenblick an, da ich in Blakes Wohnung einzog, sah ich mich einem völlig fremden Menschen gegenüber. Es war ein geradezu unheimliches Erlebnis. Das freundliche Lächeln, die geduldige, verständnisvolle Haltung, die Bereitschaft zuzuhören und mitzufühlen – all das war mit einem Schlage verschwunden. Blake war mürrisch, übellaunig, unduldsam, arrogant. Der George Blake, den wir alle in Wormwood Scrubs gekannt hatten, hatte eine Maske getragen, er hatte sich geschickt und mit kalter Berechnung verstellt, weil er sich auf lange Sicht Vorteile davon versprach. In Moskau kehrte George Blake plötzlich seine wahre Natur hervor.

Er legte es von Anfang an darauf an, mich spüren zu lassen, daß ich mich in *seiner* Wohnung befand und dort nur leben durfte, weil *er* mir dieses Privileg gewährt hatte. Er bestand darauf, mich »Robert«

zu nennen. Daß Stan mich nie anders als »Seán« nannte, änderte daran nichts. Mich mit meinem richtigen Vornamen anzusprechen, betrachtete Blake offenbar als eine Vertraulichkeit, die einem Mann in seiner Position nicht zuzumuten war. Derlei Vertraulichkeiten waren in Wormwood Scrubs am Platze gewesen, als er meine Hilfe brauchte. Er versäumte keine Gelegenheit, seine Überlegenheit geltend zu machen. Eines Morgens saß ich am Schreibtisch im Arbeitszimmer (das nun mein Zimmer war) und beschäftigte mich mit dem Manuskript. Ich hatte im Radio das Auslandsprogramm der BBC eingestellt und ließ mich mit irgendeiner gefälligen Musik berieseln. Blake hielt sich im Speisezimmer auf und schrieb an seinen Berichten für das KGB. Die Verbindungstür war geschlossen. Plötzlich kam Blake wütend zu mir hereingestürmt.

»Hören Sie, Robert, würden Sie vielleicht das Radio leiser stellen? Es ist mir unmöglich, mich zu konzentrieren!«

Er drehte sich um und rannte wieder hinaus. Das Radio spielte ohnehin sehr leise, aber ich drehte es noch leiser, bis kaum noch etwas zu hören war. Fünf Minuten später flog wieder die Tür auf. Blakes Gesicht war rot vor Zorn. »Also hören Sie, Robert, jetzt drehen Sie doch endlich das Radio ab! Ich kann so nicht schreiben!«

Ich schaltete das Radio ab. Es war seine Wohnung.

Sinaida Iwanowna und Sofia behandelte er nicht minder arrogant. Eines Abends saß ich in der Küche und plauderte mit den beiden Frauen. Sofia, die Englisch sprach, dolmetschte. Die Tür ging auf, und Blake kam herein. »Ich möchte eine Erklärung abgeben«, verkündete er großsprecherisch. Dann wandte er sich an die beiden Frauen und begann Russisch zu sprechen. Während er redete, sah ich, wie der Gesichtsausdruck der Frauen von Erstaunen zu Betroffenheit und Ärger wechselte. Als er ausgeredet hatte, wandte er sich an mich und sagte: »Nachdem ich meine Erklärung in russischer Sprache abgegeben habe, will ich sie ins Englische übersetzen. Vom heutigen Tage an hat jeder Lärm und jede Bewegung in dieser Wohnung allerspätestens um elf Uhr abends aufzuhören. Ich halte es für keineswegs unbillig zu verlangen, daß man mich von elf Uhr an schlafen läßt. Ich kann aber nicht schlafen, solange hier noch jemand herumgeht und Lärm macht. Das ist alles, was ich sagen wollte. Gute Nacht.« Er machte auf dem Absatz kehrt und ging, nein, schritt aus der Küche und in sein Zimmer.

Sinaida Iwanowna murmelte etwas, und Sofia übersetzte für mich: »Meine Mutter und ich denken daran, in unsere eigene Wohnung zurückzukehren. Meine Mutter kann jeden Tag herkommen, um aufzuräumen und zu kochen, und abends wieder heimgehen.«

Sie blieben jedoch. Sie hatten Angst vor dem KGB und wollten nichts tun, was dessen Mißfallen erregen konnte. Ich wußte, daß sie nur aus diesem Grunde blieben, denn jedesmal wenn Stan kam, huschten die beiden Frauen in ihr Zimmer und verließen es erst wieder, wenn er gegangen war.

Auch eine andere Seite von Blakes Charakter zeigte sich bald: seine Eitelkeit. Ich habe in meinem ganzen Leben keinen so eitlen Menschen gesehen. Aber er ist wohl mehr als eitel. Er ist der vollkommene Narziß – schamlos in sein eigenes Bild verliebt. Da er sich unbedingt seine knabenhafte Figur erhalten wollte, turnte er täglich mindestens eine Stunde, und er machte seine Übungen nackt vor einem bis zum Boden reichenden Spiegel. Mehrere Male sah ich ihn, wenn ich sein Zimmer betrat, vor diesem Spiegel tanzen. Wenn es die Schritte erforderten, daß er dem Spiegel den Rücken wandte, blickte er über die Schulter zurück, um nur ja nicht für ein paar Sekunden den Anblick seines Körpers zu versäumen.

Er sagte mir oft, wenn er kein Spion wäre, würde er gern Priester sein. »Diese herrlichen Gewänder der Bischöfe und Kardinäle würden mir sehr gefallen.« Er lachte. Einmal kam ich in sein Zimmer und sah ihn vor dem Spiegel niederknien, den goldfarbenen seidenen Bettüberwurf um die Schulter drapiert wie einen Chorrock. Er erblickte mich im Spiegel, drehte sich um und segnete mich salbungsvoll.

Er litt an Größenwahn und stolzierte gerne in seinem karminroten

Morgenmantel durch die Wohnung, ein Glas Sekt geziert in der Hand haltend. Manchmal kam er in diesem Morgenmantel auch in mein Arbeitszimmer, schwenkte in der einen Hand eine Flasche Sekt und in der anderen zwei elegante Gläser und fragte mit seiner kultivierten Diplomatenstimme: »Sagen Sie, Robert, was halten Sie von einem Gläschen Sekt?«

Sein schütter werdendes Haar machte ihm großen Kummer, und er sprach oft davon, daß er sich eine Perücke zulegen wolle. (»Sagen Sie, Robert, was meinen Sie, wie mir ein Toupet stehen würde?«) Eine weitere Quelle des Mißvergnügens war ihm das unregelmäßige Muster kleiner bläulicher Narben auf der Stirn. Ich wußte, daß ihm diese Narben sein Leben lang bleiben würden, und ich wußte auch, er würde mir nie verzeihen, daß er meinetwegen so ungeschickt gestürzt war.

Noch eine weitere Facette seines Charakters machte sich bald bemerkbar, die im Grunde sein ganzes sonderbares Wesen erklärte, nämlich seine physische und psychische Schwäche. Als Mann war Blake sehr unzulänglich. Er hatte große Angst vor körperlicher Gewalttätigkeit und Blutvergießen. In Moskau wird viel getrunken, und es gibt viele Betrunkene. Wenn wir spätabends nach Hause gingen, begegneten wir manchmal einem Betrunkenen, der auf dem Gehsteig hin und her torkelte. Blake flüchtete prompt auf die andere Straßenseite und kam erst zurück, wenn ich schon weit an dem Betrunkenen vorbei war.

Kindern gegenüber war er auf eine weibische Art weich und zärtlich. Oft blieb er vor einem Spielplatz stehen und sah den Kindern zu, und wenn er durch die Straßen ging, wanderten seine Blicke von einem jungen Menschen zum anderen. Manchmal blieb er sogar stehen, um Kindern nachzustarren, bis sie verschwunden waren. Viktor brachte einmal seinen sechsjährigen Sohn mit in die Wohnung, und Blake überschüttete den Jungen mit Zärtlichkeiten, die peinlich anzusehen waren.

Eines Sonntags sollten Blake und ich mit Viktor eine Landpartie machen. Viktor wollte uns um zehn Uhr vormittags abholen. Um neun ging ich in die Küche, wo Blake eifrig belegte Brote machte. Er blickte auf, als ich eintrat. »Wissen Sie, das ist nicht leicht«, sagte er stirnrunzelnd. »Ich muß Brote für uns drei schmieren und für den Fahrer noch dazu. Das ist eine Menge Arbeit.«

Ich lächelte. »Das glaube ich Ihnen gern.«

Blake ließ das Messer fallen und richtete sich auf. »Sie finden das wohl komisch?« fragte er, und sein Gesicht lief rot an.

»Davon hat niemand etwas gesagt!«

Er begann am ganzen Körper zu zittern. »So, Sie finden das also komisch?« wiederholte er. »Scheren Sie sich zum Teufel!« Er packte eine Plastikdose mit gekochten Eiern und warf. Sie krachte einen halben Meter neben mir gegen den Küchenschrank, und die Eier fielen zerbrochen auf den Boden. »Scheren Sie sich zum Teufel!« schrie er noch einmal, und seine Stimme klang beinahe wie ein Schluchzen. Dann nahm er ein halbes Dutzend Äpfel vom Tisch, stürzte zur Tür und schleuderte sie nacheinander gegen die Wand auf der anderen Seite des Flurs. Dabei schrie er immer wieder: »Scheren Sie sich zum Teufel!« Sein Gesicht war vor Wut verzerrt. Zuletzt rannte er in sein Zimmer und schlug die Tür laut hinter sich zu. Er benahm sich wie ein hysterisches Frauenzimmer, und der Vorfall war ausgesprochen peinlich, zumal sich Sinaida Iwanowna und Sofia in der Küche aufhielten. Ich hatte jedoch bemerkt, daß Blake trotz seiner Wut nicht auf mich gezielt hatte, als er die Plastikdose warf. Er weigerte sich, sein Zimmer zu verlassen, und Viktor und ich fuhren ohne ihn aufs Land.

Etwa drei Monate nach meiner Ankunft in Moskau wurde Blake eines Abends von einem KGB-Mann besucht, mit dem er vor Jahren, als er noch in Berlin für den Secret Service arbeitete, zu tun gehabt hatte. Die beiden saßen einige Stunden in Blakes Zimmer und sprachen bei einer Flasche Sekt von alten Zeiten. Die Türen sind in Rußland oft – wie so vieles andere – schlecht gemacht und schließen nicht richtig. Ich goß mir in der Küche eine Tasse Tee auf und hatte die Tür hinter mir offengelassen. Da hörte ich ganz deutlich die Stimmen Blakes und seines Freundes.

»Und wie geht es Robert?« fragte plötzlich der KGB-Mann.

»Ach, nicht schlecht.«

»Was hat er für Pläne?«

»Nun ja...« Ich sah förmlich, wie Blake nachsichtig die Schultern zuckte. »Wissen Sie, Robert ist... er ist eben nur ein irischer Bauer. Er weiß nicht, was er will. Aber wir versuchen ihn dazu zu bringen, daß er bleibt, daß er sich hier in Rußland niederläßt. Darauf arbeiten wir hin.«

Eine halbe Stunde später ging der KGB-Mann. Blake kam in mein Zimmer, mit einer Flasche Sekt und zwei Gläsern. »Sagen Sie, Robert, was halten Sie von einem Gläschen Sekt?«

Ich ließ eine Woche vergehn, damit Blake nicht auf den Gedanken kam, ich hätte ihn belauscht, dann suchte ich ihn in seinem Zimmer auf.

»Ich bin jetzt seit mehr als drei Monaten in Moskau«, begann ich, »und ich denke, es wird Zeit, Stan daran zu erinnern, daß ich nur eine kleine Weile bleiben wollte. Ich möchte zurück nach Irland.«

»Nein, wirklich?« Blake spielte den Überraschten.

»Ja, natürlich«, sagte ich. »So war es von Anfang an geplant, das wissen Sie doch.«

»Und Michael und Pat?«

»Was soll die Frage?«

»Wenn Sie nach Irland zurückkehren, bringen Sie die beiden in Gefahr«, antwortete er gereizt.

Ich beherrschte mich mit Mühe. »Hören Sie«, sagte ich ruhig, »wir sprechen jetzt über *meine* Zukunft, nicht über die anderer. Michael und Pat sind in diesem Augenblick freie Menschen, sie leben und arbeiten unter ihren Freunden in ihrem eigenen Land. Weder durch mich noch durch sonst jemand droht ihnen Gefahr. Auf *meinen* Kopf ist eine Prämie ausgesetzt. Ich bin geflohen, ich lebe in einem fremden Land unter fremden Menschen. Ich habe alle Schuld auf mich genommen und die Polizei von den anderen abgelenkt. Ich beklage mich nicht, aber ich denke nicht daran, für immer als Verfolgter in einem Land zu leben, in dem ich nicht leben mag. Ich will nach Irland zurückkehren und wieder ein normales Leben führen, sobald ich erreicht habe, daß ich nicht ausgeliefert werde. Ich will Seán Bourke sein, ein Ire, nicht Robert Garvin, ein Mensch, den es gar nicht gibt. Meine Zukunft ist Ihnen vielleicht nicht wichtig, aber mir ist sie sehr wichtig.«

»Gut, gut«, sagte Blake mürrisch. »Ich werde Ihre Erklärungen an Stan weiterleiten.«

Es wurde jedoch Juni, und im Hinblick auf meine Abreise war nichts mehr gesagt oder unternommen worden. Ich schrieb allerdings einige Briefe. Stan kam dazu jedesmal in mein Zimmer und brachte mir Briefpapier und Umschläge in einer Plastikmappe. Auch ein Glas Tinte hatte er mit; wie das Papier in London gekauft. »Wenn Sie den Brief geschrieben haben, stecken Sie ihn in den Umschlag und den Umschlag in die Mappe«, sagte er. »Ich darf weder das Papier noch den Umschlag berühren, denn in London hat man wahrscheinlich meine Fingerabdrücke.« Bei Blake wurde das gleiche Verfahren angewandt. Er bekam Papier, das in Kairo gekauft worden war. Unsere Briefe gingen dann mit Diplomatengepäck in die beiden Hauptstädte, wo sie von Agenten des KGB aufgegeben wurden. Ich übergab Stan meine Briefe unverschlossen und bemerkte zu meiner Überraschung, daß von Blake dasselbe erwartet wurde. Da ich aber keinen Absender angeben durfte und daher auch keine Antwort bekommen konnte, hatte das Ganze keinen rechten Reiz für mich.

Als es Sommer wurde, war meine Beziehung zu Blake merklich abgekühlt. Ich konnte nicht vergessen, daß er mich verächtlich einen irischen Bauern genannt und sich so plötzlich meinem Wunsch widersetzt hatte, die Sowjetunion zu verlassen. Ich wußte auch, daß er mich bespitzelte und dem KGB regelmäßig über meine Stimmungen und mein Treiben berichtete. Eines Tages, als er ausgegangen war, wollte ich mir in seinem Zimmer ein Buch holen. Sein letzter Bericht für das KGB, der aus etwa zehn Seiten bestand, lag offen auf dem Schreibtisch – eine Sorglosigkeit, die ich bei ihm nicht gewohnt war, denn sonst schloß er alles sorgfältig in seinem Schrank ein, bevor er die Wohnung verließ. Ich warf einen Blick auf die erste Seite. Der Bericht handelte von unserem Leben in Wormwood Scrubs, und da war es wieder: *Was immer man über ihn sagen mag, Bourke ist in erster Linie ein irischer Bauer.*

Am Freitag, dem 21. Juli, sollte Blakes Mutter in Moskau eintreffen um einen Monat bei ihrem Sohn zu bleiben. Das KGB bestimmte, daß sie mich nicht sehen und nicht erfahren durfte, daß ich in Moskau lebte. »Wenn die Briten genau wissen, daß Sie hier sind«, sagte Stan, »könnten sie einen formellen Auslieferungsantrag stellen, und das wäre peinlich für unseren Außenminister.«

Es wurde beschlossen, daß ich Urlaub am Schwarzen Meer machen sollte, solange Mrs. Blake in Moskau war, und beinahe in dem gleichen Augenblick, da Mrs. Blakes Maschine zur Landung auf dem Moskauer Flughafen ansetzte, startete meine in Richtung Kaukasus. Der Mann, der mich begleitete, war ein KGB-Offizier namens Wladislaw, kurz Slawa genannt. Er hatte den gleichen Rang wie Stan, aber damit hörte die Ähnlichkeit auch schon auf. Slawa war auffällig klein und stämmig und sah sehr russisch aus. Er hatte die Stupsnase, die vollen Lippen, die weit auseinanderliegenden Augen und die kräftig hervortretenden Backenknochen des Slawen. Seine Kleidung war russisch durch und durch. Wie alle KGB-Offiziere, die ich bis dahin kennengelernt hatte, war er ausgesprochen ehrlich und ungewöhnlich hilfsbereit.

Slawa hatte zum ersten Mal mit mir zu tun und hatte sich fest vorgenommen, nur ja nichts falsch zu machen. Er bestand darauf, daß ich ständig eine dunkle Brille trug, damit ich nicht von ausländischen Touristen erkannt wurde. »Wir müssen vorsichtig sein, Seán«, warnte er mich. »Ihr Foto ist in allen europäischen Zeitungen erschienen.« Als wir auf dem Flughafen von Adler ankamen, wo sich das erste ebene Gelände nächst dem Seebad Sotschi befindet, wurden wir von einem Wagen des KGB abgeholt. »Der da drüben ist es«, sagte Slawa, nachdem er die Nummer mit einer Eintragung in einem kleinen Notizbuch verglichen hatte. Der Mann im Wagen war der Leiter des KGB-Büros in Sotschi. Er stellte sich als Wladimir vor. Zu meiner Überraschung fuhr er selbst, und so saß ich zum ersten Mal in einem Wagen des KGB ohne Chauffeur. Wir rollten die gewundene Küstenstraße am Fuße des Kaukasus entlang, und in vierzig Minuten waren wir in Sotschi.

Die Stadt ist voll von Erholungsheimen oder »Sanatorien«, in denen im Sommer Sowjetbürger aus dem ganzen Lande ihren Urlaub verbringen. Jede Industrie hat ihr eigenes Sanatorium, das nur Angehörigen dieser Industrie zur Verfügung steht und nur von Sowjetbürgern besucht werden kann. Das KGB hatte für mich eine Ausnahme erwirkt. Auf Slawa und mich warteten Zimmer im Sapoljarija-Sanatorium, das den Arbeitern der Kupferbergwerke hoch oben in der Arktis gehört.

Diese Sanatorien sind eine für Rußland typische Einrichtung, die nur in der sowjetischen Gesellschaft existieren kann. Im Westen würde sie niemand akzeptieren. Der Betrieb ist auf dem Prinzip einer ständigen Bevormundung aufgebaut, aber das gilt für die ganze sowjetische Gesellschaft. Die Russen haben nie etwas anderes gekannt. Im »Sapoljarija« trommelt um sieben Uhr morgens eine stramme Pflegerin an die Tür, und ein Minute später schallt die Stimme eines Gymnastiklehrers im Befehlston aus dem Lautsprecher im Zimmer.

Jedes Sanatorium hat ein eigenes eingezäuntes und übervölkertes Stück Strand. Gleich am ersten Morgen, als ich mich sonnte, wurde mir die Reglementierung des Sanatoriumbetriebes mit erschreckender Plötzlichkeit vor Augen geführt. Um Punkt elf Uhr brüllte ein halbes Dutzend Lautsprecher den Befehl: »Auf, Genossen, auf!« Ich stützte mich auf dem Ellbogen auf und sah mich um. Tausend Menschen, Männer, Frauen und Kinder, sprangen augenblicklich auf. Etwa dreißig Meter von mir entfernt stand auf einem Podium ein stämmiger Gymnastiklehrer, breitbeinig, die Hände in die Hüften gestemmt, und musterte seine gehorsame Herde. An dem Geländer vor ihm war ein Mikrophon angebracht. »Und jetzt, Genossen, zugleich mit mir . . . los!« Er begann mit den Übungen, und die ganze große Menschenmenge turnte mit. Slawa, der ein paar Meter neben mir auf einem großen Badetuch gelegen hatte, war mit der gleichen Begeisterung dabei wie alle anderen. Ich legte mich zurück, schloß die Augen und tat, als schliefe ich. Die Übungen dauerten eine Viertelstunde, und kurz darauf schallte weiter unten am Strand die Stimme eines anderen Gymnastiklehrers aus den Lautsprechern, und die Insassen des benachbarten Sanatoriums hatten ihre Turnstunde.

Im Speisesaal waren jedem Tisch acht Personen zugeteilt, aber die Tische boten nur jeweils vier Personen Platz. Daher wurde in zwei Schichten gegessen. Die erste Schicht mußte in einer halben Stunde fertig sein, und Slawa sorgte dafür, daß wir zur zweiten gehörten. Der Speisezettel war einfach und bekömmlich, das Hauptgewicht lag auf Suppe, Kartoffeln und Brot. Das Frühstück unterschied sich kaum vom Mittagessen und bestand oft aus gekochtem Fleisch, Kartoffelbrei und Grießpudding.

Jedes Sanatorium hatte einen »kulturellen Leiter«, der Ausflüge, Tanzveranstaltungen, Konzertbesuche und andere gemeinschaftliche Unternehmungen organisierte. Der unsere kam jeden Morgen beim Frühstück in den Speisesaal und hatte eine lange, auf der Schreibmaschine getippte Liste in der Hand, die auf einem Brettchen befestigt war. »*Dobroje utro, towarischtschi!*« (Guten Morgen, Genossen) rief er, und sobald völlige Stille eingetreten war, begann er das Programm für den Tag zu verlesen. Manchmal brauchte er dazu volle zehn Minuten. Einmal die Woche mußte sich jeder an seinem Bett aufstellen, und der Leiter des Sanatoriums ging mit einem Gefolge von einem halben Dutzend niedrigerer Beamter, die alle lange weiße Mäntel trugen, von Zimmer zu Zimmer, um sich zu vergewissern, daß alles in Ordnung war.

Ich entzog mich hartnäckig allen organisierten Unternehmungen und machte mir einen Spaß daraus, gegen möglichst viele Vorschriften zu verstoßen. Um Mitternacht mußte man in seinem Zimmer sein, und die Türen wurden geschlossen. Ich kehrte gewöhnlich erst gegen ein oder zwei Uhr morgens vom Ausgang zurück und trommelte so lange an die Tür, bis einer vom Nachtdienst kam und mich einließ. Die einzige besondere Einrichtung, von der ich Gebrauch machte, war die Wassermassage. Slawa und ich hatten bei der obligatorischen ärztlichen Untersuchung gleich nach unserer Ankunft um diese Behandlung angesucht, und der Arzt hatte die Genehmigung in die kleinen blauen Kontrollbücher eingetragen, die wir immer und überall bei uns haben mußten. Die Wassermassage und andere Spezialbehandlungen wurden in einer Klinik auf dem Sanatoriumsgelände durchgeführt. (Vor dem Eingang der Klinik befand sich eine kleine Grünfläche, und in deren Mitte stand auf einem nicht ganz zwei Meter hohen Sockel die Büste des russischen Psychologen Pawlow, der gütig auf den Hund und den Affen niederblickte, die sich liebevoll an seine Brust schmiegten. Er erinnerte mich ein wenig an Bernard Shaw.)

Ich bekam meine Wassermassage zweimal wöchentlich, am Dienstag und Freitag. Sie wurde in einer großen weißgekachelten Wanne vorgenommen, die die Schwester mit lauwarmem Wasser füllte. Ich legte mich mit einer Badehose bekleidet in die Wanne, und die Schwester, eine hübsche Brünette, spritzte jeden Quadratzentimeter meines Körpers mit einem dünnen, scharfen Wasserstrahl ab, der aus einem an eine Pumpe angeschlossenen Gummischlauch kam. Sie ließ nichts aus.

Schon nach wenigen Tagen fragten sich alle im Sanatorium, was der sonderbare *Anglitschanin* in ihrer Mitte zu suchen hatte. Alle, auch der Direktor, bekamen die gleiche Geschichte zu hören: Ich war ein Engländer, der jahrelang als Journalist in Südafrika gearbeitet hatte. Der südafrikanischen Regierung hatten jedoch meine linksradikalen

Anschauungen nicht gepaßt, und ich war ausgewiesen worden. Jetzt genoß ich als Gast der Sowjetunion einen wohlverdienten Urlaub. In den Augen des Direktors war ich ein großer Held, und er versäumte keine Gelegenheit, mir die Hand zu drücken.

Slawa konnte nur eine Woche in Sotschi bleiben, dann mußte er nach Moskau zurückfliegen. Im Laufe dieser Woche machten wir einige Ausflüge mit dem Boot zu anderen Städten an der Küste. Bevor er mich irgendwohin führte, wandte sich Slawa an das örtliche KGB-Büro und ließ sich genau berichten, wo sich im Augenblick gerade Ausländer aufhielten.

Eines Tages fuhren wir von Sotschi nach Suchumi, der Hauptstadt der winzigen autonomen Republik Abchasien innerhalb der Georgischen SSR. Das Tragflächenboot flitzte über den glatten Spiegel des Schwarzen Meeres und hatte etwa die halbe Strecke zurückgelegt, als Slawa plötzlich sein Notizbuch aus der Tasche zog und darin blätterte. »Was ich noch sagen wollte, Seán: Wir kommen um zwei in Suchumi an und fahren um sechs wieder ab. Um fünf trifft eine Gruppe amerikanischer Touristen ein, die bis neun bleibt. Wir werden also nur eine Stunde zusammen in der Stadt sein, und es ist nicht sehr wahrscheinlich, daß wir ihnen begegnen. Wir wollen aber trotzdem in dieser Stunde zwischen fünf und sechs sehr vorsichtig sein!«

Vor seiner Rückkehr nach Moskau beauftrage Slawa das KGB in Sotschi, sich während meines restlichen Aufenthalts um mich zu kümmern, aber sogar seinen Kollegen machte er weis, ich sei aus Südafrika gekommen. Man teilte mir einen Mann von etwa dreißig Jahren zu, der Wolodja hieß und alle seine Beziehungen für mich spielen ließ. Wenn ich einen Wagen haben wollte, brauchte ich nur nach dem Telefon zu greifen, und bis ich den Ausgang erreicht hatte, wartete er schon auf mich. Und immer waren Mädchen da. Das Büro in Sotschi hatte einen großen schwarzen Sim. In einem Lande, wo nur sehr wenige Menschen irgendein noch so bescheidenes Auto besitzen, konnte man mit einem solchen Wagen leicht

Eindruck auf die Mädchen machen. Der Sim fuhr vor dem Sanatorium vor, Wolodja saß neben dem Chauffeur, auf dem Rücksitz hatte er immer gleich zwei Mädchen. »Hallo, Robert!« rief er. »Was stehen Sie da herum? Steigen Sie ein! Lassen Sie diese hübschen Mädchen nicht warten!« Dann raste der Wagen mitten auf der Fahrbahn davon, die Leute sprangen links und rechts zur Seite, und Wolodja lachte ununterbrochen. Die KGB-Beamten in Sotschi gaben sich viel natürlicher und ungezwungener als ihre Kollegen in Moskau. Das lag vielleicht am Klima oder an der Atmosphäre des Badeortes.

Ich lernte viele Mädchen kennen... Swjetlana, eine Medizinstudentin aus Kiew, blond, schön und zweiundzwanzig Jahre alt; ihre Freundin Sonja, dunkel, vierundzwanzig, Studentin an einer technischen Hochschule. Keine von beiden sprach Englisch, aber das war kein Hindernis. Dann Natascha, eine Brünette von dreiundzwanzig Jahren, die in Sotschi als Intourist-Führerin arbeitete. Ihr Englisch war nicht schlecht. Dann Jekaterina, Nadja, Galina. Wolodja und ich führten die Mädchen aus. Wir aßen in einem Restaurant, am liebsten in einem georgischen, das auf einem hohen Gipfel, dem Bolschoj Abun, lag. Später trennten sich die Paare. Wenn es noch nicht Mitternacht war, nahm ich mein Mädchen ins Sanatorium mit – und verstieß damit wieder gegen eine Vorschrift –, andernfalls besorgte mir Wolodja ein Hotelzimmer in der Stadt.

Aber trotz dieser menschlichen Züge und seines flotten Lebenswandels vernachlässigte Wolodja nicht seine Pflicht als KGB-Offizier. »Wie bei den meisten Leuten in einem Badeort ist unsere Arbeit mehr oder weniger saisonbedingt«, erklärte er mir einmal in seinem schwerfälligen Englisch. »Im Sommer haben wir eine Menge ausländischer Touristen und sind sehr beschäftigt. Im Winter gibt es nur wenige Touristen, und wir können uns ausruhen. Im Augenblick bin ich im Hotel Sotschi stationiert. Ich muß dort eine Menge Touristen aus dem Westen im Auge behalten.«

Eines Tages suchte er mich unerwartet im Sanatorium auf. Er zog ein kleines rote Notizbuch aus der Tasche und schlug eine Seite auf. »Robert, was ist das: Direktor einer Kläranlage?« fragte er. Ich erklärte ihm, was ich mir darunter vorstellte. »Wir haben nämlich einen Engländer aus der Londoner Gegend, der angibt, Direktor einer Kläranlage zu sein«, sagte Wolodja. »Er wohnt im Hotel Magnolia. Wir dürfen also ein paar Tage nicht dort im Restaurant essen.« Wolodja brauchte dieses kleine rote Buch während meines Aufenthalts in Sotschi noch sehr oft.

Ich sollte ursprünglich nur einen Monat bleiben und am Samstag, dem 19. August, nach Moskau zurückfliegen. Am Tage vor meiner geplanten Abreise besuchte mich jedoch Wladimir, der Chef des KGB-Büros in Sotschi, im Sanatorium und sagte mir, er habe gerade eine Anweisung aus Moskau erhalten. Ich solle noch eine Woche bleiben. Offenbar hatte Mrs. Blake ihre Abreise verschoben.

Am nächsten Samstag, dem 26. August, fuhr Wolodja mit mir zum Flughafen Adler. Er begleitete mich zur Maschine, und wir verabschiedeten uns an der Einstiegtreppe. Als ich sie halb hinaufgegangen war, sah ich noch einmal über die Schulter zurück. Wolodja hatte sein kleines rotes Buch in der Hand und notierte die Registriernummer des Flugzeugs.

Auf dem Moskauer Flughafen wurde ich von Viktor abgeholt. »Wie geht es George?« fragte ich, als wir in die Stadt fuhren.

»Oh, sehr gut«, antwortete Viktor. »Seine Mutter ist gestern abgeflogen. Er ist sehr glücklich, weil er wieder einmal mit ihr zusammen sein konnte.«

Blake war zu Hause, als ich ankam. Er strahlte. »Ich muß sagen, Robert, das Schwarze Meer scheint Ihnen sehr gutgetan zu haben. So blendend haben Sie noch nie ausgesehen, seit ich Sie kenne. Und wie braun Sie sind. Ein Neger, ein richtiger Neger!«

»Ich fühle mich auch wirklich nicht schlecht«, sagte ich. »Es war ein schöner Urlaub, ein sehr schöner Urlaub.« Ich erzählte von Sotschi und behandelte das Thema Mädchen mit aller Ausführlichkeit. »Na, hören Sie!« rief er. »Das klingt ja geradezu nach Tausendund-

einer Nacht. Oder nach James Bond, wenn Sie lieber wollen.«
»Nur ein Monat im Leben des Seán Bourke«, sagte ich lachend.
»Und wie ist es Ihnen ergangen?«
»Es war wundervoll«, sagte Blake. »Meine Mutter hat es hier sehr
gefallen.« Er füllte zwei Gläser mit Kognak und reichte mir eines.
»Meine Mutter konnte mir übrigens einige interessante Einzelheiten über die Arbeit der Polizei, während wir noch in London waren,
berichten. Die Sonderabteilung war schon eine Stunde nach dem
Ausbruch bei ihr. Man fragte sie, ob sie etwas über die Sache wisse,
und sie gab natürlich sofort zu, daß Sie sie gebeten hatten, das Unternehmen zu finanzieren. Ein paar Tage später flog ein Inspektor
nach Bangkok, um mit Adèle zu sprechen, und sie bestätigte die
Aussagen meiner Mutter. Sie sehen also: die Leute waren Ihnen vom
ersten Augenblick an auf der Spur.« Er grinste.
»Ich verstehe.«
»Die Sonderabteilung war wütend auf Sie«, berichtete Blake weiter.
»Sie tat, was sie konnte, um Sie schlechtzumachen, in der Hoffnung,
daß Sie jemand verriet, der wußte, wo Sie stecken. Der Inspektor,
der die Untersuchung leitete, sagte meiner Mutter, Sie seien ein
übles Subjekt und würden wahrscheinlich wieder auftauchen, um
sie zu erpressen.«
»Daß die Polizei so etwas macht, wundert mich nicht«, sagte ich.
Blake nippte an seinem Kognak. »Noch etwas wird Sie interessieren, Robert. Über mich ist ein Buch erschienen: ›Schatten eines
Spions‹. Die letzten Kapitel behandeln den Ausbruch, und Sie werden als der geistige Urheber des Plans genannt. Der ›Sunday Ex-
press‹ brachte kurz vor Erscheinen des Buches einen Vorabdruck.
Stan bringt mir am Montag das Buch und die Zeitungen.«
»Ich freue mich schon auf die Lektüre«, sagte ich.
Dann teilte mir Blake mit, daß er Sinaida Iwanownas Küche leid ge-
worden sei und das KGB überredet habe, die Frau samt ihrer Tochter woanders einzuquartieren.
Ich begann meinen Koffer auszupacken. Ganz zuunterst hatte ich

einige in ein Handtuch eingewickelte Fotografien. Ich hatte sie im Winter und im Frühling gemacht, und ein Mädchen namens Anna, das mir Russisch beizubringen versuchte, hatte sie für mich entwickeln lassen. Es waren ganz gewöhnliche Aufnahmen von Moskau und der Landschaft in der näheren Umgebung der Stadt. Einige hatte sogar Viktor geknipst, und auf diesen war ich mit Blake zusammen zu sehen. Ich hatte bis zu meiner Ankunft in Sotschi vergessen, daß sie in meinem Koffer lagen. Jetzt packte ich sie aus und wollte sie eben in eine Schublade des Schreibtischs legen, als Blake sie sah. Er war mit einem Sprung bei mir und riß mir die Fotos aus der Hand. »Die kenne ich aber noch nicht, oder?« Er runzelte die Stirn. »Ich will sie mir lieber einmal ansehen.« Er ging mit ihnen in sein Zimmer. Tags darauf bekam ich sie mit der Bemerkung zurück, allzu gut seien sie nicht gelungen.

Am Montag kam Stan. Er ging wie üblich in Blakes Zimmer. Ich fühlte instinktiv, daß die Zeit gekommen war, in der eine Entscheidung in bezug auf mein weiteres Schicksal fallen mußte. Es war nun beinahe Ende August, und ich hielt mich schon acht Monate in der Sowjetunion auf. Wenn Stan nicht bald etwas unternahm, mußte ich die Initiative ergreifen. Ich wußte seit langem, daß Blake mich bespitzelte und daß ich der Gegenstand langer Diskussionen in seinem Zimmer war, und ich fühlte, daß man auch an diesem Abend wieder über mich reden und daß das Gespräch eine unmittelbare Auswirkung auf meine Lage haben werde.

Ich zog ein Paar Hausschuhe an und ging leise in die Küche, deren Tür ich nicht ganz zumachte. Dort füllte ich Wasser in den Kessel und stellte ihn auf den Herd. Dann trat ich an den Geschirrschrank und schob die Glasscheibe zur Seite, wie wenn ich eine Tasse herausnehmen wollte. Ich stand nun wenig mehr als einen Meter von Blakes Zimmertür entfernt. Die Stimmen der beiden Männer waren deutlich zu hören. Sie unterhielten sich über das Buch, »Schatten eines Spions«, bis das Thema erschöpft war, dann kam die Sprache auf mich.

»Wie hat Seán der Urlaub gefallen?« fragte Stan. »Er scheint sich großartig amüsiert zu haben«, antwortete Blake. »Er erzählte mir von wilden Partys in Restaurants und erwähnte ungefähr sechs Mädchen, mit denen er geschlafen haben will. Wahrscheinlich lauter Lügen.«

Diese Unterstellung schien Stan zu überraschen. »Ach, das glaube ich nicht«, sagte er. »Wissen Sie, ich habe den Leuten in Sotschi Anweisung gegeben, ihm etwas zu bieten. Seán war schließlich sieben Monate in dieser Wohnung eingesperrt. Er brauchte ein bißchen Abwechslung.« Darauf folgte ein kurzes Schweigen. Ich dachte mir, daß Blake sehr enttäuscht sein mußte, weil das Gift nicht gewirkt hatte. Doch so rasch gab er nicht auf.

»Da ist übrigens noch etwas, was Sie wissen sollten, Stan.« Er senkte seine Stimme zu einem verschwörerischen Geflüster: »Er hatte ganz unten in seinem Koffer, in ein Handtuch eingewickelt, eine Menge Fotos. Als er sie herausnahm, versuchte er sie vor mir zu verstecken, aber ich habe sie ihm abgenommen. Das Merkwürdige ist: Ich weiß genau, daß er diese Fotos noch nicht hatte, bevor er in den Urlaub fuhr. Was meinen Sie – hat er sich in Sotschi mit jemandem aus dem Westen in Verbindung gesetzt, die Fotos entwickeln lassen und dem Ausländer Abzüge mitgegeben?«

Stan dachte einen Augenblick nach. Ich wußte, daß er die Frage sorgfältig erwog. »Ich ... ich kann es mir eigentlich nicht vorstellen«, sagte er langsam.

Das Wasser im Kessel begann zu kochen, und ich trat an den Herd und goß den Tee auf. Dann kehrte ich zum Schrank zurück.

»Ja, ich glaube, das ist die beste Lösung«, sagte Blake gerade. »Sie gehen hinüber und sagen es ihm selbst, ja?«

»Das muß ich wohl«, antwortete Stan.

Ich nahm die Teekanne und eine Tasse, ging ins Arbeitszimmer und ich setzte mich hinter den Schreibtisch, weil ich mir davon einen gewissen psychologischen Vorteil versprach. Ich schenkte mir eine Tasse Tee ein und lehnte mich zurück.

Ein paar Minuten später klopfte Stan an die Tür.

»Herein!«

Er stieß die Tür auf.

»Guten Abend, Seán. Wie geht es Ihnen?« Er machte mit ausgestreckter Hand ein paar Schritte auf mich zu. Ich stand auf, lehnte mich über den Tisch und gab ihm die Hand.

»Nicht schlecht, Stan, und Ihnen?«

»Es geht«, sagte er.

»Machen Sie sich's bequem!« Ich nickte in Richtung des Sofas. Er setzte sich seitlich hin, so daß er mir ins Gesicht sah.

»Seán«, begann er. »Sie sind jetzt seit acht Monaten in Moskau, der Sommer ist vorbei, und Sie haben Ihren Urlaub gehabt. Sie müssen nun einmal an Ihre Zukunft denken.«

»Ich denke selten an etwas anderes.«

Er zögerte einen Augenblick.

»Seán, wir haben auch darüber nachgedacht und sind zu dem Schluß gekommen, daß Sie mindestens noch fünf Jahre in der Sowjetunion bleiben sollten.«

Die Worte klangen für mich wie Donnerschläge. Ich war wie betäubt. So war mir zumute gewesen, als ich im Schwurgericht von Sussex auf der Anklagebank saß und der Richter das Urteil verlas: »Der Angeklagte wird zu sieben Jahren Haft verurteilt.« Ich starrte Stan sprachlos an. Ich fühlte, wie mir das Blut ins Gesicht stieg, und wußte, daß ich wütend aussah.

»Tut mir leid, Seán«, sagte Stan. »Nehmen Sie's nicht so schwer.«

»Wie soll ich es denn nehmen?« fragte ich, außerstande, meinen Zorn zu verbergen.

»Was wollen Sie denn sonst machen, Seán?« Stan sah so ratlos aus, wie seine Stimme klang.

»Was ich sonst machen will?« wiederholte ich. »Ich habe von Anfang an, schon in Berlin, klar und eindeutig gesagt, daß ich nur einige Monate in der Sowjetunion bleiben und dann nach Irland zurückkehren will, und Sie haben das akzeptiert, als wir vor acht Mo-

naten hier in dieser Wohnung zum ersten Mal darüber sprachen.«
»Ja, Seán, das ist allerdings wahr.« Stans Stimme klang ruhig und
versöhnlich. »Seitdem ist aber einiges geschehen. Man würde Sie
überall erkennen, und es wäre sogar sehr schwierig für Sie, von hier
nach Irland zu kommen, ohne daß Sie Gefahr laufen, unterwegs
verhaftet zu werden.« Er wurde noch ernster. »Und dann müssen
Sie bedenken, Seán, daß jetzt die Sicherheit von ungefähr zehn anderen Menschen in Ihrer Hand liegt. Das ist eine schwere Verantwortung.«
Ich sah ihn scharf an. »Wollen Sie mir unterstellen, daß ich meine
Freunde der Polizei verraten würde – sofern ich überhaupt verhaftet
werde?«
Stan setzte sich auf. »Nein, Seán, natürlich nicht«, sagte er rasch.
»Freut mich, das zu hören«, sagte ich. »Von mir würde die Polizei
nichts erfahren. Eher würde ich mich umbringen lassen.«
Stan lehnte sich wieder zurück. Er sah mich nachdenklich an. »Seán,
ich zweifle keinen Augenblick daran, daß Sie auch unter physi-
schem Druck keine Informationen preisgeben würden. Leider würden Sie es aber nicht mit gewöhnlichen Polizisten zu tun haben. Die
Leute, die Sie vernehmen würden, sind viel geschickter. Sie können
Ihnen eine Droge geben, die Sie zum Sprechen bringt, ohne daß Sie
es merken, und diese Droge kann Ihre Gesundheit schwer beeinträchtigen.«
Er schien mir meine Skepsis anzumerken.
»Ich kann Ihnen versichern, Seán, daß ich in diesen Dingen meine
persönlichen Erfahrungen habe«, sprach er rasch weiter. »Vor ein
paar Jahren schnappten sie in London einen unserer Männer und
verpaßten ihm das Zeug. Er sagte ihnen alles, was sie wissen wollten.
Sie machten sich nicht einmal die Mühe, ihn vor Gericht zu stellen.
Als sie mit ihm fertig waren, setzten sie ihn einfach in ein Flugzeug
nach Moskau. Das Nervensystem dieses Mannes war in dem Maße
ruiniert, daß er nie wieder gesund werden kann. Er bezieht von uns
eine Rente auf Lebenszeit.«

Ich wäre am liebsten aufgesprungen und hätte geschrien: »Um Gottes willen, Stan, Sie reden nicht mit einem Kind!« Nicht, daß ich dem britischen Secret Service dergleichen nicht zugetraut hätte! Es besteht kein Grund anzunehmen, daß die MI 6 anders und besser sei als das KGB oder die CIA. Alle Geheimdienste sind dazu da, die normalen, legalen Methoden zu umgehen. Wenn ein Londoner Polizist das Gesetz selbst in die Hand nimmt, nennt man das »unenglisch«, aber die MI 6 ist an keine Anstandsregeln gebunden. Sie ist dazu da, alle die unenglischen Dinge zu tun, die getan werden müssen, damit erhalten bleibt, was *englisch* ist. Nein, was mich ärgerte, war, daß Stan offenbar glaubte, ich ließe mich so leicht einschüchtern. Ich war aber auch ein wenig enttäuscht. Der Mann, der da vor mir saß, war Oberst des KGB, des mächtigsten und schlagkräftigsten Geheimdienstes der Welt. Er war nicht nur ein Spion oder meinethalben Meisterspion, sondern ein Meister der Meisterspione. Die Tolpatschigkeit, mit der dieser kluge Mann mir Angst zu machen versuchte, überraschte mich. Sie beruhigte mich zugleich aber auch, denn sie zeigte mir, daß er ein Mensch aus Fleisch und Blut mit menschlichen Empfindungen war und nicht nur ein Roboter.

»Seien Sie nicht so niedergeschlagen, Seán.« Die Anteilnahme in Stans Stimme war echt. Ich sah, daß er sich dieses Auftrags nur ungern entledigte. Ein unbestimmter Plan begann in meinem Kopf Gestalt anzunehmen. Ich brauchte Zeit. Ich wollte nichts sagen, was das KGB zu raschem Handeln zwingen konnte.

Ich zuckte die Schultern. »Wie wäre Ihnen zumute, wenn Sie gerade erfahren hätten, daß Sie fünf Jahre in einem bestimmten Lande bleiben müssen, ob Sie wollen oder nicht?«

»Aber, Seán... Ich kann Ihnen versichern, daß Sie frei wählen dürfen, wo Sie leben wollen. Jede Stadt in jeder der fünfzehn Sowjetrepubliken steht Ihnen offen. Und Sie bekommen von uns jede erdenkliche Hilfe, damit Sie eine lohnende Karriere im Verlagswesen machen können.«

Ich zuckte noch einmal die Schultern und schwieg. Stan stand auf. »Denken Sie darüber nach, Seán. Ich sehe in ein paar Tagen wieder nach Ihnen.« Ich stand ebenfalls auf, und wir reichten uns über den Tisch hinweg die Hand.

»Gute Nacht, Seán.«

»Gute Nacht, Stan.« Einige Minuten später hörte ich Stimmengemurmel im Flur, dann wurden die Drehschlösser der Wohnungstür geöffnet.

»Gute Nacht, Stan«, sagte Blake mit seiner süßlichen Stimme. »Es war nett, Sie zu sehen.« Die Tür fiel zu, die Schlösser wurden wieder zugedreht, Blake kam durch das Speisezimmer auf meine Tür zu.

»Nun, Robert? Ich höre, Sie hatten eine interessante Unterhaltung mit Stan.«

Ich musterte ihn kalt. »Ja, ich bin gerade zu fünf Jahren Haft verurteilt worden.«

Blakes Lächeln verschwand. »Hören Sie, so würde ich es nicht ausdrücken.«

»Nein? Aber ich drücke es so aus.«

»Man hat Ihnen doch gesagt, daß Sie in der Sowjetunion hingehen können, wo Sie wollen. Und die Sowjetunion ist sehr groß.«

Ich sah ihm in die Augen.

»Wenn man mir sagt, daß ich gegen meinen Willen in einem Lande bleiben muß, bin ich ein Gefangener. Die Größe des Gefängnisses spielt keine Rolle.«

Blake machte ein beleidigtes Gesicht. »Aber wenn Sie nach Irland zurückkehren, liefert man Sie den Briten aus, und Sie enden so oder so im Gefängnis.«

Ich beugte mich über den Schreibtisch. »Wenn ich die freie Wahl habe«, sagte ich langsam, »verbringe ich die nächsten fünf Jahre lieber bei Porridge und Gulasch in einem englischen Gefängnis als bei Sekt und Kaviar in der Sowjetunion.«

Blake lief rot an. »Ist das Ihr Ernst?« fragte er wütend.

»Ja«, antwortete ich ruhig. »Es ist ein Preis, den ich gerne für das

Recht zahlen würde, wieder unter meinen eigenen Leuten zu leben.« »Man hat Ihnen doch gesagt, daß Sie in fünf Jahren zurückkehren können!« Blake wurde immer wütender, und er sprach immer lauter.

»Um Himmels willen, trauen Sie mir doch wenigstens eine Spur von Intelligenz zu!« rief ich. »Wenn ich heute ein Gefangener bin, warum sollte ich nicht auch in fünf Jahren noch ein Gefangener sein? Ich soll für den Rest meines Lebens in diesem Lande zurückgehalten werden, das wissen Sie ganz genau!«

»Der Meinung bin ich nicht«, sagte Blake entrüstet. »Wer weiß, was sich in fünf Jahren alles ändern kann!«

»Hören Sie, die einzige Änderung, die es mir erlauben würde, den Fuß auf britischen Boden zu setzen, ohne eingesperrt zu werden, wäre eine kommunistische Revolution in England. Und ich möchte nicht, daß das geschieht, denn dann wäre England ebenso schlecht wie dieses verdammte, gottverlassene Land und ich würde nicht zurückkehren *wollen*.«

Blake stand auf, und ich sah, daß er sich nur mühsam beherrschte. »Und was mißfällt Ihnen so in diesem Land?« fragte er. Nun heuchelte er, denn ich wußte, daß er ebenso ungern in Rußland lebte wie ich.

»Alles«, antwortete ich.

Er zögerte einen Augenblick. »Aber hier wären Sie immerhin frei.«

»Frei!« Ich lachte ironisch. »Sie treiben Spott mit dem Wort Freiheit. Niemand ist frei in diesem verfluchten Land. Die Russen wissen nicht einmal, was dieses Wort bedeutet.«

Ich stand auf. »Es gibt in der Sowjetunion nur ein Hirn und ein Gewissen: die kommunistische Partei. Man behandelt die Menschen wie Kinder. Man sagt ihnen, was sie zu denken, zu sagen und zu fühlen haben. Sie lesen tagtäglich in ihren sogenannten Zeitungen genau das, was die Partei will; sie hören in Radio Moskau genau das, was die Partei will; und sie sehen auf ihren Fernsehschirmen genau das, was die Partei will. Und jeder hat Angst aufzumucken. Die

Menschen sind eingeschüchtert und verschreckt und wissen es nicht einmal, denn sie sind nie anders gewesen und kennen es nicht anders. Für das russische Volk ist Lenin Gott. Fünfzig Jahre lang hat sich das russische Volk auf Befehl der kommunistischen Partei in jedem Winkel des Landes vor den Bildern Lenins mit einer Inbrunst verneigt, wie sie ihre Ahnen vor ihren Kreuzen und Ikonen niemals aufgebracht haben. Aber, bei Gott, wenn die Partei morgen die Parole ausgäbe, Lenin sei Antikommunist gewesen – dieselben Menschen würden seine Statuen zerschlagen und seine Bilder auf den Straßen verbrennen!« Ich zitterte vor Wut, und Blake sah es. Er war sichtlich schockiert, aber er hielt es für klüger, das Thema fallenzulassen.

»Was immer Sie von diesem Land und seinen Menschen denken – Sie selbst könnten hier ein sehr bequemes Leben haben«, sagte er. »Daheim wären Sie nur ein Vorbestrafter.«

»Ich würde lieber den Rest meines Lebens in England oder Irland Gräben ausschaufeln als hier gegen meinen Willen im Luxus leben«, sagte ich. »Und ich weiß, wovon ich rede. Ich habe schon Gräben ausgeschaufelt.«

Blake zuckte resigniert die Schultern. »Es liegt ja ganz an Ihnen«, sagte er. »Gegen Ihren Willen wird man Sie kaum hier behalten. Das gäbe mehr Scherereien, als die Sache wert ist.«

»So einfach liegen die Dinge aber doch gar nicht«, sagte ich und beobachtete aufmerksam Blakes Miene. »Gehen oder bleiben, das sind nicht die einzigen Alternativen.« Ich hatte ins Schwarze getroffen. Blake sah mich scharf an. Es war offensichtlich, daß er schon daran gedacht hatte.

»Ach ... deshalb würde ich mir keine Sorgen machen«, sagte er beruhigend. »Schließlich bin ich ja auch hier, und ich würde davon gehört haben.« Plötzlich wechselte sein Gesichtsausdruck, und seine Augen wurden kalt. Er ließ die Maske der Besorgtheit fallen. »Eines kann ich Ihnen allerdings versichern: Vor fünfzehn Jahren wäre das Problem Ihrer Rückkehr gar nicht erst zur Sprache gekommen.« Er schien in eine weite Ferne zu blicken. »Nein, dieses Problem hätte es gar nicht gegeben!« Blake spielte natürlich auf das Terror-Regime unter Stalin an, als der Mörder Berija Chef des Sicherheitsdienstes gewesen war. Plötzlich wurde mir bewußt, daß Blake selbst in Korea für den sowjetischen Staatssicherheitsdienst gearbeitet hatte, als Stalin und Berija noch an der Macht waren. Jetzt verstand ich diesen Blick. Er sehnte sich zurück nach der Zeit der Einschüchterung und des Mordes!

»Sie haben recht«, sagte ich. »Dieses Problem hätte es gar nicht gegeben, denn ich wäre nicht so wahnsinnig gewesen, in dieses Land zu kommen, als dieser Massenmörder und sein psychopathischer Henkersknecht die Sowjetunion terrorisierten. Nein, dieses Problem hätte es wahrhaftig nicht gegeben.« Ich sah, daß sich Blake wieder nur mit großer Mühe beherrschte, aber ich wußte, daß ich ungestraft so sprechen konnte. Der neuen Generation der KGB-Offiziere, den Männern wie Stan und Slawa, war die Vergangenheit peinlich.

»Ich finde alles, was Sie da sagen, ausgesprochen albern«, sagte Blake, und damit ging er in sein Zimmer.

Am nächsten Tag rief Stan an, und Blake sprach ein paar Minuten mit ihm. »Ja, Stan ... gut«, hörte ich ihn sagen. Dann rief er nach mir. »Kommen Sie, Robert, Stan möchte mit Ihnen sprechen.«

Ich nahm den Hörer.

»Hallo, Seán. Wie fühlen Sie sich?«

»Danke, Stan, nicht schlecht.«

»Nicht mehr so deprimiert?«

»Nein, Stan.«

»Gut, das freut mich.« Seine Besorgnis klang echt. »Ich rufe diese Woche noch einmal an.«

»In Ordnung, Stan.« Wir sagten uns auf Wiedersehen.

Blake war in der Nähe geblieben, um zuzuhören.

»Man stelle sich das vor!« rief er. »Das KGB ruft an, nur um sich zu erkundigen, wie es Ihnen geht. Man macht sich Sorgen um Sie.

Hier hat sich tatsächlich einiges geändert!« Sein Gesicht drückte echtes Erstaunen aus. Es fiel ihm schwer zu begreifen, daß es im KGB Männer gab, die so etwas wie ganz gewöhnliche menschliche Anständigkeit besaßen, Männer, die nicht so skrupellos waren wie er. Und wieder sah ich diesen Ausdruck in seinen Augen. Er hatte Sehnsucht nach Berija.

Blake las den ganzen Tag das Buch, das Stan am Abend zuvor gebracht hatte – »Schatten eines Spions« –, und gab es mir am nächsten Morgen. Der Autor war ein gewisser E. H. Cookridge, ein ehemaliger Offizier des Nachrichtendienstes. Es behandelte Blakes ganzes Leben, von seiner Kindheit bis zum Ausbruch aus Wormwood Scrubs. In dem Kapitel über seine Tätigkeit in Berlin hieß es, Blake habe dem KGB den »Berliner Tunnel« verraten. Es handelte sich um einen Tunnel, den CIA und MI 6 gemeinsam von Westberlin aus tief nach Ostberlin hineingegraben hatten, um die unterirdischen Telefonkabel anzuzapfen, die Ostberlin mit Moskau verbanden. Nach Cookridge war dieser Tunnel eine Weile benutzt worden, bevor ihn Blake »hochgehen« ließ, und er war einer der größten Triumphe des Westens auf dem Gebiet der Spionage gewesen.
Ich las das Buch am Abend zu Ende und brachte es Blake zurück.
»Eine interessante Lektüre«, sagte ich, als ich sein Zimmer betrat.
»Sie waren also der Mann, der dem KGB den Tunnel verriet?«
Blake schob seine Notizen beiseite und richtete sich mit einem breiten Grinsen auf. »Mein Freund«, begann er, legte den Kopf zurück und sah mich hochmütig an. »Das KGB wußte schon von diesem Tunnel, bevor die erste Schaufel Erde ausgehoben wurde. Dafür habe ich gesorgt.«
»Wirklich!« Ich gab mich beeindruckt. »All die streng geheimen Telefongespräche, die die Briten und Amerikaner in dem Jahr abhörten, waren also vom KGB fingiert, um sie zu täuschen?«
»Selbstverständlich!« Blake grinste triumphierend und wandte sich wieder seiner Schreibarbeit zu.

Am Freitag kam Stan. Mein kurzer Einblick in die Arbeitsweise eines Geheimdienstes hatte mich immerhin das eine gelehrt, daß es wichtig ist zu wissen, was der Gegner oder der potentielle Gegner denkt und plant. Ich zog meine Hausschuhe an, ging in die Küche, stellte mich nahe der Tür auf und horchte. Stan und Blake sprachen über Mrs. Blakes nächsten Besuch im Dezember. Sie sollte mit dem Zug von Holland nach Ostberlin reisen, dort von Wladimir abgeholt werden und nach Moskau fliegen. Dieses Gespräch dauerte fast eine halbe Stunde. »Schön«, sagte Blake endlich, »damit wäre diese Frage erledigt.«

Ein kurzes Schweigen folgte, dann sprach Blake weiter, mit der leisen Verschwörerstimme, die ich nun schon so gut kannte: »Und jetzt zu unserem Freund. Als Sie am Montagabend gegangen waren, habe ich ihn in seinem Zimmer aufgesucht und mit ihm gesprochen. Wir hatten eine lange Diskussion über das, was Sie ihm gesagt hatten. Er hatte Ihre Entscheidung akzeptiert, daran besteht für mich nicht der geringste Zweifel. Er sagte sogar, er werde nun ernsthaft darangehen, Russisch zu lernen. Ich war sehr überrascht. Aber nun passen Sie auf: Am Mittwoch lieh ich ihm das Buch ›Schatten eines Spions‹, in dem er selbst erwähnt wird. Kaum hatte er es gelesen, als sich auch schon seine ganze Einstellung änderte. Er haßte die Sowjetunion und wollte in den Westen zurückkehren. Dieser Meinungsumschwung war geradezu unglaublich.« Stan hörte schweigend zu. »Für mich sind seine Motive völlig klar«, fuhr Blake fort. »Er haßt die Sowjetunion keineswegs. Er will in den Westen zurückkehren, um aus der ganzen Geschichte Kapital zu schlagen; das ist der einzige Grund.«

Stan sagte noch immer nichts. Er machte es Blake nicht leicht. Unwillkürlich mußte ich diese beiden Männer miteinander vergleichen. Stan: stark, entschlossen, Selbstvertrauen ausstrahlend; Blake: schwach, sprunghaft, unsicher.

Da Stan sich nicht äußerte, sprach Blake weiter: »Wir müssen natürlich bedenken, daß im Augenblick die ganze Welt glaubt, das

KGB habe meine Flucht organisiert und unsern Freund da draußen nur als Werkzeug gebraucht. Das bedeutet großes Prestige für Ihre Organisation. Wenn Sie ihn aber jetzt in den Westen zurückgehen und seine Geschichte erzählen lassen, können Sie den Ruhm nicht mehr für sich in Anspruch nehmen.«

Ich hörte Stan aufstehen. Er begann im Zimmer auf und ab zu gehen – ein Zeichen, daß er unsicher geworden war. Blakes Gift begann zu wirken. Eine ganze Minute verstrich. Dann sprach Stan zum erstenmal.

»Ich glaube nicht, daß diese Seite der Angelegenheit so wichtig ist«, sagte er nachdenklich. »Sehen Sie, Seán kann schreiben, was er will – man wird trotzdem glauben, wir hätten etwas mit Ihrer Flucht zu tun gehabt. Nein, ich mache mir nur Sorgen um diese andern Leute in London.« Stan ging noch immer auf und ab. Blake wußte, daß er seine Ruhe erschüttert hatte. Er stieß zu.

»Stan, so wie ich die Sache sehe«, sagte er langsam und mit eiskalter Stimme, »haben Sie nur zwei Alternativen. Sie können jetzt hinausgehen und ihm sagen, daß er noch mindestens fünf Jahre in diesem Lande bleiben muß, ob er will oder nicht – und wenn Sie wollen, sage ich es ihm –, oder Sie können...«

Er beendete den Satz nicht. Stan blieb plötzlich stehen. Mein ganzer Körper wurde starr. Mein Herz schlug gegen die Rippen, so laut in dieser schrecklichen Stille, daß ich glaubte, Stan und Blake müßten es hören. »Sprich den Satz zu Ende«, flüsterte ich, »sprich um Gottes willen den Satz zu Ende.« Aber Blake hatte gesagt, was er sagen wollte, und mehr gab es nicht zu sagen.

Ich wußte kaum, was ich tat, als ich die Gasflamme unter dem Kessel ausdrehte und in mein Zimmer zurückging. Ich war völlig benommen. Ich setzte mich an den Schreibtisch und starrte vor mich hin. Mein erster Impuls war davonzurennen – die Wohnung zu verlassen, auf die Straße hinaus und weiter, immer weiter zu laufen. Aber wohin? Ich war in einer fremden Stadt, in einem fremden Land. Da draußen war niemand, den ich um Hilfe bitten konnte.

Ich hatte der Sowjetunion nie geschadet oder schaden wollen, aber durch Blakes Lügen war ich plötzlich ihr Feind geworden.

Warum? Warum? Was hatte ich Blake getan? Auf welche Weise hatte ich dem Kommunismus zu schaden versucht? Aber Blakes Vorgehen gegen mich hatte natürlich nichts mit Idealen oder irgendwelchen edlen Beweggründen zu tun. Seine Eitelkeit war an allem schuld, sein unersättlicher Machthunger. Blake brauchte das KGB mehr, als das KGB ihn brauchte. Das KGB war seine Stärke, seine Muskeln, sein Rückgrat. Ohne das KGB war er ein schwacher, unbedeutender kleiner Mann. Blake spielte gern den lieben Gott. Jahrelang hatte er das KGB für seine Zwecke mißbraucht, war er mit seiner Hilfe Herr über Leben und Tod von Männern gewesen, die stärker waren als er. Nur auf diesem Wege konnte er Macht erlangen, und diese Macht war ihm nie Mittel zum Zweck gewesen, sondern immer nur Selbstzweck.

Nun hatte er seine Macht verloren. Nein, noch nicht ganz. Ich sollte das letzte Opfer auf dem Altar seiner Eitelkeit werden.

Wie würden sie es anstellen? Sie konnten mich nicht einfach in der Wohnung erschießen. Nein, wir würden wahrscheinlich aufs Land fahren. Das konnte keinen Verdacht erregen. Wir waren im Winter und im Frühling oft aufs Land gefahren und hatten lange Spaziergänge durch die Wälder gemacht. »Hören Sie, Robert, man hat uns für heute nachmittag liebenswürdigerweise einen Wagen zur Verfügung gestellt. Wie wär's mit einer kleinen Landpartie?« Man würde mich vorausgehen lassen, dann ein geflüsterter Befehl hinter mir, ein Rascheln von Kleidern – und dann nichts mehr.

Ob Blake mitkam? Ja, er mußte wohl, damit ich keinen Verdacht schöpfte. Das Grab war schon ausgehoben und wartete auf mich. Ein dunkles, feuchtes Loch im Waldboden, die frische Erde um den Rand herum aufgeschichtet, und drunten ein schlaffer, noch warmer Körper in einem eleganten englischen Anzug. Kein Sarg. Die nasse Erde wird auf das weiche Fleisch geschaufelt. Das einzige Zeichen, daß etwas geschehen war in diesem stillen Herbstwald: ein kleiner Fleck frischer Erde, der sich für kurze Zeit noch von dem gelben Laub abhob.

Endeten so alle Opfer Blakes? Man sagte, es seien zweiundvierzig gewesen – eines für jedes Jahr seiner Haftstrafe.

Ich dachte daran, Blake zu töten, doch dazu hätte ich eine Waffe gebraucht. Wenn ich sicher wüßte, daß ich sterben muß, sagte ich mir, würde ich Blake mitgehen lassen.

Ich brauchte in diesem Augenblick eine Zerstreuung, irgend etwas, was mich von Blakes Verrat ablenkte. Ich hatte einen kleinen Plattenspieler und einen Stapel Platten, die ich der Reihe nach in die Hand nahm. Zuletzt entschied ich mich für die »Appassionata«, von Richter gespielt. Aber die Musik war wie ein zu schwaches Anästhetikum, das einen unerträglichen Schmerz nicht zu lindern vermag.

Blake machte mir Angst. Wenn ein Mann mir etwas anhaben will, weil er mich haßt, so kann ich das verstehen und damit fertig werden. Ich bin selbst fähig zu hassen. Aber ich wußte, daß Blake mich nicht haßte. Er konnte mich in den Tod schicken mit einem Glas Sekt in der Hand und einem Lächeln. Ein solcher Mensch war mir noch nie begegnet.

Ich hörte Stimmen im Flur. »Gute Nacht, Stan. Es war nett, Sie zu sehen. Ein schönes Wochenende!« Die Tür fiel zu, die Schlösser wurden zugedreht, die Sperrkette rasselte. Eine Minute später hörte ich Blakes rasche, weibische Schritte auf mein Zimmer zukommen. Er stieß die Tür auf und trat ein. Er trug seinen roten Morgenmantel. In der Hand hielt er eine Sektflasche, in der andern zwei Gläser.

»Sagen Sie, Robert, was halten Sie von einem Gläschen Sekt?« Er lächelte mich strahlend an.

»Ich hätte absolut nichts dagegen«, antwortete ich.

»Recht so.« Er stellte die Gläser vor mir auf den Tisch, schenkte ein, reichte mir eines, nahm das andere und ging zum Sofa. Er setzte sich mit dem Gesicht zu mir in die entferntere Ecke, lehnte sich in übertrieben lässiger Pose zurück und ließ den linken Arm über die Rükkenlehne des Sofas hängen. Dann hob er das Glas. »Auf Ihr Wohl, Robert.«

»Danke.« Ich nippte an dem perlenden Sekt, aber er schmeckte bitter.

»Ah!« seufzte Blake und betrachtete verzückt sein Glas. »Sekt und schöne Musik – was will man mehr?« Er sah mich an und lächelte. Die winzigen bläulichen Narben traten dunkler denn je hervor, eine brutale, höhnische Erinnerung an meine Dummheit.

Am Sonntag aßen Blake und ich im »Ararat« unweit des Bolschoj-Theaters zu Mittag, eine Gewohnheit, die wir im Laufe der letzten Monate angenommen hatten. Es war mir nun widerwärtig, mit Blake zusammen zu sein, aber ich hatte mir vorgenommen, ihn möglichst viel sprechen zu lassen, weil ich hoffte, irgendeine Erklärung für seine Handlungsweise zu finden, und ich wollte diese Gelegenheit voll ausnutzen, da ich das bestimmte Gefühl hatte, daß wir uns – was immer demnächst geschehen mochte – zum letztenmal zusammen an einen Tisch setzten.

Wir bestellten Brathuhn und eine Flasche georgischen Rotwein. Ich hatte vorher mit Blake ausgemacht, daß ich die Rechnung zahlte, damit ich eine zweite Flasche Wein bestellen konnte. Allmählich brachte ich das Gespräch auf den Kommunismus und die Sowjetunion. Ich *mußte* die Gewißheit haben, daß ich nicht einen furchtbaren Fehler beging. Als wir die zweite Flasche zur Hälfte geleert hatten, stellte ich ihm die Frage, ob seiner Ansicht nach der Zweck die Mittel heilige. »Wenn der Zweck gut ist«, erklärte Blake, »ist *jedes* Mittel recht.«

»Und Sie glauben, daß der Kommunismus jedes Mittel rechtfertigt?«

»Unbedingt!«

»Gut«, sagte ich. »Eine hypothetische Situation: Nehmen wir an, um den Sieg des Kommunismus herbeizuführen, müßte die halbe Menschheit ausgerottet werden. Wäre das zu rechtfertigen?«

Blake schenkte sich Wein nach und füllte auch mein Glas, als er bemerkte, daß es leer war. Dann stellte er die leere Flasche beiseite und sah mich an. »Ja, mein Freund, das wäre vollauf gerechtfertigt.« Ich trank nachdenklich von meinem Wein. Ich wollte mir keine Ungeduld anmerken lassen, um ihn nicht mißtrauisch zu machen. Nach einer Weile sagte ich: »Ich dachte, der Kommunismus solle dem *Wohl* der Menschheit dienen. Was für einen Nutzen hätte die ausgerottete Hälfte?«

Blake zuckte die Schultern. »Natürlich keinen. Das mag bedauerlich sein, aber die überlebende Hälfte *hat* etwas davon. Und deshalb lohnt es sich.«

Wir schwiegen. Ich mußte mir meine letzte Frage sorgfältig überlegen. Schließlich sagte ich so beiläufig wie möglich: »Dann geben Sie also Stalin und Berija recht?«

Blake nippte an seinem Wein und sah lange nachdenklich in sein Glas. »Ja«, sagte er langsam. »Ich gebe ihnen recht. Mag sein, daß Unschuldige starben, aber die Sache war es wert. Wären sie nicht gestorben, hätte es auf lange Sicht ein noch viel größeres Blutbad gegeben.« Er sah mich an. »Der Zweck heiligt die Mittel.«

Ich zahlte, und wir verließen das Restaurant. Blake war sehr gut zu Fuß, und er kümmerte sich nie darum, ob ich mit ihm Schritt halten konnte. Ich mußte eben sehen, wie ich mitkam. Als er nun vor mir herrannte, betrachtete ich ihn aufmerksamer als je zuvor. Die schmalen Schultern, der schlanke, graziöse Körper; das lange, schwarze, ölige Haar hing ihm über den Hemdkragen; auf dem Hinterkopf ein rötlicher Fleck, die erste kahle Stelle... Sein Anblick flößte mir Abscheu ein. Ich mußte mich beherrschen, um nicht laut hinauszuschreien, was ich empfand.

Wir bogen nach links ab und gingen über den Marx-Prospekt zum Dserschinskij-Platz. Bei der Metrostation blieb er stehen und lehnte sich an das Geländer am Rand des Gehsteigs. Die gegenüberliegende Seite des Platzes wurde von der KGB-Zentrale beherrscht, einem siebenstöckigen braungelben Gebäude, das für sich allein einen ganzen Block bildete. Die Fenster im Erdgeschoß waren vergittert und bis über Augenhöhe undurchsichtig. Vor dem Gebäude, mitten auf dem Platz, stand das Denkmal des Gründers des sowjetischen Staatssicherheitsdienstes, Felix Edmund Dserschinskij, 1876 – 1926. Auf der linken Seite des Platzes, im rechten Winkel zum KGB-Büro, stand ein riesiges auf Kinderartikel spezialisiertes Warenhaus. Unter dem Dach des Gebäudes war in großen Neonbuchstaben zu lesen: *Djetskij Mir* – Kinderwelt.

Blake blickte vom KGB-Büro zum Warenhaus, lächelte gezwungen und schüttelte den Kopf. »Wie passend!«

»Was meinen Sie?« fragte ich.

»Das KGB-Büro neben der Kinderwelt.«

»Und?«

»Ja, mein Freund. Dieser ganze Geheimdienstbetrieb ist im höchsten Grade kindisch. Ein einziges großes Spiel. Ich kann nur darüber lachen.«

»Der Unterschied ist nur, daß diese Kinderspiele bitterer Ernst sind«, bemerkte ich.

Blake schnaubte verächtlich und sah mich mit einem süffisanten Grinsen an. »In London nannten wir unser Büro nur den Wimbledon Club.«

»Warum das?«

»Eben weil das Ganze ein Spiel war.« Er wandte sich um und rannte weiter.

Wie durchsichtig dieser Meisterspion in letzter Zeit geworden ist, dachte ich. Er versuchte nun, die Arbeit der Geheimdienste lächerlich zu machen, weil er selbst keinem mehr angehörte. Auf der Höhe seines Ruhms und seiner Macht hatte er es fertiggebracht, für *zwei* Geheimdienste zu arbeiten, um *doppelte* Macht genießen zu können. Er hatte die Briten verraten, und jetzt hatten auch die Russen keine Verwendung mehr für ihn. Er hatte seine Existenzberechtigung verloren.

An diesem Abend saß ich in meinem Zimmer und dachte über meine

Lage nach. Was immer mit mir geschehen sollte, mußte in den nächsten Tagen geschehen, vielleicht schon morgen. Aber nun gab ich mich in bezug auf Blake keinen Täuschungen mehr hin; ich wußte, was ich zu tun hatte. Und doch, dachte ich, muß dieser Mann noch einen Funken Anständigkeit in sich haben. Niemand kann so durch und durch rücksichtslos sein. Vielleicht, wenn ich ihm von Mann zu Mann gegenübertrat ... Jeder letzte Zweifel wäre dann behoben. Schließlich schuldete er mir eine Gefälligkeit.

Ich klopfte bei ihm an. »Herein!« Ich machte die Tür auf. Blake stand in seinem karminroten Morgenmantel vor dem Spiegel und wandte mir den Rücken zu.

»Ja?« sagte er, ohne sich umzudrehen.

»Ich möchte nach Irland zurück«, sagte ich. »Ich hoffe, ich kann auf Ihre Hilfe rechnen.«

Blake fuhr herum. Sein Gesicht war rot vor Wut. »Meine Hilfe!« rief er. »Meine Hilfe! Warum sollte *ich* denn *Ihnen* helfen?« Er schrie mir die Worte verächtlich ins Gesicht. »Ich bin nicht der Meinung, daß man Ihnen erlauben sollte, die Sowjetunion zu verlassen. Wenn Sie dieses Land unbedingt verlassen wollen, ist das *Ihre* Beerdigung. Bitten Sie doch *mich* nicht um Hilfe!« Er warf den Kopf zurück und sah mich hochmütig an, die Hände in die Hüften gestemmt. Rußland ist gewiß das einzige Land der Welt, in dem Blake so mit mir sprechen konnte!

Ich wandte mich wortlos um und verließ das Zimmer.

Ein Spiel mit dem Tode

Am nächsten Nachmittag um drei verließ ich die Wohnung. Blake sagte ich, ich wolle einen Spaziergang machen. Es war Montag, der 4. September 1967. Ich ging die Chmelnizkaja hinauf, überquerte ihre Einmündung in den Neuen Platz und bog in die Kuibyschews-kaja ein. Zu meiner Linken kam die grün-weiß gestrichene Zentrale der KPdSU, zu meiner Rechten das GUM, das riesige Warenhaus, dessen düsteres Innere mit seinen langen schmalen Korridoren und Galerien mich an Wormwood Scrubs erinnerte – wenn man davon absah, daß das Verkaufspersonal des GUM weit weniger lächelte als die Wärter in Wormwood Scrubs.

Ich trat auf den Roten Platz hinaus. Drüben am anderen Ende die vordere Kremlmauer und der Haupteingang mit der Uhr darüber. Rechts, auf halber Länge der Mauer und vor dieser, das Lenin-Mausoleum, wuchtig und solide wie ein Luftschutzbunker; ganz rechts drüben ein Rohziegelbau: das Historische Museum. Unmittelbar zu meiner Linken, mit ihren zehn Zwiebeltürmen wie etwas aus einem Märchen aussehend, die schöne Basiliuskathedrale, 1555 von Iwan dem Schrecklichen gestiftet, um die Einnahme Kasans zu feiern. Vor der Kathedrale und ein wenig weiter links das runde Steinpodest mit seinen acht Stufen, auf dem die Zaren ihre Gegner enthaupten ließen. Ein kleines Menschenknäuel stand auf der achten Stufe und blickte über das niedrige schmiedeeiserne Gitter auf den kleinen runden Richtblock in der Mitte.

Hunderte von Menschen, allein und in Gruppen, schlenderten auf dem Platz umher und traten müßig seine anderthalb Millionen abgewetzter Pflastersteine. Vor dem Mausoleum hatten sich wie üblich Besucher versammelt und starrten den von zwei Wachtposten flankierten Eingang aus schwarzem Marmor mit den sechs goldenen Buchstaben darüber an.

Die Kremluhr, Radio Moskaus blecherne, vorpubertäre Version des Big Ben, schlug vier. Zwei Wachtposten, von einem Unteroffizier eskortiert, tauchten aus dem Haupteingang des Kreml auf und marschierten im Stechschritt zum Mausoleum, um ihre Kameraden abzulösen. Eine Bewegung des Interesses lief durch die Menschen auf dem Platz, und viele bildeten den roboterhaft marschierenden Soldaten ein Spalier oder scharten sich vor dem Mausoleum zusammen, um die Wachablösung zu beobachten. Da und dort hob ein Tourist rasch die Kamera vor die Augen und ließ sie wieder sinken.

Die Moskwa fließt an der Südmauer des Kremls vorbei und wird von diesem durch den Kreml-Kai getrennt. Dieser Kai wird an jedem Ende der Kremlmauer von einer Brücke begrenzt, so daß er dieselbe Länge wie die Mauer hat. Die Brücke am westlichen Ende führt auf den Borowitzki-Platz, die am anderen Ende auf den Roten Platz. Das Uferstück zwischen diesen beiden Brücken auf der andern Seite des Flusses heißt Maurice-Thorez-Kai.

Auf diesem Kai befindet sich, etwa in der Mitte und dem Kreml auf der andern Seite der Moskwa genau gegenüber, die britische Botschaft.

Ich sah noch einmal zur Kremluhr hinauf. Fünf Minuten nach vier. Ich wandte mich nach links, ging an der Basiliuskathedrale vorbei zum Fluß, überquerte die Brücke und stieg die Stufen zum Kai hinunter. Dann schlenderte ich langsam auf die Botschaft zu. Ab und zu blickte ich zum Kreml hinüber; die goldenen Kuppeln seiner drei Kathedralen und der Glockenturm Iwans des Großen glänzten hell in der Nachmittagssonne.

Die britische Botschaft ist ein wenig von der Straße zurückgesetzt und hat einen mit Kies bestreuten Vorhof, den eine Mauer mit einem Geländer darauf von der Straße trennt. In der Mauer befinden sich zwei Tore; das eine wird von den Wagen der Botschaft als Einfahrt verwendet, das andere als Ausfahrt. Knapp neben jedem Tor steht auf dem Gehsteig ein Schilderhaus, das den Polizeiposten bei schlechtem Wetter als Unterstand dient und dessen obere Hälfte aus Glas besteht, so daß der Posten in alle Richtungen sehen kann. Bei gutem Wetter gehen die Polizisten auf dem Gehsteig auf und ab. Als ich mich der Botschaft näherte, sah ich, daß das mir nächstgelegene Tor unbewacht war. Der Polizist, der dort hätte stehen sollen, plauderte bei dem andern Tor mit seinem Kameraden, und bei ihnen stand der diensthabende Offizier. Ich ging an dem unbewachten Tor vorbei und schielte ohne den Kopf zu wenden nach dem Botschaftsgebäude. Ich wollte mich vergewissern, daß es offen war, denn sobald ich den Vorhof betreten hatte, hatte ich mir das KGB zum Feind gemacht. Ich schlenderte am zweiten Eingang und an den drei Polizisten vorbei. An der Brücke machte ich kehrt und ging zurück. Mein Entschluß stand fest.

Die drei Polizisten standen noch plaudernd bei demselben Tor. Ich ging an ihnen vorbei. Vor dem zweiten Tor wandte ich mich plötzlich nach rechts und eilte über den Vorhof. Aus den Augenwinkeln sah ich noch, wie die drei Polizisten auseinandertraten und mir verdutzt nachstarrten. Ich sprang die Stufen vor dem Eingang hinauf und trat ein. An einem Schreibtisch rechts hinter der Tür saß ein Mann mittleren Alters in einem braunen Sportsakko.

Ich stützte mich mit beiden Händen auf den Tisch und sah ihm ins Gesicht.

»Ist dies die britische Botschaft?«

»Ja.«

»Gut. Mein Name ist Seán Bourke. Ich werde von Scotland Yard im Zusammenhang mit dem Ausbruch des Spions George Blake aus dem Londoner Gefängnis Wormwood Scrubs gesucht. Ich möchte mich stellen.«

Einen Augenblick sah mich der Mann verständnislos an, dann sagte er: »Würden Sie bitte ins Verwaltungsgebäude nebenan gehen?«

Ich nickte zur Eingangstür hin. »Ich glaube, es wäre sehr unklug, noch einmal da hinaus zu gehen.«

Er stand auf. »Dann hole ich Ihnen jemanden. Sie können hier drinnen warten.« Er zeigte auf eine Tür. Ich trat ein und stand in einem Wartezimmer mit einigen Sofas, Fauteuils und niedrigen Tischen. Ein Fenster ging auf den Vorhof. Die Sicht war durch eine weiße Scheibengardine verdeckt, die über Augenhöhe hinaufreichte. Ich schob sie beiseite und sah hinaus. Die Polizisten hatten wieder ihre Posten neben den Toren bezogen, der Offizier stand bei dem einen und starrte auf die Tür der Botschaft. Ich setzte mich mit dem Rükken zum Fenster. Die Tür ging auf, und ein Mann trat ein. Er war groß und schlank und trug einen dunklen Anzug. Ich stand auf.

»Guten Tag«, sagte er und streckte die Hand aus. »Kann ich Ihnen behilflich sein?«

»Ich hoffe es.«

»Nehmen Sie doch bitte Platz.« Er setzte sich mir gegenüber in einen Fauteuil. »Was kann ich für Sie tun?«

»Scotland Yard sucht einen Mann namens Seán Bourke im Zusammenhang mit George Blakes Flucht aus Wormwood Scrubs«, sagte ich.

»Und Sie wissen darüber etwas?«

»Ich *bin* Seán Bourke.«

Er sah mich an und runzelte die Stirn. »Ich verstehe ... hm ... würden Sie mich einen Augenblick entschuldigen?«

»Bitte.«

»Danke. Tut mir leid, Sie allein lassen zu müssen. Es dauert nicht lang.«

Wenige Minuten später ging die Tür wieder auf, und zwei andere Männer traten ein. Der eine ging auf die vierzig zu, der andere war etwa fünfundzwanzig. Beide waren dunkelhaarig und trugen dunkle Anzüge, und beide waren – wie der erste – jeder Zoll ein Brite. Der ältere sprach.

»Ich bin David«, sagte er, »und das ist Paul*.« Wir gaben uns die Hand.

»Worum geht es also?« begann David.

»Mein Name ist Bourke«, sagte ich. »Seán Bourke. Scotland Yard sucht mich wegen George Blakes Ausbruch aus einem Londoner Gefängnis. Ich bin gekommen, um mich zu stellen.«

David lächelte, und Paul, der hinter ihm stand, lächelte ebenfalls.

»Und was sollen wir tun?« fragte David.

Die Frage überraschte mich. »Ich hatte gehofft, Sie könnten mir helfen, nach Großbritannien zurückzukommen.«

»Haben Sie einen Paß?« »Nein.«

»Wie sind Sie dann in dieses Land gekommen?«

»Mit einem falschen Paß.«

»Wo ist der falsche Paß jetzt?«

»Das KGB hat ihn.«

»Sie sind aber kein Brite, nicht wahr?«

»Nein, ich bin Ire.«

David sah Paul an, und beide lächelten. David zuckte die Schultern.

»Wie sollen wir einem Iren helfen?«

»Die Briten wollen mich vor Gericht stellen«, sagte ich, »nicht die Iren.«

David zuckte wieder die Schultern, Paul lächelte noch immer. Ich sah bittend von einem zum andern und bemerkte nur völlige Gleichgültigkeit.

»Wo ist Blake jetzt?« fragte David.

»Hier in Moskau. Ich lebe mit ihm in derselben Wohnung.«

»Wie lautet die Adresse?«

»Das möchte ich Ihnen lieber nicht sagen. Die Wohnung gehört dem KGB, und ich bin noch in Moskau.«

»Hm . . .« David sah mich eine Weile nachdenklich an. »Wollen Sie uns einen Augenblick entschuldigen?«

---

* Die richtigen Namen habe ich vergessen.

»Bitte.« Ich stand auf, als sie hinausgingen. Fünf Minuten später kehrte David mit wieder einem anderen Mann zurück. Dieser Mann war älter, etwa fünfundvierzig, und hatte graues Haar. Er war in Hemdsärmeln und sah aus, als käme er geradewegs von einem Schreibtisch.

»Das ist Mr. Harris*«, sagte David. »Er ist der Konsul und kann Ihnen vielleicht helfen.«

»Guten Tag, Mr. Bourke«, sagte der Konsul und reichte mir die Hand. »Setzen Sie sich doch bitte.«

Ich setzte mich wieder mit dem Rücken zum Fenster, und David und der Konsul nahmen mir gegenüber Platz. »Ich höre, daß Sie keinen Paß haben, Mr. Bourke«, begann der Konsul. Er war viel freundlicher und weniger förmlich als die andern drei.

»Das ist richtig«, antwortete ich.

»Sie sind irischer Staatsbürger, nicht wahr?«

»Ja, Ire.«

Er dachte einen Augenblick nach, dann beugte er sich vor und schob mir einen Schreibblock zu. »Wenn Sie mir Ihren vollen Namen, Geburtsdatum und -ort und die Wohnadresse in Irland aufschreiben, will ich versuchen, Ihnen einen Paß zu beschaffen.« Ich schrieb auf, was er verlangte, und reichte ihm den Block. Er las und nickte.

»Gut, Mr. Bourke, wenn Sie in einer Woche wieder vorbeikommen, dürfte ich etwas für Sie haben.«

Ich starrte ihn in offener Verzweiflung an. »Wenn ich in einer Woche wieder vorbeikomme! Wenn ich dieses Gebäude verlasse, bin ich binnen vierundzwanzig Stunden ein toter Mann!«

»In diese Lage haben Sie sich doch selbst gebracht, nicht wahr?« sagte David ruhig.

»Was können wir denn sonst tun, Mr. Bourke?« fragte der Konsul.

»Ich muß mich mit unserem Außenministerium in London in Verbindung setzen und es bitten, sich an Dublin zu wenden, und dann

---

* Auch sein wirklicher Name fällt mir nicht mehr ein.

müssen wir warten, bis uns Dublin einen Paß schickt.«

»Aber ich bin heute gegen den Willen des KGB hierher gekommen«, sagte ich verzweifelt. »Und ich bin in dieses Gebäude gelaufen, während mir die Polizeiposten den Rücken wandten. Können Sie mir nicht Asyl gewähren?«

»Wir *dürfen* Ihnen kein Asyl gewähren, Mr. Bourke.« Die Stimme des Konsuls verriet echtes Mitgefühl. Sie sind irischer Staatsangehöriger, und wenn wir Ihretwegen bei den Russen vorstellig werden wollten, würden sie uns ins Gesicht lachen und uns nahelegen, uns um unsere eigenen Angelegenheiten zu kümmern.«

»Gibt es denn keine Botschaft in Moskau, die die irischen Belange wahrnimmt?« fragte ich.

Der Konsul schüttelte den Kopf. »Ich fürchte, nein. Irland ist in keinem der kommunistischen Länder vertreten.«

Einen Augenblick starrte ich ihn ungläubig an, dann zwang ich mich dazu, die letzte, verzweifelte Frage zu stellen: »Kann ich mich denn nirgends verstecken?«

Er sah mich mitleidig an. »Nein, Mr. Bourke. Sie können sich nirgends verstecken. In *diesem* Lande nicht.«

Ich stand langsam auf, drehte mich zum Fenster und schob die Gardine zur Seite. Die beiden Posten standen breitbeinig mitten in den Toren. Der Offizier stand neben dem auf der rechten Seite, in dem Tor, durch das ich gelaufen war. Alle drei starrten grimmig auf das Botschaftsgebäude. Ich ließ die Gardine los und wandte mich wieder den beiden Diplomaten zu.

»Meine Herren«, begann ich, »Sie werden wahrscheinlich nie wieder etwas von mir zu sehen oder zu hören bekommen, und ich möchte diese Gelegenheit nutzen, um Ihnen etwas zu sagen, was, wie ich hoffe, an die richtige Stelle weitergegeben werden wird.« Ich sprach ruhig und entschlossen. Stolz und Würde bewahren – nur darauf kam es jetzt noch an. »Es ist wahr, daß ich George Blake zur Flucht verholfen habe. Ich habe es allein und aus eigenem Antrieb getan. Das KGB war in keiner Weise beteiligt. Das Unternehmen kostete nur eine kleine Summe, die ich mir von Freunden borgte, aber meine Freunde hatten keine Ahnung, wozu ich das Geld brauchte. Blake und ich verließen das Land sofort nach dem Ausbruch. Wir reisten mit falschen Pässen, die ich schon vorher besorgt hatte, nach Berlin und gingen beim amerikanischen Kontrollpunkt nach Ostberlin. Dort setzten wir uns mit dem KGB in Verbindung. Wir blieben eine Woche in Ostberlin und wurden dann mit einer Militärmaschine nach Moskau geflogen. Seitdem wohne ich hier mit Blake zusammen. Ich habe nie die Absicht gehabt, länger als einige Monate in Rußland zu bleiben, aber jetzt will man mich nicht mehr gehen lassen. Es hieß seinerzeit, Blake sei schuld am Tode von zweiundvierzig britischen Agenten. Ich habe mir, wie so viele andere, von Blake weismachen lassen, das sei nicht wahr. Jetzt denke ich anders darüber.«

Ich schritt in die Mitte des Zimmers, drehte mich um und sah den beiden Männern noch einmal ins Gesicht. »In der vergangenen Woche hörte ich eines Abends ein Gespräch mit an. Blake legte dem KGB nahe, mich zu ermorden.« David starrte mich mit großen Augen an, der Konsul pfiff leise, kaum hörbar, durch die Zähne. »Blake ist ein absolut skrupelloser Mensch«, fuhr ich fort. »Er besitzt nicht die Spur eines Gewissens. Er möchte mich nicht nur tot sehen; ich weiß, daß er nur zu gern selbst eine Pistole auf mich abdrücken würde.«

Ich schwieg und dachte nach, aber es gab offensichtlich nichts mehr zu sagen. »Das ist alles«, schloß ich. Als ich auf die Tür zuging, bemerkte ich das Ventilationsgitter rechts neben dem Türpfosten. »Ich nehme an, hier ist irgendwo ein Mikrophon versteckt?«

David nickte. »Wir vermuten es jedenfalls.«

»Um so besser«, sagte ich. »Vielleicht bekommt Blake die Tonbandaufzeichnung selbst zu hören. Das wäre wenigstens eine *gewisse* Genugtuung.« Einen Augenblick standen wir uns schweigend gegenüber. David, dachte ich, sieht ernst drein, weil es unter den gegebenen Umständen geradezu unanständig gewesen wäre, kein ernstes Gesicht zu machen, aber der Konsul ist ehrlich bestürzt. Ich wandte mich ab, öffnete die Tür und verließ den Raum. Ich ging rasch zur Haustür und stieg die Stufen in den Hof hinunter. Die Polizisten standen wie zuvor in den Toren, und alle drei sahen mich an. Ich ging auf das rechte Tor zu, wo der Offizier wartete. Er rührte sich nicht, bis ich auf den Gehsteig, auf russischen Boden hinausgelangt war, dann vertrat er mir den Weg. Ich sah, daß er einen großen Stern, das Rangabzeichen eines Majors, auf den Schulterstücken trug.

Er sagte etwas auf russisch, aber ich hörte nur das Wort *passport* heraus. »*Nje ponimaju*« – ich verstehe nicht –, sagte ich.

Er blickte über meine Schulter zur Botschaft und winkte mir, ein Stück den Gehsteig entlangzugehen. Wir gingen etwa fünf Meter, bis wir von den Fenstern der Botschaft aus nicht mehr gesehen werden konnten, dann wandte er sich mit einem entschlossenen Gesichtsausdruck mir zu und sagte wieder etwas auf russisch.

Ich zuckte die Schultern. »*Nje ponimaju*«, wiederholte ich. »*Ja anglitschanin, anglijskij turist.*«

Er streckte die Hand aus und sagte nur ein Wort: »*Passport.*«

»*Njet*«, sagte ich und zeigte ungefähr in die Richtung, in der das Hotel Leningrad lag. »*Passport – Leningradska Gostiniza.*« Dann zog ich mein Notizbuch aus der Tasche und zeigte auf eine Telefonnummer. »*Telefon. Leningradska Gostiniza!*« Ausländische Touristen müssen in Moskauer Hotels tatsächlich ihre Pässe abgeben.

Der Major sah mich aus zusammengekniffenen Augen aufmerksam an. Er versuchte einen Entschluß zu fassen. Er *wollte* mir glauben – schon um seiner selbst willen, denn schließlich hatte er zugelassen, daß ich an ihm vorbei in die britische Botschaft ging, das heißt exterritorialen Boden betrat. Zuletzt sah er mich noch einmal lange zweifelnd an, salutierte und ging.

Ich konnte es kaum glauben. Es war doch nur allzu offenkundig, daß ich ihm absichtlich ausgewichen war, um die Botschaft betreten zu können. Warum wäre ich sonst an dem Tor, wo die drei beisammenstanden, vorbeigegangen, um den unbewachten Eingang zu benutzen? Dem Major lag offenbar sehr viel daran, mir zu glauben. Ich kehrte auf demselben Weg zurück, auf dem ich gekommen war. Es war der einsamste Gang meines Lebens. Ich hatte geglaubt, in Sicherheit zu sein, sobald ich die britische Botschaft betrat. Dieses kleine Fleckchen britischen Bodens stand für Anständigkeit und Gesetzlichkeit, für die englische Lebensweise. Ich war nicht darauf gefaßt gewesen, abgewiesen zu werden, und ich hatte in den Augen der Männer, mit denen ich sprach, gelesen, daß sie mich für einen Todeskandidaten hielten.

Innerhalb kürzester Zeit mußte das KGB erfahren, was ich getan hatte. Vielleicht rief der Major in diesem Augenblick am Dserschinskij-Platz an. Ob ich die Brücke noch erreichte? Ich wäre am liebsten gelaufen, wagte es aber nicht. Ich ging über die Straße, trat an die Kaimauer, lehnte mich darüber und sah in den rasch strömenden Fluß hinunter. In diesem Augenblick glaubte ich, daß ich mir nur noch die Todesart selbst aussuchen konnte. Sollte ich das KGB betrügen und Blake um eine kleine persönliche Befriedigung bringen? Eine ganze Minute starrte ich, beinahe ohne etwas zu sehen, in das strudelnde Wasser unter mir. Dann kehrte ich dem Fluß den Rücken und ging langsam weiter auf die Brücke zu.

Kurz hinter ihr, vor dem Hotel Bukarest, sah ich einen großen Reisebus stehen. Es mußte ein ausländischer Bus sein, denn die Russen hatten keine so luxuriösen Fahrzeuge. Anstatt die nächsten Stufen zur höher gelegenen Straße hinaufzusteigen, ging ich unter der Brücke weiter und blieb etwa zwanzig Meter vor dem Hotel stehen. Auf beiden Seiten des Busses stand in großen goldenen Buchstaben EXCELSIOR TOURS BOURNEMOUTH. Menschen stiegen aus. Engländer! Ich wäre am liebsten zu ihnen hingelaufen, um sie um Hilfe zu bitten. Aber wie konnte ich? Ich hatte gegen ihre Gesetze verstoßen, ihren Feinden geholfen. Sie konnten kein Interesse daran haben, mir zu helfen. Außerdem hat mich meine Erfahrung in Sotschi gelehrt, daß nicht weit von ausländischen Touristen immer ein KGB-Mann lauert. Das letzte Paar stieg aus und folgte den andern ins Hotel. Ich starrte den beiden nach, bis sie verschwunden waren, dann warf ich einen letzten Blick auf die goldenen Buchstaben und stieg langsam die Stufen zur Straße hinauf. Ich überquerte die Brücke und betrat hinter der Basiliuskathedrale den Roten Platz. Auf der obersten Stufe des Hinrichtungspodestes stand noch immer oder wieder eine kleine Schar und starrte den Richtblock an. Ich ging zum Mausoleum hinüber und schlenderte langsam von einer Gruppe zur andern. Ich wollte einen letzten Kontakt mit der westlichen Welt anknüpfen, so daß ich wenigstens die Genugtuung gehabt hätte zu wissen, daß die Wahrheit über Blake England erreichte – vor allem Michael und Pat und die andern, die uns geholfen hatten. Aber die einzigen Fremdsprachen, die ich kannte, waren Französisch und Deutsch. Ich dachte über die Ironie meiner Lage nach. Beinahe ein Jahr lang war ich auf Befehl des KGB allen Engländern und Amerikanern aus dem Wege gegangen. Nun, da ich welche suchte, waren keine zu finden.

Die Kremluhr schlug sechs. Eine Stunde war vergangen, seit ich die Botschaft verlassen hatte, und wenn das KGB schon von meinem Besuch wußte, suchte man mich zu allererst wohl auf dem Roten Platz. Die Wachen kamen wieder im Paradeschritt aus dem Kreml, ich kehrte dem Mausoleum den Rücken und ging auf das Nordende des Platzes zu. Marx-Prospekt, Bolschoj-Theater, dann die Puschkinstraße hinauf zum Boulevard. Auf dem Boulevard wandte ich mich nach links, überquerte den Puschkinplatz und ging geradeaus weiter. Irgendwo am Boulevard, erinnerte ich mich, war der sowjetische Journalisten-Klub. Vielleicht lud ab und zu einer der Journalisten einen britischen oder amerikanischen Kollegen zu einem Drink ein.

Eine Viertelstunde später war ich dort. Der Journalisten-Klub war wie die britische Botschaft von der Straße zurückgesetzt und hatte einen Vorhof, im Unterschied zur Botschaft stand das Gebäude jedoch nicht frei. Ich blieb am Eingang des Hofes stehen und wartete. Etwa alle fünf Minuten betrat oder verließ eine kleine Gruppe den Klub, und ich horchte aufmerksam. Niemand sprach Englisch. Ich sah mir die am Straßenrand abgestellten Wagen an. Lauter Wolgas. Schließlich ging ich verzweifelt über den Hof und betrat das Gebäude.

Rechts hinter der Tür saß eine kräftige Frau mittleren Alters auf einem Stuhl. In der Sowjetunion braucht man für alles einen Paß, komplett mit Foto, gleich ob man eine Bibliothek betritt, ein Bürogebäude, ein Krankenhaus oder einen Klub. Die Frau sah mich fragend an und sagte etwas, was ich nicht verstand. In sehr stockendem Russisch erklärte ich ihr, daß ich einen englischen Journalisten suchte, aber sie sah mich nur verständnislos an.

»*Anglijskij schurnalist*«, wiederholte ich. »*Anglijskij schurnalist.*« Hinter mir traten zwei Männer ein, sie zeigten ihre rot eingebundenen Pässe vor und gingen weiter. Die Frau rief ihnen etwas nach. Ich verstand nur »dieser Genosse ...« Die Männer wandten sich um und sahen mich an. Ich lächelte, winkte ab und verließ das Gebäude.

Ich ging den Boulevard hinauf zum Arbat-Platz. Es war 7 Uhr 30. Jetzt *mußte* das KGB Bescheid wissen. Vor der Metrostation Arbat stand eine Telefonzelle. Ich ging hinein, warf ein Zweikopekenstück in den Automaten, hob ab und wählte die Nummer der Wohnung.

»Hallo?« Es war Blakes Stimme.

»Hallo, hier Seán.«

»Was gibt es?«

»Hören Sie gut zu. Ich habe Ihnen etwas Wichtiges zu sagen. Ich komme gerade aus der britischen Botschaft, wo ich um Hilfe bei meiner Rückkehr nach Irland gebeten habe.«

Eine kurze Pause folgte, dann explodierte Blakes Stimme förmlich im Hörer.

»*Was* haben Sie getan?« schrie er.

»Ich war in der britischen Botschaft«, wiederholte ich.

»In der britischen Botschaft!«

»Ja«, sagte ich ruhig.

Blake war atemlos vor Wut. »Sie Narr! Sie unverbesserlicher, hoffnungsloser Narr! Warum haben Sie das getan?«

Ich wurde selbst wütend. »Weil ich Sie und das KGB und dieses ganze kindische Versteckspiel satt habe!« rief ich. »Ich habe es satt, mich von Ihnen für Ihre Rache am britischen Geheimdienst mißbrauchen zu lassen. Ich habe diese ganze verdammte Komödie satt. Ich will wieder wie ein normaler Mensch leben. Ich will nach Irland zurückkehren mit einem irischen Paß, der auf meinen richtigen Namen ausgestellt ist, und ich möchte wieder ich selbst sein.«

»Und wie haben Sie sich das vorgestellt?« fragte er höhnisch.

»Die Briten haben mir gesagt, ich kann mir in einer Woche einen irischen Paß abholen«, antwortete ich. »Damit gehe ich dann ins sowjetische Außenministerium und beantrage ein Ausreisevisum. Von jetzt an spiele ich mit offenen Karten. Mit Ihnen oder dem KGB habe ich nichts mehr zu schaffen.«

»Und Sie bilden sich ein, Sie kommen damit durch?« fragte Blake ungläubig.

»Ich will es jedenfalls versuchen«, sagte ich. Er hatte natürlich recht. Von jetzt an würde das KGB jede westliche Botschaft ebenso wie das Außenministerium beobachten. Ich würde gar nicht in die Nähe der britischen Botschaft kommen. Ich hörte Blake wütend durch die zusammengebissenen Zähne Luft holen.

»Sie sind noch dümmer, als ich dachte!« sagte er verächtlich. »Und das will etwas heißen.«

»Denken Sie, was Sie wollen«, sagte ich. »Ich bin anderer Meinung.«

»*Mir* haben Sie aber nicht gesagt, daß Sie das vorhatten, nicht wahr?« Diese Frage war nicht so albern, wie sie klang. Es gilt als selbstverständlich, daß in jedem »sicheren Haus« das Telefon angezapft ist, und Blake wollte, daß ich ihn vor dem KGB entlastete. »Warum hätte ich es Ihnen sagen sollen? Warum sollte ich Ihnen überhaupt irgend etwas sagen?« »Sie sind *wirklich* blöde!« rief Blake. »Sie sind ein Narr, ein Verrückter!«

Ich spürte, wie mir vor Zorn das Blut ins Gesicht schoß. »Wissen Sie, ich verstehe *Sie* nicht!« rief ich. »Nein, ich kann Sie beim besten Willen nicht verstehen, *Genosse*. Jeder andere an Ihrer Stelle würde anerkennen, was ich getan habe. Jeder andere an Ihrer Stelle würde sagen: ›Laßt ihn gehen! Laßt ihn gehen! Wenn dieser Mann nach Hause will, so laßt ihn in Gottes Namen ziehn! Er hat mir einen großen Gefallen getan, und dies ist das Mindeste, was er dafür verdient!‹ Aber nicht Sie, nein, nicht Sie! Ich verstehe Sie nicht!« Blake schwieg eine Weile, während er diese Worte verarbeitete. Dann begann er von seiner Wut überwältigt zu stottern: »Wie... k-können Sie es wagen, so mit mir zu reden?« Er brüllte beinahe. »Wie können Sie es *wagen*? Was fällt Ihnen ein! Woher nehmen Sie das Recht, mir so etwas zu sagen? Glauben Sie denn, ich hätte an niemand andern zu denken als an Sie? Wie *können* Sie es wagen!« In diesem Augenblick wurde mir klar, daß Blake nicht normal war. Nur ein Wahnsinniger war imstande, einen zu verraten und dann zu fragen, wie man es wagen konnte, etwas dagegen zu haben. Ich schwieg. Nach einer Pause, die mir sehr lang erschien, fragte er, ruhiger geworden: »Was wollen Sie jetzt tun?«

»Ich werde eine Woche lang durch die Straßen wandern und dann zur britischen Botschaft gehen und meinen Paß abholen«, antwortete ich.

»Das ist doch unmöglich. Die Polizei wird Sie aufgreifen.« Ich wußte, daß er mich nur noch hinhielt, um dem KGB Zeit zu geben, festzustellen, woher der Anruf kam.

»Ich werde es schon schaffen«, sagte ich.

»Warum wollen Sie nicht zurückkommen und hier warten, bis Sie wieder zur Botschaft gehen können?« Mein Gott, hielt er mich wirklich für so dumm, oder hatte er Angst und wollte er denen, die das Gespräch abhörten, zeigen, daß er auf ihrer Seite stand?

»Lieber nicht«, sagte ich. »Ich möchte mit meinen Gedanken allein sein.«

»Ich verstehe . . . Und von wo sprechen Sie?« Er war offenbar verzweifelt.

»Aus einer Telefonzelle irgendwo in Moskau.« Ich hängte den Hörer auf den Haken, sah zu, wie er einige Male hin und her pendelte, und verließ die Zelle.

Ich ging in die Metrostation und nahm einen Zug in westlicher Richtung. Ich hatte keine klare Vorstellung, was ich tun oder wohin ich gehen sollte, aber ich wollte auf alle Fälle einmal vom Stadtzentrum wegkommen. Blake hatte gewiß sofort das KGB angerufen, und man suchte mich wahrscheinlich schon. In der Station Arbat war der Zug ziemlich voll. In der Smolenskaja stiegen noch einmal sehr viele Menschen zu, desgleichen in der Kiewskaja, dann in der Strudentscheskaja und in der Kutusowskaja. In Fili stiegen mehr aus als ein. In der Bagrationowskaja war der Zug schon merklich weniger voll, und von dort an wurde er rasch immer leerer. Wir fuhren durch Fili-Park, Pionjerskaja und Kunzewskaja und erreichten schließlich Molodjoschnaja, die Endstation. Ich folgte den wenigen Fahrgästen über die Rolltreppe zur Straße hinauf.

Ich befand mich in einem Wohnviertel am Westrand der Stadt. Blake hatte natürlich recht gehabt, als er sagte, daß ich nicht eine Woche durch die Straßen wandern konnte. Niemand kann das in Moskau. Jeder Polizist kann jederzeit einen Ausweis verlangen, und ich hatte keine Papiere. Und in einem Hotel kann nicht einmal ein Russe ohne Paß wohnen. Ich sah auf die Uhr. Acht vorbei. Vor Mitternacht, bevor sich die Straßen leerten und ich mich als einzelner verdächtig machte, mußte ich irgendwo untergetaucht sein. Ich erinnerte mich an die Wälder um Moskau. Im Frühling und im Frühsommer war ich oft in ihnen spazierengegangen. Drüben am Ostrand der Stadt gab es einen Park, den sogenannten »Erholungspark Ismailowo«. Genaugenommen handelte es sich um ein eingezäuntes Stück Wald mit vielen Wegen und allem, was zu einem Park gehört. Hinter dem Zaun begann der offene Wald. Der Park hatte eine eigene Metrostation, aber ich wollte nicht die Metro benützen, denn ich hätte durch die Stadtmitte fahren müssen, durch die verkehrsreichsten Stationen.

Nicht weit von der Station, an der ich ausgestiegen war, sah ich einen Taxistandplatz. Ich ging zu dem ersten Wagen und setzte mich neben den Fahrer. Das ist in Rußland so Brauch. Der Fahrer ist schließlich ein Genosse. Sogar Generale und Minister fühlen sich verpflichtet, sich vorne neben ihren Chauffeur zu setzen.

»*Metrostanzija Ismailowskij Park, poschalujsta*«, sagte ich. Der Fahrer startete ohne ein Wort, und wir fuhren los. Eine halbe Stunde später hielten wir vor der Metrostation Ismailowo-Park. Der Fahrpreis betrug zwei Rubel und siebzig Kopeken, und ich gab dem Chauffeur vier Rubel. Damit blieben mir noch fünf Rubel, der Gegenwert von zwei englischen Pfund, aber Geld bedeutete mir nun ebensowenig wie am Checkpoint Charlie. Was ich brauchte, konnte ich mit Geld nicht kaufen.

Ich schlenderte an der Metrostation und am Park vorbei, betrat den Wald und stand plötzlich im Dunkeln. Ich hob die linke Hand und hielt mir den Unterarm in ungefähr fünfzehn Zentimetern Abstand vors Gesicht, während ich vorwärts stolperte, tiefer und tiefer in den Wald hinein. Allmählich gewöhnten sich meine Augen an die Dunkelheit, und die Bäume in meiner nächsten Nähe waren nicht mehr bloße Schatten, sondern zeigten sich als das, was sie waren: hohe Birken, deren blasse Rinde im schwachen Sternenlicht schimmerte. Ich ging ungefähr eine Stunde, und der Verkehrslärm der Stadt wurde immer schwächer. Dann kam ich an eine Lichtung, an deren Rand niedriges Buschwerk wuchs. Ich brach einige dünne, dicht belaubte Zweige ab und breitete sie unter einer Birke auf dem Boden aus. Einen Augenblick horchte ich. Vollkommene Stille herrschte im Wald. Ich legte mich auf mein Laub-Bett. Ich trug nur einen dünnen Sommeranzug und ein Hemd mit offenem Kragen. Als ich die Wohnung verließ, war das Wetter schön und sonnig gewesen, daher hatte ich keinen Mantel mitgenommen. Jetzt aber lag die Kühle der ersten Septembertage in der Luft, und ich fror. Was ich da tat, ermangelte jeder Logik. Ich konnte mein Leben um einen Tag, höchstens zwei verlängern. Mehr hatte ich nicht zu erhoffen. Jeder Raum in jedem Haus in jeder Stadt und in jedem Dorf in der ganzen Sowjetunion wird vom Staat seinen Bewohnern zugewiesen und ständig kontrolliert. Und in diesem Augenblick war jeder Sowjetbürger – Mann, Frau oder Kind – in seiner Beziehung zu mir ein Agent des KGB. Der Mann in der britischen Botschaft hatte recht gehabt. Es gab kein Versteck. In *diesem* Lande nicht.

Ich dachte an Zuhause, an meine Kindheit in Limerick, an die »Brüder der Christlichen Schulen«, an die Jungen, mit denen ich die Schule geschwänzt hatte, und an den Schulpolizisten aus Cork, der uns immer einfing. Und ich dachte an mein allererstes Vergehen. Mit zwölf Jahren hatte ich ein Glas Erdbeermarmelade aus einem Eisenbahnwaggon gestohlen. Das Jugendgericht in Limerick: Ich bekam zwei Jahre Bewährungsfrist, und in meiner Dummheit und Prahlerei musterte ich den alten Protokollführer mit einem frechen, herausfordernden Blick, als ich die Formulare unterschrieb. »Du kommst wieder«, sagte er ruhig und seiner Sache gewiß. Und er behielt natürlich recht. Dann Daingean und dann die Fürsorgeerziehung. Und so endete ich nun: In einem kalten Wald in Rußland, auf einem Bett aus Laub. Die Abschiedsworte meiner Mutter verfolgten und verhöhnten mich: »Tu nie etwas gegen John Bull. Das ist der Rat, den dir deine Mutter gibt, und du hast nur eine Mutter.«

Ich versuchte gar nicht erst zu schlafen, denn ich fürchtete mich vor der Qual des Augenblicks, da ich aus zeitweiligem Vergessen erwachte und mich von neuem mit der nackten Wirklichkeit konfrontiert sah. Es war besser, wach zu bleiben. Meine Sinne waren abgestumpft durch die völlige Hoffnungslosigkeit meiner Lage, und das half ein wenig, die Angst zu betäuben. Die Nacht wurde immer kälter, die Hitze der Erregungen des vergangenen Tages ebbte allmählich ab. Ich lag da in der gekrümmten Haltung des Fötus, der letzten Zuflucht der Verlassenen, aber ich lag in einem kalten, ungastlichen Schoß, der mich bald in eine feindliche Welt hinausstoßen würde.

Jede halbe Stunde stand ich auf und machte fünf Minuten lang Freiübungen, um mich warm zu halten. Als die Dämmerung durch die Baumwipfel fiel und den Wald erhellte, stand ich endgültig auf. Ich ging eine Stunde, dann entdeckte ich, daß ich nicht allein war. Männer und Frauen aus der Vorstadt suchten Pilze, die Körper durch warme Kleidung gegen die Morgenkühle geschützt, Körbe in der Hand, die Augen unablässig auf den Boden gerichtet. Wenn ich solchen frühmorgendlichen Besuchern des Waldes begegnete, tat ich so, als suchte auch ich Pilze.

Drei Stunden wanderte ich durch den Wald, dann spürte ich den ersten Hungerschmerz. Ich stieß auf einen holperigen Pfad, folgte ihm, bis ich die Hauptstraße erreichte, und befand mich kurz darauf in einem stillen Vorort. In einem jener Läden, die die Russen *gastronom* nennen und in denen man von Schokolade bis zu Salzheringen und von Milch bis Wodka alles bekommt, kaufte ich ein Kilogramm Salami und eine Flasche Milch, und an einem Zeitungsstand nahm ich mir eine Nummer der *Prawda* mit. Auf der Titelseite war wie üblich irgendein sowjetischer Held der Arbeit zu sehen, der grinsend neben seiner Maschine stand. Die russische Version des Pin-ups. Ich brauchte die Zeitung aber nur, um mich in dem feuchten Wald daraufzusetzen.

Um mich her eilten die Menschen zur Arbeit, Kinder gingen in die Schule. An den Bus- und Straßenbahnhaltestellen standen lange Schlangen – Büroangestellte, die darauf warteten, ins Stadtzentrum befördert zu werden. Ich ging in den Wald zurück, setzte mich auf meine *Prawda* und frühstückte. Die Salami reichte mir gewiß für den ganzen Tag, vielleicht sogar noch für das Frühstück des nächsten Tages. Als ich gegessen hatte, wickelte ich die Wurst sorgfältig in ihr Fettpapier und steckte sie in meine Rocktasche. Die leere Milchflasche warf ich weg.

Den ganzen Vormittag wanderte ich noch im Wald umher. Es gab nichts anderes zu tun. Am Nachmittag beschloß ich, noch einmal in der Wohnung anzurufen. Zu gewinnen hatte ich dabei nichts, aber es vertrieb mir wenigstens die Langeweile, und vielleicht gab mir Blake unbeabsichtigt einen Hinweis darauf, was das KGB machte. Zu verlieren hatte ich jedenfalls auch nichts. Ich verließ den Wald und stieg in eine Straßenbahn, die in südlicher Richtung fuhr, aber dem Stadtzentrum nicht zu nahe kam. Nach ungefähr einer halben Stunde stieg ich aus. Man würde natürlich feststellen, woher der Anruf kam, und ich war nun weit genug von dem Vorort entfernt, wo ich in der nächsten Nacht wieder schlafen wollte. Ich ging in eine Telefonzelle und wählte die Nummer der Wohnung. Blake kam an den Apparat.

»Hallo, hier Seán.«

»Oh, hallo, Seán! Wie geht es Ihnen?« Zum erstenmal, seit ich in seine Wohnung gezogen war, nannte er mich wieder Seán. Seine Stimme klang sehr freundlich. Er sei in großer Sorge um mich, behauptete er. Wo ich geschlafen hätte, wollte er wissen, und wo ich etwas zu essen herbekäme. Er machte seine Sache nicht schlecht, aber ich wußte, daß er nichts anderes im Sinne hatte, als dem KGB die Möglichkeit zu geben, mich zu schnappen, bevor ich wieder aufhängte. Ich war jedoch sehr weit vom Dserschinskij-Platz.

»Sie brauchen sich keine Sorgen zu machen«, sagte ich. »Ich komme schon zurecht.«

»Ich wäre sehr froh, wenn Sie zurückkämen, Seán, wirklich.« Daran zweifelte ich keinen Augenblick. Ich sah auf die Uhr. Seit fünf Minuten stand ich in der Telefonzelle.

»Hören Sie«, sagte ich. »Wir sind beide keine Narren. Wir sind intelligente Menschen, und ich weiß so gut wie Sie, daß das Telefon angezapft ist und daß in diesem Augenblick ein Wagen hierher unterwegs ist. Ich verabschiede mich jetzt also.«

Blake schwieg eine Weile, dann sagte er: »Rufen Sie mich wieder an, Seán?«

»Ja, morgen.« Ich hängte auf.

Ich sprang auf die erste Straßenbahn, die vorbeikam, und fuhr zurück zum Ismailowo-Park. Ich hatte nicht mehr herausbekommen, als daß Blake die Weisung hatte, mich am Telefon so lange wie möglich hinzuhalten. Seine Freundlichkeit bedeutete lediglich, daß er sich Mühe gab, seinen Auftrag nach besten Kräften auszuführen. Im übrigen konnte es ihm nicht schwerfallen, Freude über meinen Anruf zu heucheln. Er hatte allen Grund, sich tatsächlich zu freuen. Mein Besuch in der britischen Botschaft wirkte sich zu seinen Gunsten aus. Dem KGB mußte der Urteilsspruch, den er verlangte, nun viel leichter fallen. Stan machte ich keinen Vorwurf. Ich hatte das Gefühl, daß er um mein Wohlergehen ehrlich besorgt war. Aber ich wußte, daß irgendwo in den dunklen Korridoren verborgen ein kleiner Mann ohne Gesicht und Namen saß, der über Leben und Tod anderer Menschen gebot. Er war vielleicht ein freundlicher Familienvater, der still und bescheiden in irgendeinem Vorort wohnte, und er hatte den Mann, der sterben mußte, wahrscheinlich nie gesehen, aber es war eben sein Geschäft, den Hinrichtungsbefehl zu unterzeichnen – was er vielleicht sogar sehr ungern tat.

Ich stieg aus und kaufte am Zeitungsstand mehrere Exemplare der *Prawda* und der *Iswestija* und ein halbes Dutzend jener Zeitschriften, die nach den verschiedenen Republiken der Sowjetunion benannt sind. Sie sollten in der kommenden Nacht meine Matratze und Decke sein. Dann kehrte ich in den Wald zurück. Ich verbrachte wieder eine schlaflose Nacht, und sie war kälter als die vorausgegangene. Wieder stand ich jede halbe Stunde auf und machte Freiübungen, um mich zu wärmen. Die Zeitschriften breitete ich auf dem Boden aus, damit sie die Feuchtigkeit abhielten, und mit den Zeitungen deckte ich mich zu. Sie halfen ein wenig, aber nicht viel, und ich fragte mich, wie lange ich so noch am Leben bleiben konnte.

Am nächsten Morgen um sechs spielte ich vor meinen unwillkommenen Nachbarn wieder den Pilzesammler. Um acht setzte ich mich unter einen Baum und aß einige Bissen von meiner Wurst. Dann machte ich mich wieder auf die Beine. Müde ging ich weiter und weiter, immer rundherum in ständig kleiner werdenden Kreisen. Ich war kaum noch imstande zu denken und stolperte durch den Wald wie ein Roboter.

Um zwei Uhr nachmittags ging ich wieder einkaufen. Ich brauchte Milch. Ohne sie bekam ich die schmierige, geschmacklose Salami nicht hinunter. Fünfzehn Kopeken für die Milch und fünfzehn Kopeken Flaschenpfand. In der Sowjetunion ist alles sehr teuer. Ein Paar Schuhe kostete damals einen vollen Wochenlohn, ein schlecht geschneiderter Anzug zwei Monatsgehälter. Aber die Raketen und die Raketenabwehrwaffen und die Raketanabwehr-Abwehrwaffen, die Raumschiffe und das ganze übrige Drum und Dran des ostwestlichen Wettrüstens kosten ebenfalls eine Menge Geld. Der Konsumgütermarkt muß eben warten.

Aus der einen Tasche ragte mir nun die Milchflasche heraus, aus der andern die Salami; mein Anzug war zerknittert und ausgebeult, ich hatte einen zwei Tage alten Stoppelbart, meine Haare waren verfilzt, meine Schuhe mit Erde verkrustet. Die Leute fingen schon an, mich mit Blicken zu mustern, die einen Sekundenbruchteil zu lang an mir hafteten. Ich ging zum Zeitungsstand, um mir für das Bett der kommenden Nacht einen frischen Vorrat zu besorgen. Die *Prawda* brachte wieder einen anderen Helden der Arbeit auf ihrer Titelseite. Ein Polizeijeep näherte sich, aber ich versuchte gar nicht, mich zu verstecken, und ich war beinahe angenehm überrascht darüber, daß es mir so wenig ausmachte, ob ich aufgegriffen wurde oder nicht. Der Jeep fuhr jedoch vorbei, seine Insassen streiften mich nur mit einem flüchtigen Blick.

Ich ging wieder in den Wald und suchte mir einen Baum mit glatter Rinde, gegen den ich mich lehnen konnte. Dann breitete ich die *Prawda* auf dem Boden aus und setzte mich auf den Helden der Arbeit. Ich wickelte die Salami aus und biß mit großem Widerwillen ein Stück ab. Meine Zähne hinterließen scharfe parallele Spuren in dem schmierigen, graubraunen Fleisch. Ich spülte den Bissen mit Milch hinunter. Wie lange konnte das noch so weitergehen? Wie lange dauerte es, bis ich vor Hunger oder Entkräftigung oder beidem starb? Ich hatte noch einen Rubel in der Tasche, genug, um noch einen Tag essen zu können. Wieder wurde mir bewußt, daß ich im Grunde nur die Wahl zwischen zwei Todesarten hatte. Sobald ich meinen letzten Rubel ausgegeben hatte, würde ich immer tiefer in den Wald hineingehen und nicht mehr herauskommen. Wie lange würde ich es machen? Drei Tage? Vier? Die Nächte wurden immer kälter. Allzu lange konnte es nicht dauern. Und die Alternative? Eine Kugel. Aber das war die schnellere, weniger schmerzhafte Methode. Warum sollte ich mich hartnäckig an das Leben klammern, wenn das einzige, was ich gewinnen konnte, ein qualvoller Tod war? Ich sah die Salami und die Spuren meines Bisses an, zögerte einen Augenblick und warf die Wurst mit einer heftigen Bewegung ins Gebüsch. Dann verließ ich den Wald.

In der Station Ismailowo-Park nahm ich einen Zug, und vier Haltestellen weiter, in Kursk, der unserer Wohnung nächstgelegenen Station, stieg ich aus und ging zu einer Telefonzelle, die nur etwa zehn Meter von der zu dem Häuserblock führenden Gasse entfernt war. Ich wählte die Nummer.

»Hallo?« Es war Blake.

»Hallo, hier Seán.«

»Seán! Wie geht es Ihnen?«

»Gut.«

»Seán, ich mache mir wirklich Sorgen um Sie. Sie bekommen doch nichts zu essen, oder?«

»Ich komme ganz gut zurecht.«

»Aber die Nächte sind so kalt. Sie können so nicht weitermachen.«

»Warum nicht?«

»Sie werden sich erkälten. Sie werden sich eine Krankheit holen.«

»Ich bin sehr zäh.«

»Mag sein, aber unter solchen Umständen hält es niemand lange aus.

Es ist wirklich sehr dumm von Ihnen.« Blake machte seine Sache sehr gut. Er verriet nichts. Wir spielten beide ein Spiel, und jeder wußte, daß es der andere durchschaute. Ich mußte in diesem Augenblick unwillkürlich denken, wieviel sich doch geändert hatte seit jenem Abend, an dem ich in Wormwood Scrubs zum erstenmal über Funk mit Blake sprach.

»Ich schlage mich schon durch«, sagte ich.

Nach einer kurzen Pause hörte ich wieder Blakes Stimme: »Seán, warum kommen Sie nicht zurück? Sie können sich nicht ewig herumtreiben. Warum wollen Sie nicht gleich zurückkommen?«

»Ich finde, das könnte ich eigentlich tun«, sagte ich.

»Wirklich? Sie kommen?«

»Ja.«

»Das ist recht, das ist vernünftig!« Die Erleichterung in Blakes Stimme klang echt.

»In einer halben Stunde bin ich dort«, sagte ich und hängte auf. In Wirklichkeit brauchte ich nur drei Minuten bis zur Wohnungstür, aber ich log aus gutem Grunde. Ich ging rasch zum Haus und stieg leise die Treppe hinauf. Vor der Wohnung blieb ich stehen und legte ein Ohr an die Tür. Blake wählte gerade eine Nummer. »Stan, sind Sie das?... Er kommt... Ja, er ist in diesem Augenblick unterwegs. In ungefähr zwanzig Minuten ist er da... Ja... Ja... Ich schlage vor, Sie schicken jemand, der ihn beobachtet, wenn er hier ankommt, und sich vergewissert, daß er nicht beschattet wird... Ja, tun Sie das... Gut, Stan, ich rufe Sie an, sobald er da ist. Bis gleich.« Ich ließ fünf Minuten verstreichen, dann läutete ich. Blake öffnete mir. Er grinste. »So, da sind Sie wieder. Sie waren aber schnell da.«

»Ich habe einen Bus genommen.«

»Kommen Sie, kommen Sie herein. Nehmen Sie ein Bad, während ich Ihnen was zu essen mache.«

Die Tür des Speisezimmers ging auf, und Viktor erschien im Flur.

»Guten Tag, Seán.«

»Guten Tag, Viktor.«

»Viktor hat die letzten Nächte hier geschlafen«, erklärte Blake. »Wir wußten nicht, was mit Ihnen los ist oder in wessen Hände Sie gefallen sind. Deshalb hat man gleich nach Ihrem ersten Anruf Viktor hergeschickt.«

Viktor trug einen dunklen Anzug, und ich sah die bewußte Ausbuchtung unter seiner linken Achselhöhle.

»Ein Bad könnte ich tatsächlich brauchen«, sagte ich. »Wenn Sie mich entschuldigen wollen...«

»Natürlich, natürlich...« Blake lächelte.

Während ich in der Wanne lag, hörte ich in der Küche nebenan das Brutzeln von Speck und leises Sprechen.

Das Essen war gut. Vier gebratene Speckschnitten, zwei Eier, gedünstete Tomaten, eine Kanne Tee, Brot und Butter. Blake bediente mich mit einem Lächeln. Er sah sehr selbstzufrieden aus und hatte allen Grund dazu. Während ich aß, überhäufte er mich gutgelaunt mit Fragen. Wen ich in der Botschaft getroffen hätte, wollte er wissen, ob man nicht versucht habe, mich zum Bleiben zu überreden, wo ich geschlafen hätte und so fort. Ich erzählte ihm über die Botschaft, soviel ich für richtig hielt, und alles über meinen Aufenthalt im Wald. Viktor stand schweigend im Hintergrund. Als ich gegessen hatte, schlug Blake vor, ich solle zu schlafen versuchen. »Sie sehen aus, als hätten Sie es nötig.«

Ich ging ins Arbeitszimmer und machte mir auf dem Sofa mein Bett. Dann zog ich die Tischlade auf. Wie ich erwartet hatte, waren meine Sachen verschwunden – alle Fotos, die ich in Moskau gemacht hatte, samt den Negativen und der erste Teil der Geschichte von Blakes Flucht, der nur das Leben in Wormwood Scrubs behandelte.

Blake ging durch den Flur und telefonierte wieder. Ich zog die Tür des Arbeitszimmers einen Spaltbreit auf und horchte.

»Hallo, Stan? Er ist da... Ja, er ist vor ungefähr einer Dreiviertelstunde gekommen. Jetzt ist er zu Bett gegangen... Nein, ich glaube nicht, Stan. Ich meine, es wäre psychologisch gesehen nicht der richtige Augenblick. Vielleicht am späteren Abend... Gut, Stan, wir sehen uns dann...« Für einen Spion hatte Blake eine außerordentlich laute, weittragende Stimme.

Ich legte mich auf das Sofa, tat aber nur so, als schliefe ich. Stan kam ungefähr zwei Stunden später. Ich hörte, wie Blake ihn im Flur empfing und dann in sein Zimmer führte. Ein paar Minuten später kam Blake an das Arbeitszimmer, machte leise die Tür auf und sah herein. Er horchte ungefähr eine halbe Minute und ging wieder. Ich stand auf und trat zur Tür. »Er schläft fest«, hörte ich ihn sagen. Dann begannen alle drei über mich zu sprechen, aber aus dieser Entfernung verstand ich nur Blakes Worte. Stan und Viktor sprachen viel leiser. Blake sagte, er habe gelesen, was ich über Wormwood Scrubs geschrieben hatte, und finde, es könnte niemandem schaden.

Ich legte mich wieder ins Bett und horchte noch etwa zwei Stunden auf das Stimmengemurmel aus Blakes Zimmer. Dann stand ich auf und zog mich an, räumte das Bettzeug in den Schrank und klappte das Sofa in die normale Stellung zurück. Dabei benahm ich mich möglichst laut, denn sie sollten wissen, daß ich auf war. Fünf Minuten später kamen alle drei in mein Zimmer.

»Guten Abend, Seán«, sagte Stan und streckte mir zu meiner Überraschung die Hand entgegen.

»Guten Abend«, sagte ich, während ich sie ergriff.

»Ich muß jetzt gehen, Seán«, sagte Viktor. »Auf Wiedersehn.«

»Auf Wiedersehn, Viktor.«

Blake brachte Viktor zur Tür und kam zurück. Ich sah Stan an.

»Wann beginnt das Verhör?« fragte ich.

»Von einem Verhör kann keine Rede sein, Seán. Ich möchte mich nur ein bißchen mit Ihnen unterhalten, wenn Sie nichts dagegen haben.« Er lächelte nicht, aber sein Tonfall war freundlich, ja sogar versöhnlich.

Ich zuckte die Schultern. »Meinetwegen.«

Wir setzten uns, aber diesmal verschanzte ich mich nicht hinter meinem Schreibtisch. Was für einen Vorteil hätte ich mir erhoffen sollen? Ich brauchte keine Komödie mehr zu spielen.

»Wo soll ich anfangen?« fragte ich.

Stan runzelte die Stirn. »Seien Sie doch nicht so förmlich, Seán. Sie sprechen nicht mit einem Polizisten. Ich hoffe, wir können offen miteinander reden, wie Freunde.«

»Wie Sie inzwischen erfahren haben werden, drückte ich mich an den Polizeiposten vorbei, um in die britische Botschaft hineinzukommen«, begann ich. »Ich bat um einen Paß, um auf legale Weise nach Hause fahren und zu meinem normalen Leben zurückkehren zu können. Man nahm meine Personalien auf, versprach mir einen Paß und bat mich, in einer Woche wieder vorbeizukommen.«

»Das wäre wirklich nicht nötig gewesen, Seán«, sagte Stan ruhig.

»Ich glaube doch. Es geht um *meine* Zukunft und mein Glück, und es steht mir zu, in meinem Interesse zu tun, was ich für richtig halte. Als ich nach Moskau kam, waren Sie damit einverstanden, daß ich nur einige Monate bleibe, aber am letzten Freitag sagten Sie mir, ich müsse mindestens noch fünf Jahre bleiben.«

Stan sah mich gekränkt an. »Aber, Seán, ich wollte doch nur, daß Sie diesen Vorschlag in Erwägung ziehen. Ich bat Sie, darüber nachzudenken. Wenn Sie es so eilig hatten, nach Hause zu kommen, brauchten Sie es mir nur zu sagen, und ich hätte es für Sie arrangiert.«

Ich sah Stan aufmerksam an, während er sprach, und suchte nach irgendeinem Zeichen, das mir verraten hätte, was er wirklich dachte. Wußte er über meinen Besuch in der Botschaft mehr, als ich ihm gesagt hatte? Gab es im Wartezimmer ein geheimes Mikrophon? Hatte es das KGB überhaupt nötig, dort ein Mikrophon zu verstecken? Hatte es nicht einen seiner eigenen Männer in der Botschaft? Das KGB hatte immerhin einen Kim Philby gehabt, und der war stellvertretender Leiter der MI 6 gewesen. Und wenn es in der Botschaft selbst keinen KGB-Mann gab – hatte nicht vielleicht schon ein Doppelagent in der MI 6 in London die Einzelheiten meiner Anklage gegen Blake seinem KGB-Kontaktmann in der sowjetischen Botschaft mitgeteilt, der sie nach Moskau weitergegeben hatte? Alle diese Gedanken jagten mir durch den Kopf, als ich in Stans Zügen nach irgendeinem verräterischen Zeichen suchte. Ich fand jedoch nur die Ehrlichkeit und Aufrichtigkeit, die ich seit jeher an ihm kannte.

»Stan, ich war der Meinung – und bin es noch –, daß dies auf die Dauer gesehen die beste Lösung für alle Beteiligten ist. Ich erspare allen eine Menge Unannehmlichkeiten. Sie brauchen sich nicht die Mühe zu machen, mich mit falschen Reisedokumenten auszustatten, und so weiter. Alles geht viel einfacher. Ich kehre nach Irland zurück und widersetze mich der Auslieferung.«

Stan zuckte die Schultern. »Schön, wenn Sie so wollen. Die Entscheidung liegt bei Ihnen.« Er unterbrach sich einen Augenblick, dann sagte er: »Würde es Ihnen etwas ausmachen, sich ein paar Fotos anzusehn und uns zu sagen, ob Sie die Diplomaten wiedererkennen, mit denen Sie gesprochen haben? Sie brauchen es aber nicht zu tun, wenn Sie nicht wollen.«

»Ich habe nichts dagegen.«

Stan zog einen langen Umschlag aus der Tasche und reichte ihn mir. Er enthielt ungefähr ein Dutzend Fotos im Postkartenformat, die sehr förmlich wirkten und vielleicht Kopien von Paßbildern waren. Am unteren Rand war in kyrillischen Buchstaben und in phonetischer Schreibung der Name des Abgebildeten mit einkopiert. Ich wählte ohne Zögern die vier Diplomaten aus, mit denen ich gesprochen hatte, und dazu den Mann am Empfangstisch. Stan betrachtete sie eingehend. »Was meinen Sie, gehört einer davon der MI 6 an?« fragte er mich.

»Es würde mich nicht wundern«, antwortete ich. »Ich würde sagen, David mit ziemlicher Sicherheit und wahrscheinlich auch Paul.« Stan zeigte die beiden Fotos Blake. »Sie kennen sie nicht zufällig?« Blake sah sie kurz an und schüttelte den Kopf. »Nein, Stan. Die beiden können erst nach mir gekommen sein. Und dieser Paul ist auf alle Fälle zu jung, um zu meiner Zeit schon dabeigewesen zu sein.«

»Wie hat man Sie behandelt, Seán?« wollte Stan wissen. »Ich meine, wie war die allgemeine Haltung Ihnen gegenüber?«

»Mit Ausnahme des Konsuls benahmen sie sich ziemlich pampig. Und es schien ihnen Spaß zu machen, daß ich in der Klemme saß.«

»Ich verstehe.« Stan steckte die Fotos wieder ein. »Hat man versucht, Ihre Adresse herauszubekommen?«

»Ja, David wollte sie wissen, aber ich sagte nur, daß ich mit George Blake zusammen irgendwo in Moskau wohne.«

Stan nickte. »Ich bin froh, daß Sie die Adresse nicht verraten haben. Und was haben Sie nun vor, Seán?«

Die Frage überraschte mich. »Ich will nach Irland zurückkehren«, antwortete ich zögernd.

»Gut, Seán. Ich werde das Nötige veranlassen. Ich glaube aber, es wäre nicht gut für Sie, sich von den Briten einen Paß geben zu lassen. Die Leute werden dadurch zuviel über Ihre Pläne erfahren, und sie könnten versuchen, Sie unterwegs abzufangen. Wir sollten es auf einem anderen Wege versuchen. Wollen Sie die Sache mir überlassen?«

Sein Tonfall verblüffte mich. »Ja, natürlich«, sagte ich. »Ganz wie Sie wollen.«

»Danke, Seán.«

Ich warf einen Blick zu Blake hinüber. Er sah verwirrt und verärgert aus, war aber offenbar entschlossen, sich nicht einzumischen.

»Und haben Sie es *verzweifelt* eilig, oder können Sie noch ein paar Monate zuwarten?« fuhr Stan fort.

»Jetzt wo ich weiß, daß ich fahren kann und daß Sie die nötigen Schritte unternehmen, soll es mir auf ein paar Monate mehr oder weniger nicht ankommen.«

Stan war erleichtert. »Ich bin froh, daß Sie es so sehen, Seán. Ich denke, es liegt in Ihrem eigenen Interesse, ein bißchen Gras über die Sache wachsen zu lassen, ehe wir etwas unternehmen.« Er lehnte sich auf dem Sofa zurück und blies den Rauch seiner Zigarette nachdenklich zur Decke hinauf.

»Wie ist nun die Lage, meine Herren? Bis letzten Montag wußten die Briten nicht, daß Sie beide hier sind. Ihre Briefe aus London beziehungsweise Kairo hatten sie irregeführt. Jetzt wissen sie es aber, und jetzt werden sie auch nach Ihnen suchen. Es besteht die Gefahr, daß die MI 6 und vielleicht sogar die CIA versucht, Sie zu schnappen. Ich schlage daher vor, daß Sie Moskau für eine Weile verlassen. Ich arrangiere eine Rundreise durch die Sowjetunion für Sie. Die Reise wird Ihnen bestimmt gefallen, und so verbinden Sie das Angenehme mit dem Nützlichen. Sie werden mindestens einen Monat unterwegs sein.«

»Das klingt interessant«, sagte Blake mit einem gezwungenen Lächeln.

»Ja, sehr interessant«, stimmte ich ihm bei.

Stan nickte. »Das denke ich auch. Sie fangen mit den baltischen Staaten an und arbeiten sich durch bis Taschkent.«

»Wann fahren wir?«

»Vielleicht in einer Woche. Ich habe noch eine Menge vorzubereiten.« Stan sah nachdenklich von mir zu Blake und wieder zu mir. »Inzwischen werden wir Ihnen eine Leibwache stellen müssen.« Er sah, wie ich die Stirn runzelte. »Keine Sorge, Seán; sie dient Ihrem Schutz, nicht Ihrer Überwachung. Bis zum Beginn Ihrer Reise brauchen Sie um Ihrer eigenen Sicherheit willen eine Leibwache. Wir dürfen nichts riskieren.« Er stand auf. »Sie kommt gleich morgen früh.« Er machte eine kleine Pause und sah mich an. »Seán, gehen sie bitte nicht mehr in die britische Botschaft – *mir* zuliebe. Sie würden mir persönlich eine Menge Scherereien machen.«

»Gut, Stan, ich verspreche Ihnen, nicht mehr hinzugehen.«

Wir gaben uns die Hand und sagten gute Nacht.

Ich ging nicht mit, als Blake Stan zur Tür brachte, denn ich dachte mir, die beiden würden noch ein paar Worte unter vier Augen reden wollen.

Ich konnte es kaum fassen, daß es nun so gekommen war. Bis zu dem Augenblick, da sich Stan verabschiedete, hatte ich noch befürchtet, das ganze Gerde sei womöglich nur das Vorspiel zu meiner Verhaftung. Und nun bot man mir eine Rundreise durch die Sowjetunion an. Aber vielleicht war es noch zu früh, Schlüsse zu ziehen. Ich hatte noch eine ganze Weile in der Sowjetunion zu bleiben, und ich mußte mit der Möglichkeit rechnen, daß die britische Presse mich für tot hielt und veröffentlichte, was ich in der Botschaft über Blake gesagt hatte.

Blake war ohne Zweifel ebenso überrascht wie ich selbst. Seine beinahe kriecherische Freundlichkeit, als ich aus dem Wald zurückkam, hatte etwas Hämisches an sich gehabt, so etwas wie Vorfreude auf den endgültigen Triumph.

Von dem Augenblick an, da Stan die Wohnung verließ, war Blake wieder so mürrisch und übellaunig wie zuvor, und ein paar Tage später erfuhr ich, daß ich ihn richtig eingeschätzt hatte. Wir saßen in der Küche, tranken Tee und sprachen über die bevorstehende Reise und meine Rückkehr nach Irland. »Wissen Sie, Robert, Sie haben ein unwahrscheinliches Glück gehabt«, sagte er plötzlich und sah dabei verärgert und enttäuscht aus. »Sie haben sehr viel riskiert, als Sie in die britische Botschaft gingen, und Sie können von Glück reden, daß man Sie nicht erschossen hat.«

»Wirklich? Ich habe allerdings nicht die Absicht, irgend jemandem dafür zu danken, daß man mich nicht ermordet hat.«

Blake zuckte die Schultern. »Trotzdem: Sie haben Glück gehabt. Man hätte Sie irgendwo in aller Stille erledigen können, und kein Mensch hätte etwas davon erfahren. Sie haben mit Ihrem Leben gespielt und gewonnen. Das KGB hält Sie für sehr mutig. Man hat es mir gesagt.«

»Mutig?... Blödsinn!« sagte ich. »Die Wahl fiel mir nicht schwer. Ich wollte *lieber tot* sein, als den Rest meines Lebens in der Sowjetunion verbringen. Mit Mut hatte das nichts zu tun.«

Unsere Leibwache bestand aus sechs Männern und zwei Frauen. Sie richteten sich in einem Haus ein, von dem aus man den Haupteingang unseres Blocks beobachten konnte. Sobald Blake oder ich auf die Straße traten, waren sie hinter uns und folgten uns in diskretem Abstand. Sie arbeiteten in zwei Schichten, jeweils zwei Männer und eine Frau in einer Schicht, und sie ließen uns keinen Augenblick allein. Die Frau hatte offenbar die Aufgabe, die Freundin eines der beiden Männer zu spielen, während sich der zweite Mann weiter im Hintergrund hielt. Anfangs fragte ich mich, was sie tun würden, wenn Blake und ich unversehens auf einen Bus aufsprangen. Wir versuchten es, und es zeigte sich, daß sie das nicht aus der Fassung brachte. Sie blieben einfach auf dem Gehsteig stehen, und eine halbe Minute später waren sie schon wieder unmittelbar hinter uns – in einem Wagen des KGB. Blake und ich fragten uns, wie sie das anstellten, und wir kamen zu dem Schluß, daß die große schwarze Handtasche, die die Frauen immer bei sich trugen, ein kleines Funksprechgerät enthalten mußte. Sie versuchten gar nicht, sich vor uns zu verstecken, und nach einer Weile beschlossen wir, ihnen die Arbeit zu erleichtern, indem wir ihnen im voraus genau sagten, wohin wir gehen wollten.

Eine Woche verging, aber von unserer Reise war keine Rede mehr. Da geschah in London etwas, was das KGB zu raschem Handeln zwang.

Am Samstag, dem 16. September, wurde Wladimir Katschenko, ein junger russischer Wissenschaftler, der in Cambridge studierte, auf dem Londoner Flughafen von KGB-Männern der sowjetischen Botschaft zu einer Maschine gebracht, die nach Moskau fliegen sollte. Die britische Polizei griff ein und holte Katschenko wieder aus dem Flugzeug. Daraus entwickelte sich ein sogenannter diplomatischer Zwischenfall. Die sowjetische Botschaft protestierte, die Polizei entgegnete, sie habe den Eindruck gehabt, Katschenko sei gegen seinen Willen in das Flugzeug gebracht worden und habe unter Drogeneinwirkung gestanden. Außerdem hätten mehrere Leute gesehen, wie er in einer Londoner Straße in ein Auto gezerrt worden sei. Im Augenblick werde er in einer Londoner Klinik behandelt.

Am Montag, dem 18. September, begab sich Katschenko freiwillig in die sowjetische Botschaft, wo er mit seiner Frau zusammentraf. Frau Katschenko gab eine Pressekonferenz in der Botschaft, bei der sie heftig gegen das Verhalten der britischen Polizei protestierte. Sie sagte, sie habe in dieser Sache an den Premierminister geschrieben. Am folgenden Morgen, das heißt am Dienstag, dem 19. September, erhielt sie ein Antwortschreiben Wilsons, in dem der Premier die Behauptung, die Polizei habe sich nicht korrekt verhalten, zurückwies. »Die Polizei«, schrieb er, »gewann den Eindruck, daß Ihr Gatte gegen seinen Willen an Bord der Maschine gebracht wurde. Wenn dies, wie Sie sagen, ein irriger Eindruck war, der dadurch hervorgerufen wurde, daß Ihr Gatte krank war, so hätten sich die Behörden in der sowjetischen Botschaft mit der Bitte um Hilfe an uns wenden sollen.« Am Nachmittag flogen Wladimir Katschenko und seine Frau nach Moskau zurück.

Die Auswirkungen dieser diplomatischen Manöver in London machten sich auch in unserer Wohnung in Moskau bemerkbar. Am Montag, dem 18., läutete unser Telefon, und Blake ging an den Apparat. Stan rief vom Dserschinskij-Platz an, und Blake sprach eine volle Stunde mit ihm. Er wiederholte fragend einige englische Namen und sagte dann Stan, ob er sie kannte. Auf diese Weise identifizierte er drei Angehörige des Lehrkörpers in Cambridge als Agenten der MI 6 Die Türen meines Zimmers und des Speisezimmers standen weit offen, und ich verstand jedes Wort.

Endlich legte Blake auf und kam geradewegs zu mir ins Arbeitszimmer. »Ich nehme an, Sie haben alles gehört«, sagte er grinsend.

»Das ließ sich kaum vermeiden. Was steckt hinter dieser ganzen Geschichte?«

Blake grinste wieder. »Es sieht so aus, als hätte die MI 6 versucht, Katschenko zu rekrutieren. Sie dachten, sie hätten ihn schon auf ihrer Seite, aber das KGB wollte ihn für seine Zwecke einspannen. Zuletzt war Katschenko einem Nervenzusammenbruch nahe. Das KGB beschloß daher, ihn nach Moskau zurückzuschaffen. Die MI

6 die Katschenko natürlich beschattete, sah, wie er vom KGB abgeholt wurde, und gab der Polizei die Weisung, ihn zu befreien.«

»Das meinte die Polizei also, als sie sagte, mehrere Leute hätten gesehen, wie Katschenko in einen Wagen gezerrt wurde?«

»Genau das. Die ›mehreren Leute‹ waren Beamte der MI 6. Sie dachten, Katschenko solle gegen seinen Willen nach Moskau gebracht werden, und beschlossen, ihn durch die Polizei aus dem Flugzeug herausholen zu lassen, damit er Gelegenheit hätte, um politisches Asyl anzusuchen. Sie verrechneten sich aber. Katschenko *wollte* nach Moskau zurückkehren. Tatsächlich fliegt er morgen abend.«

»Es gibt also heute ein paar rote Köpfe bei der MI 6?«

»Ja«, antwortete Blake lachend. »Und nicht wenige, möchte ich meinen. Wissen Sie, das ist eine Komödie, die beide Seiten ununterbrochen spielen, aber es kommt eben darauf an, kein öffentliches Aufsehen zu erregen, denn sobald das geschieht, muß der Außenminister die Kastanien aus dem Feuer holen. Er ist derjenige, der die Protestnote beantworten muß. Die Russen geben vor, wütend zu sein. In Wirklichkeit freut es sie natürlich, daß die Briten in der Patsche sitzen.«

Es ist eine in den zwischenstaatlichen Beziehungen übliche Praxis, daß jeweils derjenige, der durch den andern eine Schlappe erlitten und sich blamiert hat, Anstrengungen unternimmt, das Gleichgewicht wiederherzustellen. Im allgemeinen geschieht das dadurch, daß er seinerseits einen Zwischenfall produziert. Daher gab am Mittwoch, dem 20. September, das britische Außenministerium die Geschichte meines Besuchs in der Botschaft in Moskau frei. Ich erfuhr es durch eine Sendung des Auslandsdienstes der BBC und hörte nervös zu, aber zu meiner großen Erleichterung war nicht von den Anschuldigungen die Rede, die ich gegen Blake vorgebracht hatte. Es wurde nur gemeldet, ich hätte um Hilfe gebeten, um heimkehren zu können, und man habe mich aufgefordert, in einigen Tagen wiederzukommen, was ich aber nicht getan hätte.

An diesem Abend besuchte mich Stan. Er bestätigte mir, daß die Erklärung des Außenministeriums lediglich den Zweck verfolgte, die Aufmerksamkeit von der Affäre Katschenko abzulenken. »Wenn sich Katschenko bereit erklärt hätte, in England zu bleiben, würde uns der Secret Service wahrscheinlich in aller Stille das Angebot gemacht haben, ihn gegen Sie, Seán, auszutauschen«, sagte Stan. Er begann im Zimmer auf und ab zu gehen. »Das alles ist im höchsten Grade peinlich. Zehn ausländische Korrespondenten riefen heute in der britischen Botschaft an, und morgen stehen ihre Berichte in allen westeuropäischen Zeitungen.« Er zog ein Bündel Papiere aus der Tasche und blätterte darin. »Da werden einige Dinge gesagt, die nicht sehr schmeichelhaft sind. Man deutet an, daß Sie gewisse Schwierigkeiten hätten.« Die Papiere waren Kopien aller an diesem Nachmittag eingegangenen Berichte. »Jedenfalls bedeutet das, daß Sie Moskau unbedingt binnen weniger Tage verlassen müssen.«

Am Abend des 23. September nahmen Blake und ich den Nachtzug Moskau–Leningrad. Slawa begleitete uns. Beinahe im gleichen Augenblick, in dem ich in den Zug stieg, wurde Pich auf dem Flugplatz Orly »gesehen«. Scotland Yard wurde umgehend benachrichtigt. Die britischen und irischen Sonderabteilungen wurden alarmiert und bewachten alle Punkte, an denen die beiden Länder betreten werden konnten. Und während man so eifrig nach mir Ausschau hielt, schliefen Blake und ich und Major Wladislaw Komarow friedlich in unserem reservierten Abteil des Leningrad-Expreß.

Wir kamen um neun Uhr morgens in Leningrad an und wurden von einem KGB-Beamten einem Wagen abgeholt. Im Hotel Oktober waren schon Zimmer für uns reserviert. Wir blieben eine Woche in Leningrad, und man stellte uns zwei Intourist-Führerinnen zur Verfügung. *Zwei*, weil sich Blakes Geschmack zu sehr von meinem unterschied. Er hielt es für einen angenehmen Zeitvertreib, Stunden und ganze Tage in den Kunstgalerien des Winterpalastes zu verbringen, während ich lieber Brauereien und Sektfabriken besichtigte. Ich ging jedoch mit Blake und Slawa in die Oper und ins Ballett. Wir sahen in dieser Woche drei Aufführungen – »Schwanensee«, »Das Bronzepferd« und »Spartakus« – und saßen jedesmal allein in der ehemaligen Zarenloge, die das örtliche Büro des KGB für uns reserviert hatte.

Meine Führerin war Valentina, eine Brünette von fünfundzwanzig Jahren. Eines Tages, als wir von der Küste zurückfuhren, wo wir eine halbe Stunde auf den Finnischen Meerbusen hinausgestarrt hatten, meinte sie, ich möchte mir vielleicht gern einmal ihre Wohnung ansehen. Ich mochte und blieb die ganze Nacht bei ihr. Vorher rief ich aber Slawa im Hotel an, um ihm zu sagen, daß er nicht auf mich zu warten brauchte, sonst hätte er womöglich eine Großfahndung nach mir eingeleitet. Am nächsten Tag beneidete mich Blake ein wenig um mein kleines Abenteuer. »Jetzt haben Sie mir einen Punkt voraus, Robert«, sagte er mit dem gezwungenen Lächeln, das ich nun schon so gut kannte.

Es zeigte sich, daß unser Aufenthalt in Leningrad ein Muster für die ganze Reise darstellte. Auf jedem Flughafen oder Bahnhof holte uns ein Wagen des KGB ab und brachte uns ins beste Hotel der Stadt, wo schon Zimmer auf uns warteten. Dann besichtigten wir einige Tage als wichtige Persönlichkeiten die Stadt und ihre nähere Umgebung. Wenn wir eine Fabrik besichtigten, wurden wir vom Direktor höchstpersönlich empfangen und herumgeführt, und zum Schluß versammelten wir uns in seinem Büro, um zu trinken. Unseren Gastgebern wurde jedesmal gesagt, Blake und ich seien hohe Beamte aus England, die die Sowjetunion als Gäste der Regierung besuchten. Und je mehr Erfolg ich bei den Intourist-Führerinnen hatte, desto neidischer wurde Blake auf den »irischen Bauern«, und es fiel ihm immer schwerer, seinen Neid zu verbergen.

Von Leningrad fuhren wir mit der Bahn nach Wilna, der Hauptstadt der Litauischen SSR. Wir kamen um drei Uhr morgens an und wurden von einem sympathischen jungen Litauer namens Paul abgeholt. Vier Tage blieben wir in Litauen. Unser Führer in Wilna war ein Englischlehrer, ein überzeugter Kommunist, der auf den wirtschaftlichen Fortschritt seines Landes unter dem Kommunismus sehr stolz war. Wilna war jedoch eine verwahrloste alte Stadt mit engen Gassen, ungepflasterten Straßen und baufälligen Häusern. Zu meiner Überraschung erfuhr ich, daß im Elektrizitätswerk wie in Irland mit Torf gefeuert wurde.

Am zweiten Tag fuhren wir über Land, um einen Kurort im Wald zu besuchen. Es war eine weite Fahrt, und wir wollten am Ziel übernachten. Unterwegs hielten wir in Kaunas, der früheren Hauptstadt Litauens, und aßen zu Mittag. Wir tranken eine beträchtliche Menge Kognak. Später kehrten wir in einem Café ein und tranken noch mehr Kognak. Danach hatten wir nur noch eine Stunde zu fahren. Paul saß vorn, Slawa, Blake und ich saßen hinten – Blake in der Mitte. Bis dahin hatte noch keiner meinen Besuch in der Botschaft erwähnt, aber nun hatte uns der Kognak redselig gemacht, und es war beinahe unvermeidlich, daß das Thema früher oder später zur Sprache kam. Ich begann ruhig davon zu sprechen, was das britische Außenministerium damit bezweckte, daß es die Geschichte von meinem Besuch in der Botschaft der Presse übergab, als Slawa plötzlich sagte: »Offen gestanden, Seán, daß Sie das getan haben, hat mich sehr enttäuscht, ja, sehr enttäuscht.«

»Natürlich sind Sie enttäuscht«, entgegnete ich. »Aber so, wie ich es sah, nahm ich nur meine Interessen wahr. Wenn es in Moskau eine irische Botschaft gäbe, wäre ich dorthin gegangen, aber es es gibt eben keine. Ich sehe keinen Grund, mich für das, was ich getan habe, zu entschuldigen. Ich bin ein irischer Staatsangehöriger, der nach Irland zurückkehren will.«

»Dagegen ist nichts zu sagen«, räumte Slawa ein, »aber die Art, wie Sie es gemacht haben, ist laienhaft ... sehr laienhaft. Sie könnten nie unserer Organisation angehören, nie!«

Ich schlug ein großes Kreuzzeichen und sagte: »Gott sei's gedankt!« Blake wandte sich mit einem Ruck mir zu. »Der ganze Ärger mit Ihnen kommt daher, daß Sie so egoistisch sind«, sagte er zornig. »Sie denken nur an sich. Sie bringen die andern in London in Gefahr, wenn Sie nach Irland gehen, aber das ist Ihnen völlig gleichgültig.«

»Wenn hier jemand ein Egoist ist, sind Sie es«, gab ich zurück. »An den Leuten in London liegt Ihnen ebensowenig wie an mir. Sie wollen nur nicht, daß man sie festnimmt, damit Sie über die Briten triumphieren können. Aus dem gleichen Grunde wollen Sie auch nicht, daß ich Rußland verlasse. Wenn man mich nämlich den Briten ausliefert, kann der Secret Service einen Punkt für sich buchen. Versuchen Sie mich doch nicht für dumm zu verkaufen. Ein bißchen Intelligenz müssen Sie mir schon zutraun.«

Blake zögerte einen Augenblick. »Und *wollen* Sie den Briten diesen Triumph gönnen?« fragte er. » *Wollen* Sie diesen Leuten helfen?«

»Was soll das heißen: diesen Leuten? Das klingt so, als dürfte ich sie nicht mögen.«

»Mögen Sie sie denn? Sehen Sie sich an, was sie mit mir gemacht haben. Zweiundvierzig Jahre!«

Ich sah Blake von der Seite an. »Zugegeben, das ist sehr viel«, sagte ich. »Aber man hat Sie ja auch nicht gerade wegen eines Ladendiebstahls ins Kittchen gesteckt.«

»Und Sie mögen sie deshalb, ja?« fragte Blake beharrlich.

Ich sah ihm ins Gesicht. »Ich glaube, es ist das größte Kompliment für das freiheitsliebende englische Volk und die englische Lebensweise, daß es uns möglich war zu tun, was wir getan haben. Es gibt kaum ein zweites Land auf der Welt, in dem wir es hätten tun können, und das wissen Sie ganz genau!«

Blake starrte mich einen Augenblick an. Er wußte, daß ich recht hatte, aber er hätte es nie zugegeben. »Das freiheitsliebende englische Volk!« höhnte er. »Was für ein Nonsens!«

»Sie können sich über die englische Freiheit lustig machen«, sagte ich, »aber ohne sie wären Sie heute kein freier Mann.«

»Blödsinn!« rief Blake. »Frei bin ich heute dank Ihrem Mut und dank dem Mut der andern, die uns geholfen haben.« Er war unaufrichtig, teils weil er nicht zugeben konnte, daß er eine anständige

Lebensauffassung verraten hatte, teils weil er den beiden KGB-Beamten seine Loyalität beweisen wollte.

»Was heißt Mut!« sagte ich verächtlich. »Das ist wie alles andere ein relativer Begriff. Man braucht nicht sehr mutig zu sein, um sich gegen die englischen Behörden aufzulehnen, denn man weiß, daß man nicht mitten in der Nacht aus dem Bett geholt und erschossen wird, und es gehört kein Mut dazu, eine Strickleiter über eine unbewachte Gefängnismauer in London zu werfen. Sie haben Glück, daß es nicht andersherum gekommen war und sie in einem russischen Gefängnis saßen, denn da hätten Sie nie fliehen können. Und Sie würden vergeblich jemanden gesucht haben, der Ihnen heraushilft. Dazu würde nämlich wirklich Mut gehören.«

»Was für ein Unsinn! Man könnte selbstverständlich auch aus einem russischen Gefängnis ausbrechen, und man würde selbstverständlich auch in diesem Lande Menschen finden, die bereit wären, einem zu helfen.«

»Das glaube ich erst, wenn ich russische Studenten auf dem Roten Platz gegen die Verbannung von Schriftstellern demonstrieren sehe.«

»Wissen Sie, für jemanden, der in diesem Land soviel Hilfe erhalten hat wie Sie, sind Sie sehr undankbar«, sagte Blake wütend. »Sie sind hier und genießen die Gastfreundschaft dieses Landes auf *meine* Fürsprache hin, ist Ihnen das eigentlich klar?« Er tippte sich mit dem Daumen gegen die Brust. »Auf *meine* Fürsprache hin!« rief er noch einmal. »Auf *meine* Fürsprache hin!«

Seine Worte ließen mich kalt. Ich hatte seit der Entdeckung seiner Falschheit immer das Gefühl gehabt, mich ihm gegenüber im Vorteil zu befinden, und nun beschloß ich, diesen Vorteil zum erstenmal zu nutzen. Er hatte nun lange genug Komödie gespielt. Ich ließ ungefähr zehn Sekunden verstreichen. Im Wagen herrschte vollkommene Stille, das einzige Geräusch war das Pfeifen des Windes an den geschlossenen Scheiben, als wir durch den Wald fuhren. Es war dunkel geworden, und die starken Scheinwerfer strahlten die

Bäume an, die zu beiden Seiten bis dicht an die Straße heran standen. Ich sah geradeaus, genau auf den Hinterkopf des Fahrers, und sagte ganz ruhig, beinahe zögernd:

»Bevor Sie weiterreden, sollten Sie ein paar Dinge wissen, die *ich* weiß; das könnte Ihnen manche Verlegenheit ersparen. Sie brauchen nicht so zu tun, als wären Sie um mich besorgt oder als bewunderten Sie meinen ›Mut‹, denn ich weiß, daß Sie für mich nur Verachtung übrig haben. Ich hörte Sie einmal zu einem KGB-Offizier sagen, ich sei nur ein irischer Bauer, der nicht weiß, was er will.« Ich sah Blake von der Seite an. Seine Miene drückte Bestürzung und Verlegenheit aus. Ich wußte, was er dachte. Wenn ich diese Bemerkung gehört hatte – was hatte ich dann noch alles gehört? Er wandte mir das Gesicht zu, vermied es aber, mich anzusehn. »Hören Sie«, begann er unsicher, »als ich den Ausdruck ›Bauer‹ gebrauchte, meinte ich natürlich Ihre Liebe zu Ihrem Land, Ihre Anhänglichkeit und nichts sonst.« Seine Stimme klang nicht mehr zornig und entrüstet. Zum erstenmal seit meiner Ankunft in Moskau hatte ich Blake in die Defensive gedrängt. Ich schüttelte langsam den Kopf. »Hören Sie doch bitte auf, mich wie einen dummen Jungen zu behandeln.« Ich sprach ganz ruhig. Wenn ich über Blake triumphieren wollte, mußte ich warten, bis ich die Sicherheit des Westens erreicht hatte – sofern ich sie je erreichte.

Slawa beugte sich vor und sah an Blake vorbei zu mir herüber. »Und wenn einer ein Bauer ist – was ist daran so schlimm?« fragte er. Er war nicht halb so wütend, wie er tat, aber er glaubte wohl, Blake beispringen zu müssen.

»Ich habe nicht gesagt, es sei schlimm, ein Bauer zu sein. Ich sagte nur, daß mich dieser Mann einen Bauern genannt hat und daß ich keiner bin, das ist alles. Ich zitiere wörtlich, was er sagte: ›Wissen Sie, er ist eben *nur* ein irischer Bauer und weiß nicht, was er will.‹ Wenn also jemand eine abfällige Bemerkung über die Bauern gemacht hat, dann ist es Blake.«

»Ein Bauer, das ist nichts Schlechtes«, sagte Slawa mit Nachdruck.

Er zeigte auf Paul. »Dieser Mann ist ein Bauer. Seine Eltern leben noch als Bauern auf einer Kolchose.«

Paul drehte sich um und sah uns fragend an. Slawa übersetzte für ihn ins Russische, und er nickte. »*Da, prawda, konjetschno!*« (Ja freilich, das ist wahr.)

»Sehen Sie«, sagte Slawa. »Er ist ein Bauer, und er ist stolz darauf.«

»Das freut mich für ihn«, sagte ich. »Aber ich weiß nicht, worauf man da stolz sein soll. Keiner von uns kann sich das Bett aussuchen, in dem er geboren wird. Ich wäre aber bestimmt nicht sehr stolz, wenn ich in einer Holzhütte ohne Klosett und fließendes Wasser wohnen und den ganzen Tag für einen Hungerlohn auf den Feldern schuften müßte. Wenn sich ein Mann durch seine Intelligenz und Entschlossenheit hinaufarbeitet und einen höheren Lebensstandard erreicht, *dann* hat er Grund, stolz zu sein.«

Slawa lehnte sich wieder zurück und dachte nach.

»Ich meine immer noch, Sie haben eine seltsame Art, Ihre Dankbarkeit zu zeigen«, sagte Blake scharf.

Ich sah ihn an. »Dankbarkeit! Wissen sie denn, was das bedeutet?«

»Was soll die Frage?«

»Es gibt noch etwas, was Sie wissen sollten«, sagte ich. »Eines Abends machte ich mir in der Küche eine Tasse Tee und hörte zufällig, wie Sie zu Stan sagten, er habe Ihrer Meinung nach nur zwei Möglichkeiten. Sie sagten wörtlich: ›Sie können jetzt hinausgehen und ihm sagen, daß er noch mindestens fünf Jahre in diesem Lande bleiben muß, ob er will oder nicht – und wenn Sie wollen, sage ich ihm das!‹ Ja, Sie machten sich tatsächlich erbötig, mir an Stans Stelle den Befehl zu überbringen.«

Blakes Gesicht lief dunkelrot an, und er wich meinem Blick aus. »Und die zweite Möglichkeit?« fragte er ruhig. »Haben Sie das auch gehört?«

»Nein«, log ich. »Das Wasser im Kessel fing an zu kochen, ich machte mir meinen Tee und ging in mein Zimmer zurück.«

»So...«

»Ich glaube, Sie sind ein völlig skrupelloser Mensch«, sagte ich langsam.

»Meinen Sie?« Blake flüsterte beinahe. Er blickte noch immer zu Boden, seine Überheblichkeit war verschwunden. Seinem Gesicht war die Scham anzumerken, weil er vor Slawa als ein Mann bloßgestellt wurde, der jemanden verriet, der ihm geholfen hatte. Nicht einmal das KGB hatte sich nach meiner Flucht in die britische Botschaft dazu herabgelassen, etwas gegen mich zu unternehmen. Einen Augenblick schwiegen wir alle, dann beugte sich Slawa wieder vor und sah mich an.

»Ich finde, Sie hätten trotzdem nicht in die Botschaft gehen dürfen, Seán. Das werde ich Ihnen nie verzeihen. Nie!« Er wandte sich mit absichtlicher Plötzlichkeit ab und starrte Pauls Hinterkopf an, seine Unterlippe war vorgeschoben und verlieh seinem Gesicht einen Ausdruck kindlichen Schmollens. In Wirklichkeit hatte Slawa ebensowenig etwas gegen mich, wie ich etwas gegen ihn hatte, und ich bewunderte seine sture Entschlossenheit, Blake die Stange zu halten.

Keiner sprach mehr während der restlichen Fahrt durch den Wald. Blake saß mit vorgebeugten Schultern da und sah zu Boden. Die Hände hielt er im Schoß, und er machte eine verkniffene Miene. Beinahe tat er mir leid.

Wir übernachteten im Kurort und kehrten am nächsten Tag nach Wilna zurück. Dort blieben wir noch eine Nacht, und am Morgen flogen wir nach Odessa.

Am ersten Tag in Odessa besichtigten wir eine Sektfabrik. Nach dem Rundgang lud uns der Direktor zu einer Sektprobe in seinen Privaträumen ein. Dann fuhren wir zum Hotel zurück, nahmen unsere Schlüssel und gingen zu unseren Zimmern. Slawas lag an dem einen Ende des Ganges, Blakes und meines nebeneinander am anderen Ende. Ich war nach der Sektparty in gehobener Stimmung und hatte noch eine Flasche unter dem Arm, die mir der Direktor geschenkt hatte.

»Bis nachher!« sagte ich und ging in die Toilette neben der Treppe. Blake und Slawa suchten ihre Zimmer auf, und eine Minute später stand ich vor meiner eigenen Tür. Ich steckte den Schlüssel ins Schloß und versuchte aufzusperren, aber es gelang mir nicht. »Was ist denn mit dem verdammten Schloß los!« rief ich und rüttelte an der Klinke.

Vier junge Inder, elegant gekleidet und sehr gepflegt, kamen durch den Gang und hielten vor den beiden Zimmern, die denen von Blake und mir gegenüberlagen. »Warum geht die verdammte Tür nicht auf!« murmelte ich.

»Verzeihung, Sie sprechen Englisch?« fragte einer der Inder. Ich drehte mich um.

»Ja, meine Herren. Ich spreche Englisch aus dem gleichen Grunde wie Sie. Ihr Land und meines haben eines gemeinsam: Beide haben wir die Engländer hinausgeworfen.«

»Oh! Und woher kommen Sie?« fragte ein anderer.

»Ich bin Ire. Ich stamme aus Limerick, und die Straße, in der ich wohne, ist nach einer Ihrer Provinzen benannt: Bengal Terrace.«

Die vier Inder lächelten mich freundlich an. Sie stellten sich vor, und wir schüttelten uns die Hände.

»Und was tun die Herren in Odessa, am Schwarzen Meer?« fragte ich.

»Wir sind bei der indischen Handelsmarine«, erklärte der erste. »Offiziersanwärter. Unser Schiff wird im Hafen desinfiziert, und deshalb müssen wir in einem Hotel wohnen. Und Sie?«

»Ich bin ... sagen wir: Tourist.«

Wir plauderten ein paar Minuten. Da Spionageromane große Mode waren und James-Bond-Filme in aller Welt gezeigt wurden, war es beinahe unvermeidlich, daß wir auf die Frage zu sprechen kamen, ob in den russischen Hotelzimmern Mikrophone versteckt seien.

»Es stimmt doch, nicht wahr?« fragte einer der Inder.

Ich lächelte. »Nach allem, was ich in den Zeitungen gelesen habe, gibt es zumindest in einigen Hotelzimmern Mikrophone. Ich erin-

nere mich an den Fall eines englischen Abgeordneten, der den Russen nicht genehm war. Sie schickten ihm ein Mädchen in sein Moskauer Hotel und fotografierten die beiden zusammen im Bett. Der Abgeordnete verlor seine Frau und seinen Sitz im Parlament.«
Slawa trat aus seinem Zimmer am anderen Ende des Korridors und kam auf uns zu. »Sprechen wir lieber über Indien«, sagte ich leise. »Und drehen sie sich nicht um.«

»Warum?« fragte einer der Inder.

»Weil der Mann, der da kommt, ein Polizist ist.«

»Hallo, Robert!« begrüßte mich Slawa. Er runzelte die Stirn.

»Hallo, Slawa! Diese Herren sind Offiziersanwärter in der indischen Handelsmarine.« Slawa grüßte sie der Reihe nach mit einem Kopfnicken, lächelte aber noch immer nicht. »Ihr Schiff wird also desinfiziert?« sagte ich, ohne jemand im besonderen anzusprechen.

»Ja.«

»Und während das geschieht, können Sie nicht an Bord bleiben?«

»Nein, das geht nicht gut.«

Wir begannen über Indien und seine wirtschaftlichen Probleme zu sprechen, und Slawa beteiligte sich an der Unterhaltung. Ich wußte sofort, daß er nicht die Absicht hatte, mich noch einmal mit den Indern allein zu lassen. Daher sagte ich bald: »Jetzt muß ich aber gehen, meine Herren.«

»Vielleicht sehen wir uns später noch einmal«, meinte einer der Inder. »Wir wohnen ja gleich gegenüber, und wenn Sie einen Schluck mit uns trinken möchten...«

»Danke für die Einladung«, sagte ich.

Dann drehte ich den Schlüssel noch einige Male kräftig herum, und endlich ging die Tür auf. Im gleichen Augenblick trat Blake auf den Flur heraus. Ich ging in mein Zimmer, und Slawa und Blake folgten mir. Diesmal gab es keine behutsame Einleitung. Slawa war wütend. »Seán«, begann er, »ich dachte, wir hätten vor Beginn der Reise ausgemacht, daß wir jede Berührung mit Ausländern vermeiden wollen.« »Das stimmt, aber diese Männer haben mich angesprochen.

Was hätte ich tun sollen? Sie einfach ignorieren?«

»Sie brauchen Sie nicht zu ignorieren, aber Sie müssen sich auch nicht gleich eine Viertelstunde mit ihnen unterhalten. Sie hätten Sie erkennen können.«

»Das möchte ich bezweifeln«, sagte ich.

Slawa kniff die Augen zusammen. »Worüber haben Sie gesprochen, bevor ich dazukam?«

»Über Indien.«

»Sie waren auf einmal so still, als ich kam. Haben Sie ihnen gesagt, wer ich bin?«

»Nein.«

Ich gab aus Protest gegen dieses Verhör absichtlich kurze, förmliche Antworten.

Blake beugte sich in seinem Sessel vor. »Was haben Sie den Leuten von einem englischen Abgeordneten in einem Moskauer Hotel erzählt?« fragte er mit einem Seitenblick auf Slawa.

Ich sah ihn kalt an. »Ich weiß nicht, wovon Sie sprechen.« Ich gebrauchte mit Absicht die Worte, die gewöhnlich ein Verbrecher gebraucht, der von einem Polizisten verhört wird, und ich sagte sie in dem gleichen Tonfall. Blake war betroffen, als er mich durchschaute, und fragte nicht weiter.

»Ich wollte, Sie würden an *unsere* Schwierigkeiten denken«, sagte Slawa lauter als gewöhnlich. »Wir versuchen, Sie Ausländern fernzuhalten, damit Sie nicht erkannt werden und unser Außenminister nicht noch mehr Unannehmlichkeiten bekommt. Das ist doch der Sinn dieser ganzen Reise.«

»Ihre Schwierigkeiten!« erwiderte ich ärgerlich. »Das ist alles, woran Sie denken! Wenn Sie sich an unsere Abmachung gehalten hätten, würde es jetzt keine Schwierigkeiten geben. Aber nein. Wir mußten diese ganze blödsinnige Intrige aufziehen. Sie mußten Ihren kleinen Triumph über die andere Seite haben, und deshalb wurde ich hierbehalten – nicht zuletzt weil unser Mr. Blake es so wollte. Ich bin für euch verdammte Kerle doch nur eine Marionette.« Ich schnippte mit den Fingern. »Nicht *soviel* bedeute ich dem sowjetischen Außenministerium oder dem KGB. Und nichts würde euch besser in den Kram passen, als wenn ich in diesem Augenblick tot umfiele. Damit wäre nur eine unliebsame Angelegenheit aus der Welt geschafft.«

Blake beugte sich wieder vor. Sein Gesicht war rot angelaufen. »Wenn Sie meinen, daß das die Einstellung der Russen Ihnen gegenüber ist, warum hat man Sie dann nicht einfach erledigt?« rief er.

Ich hatte diesen Einwand erwartet, denn ich hatte längst bemerkt, daß Blake, wenn ich die leiseste Kritik an der Sowjetunion oder dem KGB äußerte, sofort gegen mich Front machte, um seine Loyalität zu beweisen. Er war sich der Unsicherheit seiner eigenen Stellung nur allzu peinlich bewußt.

»Ich soll wohl dankbar dafür sein, daß ich nicht erschossen wurde?« fragte ich.

»Was soll denn dieses Gerede von Erschießungen?« Slawa war offensichtlicn schockiert.

»Fragen Sie nicht mich«, antwortete ich wütend. »Fragen Sie ihn. Er hat das Thema aufs Tapet gebracht. Wenn er ›erledigt‹ sagt, meint er nackten Mord, er ist bloß zu zimperlich, um das richtige Wort zu gebrauchen. Und ich denke nicht daran, irgendeinem Schweinehund dafür zu danken, daß er mich nicht ermordet hat.«

»Was soll denn das alles heißen!« protestierte Slawa. »Erschießen... Mord... Glauben Sie, wir tun so etwas?«

»Um Gottes willen, Slawa, halten Sie mich doch nicht für einen Schwachkopf!«

»Aber wovon reden Sie denn bloß?«

»Wovon ich rede? Haben Sie nie von Berija gehört?«

Slawa sah mich an, sagte aber nichts. Er war schockiert und verlegen.

»Ja«, sprach ich weiter. »Von Berija, dem Massenmörder. Sie haben bestimmt schon einmal von ihm gehört. Einige eurer mutigeren

modernen Dichter haben jedenfalls von ihm gehört. Er war der psychopathische Mörder, der auf Stalins Befehl die vielen Unschuldigen erschoß. Schauen Sie mich nicht so entsetzt und ungläubig an.«
Zum erstenmal sah ich Slawa erröten. »Stalin war ein großer Führer im Kriege«, platzte er heraus.
Ich beugte mich vor und rief: »Stalin war ein kaltblütiger Mörder!«
In meinem Zorn wußte ich kaum noch, was ich sagte, aber im nächsten Augenblick tat es mir leid, daß ich den gutmütigen Mann, der mir da gegenübersaß, in Verlegenheit gebracht hatte.
»Warum ist *Ihnen* nichts geschehen, wenn wir so böse sind, wie Sie meinen?« fragte er, ruhiger geworden.
Ich sah ihm offen ins Gesicht. Auch mein Zorn war verraucht.
»Weil ich glaube, Slawa, daß Sie und Stan und viele Ihrer Kameraden am Dserschinskij-Platz anständige, aufrichtige Männer sind, die sich ehrlich Mühe geben, dieses Problem im guten zu lösen. Das nehme ich jedenfalls an.«
Slawa lehnte sich mit offensichtlicher Erleichterung zurück.
»Danke, Seán«, sagte er.
»Ich stelle fest, daß Sie mich nicht mit dazurechnen«, sagte Blake ruhig. Ich warf ihm einen kurzen verächtlichen Blick zu und sah wieder Slawa an.
Er stand auf. »Um eines möchte ich Sie bitten, Seán: Versuchen Sie, während unserer Reise Ausländern aus dem Wege zu geben. Tun Sie mir persönlich diesen Gefallen.«
Ich stand ebenfalls auf. »Gut, Slawa, das will ich tun.«
»Danke. Seán. Gute Nacht.«
»Gute Nacht.«
Slawa verließ das Zimmer, und Blake folgte ihm ohne ein Wort.
Am nächsten Tag besuchten wir ein Fischerdorf, das ungefähr dreißig Kilometer von Odessa entfernt lag. Wir wurden zu einem Mittagessen in der Hütte eines Fischers eingeladen, bei dem es mehrere Arten von Fischen gab, die erst unmittelbar bevor sie in den Topf wanderten, getötet worden waren, und zum Fisch tranken wir

Branntwein. Am Abend waren wir wieder in Odessa, und der KGB-Mann, der uns dort betreute, führte uns in den Zirkus, wo er eine Loge für uns bestellt hatte. Danach fuhren wir in unser Hotel zurück – aber es war ein anderes Hotel. Slawa wollte offenbar vermeiden, daß ich noch einmal mit den Indern zusammentraf.

Von Odessa flogen wir nach Sotschi. Am Flugplatz holte uns mein alter Freund Wolodja ab. Man hatte ihm mittlerweile gesagt, wer ich wirklich war, und ich entdeckte in seinen Augen so etwas wie eine neue Bewunderung, als er mir die Hand drückte. Er brachte uns in unsere reservierten Zimmer im Hotel Sotschi.

Nachdem wir eine Woche am Strand von Sotschi in der Oktobersonne gelegen hatten, flogen wir über den Kaukasus nach der armenischen Hauptstadt Jerewan, einer eher häßlichen Talsiedlung, aus dem dort vorkommenden rosa Gestein erbaut und von hohen, kahlen Bergen umgeben, deren höchster Gipfel der Ararat ist, auf dem am Ende der Sintflut die Arche Noah landete. Jerewan selbst fand ich bedrückend, und wenn ich die in Dunst gehüllten Berge betrachtete, litt ich regelrecht an Platzangst. Die Menschen waren so unschön wie ihre Stadt. Die Frauen waren fett und hatten kurze Beine und große Nasen. Unsere Intourist-Führerin, ein Mädchen von etwa fünfundzwanzig Jahren, hatte einen Schnurrbart und sehr stark behaarte Beine. Wenn sie uns umherführte, richtete ich es immer so ein, daß ich hinter den anderen zurückblieb, als gehörte ich nicht zu ihnen.

Wir blieben zwölf Tage in Armenien. An den ersten zwei Tagen besichtigten wir Jerewan selbst, dann fuhren wir drei Tage in Begleitung eines armenischen KGB-Offiziers in den Bergen umher. Die Landschaft war oft großartig und eindrucksvoll. Unser erstes Ziel war der Sewansee, ein riesiges Becken leuchtendblauen blauen Wassers, auf allen Seiten eingefaßt von kahlen Bergen aus nacktem Fels. Wir übernachteten in einem Hotel, von dem aus man weit über den See hinausblickte, und setzten am nächsten Morgen unsere Reise fort. Wir besuchten die Städte Dhilidschan, Lermontow und

Kirowocham. In Kirowocham war unser Führer das sowjetische Äquivalent eines Bürgermeisters. Er stellte uns Zimmer im besten Hotel zur Verfügung und brachte uns zu einer Textilfabrik. Der Direktor führte uns herum und schenkte Blake und mir je drei Hemden frisch vom Fließband.

Tags darauf fuhren wir nach Jerewan zurück. Dort suchten wir nicht sofort unser Hotel auf, sondern zuerst das KGB-Büro. Blake erwartete Nachricht von seinen Angehörigen, und Stan hatte versprochen, ihm etwaige Briefe nachzuschicken. Blake und ich blieben im Wagen, Slawa und der Armenier stiegen aus. »Ich bin in einem Augenblick wieder da«, sagte Slawa. »Ich muß in Moskau anrufen und Bescheid sagen, wie es uns geht, und ich sehe nach, ob Post da ist.« Nach wenigen Minuten kehrte er zurück, gab Blake zwei Briefe und lief noch einmal in das Gebäude. Blake freute sich über seine Post. »Einer von meiner Schwester und einer von meiner Mutter«, sagte er. »Haben Sie etwas dagegen, wenn ich sie gleich lese, Robert?«

»Aber nein, machen Sie nur.«

Er riß einen der Umschläge auf und las den Brief. »Sehr schön«, sagte er. »Meine Schwester ist gut aufgelegt.« Dann öffnete er den andern Umschlag und begann zu lesen. Das Lächeln verging ihm, als sich seine Augen über die erste Seite hinunter bewegten. Sein Gesicht rötete sich, und er schien sich zu ärgern. Er las den Brief zweimal, steckte ihn wieder in den Umschlag und starrte diesen eine volle Minute lang an. Dann schob er langsam und nachdenklich beide Umschläge in die Innentasche seines Sakkos. Zwanzig Minuten warteten wir noch auf Slawa, und wir sprachen kein Wort. Ich wußte instinktiv, was Blake in dem Brief seiner Mutter gelesen hatte. Ich balancierte auf einem Seil und hatte wie alle Seiltänzer eine Überempfindlichkeit entwickelt, ohne die man nicht überleben kann.

Slawa kam endlich aus dem KGB-Büro und setzte sich neben Blake. »Gute Nachrichten, Genossen«, verkündete er aufgeräumt. »Wir sind heute abend in die Direktionsloge des Konzerthauses eingeladen. Wie gefällt Ihnen das?«

»Großartig«, sagte ich.

»Danke, Slawa.«

Ich brauchte Blake nicht anzusehen: ich merkte seiner Stimme an, daß er nicht lächelte.

Abends im Konzerthaus saß ich zwischen Slawa zu meiner Linken und Blake zu meiner Rechten. Blake starrte unverwandt auf die Bühne und klatschte ohne Begeisterung. Nach der Aufführung gab es Sekt in der Direktion, dann fuhren wir zu unserem Hotel zurück. In der Stadt fand irgendeine Tagung statt, und die Hotels waren überbelegt. Daher schlief ich mit Slawa in einem Zimmer. Blake hatte ein Zimmer für sich, und es wäre uns nicht eingefallen, daß es anders sein könnte. Blake hatte eben einen größeren Bedarf an persönlichem Komfort als Slawa oder ich.

Nach ungefähr zehn Minuten bat mich Slawa, ihn zu entschuldigen. Ich wartete eine Minute, dann verließ auch ich das Zimmer. Leise ging ich durch den mit einem Teppich ausgelegten Korridor zu Blakes Tür. Dort blieb ich stehen und hob die Hand, als hätte ich soeben geklopft und wäre im Begriff, ein zweites Mal zu klopfen. Ich stand regungslos und horchte. Blake sprach erregt. »Aber genau das steht drin, Slawa. Ich habe es Ihnen doch schon gesagt.«

»Und Sie sind ganz sicher, daß es kein Mißverständnis ist?«

»Natürlich. Es ist alles vollkommen klar ausgedrückt.«

»Und der Brief ist in holländischer Sprache geschrieben?«

»Ja, meine Mutter und ich schreiben in unseren Briefen immer Holländisch. Hören Sie, Slawa, Stan muß sofort benachrichtigt werden. Ich übersetze es noch heute abend und gebe es Ihnen gleich morgen früh. Sie können es dann telefonisch nach Moskau durchgeben.«

»Gut, George. Sie haben doch Seán gegenüber nichts erwähnt?«

»Nein, natürlich nicht. Er darf nichts davon wissen.«

Etwa zwanzig Meter weiter unten trat jemand auf den Korridor, und ich ging rasch in mein Zimmer zurück. Wenige Minuten später kam Slawa. Er machte ein nachdenkliches Gesicht und sprach sehr wenig. Nach einer halben Stunde legte er das Buch, in dem er las, beiseite, knipste seine Nachttischlampe aus und drehte sich zur Wand. Ich betrachtete seinen Hinterkopf, der aus der Decke hervorsah, und fragte mich, was er wohl dachte. Dann knipste auch ich meine Lampe aus.

Am Morgen klopfte es schon sehr früh an unsere Tür. Slawa sprang aus dem Bett und zog sich die Hose an. Ich tat, als schliefe ich noch.

»Slawa, hier ist die Übersetzung«, hörte ich Blake draußen im Korridor flüstern.

»Danke, George. Ich gebe sie gleich nach dem Frühstück durch.«

»Hätten Sie vor dem Frühstück ein paar Minuten Zeit für mich?« fragte Blake. »Ich möchte etwas mit Ihnen besprechen.«

»Ja, natürlich«, antwortete Slawa. »In einer Minute bin ich bei Ihnen.«

Ich stellte mich noch immer schlafend. Slawa wusch sich rasch im Badezimmer, zog sich fertig an und ging, indem er die Tür ganz leise hinter sich zumachte. Ich sprang aus dem Bett und zog mich hastig an. Dann ging ich wieder durch den Korridor und blieb vor Blakes Tür stehen. Blake war noch viel aufgeregter als am Abend. »Slawa, ich muß nach Moskau zurück, ich *muß*, und zwar sofort. Ich muß sie beruhigen.«

»Das können Sie auch von hier aus tun, George. Sie können ihr schreiben oder sogar telegraphieren.«

»Nein, Slawa, jetzt, wo ich das weiß, kann ich nicht mehr mit ihm zusammen sein.«

»George, ich bitte Sie im Namen des Büros: Bleiben Sie! Wenn Sie jetzt zurückfahren, machen Sie die Sache nur noch schlimmer, und Seán wird natürlich mißtrauisch.«

»Sie sind doch bei ihm, Slawa.«

»George, bitte ... dem Büro und mir persönlich zuliebe ...«

Ich hörte Schritte und trat von der Tür zurück. Ein Zimmermädchen erschien auf dem Treppenabsatz. Blake blieb in seinem Zimmer, und Slawa und ich frühstückten zusammen. Er aß hastig, sprang auf und bat mich, ihn zu entschuldigen. »Ich muß ins Büro, Seán. In ungefähr einer Stunde bin ich wieder da.« Durchs Fenster sah ich, daß schon ein Wagen auf ihn wartete.

Ich ging in mein Zimmer hinauf und legte mich auf das Bett. Slawa blieb drei Stunden fort, und ich begann mir Sorgen zu machen. Daß Stan ihm aufgetragen hatte, die Weisungen irgendeiner höheren Dienststelle abzuwarten, war als selbstverständlich anzunehmen. Daher die Verzögerung. Ich fragte mich, ob *ich* Moskau wiedersehen würde, und wußte, daß das nun auf des Messers Schneide stand. Die Briten waren schlau zu Werke gegangen, sehr schlau. Die Männer der MI 6 hatten Mrs. Blake in allen Einzelheiten berichtet, was ich in der britischen Botschaft über ihren Sohn gesagt hatte – und daß ich ihn beschuldigt hatte, er wolle mich ermorden lassen. Sie wußten, daß Mrs. Blake dies in ihrem Zorn und ihrer Scham sofort ihrem Sohn mitteilen würde. Aber warum hatten sie es getan? Diese Frage stellte ich mir immer wieder. Warum? Es gab zwei Antworten. Entweder wollten Sie, daß mich das KGB tatsächlich ermordete, oder sie hielten mich für tot und wollten sich an Blake durch seine Mutter rächen. Ich wußte, daß ich, selbst wenn ich am Leben blieb, nie erfahren würde, welche Antwort die richtige war.

Slawa kehrte kurz nach Mittag zurück. »Seán, sagte er, »wir haben für den Rest des Tages ein interessantes Programm. Heute nachmittag besuchen wir den Palast des Patriarchen der armenisch-orthodoxen Kirche ein paar Kilometer außerhalb Jerewans, und für den Abend haben wir eine Einladung ins Ballett.«

Wir besichtigten tatsächlich den Palast des Patriarchen, und am Abend saßen wir im Ballett in der Direktionsloge. Vorher suchten wir aber das Hauptpostamt auf, wo Blake mit Hilfe des örtlichen KGB-Mannes ein Telegramm an seine Mutter aufgab.

Am nächsten Morgen zogen wir aus dem Hotel aus und wurden in einer Luxusvilla einquartiert, die hoch über der Stadt auf einem Hügel stand. Sie war ein ebenerdiger Bau mit sechs Räumen, die alle auf einen Balkon gingen, und der Balkon hing über einem Schwimmbecken. Zur Linken hatten wir den majestätischen, schneebedeckten Gipfel des Ararat und seine kleine Schwester, zur Rechten eine andere Bergkette und unter uns im Tal Jerewan. Eine Haushälterin sorgte für uns. Sechs Tage blieben wir in der Villa. Wir zogen an einem Samstag ein, und der nächste Tag, der 22. Oktober 1967, war der erste Jahrestag von Blakes Ausbruch. Wir feierten ihn mit einem Abendessen in einem Restaurant in Jerewan und tranken alle – Slawa und der örtliche KGB-Mann nicht ausgenommen – eine Menge Wein, Wodka und Kognak.

Blake ließ sich nichts anmerken. Er hatte sich offenbar vorgenommen, mir nicht den geringsten Hinweis auf das Vorgefallene zu geben, und als erfahrener Heuchler und Intrigant machte er seine Sache sehr gut. Er zwang sich sogar dazu, einen Trinkspruch auf »Robert« auszubringen. Auf »Seán« – das wäre wohl wirklich zuviel gewesen.

Am Donnerstagabend verließen wir Jerewan. Wir flogen über das Kaspische Meer, machten eine Zwischenlandung mit einer Stunde Aufenthalt in Aschchabad und flogen dann weiter nach Taschkent, der Hauptstadt Usbekistans. Wir kamen um ein Uhr morgens Ortszeit an. »Stellen Sie Ihre Uhren, meine Herren«, sagte Slawa. »Es ist ein Uhr morgens in Taschkent, zehn Uhr abends in Moskau und acht Uhr abends in London.«

Ein Wagen des KGB holte uns ab und brachte uns zu einem großen Gästehaus in einem Vorort. Dieses Gästehaus gehörte der usbekischen Regierung und beherbergte nur wichtige Besucher aus anderen Sowjetrepubliken und dem Ausland. Es stand auf einem großen Grundstück, das von einer Mauer umgeben war. Der KGB-Mann, der uns begleitete, mußte dem Pförtner einen Sonderausweis vorzeigen, ehe man uns das große grüne Tor öffnete. Das ganze Gelände wurde Tag und Nacht von Polizisten mit Hunden bewacht, die sogar eine eigene Wachstube innerhalb der Mauer hatten. Mir war schon aufgefallen, daß sich unsere Gastgeber, je weiter wir uns von Moskau entfernten, immer größere Mühe gaben, einen guten Eindruck zu machen, und im Gästehaus hatten wir drei gar ein kleines Speisezimmer für uns allein.

Am nächsten Tag, als ich auf dem Grundstück spazierenging und an den patrouillierenden Polizisten vorbeikam, dachte ich unwillkürlich an die Zeit, in der ich zuletzt innerhalb bewachter Mauern gewesen war. Wie sehr hatte sich meine Lage seitdem verändert! In Wormwood Scrubs war ich als Verbrecher, der seine Strafe verbüßte, bewacht worden. Ein Jahr später, hier in Asen, wurde ich als Gast des Staates beschützt.

Wir besuchten am ersten Abend die Oper von Taschkent. Tags darauf kam die unvermeidliche Stadtbesichtigung an die Reihe. Der Kontrast zwischen den alten, durch zahllose Erdbeben rissig gewordenen Lehmhütten und den großen modernen Wohnblocks, die überall in dieser alten Stadt entstanden waren, verblüffte mich. Am Abend aßen wir im Hause eines usbekischen KGB-Offiziers. Es gab das usbekische Nationalgericht, *Ploff,* eine Mischung aus Reis und Hammelfleisch. Unser Gastgeber führte uns einen alten Brauch vor: Der Hausherr ballt mit den Fingern einen kleinen Reisklumpen zusammen und wirft ihn seinem Gast zu. Dieser muß ihn mit dem Mund auffangen und unmittelbar darauf seinen Namen sagen, der natürlich ziemlich verstümmelt herauskommt. Ich bemerkte, daß dieses Spiel ganz und gar nicht nach Blakes Geschmack war, aber er machte gute Miene und tat, als amüsierte er sich. Ich selbst hoffte allerdings auch, daß sich unser Gastgeber vor dem Essen gründlich die Hände gewaschen hatte.

Wir besuchten noch zwei weitere usbekische Städte: Samartchan und Buchara. In Samartchan bekamen wir die besten Zimmer im Hotel, und als wir zu einem Picknick in den Bergen aufbrachen, gab man uns den Hotelkoch mit, damit er uns Schaschlik zubereitete – kleine Stücke Hammelfleisch auf Metallspießen, die langsam über einem Holzkohlenfeuer gebraten wurden. Der Hoteldirektor spendierte uns außerdem noch mehrere Flaschen eines guten Weins aus seinem Privatkeller.

Buchara war nur eine Flugstunde von Samartchan entfernt. Wir flogen am frühen Morgen hin und wurden vom Bürgermeister abgeholt, der uns zum Frühstück auf eine große Baumwollkolchose brachte. Deren Leiter empfing uns herzlich. Er war ein großer Usbeke mit einem Holzbein, Veteran des Zweiten Weltkriegs, und er trug noch immer einen alten Waffenrock und eine Feldmütze. Wir blieben auch zum Mittagessen, und der Bürgermeister hielt einen Vortrag über die wirtschaftlichen Errungenschaften der Republik. Am Abend flogen wir von Buchara direkt nach Taschkent und kehrten in das Gästehaus zurück. Wir beschlossen, ein paar Tage lang keine Einladungen anzunehmen, und gingen nur auf dem Grundstück spazieren oder spielten Billard. Am ersten Abend trugen Slawa und ich eine Partie gegen zwei Richter vom obersten Gerichtshof in Moskau aus.

Wir blieben alles in allem neun Tage in Usbekistan und entschieden uns nach einigem Hin und Her dafür, unsere Reise mit einer zweiwöchigen Erholung in dem Kurort Kislowodsk zu beschließen. Wir verließen Taschkent um acht Uhr morgens und waren vier Stunden später in Kislowodsk. Als die Maschine landete, sagte Slawa: »Sie können Ihre Uhren wieder drei Stunden zurückstellen, meine Herren. Es ist nicht Mittag hier in Rußland, sondern erst neun Uhr morgens.«

Slawa wollte uns in einem »Sanatorium« unterbringen, aber Blake protestierte heftig. Ich hatte ihm zuviel über das Sanatorium in Sotschi erzählt. »Nein, Slawa«, sagte er aufgebracht, »ich werde *nicht* in einem Sanatorium wohnen. Ich gehe in ein Hotel, und wenn ich mein Zimmer selbst bezahlen muß. Andernfalls nehme ich morgen früh den Zug nach Moskau.« Slawa gab nach, und wir gingen in ein Hotel.

Die Stadt war voller Fahnen, als wir ankamen, und aus Lautsprecherwagen schallte unaufhörlich eine martialische Musik. Der fünfzigste Jahrestag der Revolution wurde vorbereitet. Am 7. November, dem großen Tag, sahen wir im Fernsehen die Parade auf dem Roten Platz.

Am Dienstag, dem 14. November, bestiegen wir in Kislowodsk den Zug nah Moskau, und dreißig Stunden später, am Mittwoch, dem 15., um neun Uhr abends, kamen wir in Moskau an. Stan holte uns mit einem Wagen vom Bahnhof ab. Slawa verabschiedete sich und nahm ein Taxi, Blake und ich fuhren mit Stan zur Wohnung. Stan war höflich wie immer und hatte sich sogar die Mühe gemacht, für den Fall, daß wir nichts im Kühlschrank hatten, einige Lebensmittel für uns zu besorgen. Ich ging in die Küche, um ein leichtes Abendessen zuzubereiten, und Stan und Blake blieben im Speisezimmer. Ich hörte sie leise sprechen, verstand aber kein Wort. Doch das war auch nicht nötig. Der gedämpfte, drängende Tonfall sagte mir deutlich genug, daß sie über den Brief von Blakes Mutter sprachen.

Stan aß mit uns und wollte alles über die Reise wissen. Blake und ich schilderten ihm alle Einzelheiten, und während wir sprachen, ertappte ich mich wieder dabei, daß ich in Stans Gesicht nach einem Zeichen suchte. Er lächelte aber nur und schien sich für nichts anderes zu interessieren als für unsere Reiseabenteuer. Die einzige Anspielung auf die »Affäre« bestand darin, daß er mir mitteilte, mein Bruder Kevin habe in der britischen Botschaft in Moskau angerufen, um sich nach mir zu erkundigen. »Und während er sprach«, berichtete mir Stan, »hörte man eine weibliche Stimme im Hintergrund.«

»Wahrscheinlich seine Frau«, sagte ich.

Ihn zu fragen, woher er über diesen Anruf soviel wußte, wäre überflüssig gewesen.

Am folgenden Montag besuchte mich Stan wieder. Er brachte mir die englischen Zeitungen mit, die über meinen Besuch in der Botschaft berichteten. Man hatte die Story groß aufgemacht und eine ganze Reihe Fotos von Blake und mir gebracht. Da und dort wurde auch angedeutet, daß ich möglicherweise Schwierigkeiten mit meinen russischen Gastgebern bekommen hätte, weil ich in die Botschaft gegangen war. Einer der Diplomaten hatte gesehen, daß ich beim Verlassen des Grundstücks von einem Polizeioffizier angehalten wurde.

»Ich habe eine traurige Nachricht für Sie«, sagte Stan, als er mir die Zeitungen gab. Ich sah ihn gespannt an. »Ihre Mutter ist tot. Sie starb schon im März, aber wir haben es selbst erst jetzt aus diesen Zeitungen erfahren. Mein aufrichtiges Beileid, Seán.«

»Schon gut, Stan. Sie war fünfundsiebzig Jahre alt und hat ein friedliches, gesundes Leben gehabt.«

Heimkehr nach Irland

Kurz vor Weihnachten sollte Blake wieder Besuch von seiner Mutter bekommen, und das KGB bestimmte wie beim erstenmal, daß ich nicht mit ihr zusammentreffen durfte. Sie wollte nun ständig bei ihrem Sohn bleiben, daher brauchte ich eine eigene Wohnung. Während sie für mich hergerichtet wurde, sollte ich einige Wochen im Hotel Warschawa wohnen. Das KGB war nun in bezug auf meine Reaktion sehr vorsichtig geworden, und da es befürchtete, ich könnte seine Beweggründe mißverstehen, gab es sich Mühe, mir seine Entscheidung so schonend wie möglich beizubringen. Slawa rief mich an und lud mich in den Zirkus ein. Während des ganzen Abends merkte ich, daß er sich dazu aufzuraffen versuchte, mir etwas zu sagen. Auf dem Heimweg endlich erwähnte er mit einer Beiläufigkeit, die ihn sichtlich einige Anstrengung kostete, daß es vielleicht das beste wäre, wenn ich nicht mit Mrs. Blake zusammenträfe. »Sehen Sie, Seán, sie ist eine alte Frau und könnte sich aufregen. Und wenn sie vor Ihnen in den Westen zurückkehrt, redet sie vermutlich darüber, daß sie Sie hier gesehen hat. Es wäre aber sicherlich ratsam, die Briten glauben zu lassen, Sie seien längst nicht mehr in der Sowjetunion. Ich glaube, das würde Ihnen die Rückkehr nach Irland erleichtern.«
Ein paar Tage darauf rief mich Stan an und fragte, ob ich mit ihm im Metropol zu Abend essen möchte. Ich nahm die Einladung an, und eine Stunde später fuhr er in einem KGB-Wagen vor. Das Essen dauerte beinahe drei Stunden, und erst ganz zuletzt schnitt er das heikle Thema an. »Wie Ihnen Slawa schon sagte, wäre es das beste,

wenn Sie nicht mit Mrs. Blake zusammenkämen. Wir versuchen die Briten glauben zu machen, Sie hätten die Sowjetunion verlassen und lebten jetzt in einem andern Land, und wir dürfen die Briten nicht provozieren, indem wir Sie offen vor aller Welt herumspazieren lassen, sonst könnten sie auf den Gedanken kommen, doch noch in aller Form Ihre Auslieferung zu beantragen. Ich habe zwar in dieser Sache vorgefühlt und die Zusicherung erhalten, daß man Sie unter keinen Umständen ausliefern würde, aber wir müssen trotzdem jede geringste Provokation vermeiden.«

»Das leuchtet mir ein«, sagte ich. »Aber wie will man sie davon überzeugen, daß ich die Sowjetunion verlassen habe?«

Stan zuckte die Schultern. »Wir haben da und dort kleine Andeutungen fallenlassen. Es wäre gut, wenn Sie wieder einmal einen Brief schrieben. Wir würden ihn woanders aufgeben. Vielleicht in Österreich.«

Ich schrieb einen Brief an meinen Bruder Kevin in Schottland. Ich schrieb aber auch einen Brief an den Minister für Staatssicherheit, Moskau, Dserschinskij-Platz. Darin dankte ich für die großzügige Gastfreundschaft, die ich in der Sowjetunion genossen hatte. Dann aber wies ich darauf hin, daß nur ein kurzer Aufenthalt vorgesehen war und daß ich erst wieder zufrieden sein könnte, wenn ich den Fuß auf irischen Boden setzte. Schließlich sagte ich dem Minister, daß ich spätestens im kommenden Juli wieder in Irland sein wollte. Stan war überrascht, als er diesen zweiten Brief sah, versprach mir aber, ihn weiterzuleiten. Ich zweifelte nicht daran, daß er tatsächlich weitergeleitet wurde, und ich wollte, daß der Minister meinen Standpunkt genau kannte. Ich wußte auch, daß der Minister, Andropow, fließend Englisch sprach.

Am Ende der ersten Dezemberwoche brachte Slawa mich und mein Gepäck ins Hotel Warschawa. Ich verabschiedete mich von Blake im Flur der Wohnung. Unser Händedruck war kalt, und ich versuchte nicht einmal zu lächeln. Ich war froh wegzukommen.

»Auf Wiedersehn also.«

»Auf Wiedersehn, Robert. Ich besuche Sie einmal in Ihrem Hotel.«
Im Wagen erklärte mir Slawa, daß in meiner zukünftigen Wohnung
noch einige Reparaturen durchzuführen seien und daß es mindestens
zwei Wochen dauern werde, bis ich einziehen könnte. Er
wandte sich nach mir um, als wir durch den Schnee der Ringstraße
pflügten, und sagte: »Wissen Sie, Seán, es wäre vielleicht nicht
schlecht, wenn Sie während Ihres Aufenthalts im Hotel eine Art
Führer hätten. Ein Freund von mir hat mir versprochen, mir in dieser
Angelegenheit zu helfen. Er ist Dozent an der Moskauer Universität
und kennt eine junge Studentin, die Sprachen studiert und
fließend Englisch spricht. Das Mädchen würde gern mit jemandem
aus Großbritannien verkehren, um sich zu vervollkommnen.«
»Ich finde die Idee gut, Slawa.«
»Sehr schön. Ich sehe sie morgen und bringe sie gleich zu Ihnen.
Ich bin übrigens vom Intourist.«
»Verstanden.«
»Und noch etwas, Seán«, sagte Slawa leise. »Meiden Sie Restaurants
wie das National und die andern, die wir Ihnen schon genannt haben,
besonders wenn Sie mit George zusammen sind.
Wir wissen positiv, daß die Amerikaner einmal die Absicht hatten,
Donald MacLean* in einem Moskauer Restaurant zu erschießen.
Sagen Sie das aber nicht George; es könnte ihn aufregen.«
»Wie Sie wollen, Slawa.«
Ich wurde unter dem Namen Komarow im Zimmer 207 des Hotels
Warschawa einquartiert. Am nächsten Nachmittag um drei klopfte
es an meiner Tür. »Herein!« rief ich.
Slawa trat mit einem Mädchen ein. »Das ist Larissa«, sagte er. »Und
das, Larissa, ist Robert Garvin.«
Wir gaben uns die Hand.

---

* Donald Maclean, britischer Diplomat, floh aus England, als seine Tätigkeit für
die Sowjets bekannt wurde; seit 1951 in Moskau, wo er in der englischen Abteilung
eines Verlages arbeitet. (Anm. d. Übers.)

»Guten Tag, Larissa.«

»Guten Tag, Robert.«

»Ich habe Larissa schon erklärt, daß Sie Journalist sind und hier Russisch lernen wollen.« Ich sah Larissa an. Sie war zwanzig oder einundzwanzig Jahre alt und hatte ein ovales Gesicht mit großen, weit auseinanderliegenden blauen Augen und vollendet geformten Lippen und kastanienbraunes Haar, das ihr weit über die Schultern fiel. Offenbar war sie sehr modebewußt, denn sie trug einen dunkelgrünen Rock, der so kurz war, wie es in Moskau gerade noch anging, und um die Hüfte eine Kette mit runden verchromten Gliedern, von denen die letzten sechs an der Seite herunterhingen.

Wir plauderten ungefähr zehn Minuten, dann sagte Slawa, er müsse gehen. Ich brachte ihn zur Tür und kehrte zu Larissa zurück.

»Es ist sehr lieb von Ihnen, daß Sie mir behilflich sein wollen, Larissa«, sagte ich. »Wenn man die Sprache nicht beherrscht, ist es schwer, so einfache Dinge wie Theaterkarten zu bekommen.«

Sie lächelte. »Ja, das kann ich mir denken. Dabei kann ich Ihnen bestimmt helfen, und ich bin natürlich froh, mein Englisch verbessern zu können.«

Ihr Englisch war nahezu perfekt, und von einem Akzent war kaum etwas zu bemerken. Wir unterhielten uns ein paar Stunden, und ich erfuhr, daß sie an der philosophischen Fakultät der Universität Moskau studierte. Ihre Sprachen waren Englisch, Französisch, Deutsch und überraschenderweise Norwegisch. Sie stammte aus einer Stadt im Ural, wo ihre Mutter als Ärztin praktizierte. Ihre Eltern waren geschieden, und ihr Vater war Dozent für Geschichte. Wir aßen an diesem Abend zusammen im Speisesaal des Hotels und kehrten dann wieder in mein Zimmer zurück, wo wir uns noch stundenlang unterhielten. Es war Mitternacht, als ich sie in einem Taxi zu ihrem Studentenheim brachte. Am nächsten Tag trafen wir uns wieder, und am darauffolgenden Tag rief sie mich an, um mir zu sagen, daß sie mit einem kleinen Geschenk für mich unterwegs zum Hotel sei. Das Geschenk war ein kleiner grüner Hund, der bellte, wenn man auf seinen Bauch drückte.

Was als eine vom KGB herbeigeführte, mehr oder weniger formelle Bekanntschaft begann, entwickelte sich rasch zu einer tieferen persönlichen Beziehung. Ich hatte das Gefühl, Larissa gegenüber ehrlich sein zu müssen, und schon nach wenigen Tagen sagte ich ihr die Wahrheit über mich. Ich sagte ihr, daß Blake in Moskau lebte und daß Slawa und Stan KGB-Offiziere waren. Eine Weile erhielten wir die Täuschung noch aufrecht, aber die andern merkten bald, daß ich Larissa eingeweiht hatte, und wir brauchten nicht mehr zu schwindeln. Stan und Slawa hatten nicht viel dagegen einzuwenden. Sie trugen Larissa nur auf, nicht mit anderen Studenten über mich zu sprechen.

Am Abend des 24. Dezember rief mich Stan im Hotel an. »Sagen Sie, Seán, wann ist dieser Weihnachtsfeiertag? Heute?«

Diese Frage schockierte mich ein wenig, vor allem weil sie eine völlige Interesselosigkeit gegenüber dem Christentum erkennen ließ. »Nein, Stan«, sagte ich nach einer kleinen Pause. »Der erste Weihnachtsfeiertag ist der 25. – also morgen.«

»Aha! Ich rufe nur an, um Ihnen fröhliche Weihnachten zu wünschen.«

»Danke, Stan.«

»Würden Sie morgen zur Feier des Tages mit mir zu Mittag essen?« »Gern.«

»Gut, Seán. Ich hole Sie gegen eins ab.«

Das Essen war gut, aber es hatte natürlich mit einem richtigen Weihnachtsessen nichts zu tun, und auch die festliche Stimmung fehlte. Der Weihnachtstag ist in der Sowjetunion ein gewöhnlicher Werktag, und das Restaurant war voll von Büroangestellten, die ihr Einrubel-Menü verzehrten, für das man am Eingang einen Bon löste, den man der Kellnerin gab. In der Mitte des Saales stand zwar ein Baum, und an den Wänden hingen Papiergirlanden und Bilder des traditionellen Weihnachtsmanns, aber der Baum war ein »Neujahrsbaum«, und der Weihnachtsmann hieß »Väterchen 1968«. Alles, was zum Weihnachtsfest gehörte, wurde nach der Revolution ausnahmslos und mit Erfolg auf den Neujahrstag übertragen. Russen, die wie Stan nach der Revolution aufgewachsen sind, kennen es nicht mehr anders, und Stans Frage am Telefon zeigt, wie gründlich die Umstellung vollzogen wurde.

Während des ganzen Essens schien Stan ein wenig bedrückt zu sein. Auch als wir später in meinem Zimmer etwas tranken, war er still und nachdenklich. Ich hatte den Eindruck, daß sein Besuch einem zweifachen Zweck diente, daß er etwas mit mir zu besprechen hatte und nicht wußte, wie er beginnen sollte. Ich glaubte zu wissen, wo ihn der Schuh drückte. Vor wenigen Tagen erst hatte die Sowjetregierung offiziell vor aller Welt zugegeben, daß Kim Philby in Moskau lebte. Die *Iswestija* hatte dem Fall eine ganze Seite, komplett mit Foto, gewidmet, und man hatte es so eingerichtet, daß die Veröffentlichung mit dem fünfzigsten Jahrestag der Gründung des sowjetischen Staatssicherheitsdienstes zusammenfiel. Das Ganze war ein Propagandamanöver ersten Ranges, und das KGB und die Regierung sonnten sich in ihrem Ruhm. Ich beschloß, Stan ein wenig zu helfen.

»Sie sind so still«, sagte ich. »Sie sehen aus wie einer, der etwas auf dem Herzen hat.«

»Nein, Seán, ich habe nichts auf dem Herzen.«

»Ich dachte, Sie fürchten vielleicht, daß ich etwas unternehme, was dieser glorreichen Sache mit Philby schaden könnte.«

Stans Miene hellte sich auf. »Nun ja ... da Sie schon davon reden, Seán: ich wäre Ihnen allerdings dankbar, wenn Sie sich Mühe gäben, uns in den nächsten Wochen nicht in Verlegenheit zu bringen. Es wäre im Augenblick schade, wenn die andere Seite Gelegenheit bekäme, Sie gegen uns zu verwenden.«

Ich lächelte. »Seien Sie unbesorgt, Stan. Ich werde sehr vorsichtig sein. Ich gönne Ihnen Ihren kleinen Triumph.«

»Danke, Seán.«

Er verabschiedete sich mit einem Händedruck und ging.

An diesem Abend ging ich mit Larissa ins Stanislawskij-Theater, wo wir »Schwanensee« sahen. Es wurde ausgezeichnet getanzt.

Mitte Januar 1968 war ich noch immer nicht in meine Wohnung eingezogen, und Larissa meinte, es wäre vielleicht eine angenehme Unterbrechung des langweiligen Hotellebens, wenn ich mit ihr zwei Wochen Skiurlaub machte.
»Meine liebe Larissa«, sagte ich, »das ist eine großartige Idee.«
Sie lächelte. »Das freut mich, Seán. Unsere Universität hat ungefähr achtzig Kilometer vor Moskau eine Art Gästehaus. Ich kann dort Zimmer für uns bekommen, und wir können jeden Tag Ski laufen.«
»Ich habe aber keine Skier. Soll ich welche kaufen?«
»Nein, das ist nicht nötig. Ich borge für dich ein Paar aus dem Sportarsenal der Universität.«
»Danke, Larissa. Aber ich muß natürlich noch mit Stan sprechen.«
Stan war einverstanden. Larissa und ich fuhren mit dem Zug nach Majasaisk, wo ein kleiner Bus, der ebenfalls der Universität gehörte, bereitstand, um uns zum Gästehaus zu bringen, das in dem kleinen, nur wenige Kilometer entfernten Dorf Krasnowidowa lag. Es war schon mit Studenten und Angehörigen des Lehrkörpers voll besetzt, aber man hatte für Larissa und mich zwei nebeneinanderliegende Zimmer reserviert. Die Anwesenheit eines Ausländers verursachte eine gewisse Aufregung, und Larissa erklärte immer wieder, ich sei ein englischer Journalist, der Russisch lernen wolle. Ich stellte bald fest, daß Larissa das hübscheste Mädchen im ganzen Hause war, und das machte mich stolz und einige der anderen Männer neidisch. Wir hatten im Speisesaal einen Tisch für uns, und wenn Larissa in Blue jeans und einer eng anliegenden roten Bluse und mit ihrem bis auf den Rücken herabhängenden schönen Haar vor mir her auf den Tisch zuging, wandten sich alle Augen ihr zu, und ich hörte ein Flüstern: »*Krasiwaja djewuschka*« – »ein hübsches Mädchen«.
Sie war eine ausgezeichnete Pianistin und hatte eine gute Stimme.

Zwei- oder dreimal während der Wochen im Gästehaus gingen wir in den Aufenthaltsraum, wo sie sich ans Klavier setzte und spielte und sang. Sie war jedesmal rasch von Zuhörern umringt, meist jungen Männern, die nach dem Spiel um ihre Aufmerksamkeit wetteiferten. Larissa unterhielt sich ein paar Minuten höflich mit ihnen, dann kam sie zu mir und hängte sich bei mir ein, um den andern Männern zu zeigen, daß sie zu mir gehörte, und das machte mich glücklich.

Am Morgen des dritten Tages gingen wir mit unseren Skiern in die Wälder. Die russische Landschaft, die Waldlandschaft vor allem, ist im Winter ein wahres Kunstwerk, und die sehr empfindsame, künstlerisch veranlagte Larissa war von ihrer Schönheit geradezu berauscht. Wir waren etwa eine Stunde durch den Wald gelaufen, wobei ich der Spur folgte, die Larissa durch den jungfräulichen Schnee legte, als sie plötzlich vor mir stehenblieb.

»Seán!« rief sie. »Sieh dir diesen Baum an! Ist er nicht schön?« Sie zeigte auf eine kräftige, hohe, gerade Fichte. Die ersten drei Meter aufwärts war der Stamm kahl bis auf einen kleinen Vorsprung, einen verkümmerten Zweig. Das schneebeladene Astwerk weiter oben verjüngte sich so regelmäßig zur Spitze hin, daß der Baum die Form eines vollkommenen Kegels hatte.

»Du bist schön!« rief Larissa. »Schön! Ich möchte dich berühren!« Sie rammte die Stöcke in den Schnee, glitt auf ihren Skiern vorwärts und warf die Arme um den Stamm. »Du bist schön, so schön«, wiederholte sie. Dann fiel ihr Blick auf den kleinen Vorsprung unten am Stamm, und sie lächelte. »Laß mich deinen hübschen Zweig küssen, mein Lieber«, sagte sie. Sie neigte den Kopf und küßte ihn, und die dünne Schicht weißen Schnees, die den Zweig bedeckte, schmolz unter dem Druck ihrer heißen Lippen. Dann richtete sie sich wieder auf und legte noch einmal die Arme um den Baum. Sie stand ganz still, ihre Hände streichelten langsam den glatten Stamm, und sie legte die Wange an die Rinde, das Gesicht nach oben gewandt, die Augen geschlossen. »O mein Gott«, seufzte sie. »Ich sterbe, ich sterbe!« Ihre Stimme zitterte vor echter Erschütterung. Ich stand auf meinen Skiern unbeholfen da und betrachtete verwundert diese rührende Szene, und ich wußte, daß Larissa in ihrer kindlichen Unschuld nicht ahnte, was für eine symbolische Bedeutung ihre Handlungen in diesem improvisierten kleinen Schauspiel im verschneiten russischen Wald hatten.

Sie ließ den Baum los und kehrte zu mir zurück, um ihre Stöcke zu holen. Dabei nahm sie die Pelzmütze ab, um etwas an ihrem Haar zu richten, und in diesem Augenblick kam eine kleine Gruppe von Skiläufern an uns vorbei.

»Mein Gott, ist das Mädchen schön!« rief eine Frau, die den andern vorauslief. »Sie sieht aus wie die Mona Lisa.«

Die andern fuhren langsamer, um einen Blick auf den Gegenstand eines so ungewöhnlichen Kompliments zu werfen, und einige murmelten zustimmend.

Ich wandte mich an Larissa. »Hast du gehört, was sie gesagt hat?« Larissa lächelte. »Ja. Aber sie versteht nicht viel von Kunst, nicht wahr?«

Ich sah sie im Lichte dieser Bemerkung einer Fremden noch einmal an. Das ovale Gesicht, die Augen, diese Andeutung eines Lächelns und das lange kastanienbraune Haar, das in dem windstillen Wald glatt und schön herabhing...

»Ich glaube, sie hat sogar sehr viel Kunstverstand«, sagte ich.

Am Nachmittag liefen wir mit den Skiern über den zugefrorenen, schneebedeckten See in der Nähe des Dorfes. Die letzten Sportfischer aus der Stadt, die einen Tagesausflug gemacht hatten, hatten ihre kleinen Löcher im Eis verlassen und waren, in dicke Mäntel gehüllt, zu ihrem gemieteten Bus gestapft, um heimzufahren. Vom Lautsprecher im Dorf wehten Beethovenklänge herüber. Dann hörte die Musik auf, und nach kurzer Stille begann etwas anderes. Larissa blieb nach den ersten Takten plötzlich stehen und rief aufgeregt: »Glinkas ›Bedenken‹!« Sie begann zur Musik zu singen, und ihre schöne junge Stimme schien hell wie eine Glocke die ganze Landschaft zu füllen.

Die untergehende Sonne, rot und scharfgerändert an dem kalten, wolkenlosen Himmel, war eben im Begriff, hinter den silhouettenartigen Wipfeln in der Ferne niederzutauchen, wir standen uns mitten auf diesem zugefrorenen, verlassenen See gegenüber, die Skier im Schnee gekreuzt, so daß wir näher beisammen sein konnten, und keine Bewegung, kein Laut um uns her störte Larissas Gesang. Das alles erschien mir ein wenig unwirklich, und ich war plötzlich traurig bei dem Gedanken, daß ich dieses Mädchen eines Tages verlieren mußte.

Am letzten Abend unseres Aufenthalts in Krasnowidowa verließen wir das Dorf und gingen eine gewundene Landstraße entlang. Nach etwa einer halben Stunde hörten und sahen wir nichts mehr von menschlichen Siedlungen. Der Himmel war vollkommen klar, und die Sterne schienen größer und zahlreicher zu sein als je zuvor. (Aber wer sieht schon in einer großen Stadt nach den Sternen?) Es fiel mir schwer zu entscheiden, ob die verschneite Landschaft in ihrem nächtlichen Grau schön oder unheimlich war. Seit zehn Minuten hatten wir kein Wort mehr gesprochen, und das einzige Geräusch, das die Nachtstille störte, war das Knirschen des Schnees unter unseren Füßen. Plötzlich wandte ich mich Larissa zu und packte sie an den Schultern.

»Larissa!« rief ich. »Ich bin an vielen Orten gewesen und habe viele Dinge getan, aber ich habe noch nie in meinem Leben in einer Sternennacht auf einer einsamen Landstraße in Rußland bei dreißig Grad unter Null mit einem schönen Mädchen getanzt. Komm, meine liebe Larissa, laß uns tanzen!«

Sie erholte sich von ihrer Überraschung, legte die Arme um mich, und wir tanzten. Die Musik dazu machte ich, indem ich ihr leise ein Lied ins Ohr sang: »Love me tender ...«

»Weißt du, Seán«, sagte sie nach einer Weile: »Wenn uns jemand so sieht, hält er uns für verrückt.«

»Und vielleicht hätte er gar nicht so unrecht, Larissa. Aber es ist eine wunderbare Verrücktheit.«

Am nächsten Morgen fuhren wir mit dem Zug nach Moskau. Larissa flog in den Ural, um zwei Wochen bei ihrer Mutter zu verbringen, und ich kehrte ins Hotel Warschawa zurück.

Ich wohnte nun schon sieben Wochen im Hotel, und ohne Larissa war mir langweiliger denn je. Die meiste Zeit saß ich im Speisesaal und aß und trank. Vier Tage nach meiner Rückkehr aus Krasnowidowa ging ich um ein Uhr in den Speisesaal und blieb bis spätabends dort. Ich trank eine Flasche Kognak und drei Flaschen Wein, und um zehn ging ich endlich auf unsicheren Beinen in mein Zimmer. Ich beschloß zu versuchen, mit meinem Bruder in Schottland zu sprechen, und griff nach dem Telefon.

»Da?«

»Ja Anglitschanin ... Anglijskij?«

»Oh, Sie sind Engländer?«

»Ja. Ich möchte eine Verbindung mit einer Stadt in Schottland. Sie heißt Ayr. Die Nummer ist Ayr 65410.«

»Das wird ungefähr eine Stunde dauern. Auf Wiederhören.«

Ich hoffte nicht ernstlich, durchzukommen. In einer halben Stunde, dachte ich, klopft es an meine Tür, und irgend jemand vom KGB fragt mich, was mir da eingefallen sei. Aber der Kognak und der Wein hatten mich in eine Gemütsverfassung versetzt, in der mir alles gleichgültig war. Ungefähr um elf läutete das Telefon, und ich hob ab.

»Ich verbinde mit Ayr, bitte sprechen«, hörte ich die Stimme einer englischen Telefonistin.

»Hallo, ist dort Ayr 65410?« »Ja.«

»Bist du das, Kevin?«

»Ja.«

»Hier Seán. Ich rufe dich aus Moskau an. Wie geht es Dir, um Himmels willen?«

»Gut... Mein Gott, bin ich froh, von dir zu hören!«

»Ich auch, Kevin.«

»Was machst du?«

»Mir geht es ausgezeichnet.«

»Ich kann dir nicht sagen, wie erleichtert ich bin, deine Stimme zu hören, Seán. Wir dachten schon, wir würden nie wieder von dir hören. Wir dachten, sie hätten dich liquidiert.«

»Warum dachtet ihr das?«

»Da waren diese Berichte in der Zeitung – daß du in die britische Botschaft gegangen bist, meine ich. Und dann wurde hier das Gerücht verbreitet, du seist dafür erschossen worden. Ich habe auch einige Male Besuch von der Sonderabteilung gehabt, und ein Inspektor sagte mir, man wisse ganz genau, daß sie dich nach diesem Besuch in der Botschaft ins Lubjanka-Gefängnis gesteckt hätten.«

»Nichts davon ist wahr, Kevin. Im Gegenteil, man hat mich auf eine Rundreise durch die Sowjetunion geschickt. In materieller Hinsicht geht es mir hier ganz ausgezeichnet. Ich arbeite nicht und bekomme dreißig Pfund die Woche.«

»Und du willst immer noch hierher zurückkommen?«

»Ja, das will ich. Ich bin fest entschlossen.«

»Hör mal, Seán, du weißt doch, was dich hier erwartet? Die Leute von der Sonderabteilung haben mir gesagt, du kriegst mindestens fünfzehn Jahre. Die Behörden hier sind nicht gerade gut auf dich zu sprechen.«

»Ich kehre nach Irland zurück und erhebe Einspruch gegen die Auslieferung mit der Begründung, daß Blake ein politischer Häftling war.«

»Das kannst du vergessen. Die Leute von der Sonderabteilung haben mir gesagt, daß deine Auslieferung beschlossene Sache ist. Das ist alles schon mit den irischen Behörden abgesprochen.«

»Aber das ist eine Verhöhnung der irischen Gerichtshoheit! Eine Auslieferung ist eine Sache, über die Richter entscheiden, nicht Polizisten. Kannst du dir vorstellen, daß ein irischer Richter ein Werkzeug Scotland Yards sein sollte?« »Ich sage dir, was man mir gesagt hat.«

»Ich bin auf alle Fälle noch diesen Sommer in Irland.«

»Aber nehmen wir an, du wirst auf ganz legale Weise, das heißt nach irischem Gesetz, ausgeliefert?«

»Dieses Risiko muß ich auf mich nehmen. Ich sitze lieber meine Strafe ab und habe es hinter mir, als daß ich den Rest meines Lebens hier bleibe. Außerdem ist die Höchststrafe für Beihilfe zur Flucht fünf Jahre und nicht fünfzehn.«

»Wenn du einem Spion zur Flucht verhilfst, kannst du nach dem Gesetz über die Preisgabe von Staatsgeheimnissen angeklagt werden.«

»Ich riskiere es trotzdem.«

»Du mußt selbst am besten wissen, was du tust, Seán. Ich meinte nur, ich sollte dich warnen.«

»Ja, dafür danke ich dir auch. Hör zu, es gibt da einige Dinge, die ich gern zu Hause erledigt wissen möchte, *bevor* ich zurückfahre – nur für den Fall, daß ich dort keine Gelegenheit mehr dazu habe. Und ich brauche deine Hilfe *hier*. Ich möchte mich gern einmal ausführlich mit dir unterhalten, unter vier Augen. Könntest du mich diesen Sommer hier in Moskau besuchen?«

»Ja, gern. Ich wollte es dir schon vorschlagen.«

»Gut, dann machen wir das Datum, die Reiseroute und alles andere schriftlich aus. Schreib mir bitte an die Adresse Hotel Warschawa, Zimmer 207, Moskau. Ich ziehe bald in eine neue Wohnung ein, aber die Post wird mir nachgeschickt.«

»In Ordnung. Ich warte also auf Nachricht von dir.«

»Ich schreibe dir innerhalb der nächsten Woche. Übrigens: ich brauche dir wohl nicht zu sagen, daß unser Gespräch abgehört wird, hier und in London?«

»Nein, das brauchst du mir wirklich nicht zu sagen.«

»Dann also auf Wiedersehn, Kevin.«

»Auf Wiedersehn, Seán.«

Ich legte die Beine auf den Tisch, balancierte auf den Hinterbeinen meines Stuhls und wartete auf das Klopfen an der Tür. Daß es nicht schon längst geklopft hatte, konnte meiner Ansicht nach nur an der Unaufmerksamkeit der Telefonistin im Hotel liegen, aber nun war das Gespräch zustande gekommen und irgendwo in Moskau abgehört worden, und auf die Folgen brauchte ich gewiß nicht mehr lange zu warten. Das war mir jedoch völlig gleichgültig, so gleichgültig, daß ich, während ich wartete, »Galway Bay« sang, so laut ich konnte. Es klopfte jedoch nicht. Ich dachte mir, die Tonbandaufnahmen, die der Abhördienst machte, brauchten eben eine Weile, bis sie die richtige Stelle erreichten. Außerdem war Samstag. Vielleicht geschah also erst am Montag etwas.

Am Montagabend hatte ich jedoch noch immer nichts von Stan oder Slawa gehört. Am Dienstag kam Slawa zum Mittagessen ins Hotel, und wir saßen eine Stunde im Speisesaal zusammen und eine Stunde in meinem Zimmer. Mein Telefongespräch mit Schottland wurde nicht erwähnt. Ich war verwirrt. Wußten sie es oder wußten sie es nicht? Wenn sie es wußten – warum sagten sie nichts? Warteten sie darauf, daß ich davon anfing? Aber vielleicht wußten sie wirklich noch nichts. Vielleicht brauchten die Aufzeichnungen der abgehörten Gespräche eine Woche oder noch länger, bis sie auf dem Schreibtisch des zuständigen Beamten landeten. Was immer an der Verzögerung schuld war, ich hielt es für einen klugen Schachzug, selbst mit dem Dserschinskij-Platz Verbindung aufzunehmen. Gewartet hatte ich nun lange genug. Ich ging ans Telefon und rief direkt Stans Büro an.

»Hallo, Stan!«

»Hallo, Seán, wie geht's?«

»Gut. Hören Sie, Stan, ich habe eine Neuigkeit für Sie. Wären Sie sehr überrascht, wenn ich Ihnen sagte, daß ich am Samstag mit meinem Bruder Kevin in Schottland telefoniert habe?«

Nach einem kurzen Schweigen antwortete Stan: »Ja, ich wäre überrascht – und enttäuscht.«

»Ich verstehe. Ich habe jedenfalls den vollständigen Inhalt unseres Gesprächs für Sie aufgeschrieben.«

»Ich bin in einer Stunde im Hotel.«

Tatsächlich war Stan schon nach einer halben Stunde da. Er hatte einen roten Kopf, als er zur Tür hereinkam. »Da haben Sie wieder was Schönes angerichtet!«

»Warum sagen Sie das, Stan?«

»Seit Monaten versuchen wir den Briten weiszumachen, Sie hätten die Sowjetunion verlassen. Deshalb haben wir doch auch Ihren letzten Brief in Wien aufgegeben. Jetzt wissen sie, daß Sie hier sind. Sie werden wahrscheinlich Ihre Auslieferung beantragen, und das ist peinlich für unseren Außenminister.« Er setzte sich.

»Das tut mir leid, Stan, aber ich habe meine eigenen Probleme. Ich habe seit über einem Jahr keine Verbindung mit meinen Angehörigen mehr gehabt, und sie wußten nicht, was aus mir geworden war. Wissen Sie, ich habe auch ihnen gegenüber Verpflichtungen.«

»Ja, Seán, natürlich. Aber wenn Sie mit mir darüber gesprochen hätten, würde ich Ihnen geholfen haben. Wir hätten das irgendwie arrangiert. So haben Sie uns allen nur Scherereien gemacht – auch mir.« Stan sah ehrlich besorgt aus, und er tat mir leid. Ich wußte, daß er für meine Handlungen verantwortlich war. Ich gab ihm die Niederschrift des Gesprächs.

»Es ist ja weiter nichts passiert«, sagte ich. »Was zwischen Kevin und mir gesprochen wurde, kann nur den Briten peinlich sein. Wie Sie sehen werden, habe ich ihm versichert, daß ich hier mit großer Höflichkeit und Rücksicht behandelt werde.«

Stan sah mich müde an. »Seán, ich wollte, Sie würden solche Probleme mit Ihren Freunden besprechen – mit Slawa oder mir oder George.«

»Blake!« rief ich. »Mit Blake sprechen! Blake ist kein Freund, Stan. Ich habe Achtung vor Ihnen, und ich habe Achtung vor Slawa. Aber ich habe nicht die geringste Achtung vor Blake. Lassen wir ihn aus dem Spiel!«

Stan schüttelte traurig den Kopf. »Ja, ich habe gehört, daß Sie sich mit George nicht mehr vertragen. Das ist schade.« Er stand auf, um zu gehen. »Ich hoffe aufrichtig, Sie betrachten *mich* als Freund, Seán.«

»Ja, Stan, ganz gewiß.«

Er drückte mir die Hand.

»Noch etwas: Die Zeitungskorrespondenten werden nun bald wissen, wo Sie sind, und sie werden versuchen, an Sie heranzukommen. Wir müssen Sie deshalb in den nächsten Tagen in Ihre Wohnung bringen. Inzwischen postiere ich einen Mann unten in der Halle, der dafür sorgt, daß Sie nicht gestört werden.«

Es tat mir zwar leid, daß ich Stan seinen Vorgesetzten gegenüber in eine unglückliche Lage gebracht hatte, aber zugleich war ich froh, daß ich etwas unternommen hatte. Man *sollte* wissen, daß ich in der Sowjetunion war, denn darin lag meine größte Hoffnung, je wieder in den Westen zurückkehren zu können.

In der Hotelhalle machte nun ein KGB-Mann Dienst, der mir unerwünschte Besucher fernhalten sollte, und drei Tage später kam Slawa mit einem Wagen vorbei und brachte mich und mein Gepäck in die neue Wohnung.

Mittlerweile war mir klargeworden, daß es das KGB ehrlich mit mir meinte und sich nicht von Blake beeinflussen ließ. Diese schmerzliche Wahrheit war auch Blake aufgedämmert, und seine Haltung mir gegenüber änderte sich wieder einmal von Grund auf. Bisher hatte er mich mit äußerster Verachtung behandelt und es nicht für nötig gehalten, seine Gefühle zu tarnen, denn er glaubte, ich würde nie dazu kommen, meine Geschichte zu erzählen. Nun da das KGB seinen Vorschlag abgelehnt hatte und ich in wenigen Monaten nach Irland zurückkehren sollte, waren Blakes Wiedergutmachungsversuche recht erbärmlich anzusehn. Er legte sein arrogantes, großsprecherisches Wesen ab und wurde freundlich und bescheiden, ja er schmeichelte mir geradezu.

Er besuchte mich zweimal die Woche in meiner Wohnung und

brachte kleine Geschenke mit – Sekt und Wein, Delikatessen und kleine Apfeltörtchen, die seine Mutter eigens für mich machte. Und er brachte mir Scotch, den man, wie ich wußte, in Moskau nur mit ausländischer Währung kaufen konnte. Und fortwährend rief er mich an, um zu fragen, wie es mir gehe, oder um mich zum Abendessen in einem Restaurant einzuladen. Er nannt mich sogar wieder »Seán«.

Währenddessen versuchte er ständig, meine Einstellung zu ihm abzuschätzen. Er horchte auf jedes Wort, auf jeden Tonfall, er beobachtete meine Miene und jede meiner Gesten. Er gab sich verzweifelt Mühe, mir zu gefallen, und ich bemerkte, daß ihm das alles große Verlegenheit bereitete. Er gab sogar vor, gewisse Erscheinungen der sowjetischen Gesellschaft zu kritisieren, er verdammte die Postenjäger und Karrieremacher und sprach verächtlich von denen, die die Macht und die Privilegien der Partei um jeden Preis zu erhalten versuchten. »Sehen Sie sich diese Generale an, wie sie sich von ihren Chauffeuren herumkutschieren lassen; sehen Sie sich diese Minister an mit ihren Luxuswohnungen in der Stadt und ihren Datschas auf dem Lande! Was hat das alles mit dem Kommunismus zu tun?« Ich geriet gelegentlich in die paradoxe Lage, Blake widersprechen zu müssen, indem ich darauf hinwies, daß materielle Anreize und Belohnungen für den Fortschritt unerläßlich seien.

Ich kam Blake nicht entgegen, und ich versuchte gar nicht erst, ihm die Gewißheit vorzutäuschen, die er gern gehabt hätte, nämlich daß ich gut über ihn sprechen würde, wenn ich in den Westen zurückkehrte. Zuletzt rückte er in seiner Verzweiflung offen damit heraus. Wir aßen im Metropol zu Abend, und nach der ersten Flasche Wein begann er mit seiner jämmerlichen Bettelei.

»Seán, ich fürchte, Sie haben keine sehr hohe Meinung von mir«, sagte er mit einem traurigen Kopfschütteln, und dann starrte er schweigend auf die Tischplatte und wartete auf meine Antwort. »Warum sagen Sie das?« Er zuckte die Schultern, sah mich aber nicht an. »Das ist nur so ein Eindruck.«

»Ich will ehrlich sein«, sagte ich. »Ich glaube, Sie sind einer von denen, die die nackte Gewalt lieben. Ich habe den Eindruck, Sie meinen, wir müßten hier in der Sowjetunion alle dankbar sein, daß man uns zu leben gestattet – Sie und ich nicht ausgenommen. Ich kann Ihnen aber versichern: Ich fühle der Partei oder der Regierung oder dem KGB gegenüber keine Dankbarkeit, weil man mich nicht schlägt oder foltert oder einsperrt oder erschießt. Ich denke nicht daran, irgendeinem Schweinehund dafür zu danken, daß er etwas nicht tut, wozu er von Anfang an kein Recht hat.«

Ich sah, daß meine Worte Blake bedrückten. Die monatelangen Versuche, sich bei mir lieb Kind zu machen, waren also offenbar vergeblich gewesen. Er spielte nervös mit seinem Weinglas. »Wissen Sie, Seán«, sagte er leise, »ich glaube, Sie haben mich falsch verstanden, ja, bestimmt, Sie haben mich falsch verstanden. Ich habe in diesen Dingen genau dieselben Ansichten wie Sie, und wenn Sie etwas anderes denken, ist Ihre ... ich meine, dann müssen Sie Ihr Urteil über mich revidieren.« Er jammerte förmlich, und seine Worte waren nicht ein Argument, sondern eine demütige Bitte.
Nach diesem Gespräch wurden seine Versöhnungsversuche immer erbärmlicher. Manchmal versuchte er sogar, Larissa für seine Zwecke einzuspannen und mich mit ihrer Hilfe dazu zu bringen, eine nachsichtigere Haltung einzunehmen. Wir saßen manchmal zu dritt in meiner Wohnung beisammen und tranken, und Blake lenkte das Gespräch vorsichtig auf irgend etwas, was ich getan oder gesagt hatte. Plötzlich wandte er sich dann an Larissa und sagte etwa: »Wissen Sie, Larissa, ich fürchte, Seán hält nicht viel von mir.« Dann sah er verlegen in sein Glas und wartete darauf, daß ich etwas Tröstendes sagte. Ich sagte aber nur: »Hör dir das an, Larissa! Er ist der große George Blake, der berühmte Geheimagent. Warum sollte er danach fragen, was irgendwer von ihm hält?« Blake dachte dann lange über meine Worte nach und suchte verzweifelt nach etwas, was er zu seinen Gunsten auslegen konnte.

Ich empfand keine Sympathie für ihn. Blake hatte das KGB aufgefordert, mich zu ermorden, aber im KGB gab es Männer, die anständiger waren als er. Er hatte mit meinem Leben gespielt und verloren. Jetzt versuchte er, den Schaden wiedergutzumachen, aber es war zu spät. Wäre er konsequenter gewesen – auch in seiner Feindseligkeit mir gegenüber –, hätte ich immerhin noch eine gewisse Achtung für ihn aufgebracht. Statt dessen demütigte er sich vor mir, und je mehr er sich demütigte, desto mehr verachtete ich ihn.

Meine neue Wohnung war geräumig und bequem. Sie hatte drei Zimmer, Küche und Bad. Ich durfte mich als privilegiert betrachten, denn in einer solchen Wohnung brachte man gewöhnlich eine sechsköpfige Familie unter. Einer vierköpfigen Familie standen nicht mehr als zwei Zimmer zu. Stan selbst hatte als Alleinstehender nur ein Zimmer in einer Wohnung, die er mit andern teilte.

Tagsüber hielt ich mich in der Wohnung auf und arbeitete an diesem Buch. An den Abenden und am Wochenende war ich meist mit Larissa zusammen. Dem KGB sagte ich nichts davon, daß ich die Geschichte der Flucht schrieb, und immer wenn ich Stan oder Slawa erwartete, versteckte ich meine Hefte in einem Koffer. Ich hatte über Blakes Verhalten in Moskau und über die Gespräche, die ich mit angehört hatte, berichtet und wußte, daß das KGB das nicht billigen würde. Irgendwie wollte ich das Manuskript in den Westen schmuggeln.

Mit Kevin führte ich nun einen regelmäßigen Briefwechsel, wobei ich das Hotel Warschawa als Gefälligkeitsadresse benutzte. Slawa gab die Briefe für mich auf. Ich machte mir nicht die Mühe, sie zuzukleben; ich wußte, daß das nur eine Verzögerung verursacht haben würde, denn man hätte sie am Dserschinskij-Platz noch einmal aufdampfen müssen. Im Mai hatte Kevin endgültige Vorbereitungen für einen Besuch in Moskau getroffen. Er wollte im August kommen. Das KGB sandte der sowjetischen Botschaft in London die Weisung, ihm anstandslos ein Visum zu geben.

Larissa aß nicht gern im Restaurant, und wenn wir ausgingen, besuchten wir meist ein Kino oder Theater oder machten einen Spaziergang im Park. Die meiste Zeit verbrachten wir gemeinsam in der Wohnung. Wir hatten viele erregte Debatten über die Vor- und Nachteile des Kommunismus und Kapitalismus. Larissa war ihrem System ebenso ergeben, wie ich es ablehnte. Als ich einmal besonders scharfe Kritik übte, begann sie zu weinen. »Mein Gott, Seán«, schluchzte sie, »wenn du ein bißchen Ahnung von unserer Geschichte hättest, würdest du nicht so etwas Schreckliches sagen. Wenn du wüßtest, was unser Volk vor der Revolution an Leid und Elend und Erniedrigung erdulden mußte, würdest du uns nicht so leichtfertig verurteilen. Wir genießen heute in diesem Lande eine Freiheit und Würde, von der unsere Eltern und Großeltern nicht einmal träumen durften. Ich bin stolz auf mein Land, und wenn es sein muß, bin ich auch bereit, dafür zu sterben.«

Larissa und ich beschlossen, gemeinsam Sommerferien zu machen. Sie hatte zwei Monate frei und wollte den ersten Monat bei mir und den zweiten bei ihrer Mutter im Ural verbringen. »Zwei Dinge kommen aber nicht in Frage, Larissa«, erklärte ich. »Ich mag in keinem Hotel wohnen, und ich gehe in kein Sanatorium.«

Sie lächelte mich erleichtert an. »Ich bin froh, daß du das sagst, Seán. Mir wäre am liebsten eine kleine Hütte irgendwo weitab, wo wir schwimmen und wandern und fischen können und ich selbst für uns koche.«

Mit Slawas Hilfe bekamen wir, was wir uns wünschten, und fünf wundervolle Wochen lebten wir in einem Blockhaus an einem See in Weißrußland, unweit der litauischen Grenze. Wir flogen mit einem Iljuschin-Jet von Moskau nach Minsk. Dort erwartete uns ein weißrussischer KGB-Offizier namens Alexander. Er brachte uns in einem kleinen Doppeldecker nach einem winzigen Städtchen, das Braslaw hieß. Genaugenommen landeten wir auf einem Feld einige Kilometer vor der Stadt. Dieses Feld war der Flugplatz, und die Flugsicherung war in einem Wohnwagen am Rande des Feldes untergebracht. »Die Straßen bei uns in Weißrußland sind nicht sehr gut«, erklärte Alexander. »Alle unsere Städte, die großen wie die kleinen, sind durch diese Doppeldecker miteinander verbunden. Das sind unsere Omnibusse.« Auf dem »Flugplatz« empfing uns Valentin, der KGB-Mann aus Braslaw, und Valentin brachte uns in einem Jeep über eine holperige Landstraße und dann einen Feldweg zu unserem einsamen Blockhaus am See. Alexander half uns noch, uns einzurichten, dann nahm er das nächste Flugzeug zurück nach Minsk. Valentin, ein schlaksiger junger Mann von etwa dreißig Jahren, beauftragte eine Kolchose in der Nähe, uns täglich mit frischen Lebensmitteln zu versorgen, und besuchte uns dann einmal die Woche. Ich erfuhr zu meiner Überraschung, daß eine kleine Landstadt wie Braslaw, die mit ihren Holzhäusern und ungepflasterten Straßen kaum größer als ein Dorf war, gleich zwei hauptamtliche KGB-Offiziere hatte. Der Dserschinskij-Platz streckte seine Fangarme weit aus.

Der Garten unseres Blockhauses erstreckte sich bis zum See hinunter, und unmittelbar vor unserer Tür floß ein Bach vorbei. Die Landschaft war sehr schön, und bei Sonnenuntergang verwandelte sich der See in einen goldenen Spiegel. Larissa und ich saßen oft auf der Veranda, tranken Sekt und sahen zu, wie die Sonne unterging, und Larissa sang russische Lieder.

Eines Tages holte ich mir eine leichte Erkältung. Larissa bestand darauf, daß ich mich ins Bett legte. Sie ging zur Kolchose und kam mit einem Glas frischen Honigs und einem Krug kuhwarmer Milch zurück. Sie tat etwas von dem Honig in ein Glas, schüttete Milch darauf und rührte um. Dann setzte sie sich zu mir auf den Bettrand und gab mir diese köstliche Mischung, der sie nach und nach immer mehr Honig beimengte, löffelweise ein.

Eines Tages gegen Ende unseres Aufenthalts in Weißrußland begann Larissa von meiner Rückkehr nach Irland zu sprechen. Wir hatten uns natürlich schon oft darüber unterhalten, und sie kannte meine Anschauungen. Wir lagen Seite an Seite am Ufer des Sees und sonnten uns. Sie hatte die Augen geschlossen, und ihr langes, seidiges Haar breitete sich um den Kopf herum im Grase aus.

»Sie werden dich ins Gefängnis stecken, Seán. Sie werden dich vielleicht sogar schlagen. Dieser Gedanke ist mir unerträglich.«

»Larissa, ich habe dir schon einmal gesagt, daß ich in Irland gute Aussichten habe, durchzukommen. Und schlagen wird man mich auch nicht, wenn ich den Engländern ausgeliefert werde. England ist kein Polizeistaat.«

Sie stützte sich auf einem Ellbogen auf und sah mich an. »Warum kannst du nicht bleiben, Seán? Wir könnten so glücklich sein. Rußland ist ein großes Land, ein schönes Land. Wir könnten überallhin gehen, überall leben, alles tun. Warum mußt du fort?«

»Weil ich etwas mit Sicherheit wissen muß, Larissa.«

»Was, Seán?«

»Daß ich frei bin.«

»Aber du *bist* frei, Seán, du *bist* frei! Man hält dich hier nicht gegen deinen Willen fest.«

»Das muß ich ganz genau wissen, Larissa, eher habe ich keine Ruhe. Und ich kann diese Gewißheit nur bekommen, indem ich es ausprobiere. Ob ich dieses Land wirklich verlassen darf, erfahre ich erst, wenn ich es verlasse. Eine andere Möglichkeit gibt es nicht.«

»Du hast hier doch alles.«

»Ich weiß, aber es könnte mir hier noch so gutgehen und man könnte mir noch so viele Annehmlichkeiten bieten – ich würde immer diesen Zweifel, diese Ungewißheit haben. Verstehst du das nicht? Ich würde in einer Art Niemandsland leben wie Blake, Philby und Maclean. Sie sind nicht glücklich in ihrem erzwungenen Exil, und dabei haben sie für diese Sache *gekämpft*! Ich muß zu meinem normalen Leben zurückkehren, auf die Gefahr hin, daß ich eingesperrt werde.«

Larissa sah mich an, und ich wußte, daß sie dem Weinen nahe war. Ich nahm ihren Kopf zwischen meine Hände und zog sie an mich, dann streckte ich mich wieder im Gras aus, sie legte den Kopf auf meine Brust, und ich streichelte langsam ihr Haar.

»Vielleicht, Larissa, sehen wir uns einmal wieder, wenn alles vorbei ist.«

»Seán, ich ... ich ...« Eine Träne fiel auf meine Brust und rann über meine Rippen ins Gras.

Am letzten Julitag holte uns Valentin mit seinem Jeep ab und brachte uns wieder zu dem Feld, auf dem der Doppeldecker nach Minsk stand. Auf dem Flughafen in Minsk empfing uns Alexander, und wir leerten zusammen eine Flasche Sekt, während wir auf unsere Düsenmaschine nach Moskau warteten. In Moskau holte uns Stan ab, um uns in meine Wohnung zu bringen. Am nächsten Abend begleitete ich Larissa zum Kasan-Bahnhof, wo sie den Ural-Expreß bestieg. Sie hatte achtundvierzig Stunden zu fahren, bis sie nach Hause kam. Rußland ist wahrhaftig ein großes Land. Kevin sollte am Montag, dem 12. August, in Moskau ankommen. Am Freitag rief mich Blake an und lud mich zu einem Drink ein. Wir trafen uns im Hotel Moskau und plauderten ein, zwei Stunden bei Sekt-Cocktails. Dann bat er mich, mit ihm in seiner Wohnung zu Abend zu essen. Seine Mutter war für einen Monat nach Holland gefahren. Er war ungewöhnlich aufmerksam, und daran merkte ich, wie sehr ihn der Besuch meines Bruders beunruhigte. Er wußte: wenn Kevin einmal da war, konnte er nicht mehr verhindern, daß die Wahrheit über ihn in den Westen gelangte – was immer auch aus mir selbst wurde. Kevin konnte nicht zurückgehalten oder beiseite geräumt werden. Sein Besuch in Moskau und der Grund seiner Reise waren allen seinen Freunden und der Presse schon bekannt, bevor er auf dem Londoner Flughafen die Maschine nach Moskau bestieg, mehr noch: seine Reise wurde von den *News of the World* finanziert.

»Ich hoffe, Sie und Kevin werden sich gut unterhalten«, sagte Blake, als er mich zur Tür brachte. Sein Mund lächelte, aber seine Augen verrieten tiefe Besorgnis, und ich wußte, er nahm dem KGB den Undank übel, der darin bestand, daß es dies alles geschehen ließ.

»Das werden wir ganz gewiß«, sagte ich.

Als ich die Treppe hinunterging, hörte ich, wie hinter mir die beiden Schlösser zugedreht wurden und die Sperrkette klirrte. Blake war wieder allein auf seiner kleinen Insel des Zweifels und der Furcht. Ich hatte ihn zum letzten Mal gesehen.

Kevin kam am Montag, dem 12. August. Stan und ich fuhren zum Flugplatz, um ihn abzuholen. Stan fürchtete, auf dem Flugplatz könnten sich westliche Agenten aufhalten, die einen Tip bekommen hatten. Daher trug ich eine dunkle Brille und wartete am Eingang des Empfangsgebäudes, während Stan in die Ankunftshalle ging, um Kevin zu empfangen. Es waren jedoch keine Korrespondenten da, und alles verlief reibungslos. Wir fuhren zur Wohnung zurück, und Stan blieb auf einen kurzen Drink.
»Ich hoffe, es wird Ihnen in Moskau gefallen, Kevin«, sagte er lächelnd. Dann wandte er sich an mich: »Ich stelle Ihnen einen Wagen zur Verfügung, solange Kevin hier ist.«
»Danke, Stan.«
Kevin und ich unterhielten uns ein paar Stunden über die Flucht, und jeder sagte dem anderen, was er noch nicht wußte. Dann ging ich ins Schlafzimmer und kam mit dem Originalmanuskript dieses Buches – neun dicken Heften – zurück.
»Kevin«, begann ich, »der Hauptzweck deines Besuches ist, daß du dies nach England mitnimmst. Obwohl deine Anwesenheit meine eigenen Chancen, hier herauszukommen, erhöht, möchte ich doch den Trost haben zu wissen, daß die Wahrheit die Welt draußen erreicht.«
»Die Wahrheit worüber?«
»Die Wahrheit über George Blake.«
»Das klingt interessant.«
»Es *ist* interessant, und ich will dir sagen, warum.« Ich schilderte ihm Blakes Verrat in allen Einzelheiten.
»Du siehst also, daß sich Blake bei mir revanchierte, indem er versuchte, mich ermorden zu lassen«, schloß ich.

Kevin sah mich ungläubig an. »Aber *warum,* um Gottes willen? Warum sollte er das tun?«

»Weil er der geborene Verräter ist, Kevin. Blake verrät nicht um irgendwelcher Ideale willen; er verrät, weil er den Verrat *braucht.* Wäre er in Rußland geboren worden, würde er das KGB an die Briten verraten haben.« Kevin pfiff durch die Zähne. »Dann stimmt es also doch.«

»Was stimmt?«

»Die Leute von der Sonderabteilung sagten mir, er sei ein Schuft, aber ich hielt das für Propaganda.«

»Nein, glaube mir, das ist keine Propaganda.«

Kevin nahm das erste Heft in die Hand und blätterte darin. »Wie bekomme ich das aus Rußland hinaus?«

»Mit Hilfe des KGB«, antwortete ich. »Du bist kein gewöhnlicher Tourist, du bist ein privilegierter Besucher. Stan wird dafür sorgen, daß die Formalitäten auf dem Flugplatz übergangen werden. Leg die Hefte zuunterst in deinen Koffer, und es gibt nicht die geringsten Schwierigkeiten.«

»Gut, so werde ich es machen. Wo ist übrigens Blake jetzt?«

»Bis vor drei Tagen war er in der Wohnung, in der ich nach meiner Ankunft in Moskau mit ihm zusammen lebte, aber inzwischen wird er schon umgezogen sein. Ich glaube nicht, daß ich je wieder von ihm hören werde.«

»Wie kommst du darauf?«

»Das ist Geheimdiensttaktik in *jedem* Land. Man nimmt an, sobald einer auf die andere Seite hinübergerät, gibt er – freiwillig oder auf andere Weise – jedes Geheimnis preis, das er besitzt. Ich habe mit dir gesprochen, und du kehrst nach Großbritannien zurück. Daher wird vorausgesetzt, daß die Briten Blakes Adresse erfahren. Blake muß also umziehen. Das geht ganz automatisch.«

»Wer möchte da ein Überläufer sein!«

»Ja, weiß Gott!«

Kevin blieb eine Woche in Moskau und wohnte bei mir. Den größten Teil des Tages sah er sich die Stadt an, die übrige Zeit las er mein Manuskript. Am Dienstag brachte uns Stan zum Essen in das Flußhafenrestaurant. Es gab ein opulentes Mahl mit Kaviar, Räucherlachs, Huhn und Kognak, Wodka und Sekt. Wir besprachen die verschiedenen Routen, die ich wählen konnte, um Irland zu erreichen, ohne Großbritannien zu berühren, und die Rolle, die Kevin dabei spielen konnte.

Ich sagte: »Kevin, du brauchst lediglich bei der irischen Botschaft in London einen Paß oder ein anderes Reisedokument auf meinen Namen zu beantragen und es mir zu schicken. Sie können dir die Papiere nicht verweigern, denn ich bin irischer Staatsbürger.«

Kevin lächelte und deutete auf die Speisen und Getränke. »Wenn ich sehe, wie du hier lebst, wundere ich mich, daß du überhaupt fortwillst.«

»Ich wundere mich auch«, sagte Stan. »Aber nicht wegen des Essens. Ich wundere mich, weil Seán dieses ungeheure Risiko eingehen will. Ich glaube, die Wahrscheinlichkeit, daß er ausgeliefert wird, ist sehr groß, und ich glaube auch, daß ihn die Briten nach dem Gesetz über die Preisgabe von Staatsgeheimnissen anklagen und zu fünfzehn oder zwanzig Jahren verurteilen werden. Glauben Sie mir, Kevin, ich denke nur an Seáns Wohl. Wir haben bei alledem nichts zu verlieren, aber er.«

»Und wäre er auch jetzt noch hier willkommen?« fragte Kevin.

»Mehr als willkommen«, versicherte ihm Stan. »Ich weiß, daß Seán kein Kommunist ist; ich weiß, daß er unser System sogar verabscheut, aber danach fragt hier niemand. Wir haben nie versucht, ihn zu bekehren, und werden es nie versuchen. Er kann hier bleiben, er kann seine Wohnung haben, für die er keine Miete zu zahlen braucht und seine dreißig Pfund pro Woche, solange er lebt. Er braucht nicht einmal zu arbeiten. Er ist besser dran als ich. Ich kann Ihnen versichern: Wenn ich morgen zu arbeiten aufhöre, zahlt mir niemand eine Kopeke. Aber die Entscheidung liegt natürlich bei Seán. Wenn er nach Irland zurückkehren will, werden wir ihm nach besten Kräften helfen.« Kevins Reisetag kam. Es war ausgemacht worden, daß Stan und ich ihn zum Flugplatz begleiten sollten und daß Stan ihn rasch durch die Formalitäten schleusen und ihm die Zollkontrolle ersparen wollte.

Stan holte uns lange vor der Zeit in der Wohnung ab.

Wir fuhren zusammen im Lift hinunter. Ich trug Kevins Koffer. Vor der Haustür wartete der Wagen. Der Chauffeur hatte die Haube aufgemacht und beugte sich über den Motor. Als wir kamen, richtete er sich auf, schlug die Haube zu und wischte sich an einem alten Lappen die Hände ab. »*Sdrawstwujtje*«, sagte er lächelnd, als er mir den Koffer abnahm und ihn in den Gepäckraum legte. »*Sdrawstwujtje*«, antwortete ich. »*Spasibo.*«

Wir fuhren durch meine Straße, bogen in die Ringstraße ein und verließen die Stadt in Richtung Flughafen. Bevor wir die große Überlandstraße erreichten, hatten wir noch zwei Nebenstraßen hinter uns zu bringen. Auf einer befand sich ein Bahnübergang. Die Schranke war zu, und sie blieb eine halbe Stunde zu, während sich in beiden Richtungen der Verkehr staute, bis die Fahrzeugschlangen fast einen Kilometer lang waren. Die Ursache dieser Verzögerung entpuppte sich als eine einzelne Lokomotive, die ungefähr drei Sekunden brauchte, um die Straße zu überqueren.

»Das Vorfahrtsrecht könnte hier auch vernünftiger gehandhabt werden«, sagte ich zu Stan. »Warum kann die Schranke nicht offen bleiben, bis die verdammte alte Lok nur noch eine Minute von der Kreuzung entfernt ist?«

Stan lächelte und zuckte die Schultern.

Kevin sah auf die Uhr. »Meine Maschine geht um sechs ab, und um fünf muß ich mich bei der Abfertigung melden. Es ist schon halb fünf.«

Stan drehte sich auf seinem Sitz um. »Keine Sorge, Kevin, Sie schaffen es schon. Wir nehmen eine Abkürzung.«

Er wandte sich an den Chauffeur, sagte schnell etwas auf russisch, und der Chauffeur nickte.

Zehn Minuten später verließen wir die schmale Straße und kamen auf eine Straße mit zwei Fahrbahnen. Dort herrschte nur ein sehr schwacher Verkehr, und wir fuhren während der nächsten 20 Minuten mit ungefähr 110km/h. Plötzlich fing der Motor an zu stottern, und Stan sah den Chauffeur fragend an. Der drückte kräftig auf den Starter, aber der Motor reagierte nicht. Als wir nur noch 50 km/h machten, fuhr er an den Straßenrand, stieg aus und öffnete die Motorhaube. Dann sagte er etwas zu Stan, und Stan übersetzte: »Es sieht so aus, als hätten wir Scherereien mit dem Verteiler, aber es wird nicht lange dauern.«

Wir stiegen alle aus.

Kevin sah wieder auf die Uhr. »Es ist fünf«, sagte er besorgt. »Ich sollte schon dort sein. Meine Frau wird sich Sorgen machen, wenn ich heute abend nicht in London ankomme.«

»Keine Angst, Kevin«, sagte ich. »Fünf Uhr ist nur der früheste Termin für die Anmeldung. Du hast mindestens noch bis halb sechs Zeit.«

»Ich hoffe, du hast recht.«

»Ja, das stimmt schon«, versicherte ihm Stan.

Der Chauffeur hatte mittlerweile die Verteilerkappe abgenommen und prüfte die Kabel. Um zehn nach fünf hatte er den Schaden noch immer nicht behoben. Kevin war aufgeregt und sah ständig auf die Uhr. »Wie weit ist es noch bis zum Flughafen, Stan?« fragte ich.

»Ungefähr zwanzig Minuten Fahrt.«

»Können Sie nicht Ihr Funkgerät benutzen und Ihre Leute auf dem Flughafen um Hilfe bitten?«

»Leider nein, dieser Wagen hat unglücklicherweise kein Funkgerät.«

»Dann halten wir eben ein Taxi an«, sagte Kevin.

»Leider sind wir eine Abkürzung gefahren, Kevin. Dies ist nicht die eigentliche Straße zum Flughafen, und hier wird kaum ein Taxi vorbeikommen.«

Kevin war verzweifelt. »Stan, ich muß heute abend in London sein.«

»Es tut mir leid, Kevin, aber wir sind machtlos«, sagte Stan mit echtem Migefühl. Zwanzig Minuten nach fünf, und der Chauffeur stak noch immer unter der Haube und bastelte an seinem Verteiler. Stan sah ungeduldig auf die Uhr und ging zu ihm. Er schien ihm wegen seiner Untüchtigkeit Vorwürfe zu machen, aber der Chauffeur beschäftigte sich nur mit seinem Motor und sagte nichts.

»Fünf vor halb sechs«, rief Kevin ungeduldig. »Selbst wenn der Motor jetzt anspringt, bin ich erst um ein Viertel vor sechs dort.«

»Hoffen wir, daß er ihn in den nächsten fünf Minuten hinkriegt«, sagte ich. »Dann hast du immer noch eine Chance. Wenn Stan dabei ist, kommst du schon noch an Bord.«

Kevin deutete mit dem Kopf zum Wagen hin, wo Stan neben dem Chauffeur stand. »Ich glaube, das ist eine abgekartete Sache.«

Ich sah ihn an. »Um Gottes willen, jetzt geht deine Phantasie mit dir durch«, sagte ich.

»He!« rief Stan in diesem Augenblick. Wir drehten uns um. Er zeigte in die Richtung, aus der wir gekommen waren. »Ein Taxi!«

Tatsächlich kam ein Taxi auf uns zu, das erste, das wir auf dieser Straße sahen. Stan ging ihm ein paar Meter entgegen und hob die Hand. Der Wagen hielt.

»Noch einmal Glück gehabt«, sagte ich zu Kevin.

Stan sprach etwa eine Minute mit dem Chauffeur, dann winkte er Kevin und mir.

»Er hat leider nur Platz für einen. Es sieht so aus, als müßte Kevin allein zum Flughafen fahren.«

»Besser als nichts«, sagte Kevin erleichtert.

Ich schaute in das Taxi. Stan hatte recht. Es war nur noch Platz für einen. In dem Wagen saßen schon drei Fahrgäste, zwei hinten, der dritte neben dem Chauffeur. Alle drei waren Männer.

Der Chauffeur legte den Koffer in den Gepäckraum, dann gab Kevin Stan und mir die Hand und setzte sich zu den zwei Männern auf den Rücksitz.

Stan gab dem Chauffeur ein paar Rubel.

»Mach's gut, Kevin«, sagte ich. »Ich hoffe, du kriegst das Flugzeug noch.« »Ich auch«, antwortete Kevin.

»Also dann alles Gute. Wir sehen uns bald in Irland wieder.«

Das Taxi raste in Richtung Flughafen davon. Ich sah auf die Uhr.

»Halb sechs. Meinen Sie, er schafft es noch, Stan?«

»Ich denke ja. Er müßte um zehn vor sechs dort sein, und ich glaube, sie werden ihn durchlassen.« Er blickte über die Schulter zu dem KGB-Wagen hinüber und schüttelte den Kopf. »Schade, ich hätte Kevin gern die Formalitäten erspart.« Er ging zum Chauffeur, der noch immer über den Motor gebeugt stand, und begann wieder zu schimpfen. Dann kam er zu mir zurück. Er war offenbar gründlich verärgert. »Das hätte nicht passieren dürfen, Seán. Sie wissen, bei uns sind die Chauffeure zugleich Mechaniker. Sie sind für ihren Wagen verantwortlich. Der Mann hätte sich den Motor genau ansehen müssen, bevor wir Moskau verließen.«

Endlich setzte sich der Chauffeur wieder ans Steuer und startete. Der Motor sprang an. Ich sah auf die Uhr. Punkt sechs. »Es hat keinen Zweck mehr, zum Flughafen zu fahren«, sagte Stan. Ich denke, wir fahren am besten in die Stadt zurück, und ich rufe von meinem Büro aus den Flughafen an. Aber vorher setze ich Sie bei Ihrer Wohnung ab, und sobald ich weiß, was geschehen ist, rufe ich Sie an.«

Das Telefon in meiner Wohnung klingelte um halb acht. Es war Stan. »Ich habe angerufen, Seán. Kevin hat seine Maschine noch erwischt.«

»Ich bin erleichtert«, sagte ich. »Und es gab keine Schwierigkeiten?«

»Nein, es ist alles in Ordnung. Er ist schon unterwegs nach London.«

»Gut, danke, Stan.« Ich legte auf. »Gott sei's gedankt!« sagte ich laut. Das Manuskript war also durchgekommen. Ich fühlte mich wie neugeboren.

Eine Woche später kehrte Larissa nach Moskau zurück und brachte mir mehrere Gläser Honig und Pilze aus dem Ural mit. Wir feierten das Wiedersehen in meiner Wohnung bei Sekt und Kaviar, und sie kochte mir ein Gericht ihrer Uralheimat, das *Pelmenj* hieß.

Im Laufe der folgenden Woche rief Stan einige Male an, und Slawa besuchte mich, um mir einige Nummern der *Times* zu bringen und mit mir über meine Rückkehr nach Irland zu sprechen. Ich rief ungefähr sechsmal in Blakes Wohnung an, aber wie ich erwartet hatte, meldete sich niemand. Er war schon umgezogen. Alles schien nach Plan zu gehen.

Da läutete am Dienstag, dem 3. September, vierzehn Tage nach Kevins Abreise, in meiner Wohnung das Telefon. Der Anrufer war Stan.

»Hallo, Stan.«

»Hallo, Seán . . .« Pause. »Hören Sie, ich erfahre da, daß man Kevin auf dem Flugplatz Ihr Manuskript abgenommen hat. Schade, daß Sie nicht *uns* gebeten haben, dafür zu sorgen, daß es nach Großbritannien gelangt. Wir hätten Ihnen in dieser Sache helfen können.« Er sprach in ruhigem Konversationston, ohne sich Verstimmung oder Ärger anmerken zu lassen.

Ich schwieg.

»Es ist auch sehr schade, daß Sie diese Ansichten vertreten, aber es hat, wie ich meinen Kollegen schon sagte, keinen Zweck, Ihnen das Manuskript wegzunehmen, denn Sie können ja das Ganze noch einmal schreiben, sobald Sie in Irland sind.« Stan seufzte. »Wissen Sie, Seán, in bezug auf George irren Sie sich gründlich, aber Sie haben selbstverständlich das Recht auf Ihre eigene Meinung.«

»Hm«, machte ich nur.

»Jedenfalls kommt Slawa heute abend vorbei, um mit Ihnen darüber zu sprechen.«

»Danke für den Anruf, Stan. Auf Wiedersehen.«

Ich legte den Hörer auf und starrte ihn eine Weile an. Die Autopanne war also tatsächlich geplant gewesen. *Leider* hatte ausgerechnet dieser Wagen kein Funkgerät, mit dem man Hilfe hätte herbeirufen können. *Leider* hatten wir die Panne auf einer Abkürzung und konnten von keinem der Dutzende von Taxis Hilfe bekommen, die zu jeder Tageszeit auf der normalen Route zum und vom Flughafen unterwegs waren. *Leider* saßen in dem einzigen Taxi, das dann endlich kam, schon drei Fahrgäste – lauter Männer. *Leider* konnte der KGB-Wagen nicht vor sechs Uhr repariert werden. Was für Umstände man sich gemacht hatte! Aber das mußte wohl sein, denn es ging darum, das Gesicht zu wahren. Man konnte Kevin das Manuskript nicht gut abnehmen, während Stan die Formalitäten für ihn erledigte und ich daneben stand. Diese Peinlichkeit mußte Stan erspart werden. Ja, sie hatten es sehr geschickt angestellt. Und seit zwei Wochen wurde das MS nun am Dserschinkij-Platz gelesen. Woher wußten sie aber, daß Kevin das Manuskript hatte? Es gab nur eine Antwort: In meiner Wohnung war ein Mikrophon versteckt. Jedes Wort, das ich mit Kevin gesprochen hatte, war aufgezeichnet worden. Was für Auswirkungen hatte das auf meine Lage, meine Chancen, nach Irland zurückzukommen? Stan und Slawa wußten schon seit langem, daß ich Blake verabscheute, aber sie wußten nicht mit Bestimmtheit, ob ich meine Gefühle aussprechen würde, wenn ich in den Westen zurückkehrte. Jetzt hatten sie meine geheimsten Gedanken über Blake schwarz auf weiß vor sich – als unwiderlegbaren Beweis für meine Absichten. Zum dritten Mal hatte ich das KGB gegen mich aufgebracht. Zuerst durch meinen Besuch in der britischen Botschaft, dann durch mein Telefongespräch mit Kevin. Und jetzt das. Wie lange stand mir das Glück noch bei?

Slawa kam um sechs und brachte einen Brief von Kevin mit. Er war am Tage nach seiner Ankunft in London aufgegeben worden. In zehn Tagen hätte er mich erreichen müssen, aber er hatte vierzehn Tage gebraucht. Ich nahm an, das KGB wollte das Manuskript lesen, bevor es mir den Brief aushändigte, denn der Brief mußte sich auf das beziehen, was auf dem Flughafen geschehen war. Er war kurz und drückte begreiflicherweise Kevins Sorge um meine Sicherheit aus. Er berichtete mir, daß ihm das Manuskript bei der Zollkontrolle abgenommen worden sei, und dann kam ein Abschnitt, der offenbar für die Augen des KGB bestimmt war: »Ich habe das Manuskript natürlich Wort für Wort gelesen und weiß alles, was Du über Blake geschrieben hast. Mein Rat lautet: Komm zurück nach Irland und laß das Schreiben sein. Vergiß alles über Blake, und ich will ebenfalls alles vergessen.«

Ich gab den Brief Slawa, und er las ihn. »Hm, ich hoffe, er traut uns zu, daß wir zwischen den Zeilen lesen können.«

»Sicher, Slawa. Der Brief ist deutlich genug. Kevin macht sich offensichtlich Sorgen um mich. Vielleicht sollte ich mich sofort mit ihm in Verbindung setzen, um ihn zu beruhigen?«

»Warum telefonieren Sie nicht?« sagte Slawa. »Ich suche Ihnen morgen die Code-Nummer heraus, die Sie wählen müssen, um die Auslandsvermittlung zu bekommen, und Sie können ihn morgen abend anrufen.«

»Danke, Slawa.«

Slawa war zweifellos entsetzt über das Manuskript, aber wie Stan ließ er sich keinen Ärger anmerken. »Schade, daß Sie von unserem Land eine solche Meinung haben«, sagte er kopfschüttelnd. »Und schade, daß Sie über Blake so furchtbare Sachen schreiben.« Er hatte es also auch gelesen. Als ich ihn fragte, wo sich das Manuskript befinde und wann ich damit rechnen dürfe, es zurückzubekommen, sagte er mir, der Zoll habe es an den Presseausschuß zur Begutachtung weitergeleitet. »Das ist bei uns Gesetz«, erklärte er. »Alles Geschriebene, das die Sowjetunion verläßt, muß vom Presseausschuß geprüft werden. Mit dem KGB hat das nichts zu tun. Sie bekommen Ihr Manuskript zurück, sobald der Presseausschuß damit fertig ist.« Auch das war nur wieder ein Versuch, das Gesicht zu wahren. Ich wußte, daß das Manuskript am Dserschinskij-Platz war. Wie hätten es Stan und Slawa sonst lesen sollen?

Am folgenden Abend rief ich Kevin an.

»Hallo, Kevin, hier spricht Seán.«

»Mein Gott, bin ich froh, deine Stimme zu hören! Ich dachte, jetzt hätte es dich erwischt.«

»Wie du hörst, ist das nicht der Fall.«

»Du weißt, was mit dem Manuskript passiert ist?«

»Ja, Stan hat es mir gestern am Telefon gesagt. Und ich danke dir für deinen Brief.«

»Ich dachte, du hättest jetzt ernstliche Schwierigkeiten mit dem KGB. Wir haben uns alle große Sorgen gemacht.«

»Ich glaube, dazu besteht kein Anlaß.«

»Hör zu, Seán. Die Panne auf der Fahrt zum Flugplatz und alles übrige war eine abgekartete Sache, das ist dir doch klar? Außerdem hast du ein Mikrophon in deiner Wohnung. Das war alles sorgfältig vorbereitet.«

»Warum glaubst du das?«

»Das liegt doch auf der Hand.«

»Kevin, der Zoll *muß* Manuskripte beschlagnahmen und sie dem Presseausschuß vorlegen. Das ist hier Gesetz.«

»Der Zoll? Was redest du von Zoll? Auf dem Flugplatz hat mich das KGB erwartet. In dem Augenblick, in dem ich meinen Koffer auf den Zolltisch stellte, sagte ein junger Mann in Zivil, der hinter dem Zollbeamten stand: ›Für Sie haben wir einen eigenen Raum. Kommen Sie mit.‹ Er führte mich in ein Zimmer auf der Rückseite der Zollabteilung und nahm mein Gepäck buchstäblich auseinander. Dann durchsuchte er *mich* – jede Tasche und sogar meine Brieftasche. Er nahm dein Manuskript und mein Notizbuch und ging in ein anderes Zimmer. Fünf Minuten später war er wieder da und gab mir mein Notizbuch zurück. ›Das ist Ihr eigenes, und das können Sie haben‹, sagte er. ›Das andere müssen wir behalten.‹ Es ist mir völlig klar, Seán, daß er genau wußte, was er suchen mußte. Ich glaube, als er in das andere Zimmer ging, zeigte er die Sachen jemandem, der ihm sagen konnte, was er zurückgeben durfte und was nicht. Der Mann in dem anderen Zimmer muß jemand gewesen sein, den du kennst und der sogar deine Handschrift kennt. Vielleicht war es Slawa oder Viktor, vielleicht Blake selbst.«

»Ich verstehe. Ich werde Stan sagen, was ich von dir erfahren habe, und sehen, was für ein Gesicht er dazu macht.«

»Ja, tu das. Wird man dich jetzt noch nach Irland zurückschicken?«

»Natürlich. Warum nicht?«

»Ich hoffe, du hast recht, nur – was sollen diese faulen Tricks, wenn sie dir gegenüber ehrliche Absichten haben?«

»Wir können noch nicht mit Bestimmtheit sagen, daß es ein Trick war.«

»Seán, um Himmels willen, ich bin doch kein Narr. Das Ganze war kindisch und plump. Hör mir jetzt gut zu. Ich habe einen Entschluß gefaßt. Wenn du bis spätestens Ende November nicht in Irland bist, mache ich dem KGB und dem sowjetischen Außenministerium die Hölle heiß. Ich habe einen Plan. Ich lasse Tausende von Handzetteln drucken, und vor der sowjetischen Botschaft in London werden unaufhörlich Posten stehen und sie verteilen. Notfalls wird man dem Botschafter die Autofenster einwerfen, aber wenn er selber im Wagen sitzt. Das ist mein voller Ernst. Wenn sie unbedingt Scherereien haben wollen, können sie sie kriegen. Das kannst du Stan sagen.« Kevin wußte so gut wie ich, daß unser Gespräch abgehört wurde, und was er sagte, war für die Ohren des KGB bestimmt.

»Ich glaube nicht, daß das alles nötig sein wird, Kevin«, sagte ich – ebenfalls für das KGB. »Stan und Slawa sind meine Freunde, und ich zweifle nicht daran, daß sie mir die Rückkehr nach Irland ermöglichen werden.«

»Ich will nur hoffen, daß du dich nicht täuschst. Bei der irischen Botschaft in London habe ich schon vorgesprochen. Du bekommst in zwei, drei Wochen ein befristetes Reisedokument.«

»Gut, Kevin.«

»Danke für den Anruf, Seán.«

»Schon gut.«

»Gib mir Bescheid, wenn du dein Reisedokument bekommen hast. Und vergiß nicht, Stan auszurichten, was ich dir gesagt habe.«

»Nein, das tu' ich schon.«

Ich fertigte ein Protokoll des Gesprächs an und gab es Slawa. Er und Stan wollten nicht glauben, daß wir annahmen, bei der Fahrt zum Flughafen sei es nicht mit rechten Dingen zugegangen, und sie hielten Kevins Feldzugsplan für kindisch und unnötig. Aber sie hätten wohl kaum anders reagieren können.

Ein Monat verging, und es war keine Rede davon, daß ich mein Manuskript zurückbekam. Ich machte mir nicht viel daraus. Ich wollte nach Irland zurückkehren, das war für mich das wichtigste. Das Buch konnte ich jederzeit neu schreiben. Stan und Slawa waren aufmerksamer um mich bemüht denn je zuvor. Sie riefen mich ständig an, um sich zu erkundigen, wie es mir gehe oder ob ich etwas brauchte. Sie führten mich auch regelmäßig zum Abendessen aus und ließen schließlich jedesmal ein kleines Speisezimmer für uns allein im Metropol oder im Praga reservieren. Bei diesen Gelegenheiten wurde auch über das Manuskript gesprochen, und Stan und Slawa deuteten vorsichtig an, ich könnte vielleicht Blakes Worte und Absichten mißverstanden haben. Es ging ihnen nur um meine Einstellung zu Blake. Meine Kritik an der Sowjetunion schien ihnen nichts auszumachen. Aber warum sollten sie auch etwas darauf geben? Die halbe Welt kritisierte ihr Land! Ich mußte sie bewundern für ihre Loyalität Blake gegenüber und für ihre hartnäckigen Versuche, ihn zu verteidigen, und unwillkürlich verglich ich diese beiden Männer mit dem Verräter, dem zu helfen ihnen die Pflicht gebot.

Mein Reisedokument kam am 10. November an. Es war von der irischen Botschaft in London ausgestellt und gültig für einen Monat und eine Reise von Moskau nach Irland »auf der kürzesten Route«. Es wurde vereinbart, daß ich Moskau am Montag, dem 21. Oktober, verlassen und über Amsterdam nach Dublin fliegen sollte. Am Donnerstag, dem 17. Oktober, lud mich Stan zum Mittagessen ins Arbat ein. Wir begannen um zwei zu essen und zu trinken und machten durch bis zehn Uhr abends. Ich war mittlerweile schon vertraut mit dieser russischen Gewohnheit, eine Mitteilung, die als unangenehm empfunden werden kann, lange und umständlich vorzubereiten, und ich fragte mich nur, was mir Stan mitzuteilen hatte. Um neun Uhr abends rückte er endlich damit heraus.

»Seán, ich halte es für ratsam, daß Sie Ihr Manuskript hier bei uns lassen. Sobald Sie in Irland angekommen und in Sicherheit sind, können wir es Ihnen nachschicken. Wenn Sie es mitnehmen, könnte es beschlagnahmt werden, falls man Sie bei der Landung in Dublin verhaftet.«

»Das klingt vernünftig«, gab ich zu.

Am Sonntag, dem 20. Oktober, gab es ein Abschiedsessen in meiner Wohnung. Larissa und ich bewirteten Stan und Slawa. Slawa brachte mir mein Flugticket, das Ausreisevisum und vierzig amerikanische Dollar. »Sie fliegen von hier nach Amsterdam«, erklärte er. »Auf dem Flughafen in Amsterdam warten Sie zwei Stunden, dann haben Sie eine Maschine direkt nach Dublin. Da Sie in Amsterdam nicht die Paßkontrolle zu passieren brauchen, dürfte es keine Schwierigkeiten geben. Ich denke, vierzig Dollar sind genug für die Reise; was meinen Sie?«

»Mehr als genug, Slawa. Danke.«

Draußen im Flur läutete das Telefon, und ich ging hinaus. Es war Kevin.

»Wie sieht es aus, Seán? Kommst du morgen nach Hause?«

»Ja, es ist alles vorbereitet. Ich komme, wie ich dir schon schrieb, gegen Mittag in Amsterdam an.«

»Gut. Ich erwarte dich in Dublin. Ich habe eine Vorsichtsmaßnahme getroffen und der Presse gesagt, daß du kommst. Ich finde, je mehr Leute es wissen, desto sicherer ist es, daß du auch wirklich kommst.«

»Das war sehr klug von dir. Danke.«

»Ich habe dafür gesorgt, daß dich ein Team der Granada-Television in Amsterdam empfängt. Der Reporter, der dich interviewen will, arbeitet für eine Sendung, die ›Welt in Aktion‹ heißt. Ich habe ihm gesagt, du wirst eine Nummer der *Prawda* in der Hand halten.«

»Ich werde daran denken.«

»Auf Wiedersehn in Dublin!«

»Ja, diesmal wirklich auf Wiedersehn!«

Stan sagte, er wolle Larissa und mich am Morgen abholen und zum Flugplatz bringen. Slawa sollte ich nicht mehr sehen, daher verabschiedete ich mich von ihm, als er und Stan gingen. »Leben Sie wohl, Seán«, sagte er und drückte mir herzlich die Hand. »Ich wünsche Ihnen viel Erfolg und ich hoffe, wir sehen uns einmal wieder.«

»Das hoffe ich auch, Slawa. Leben Sie wohl und danke für alles.«

Am nächsten Morgen wartete Larissa mit mir in der Wohnung. In etwa zehn Minuten sollte Stan kommen. Sie öffnete ihre Handtasche und nahm einen schlichten goldenen Ring heraus. »Bis wir uns wiedersehn, Seán.« Sie steckte ihn mir an den Ringfinger der rechten Hand. Ich starrte ihn an. Larissa mußte stundenlang Schlange gestanden haben, um ihn zu bekommen.

Stan kam, und wir fuhren im Lift zur Straße hinunter. Mein Gepäck bestand nur aus einer Aktentasche. Sie enthielt ein Hemd zum Wechseln, eine Garnitur Unterwäsche, ein Paar Socken und den grünen Hund, den mir Larissa im Hotel Warschawa geschenkt hatte. Alles andere ließ ich in der Wohnung zurück.

Als der Flugplatz in Sicht kam, sagte Stan etwas zum Chauffeur, und der Wagen fuhr langsamer. Dann drehte er sich auf seinem Sitz um und sah Larissa und mich an. »Wir sollten uns nicht erst am Eingang verabschieden«, sagte er. »Es könnten Korrespondenten da sein, und Larissa und ich sollten nicht fotografiert werden. Übrigens, Seán, wenn Sie mich später noch einmal in der Abflughalle sehen, tun Sie so, als würden Sie mich nicht kennen.« Der Wagen hielt ungefähr hundert Meter vor dem Eingang des Empfangsgebäudes, und wir stiegen alle aus. Ich drückte Stan die Hand.

»Leben Sie wohl, Stan.«

»Leben Sie wohl, Seán. Und denken Sie daran: Bis die Maschine startet, können Sie immer noch umkehren.«

»Danke.« Ich sah Larissa an.

»Ich bin oben auf der Plattform, wenn du abfliegst«, sagte sie. Wir küßten uns, und ich eilte ins Gebäude.

Ich füllte das Zollformular aus, indem ich angab, ich hätte nichts zu verzollen, und reichte es zusammen mit meinem Reisedokument und dem Ausreisevisum der Zollbeamtin.

»Haben Sie Valuten bei sich?« fragte sie.

»Ja, vierzig Dollar.«

»Und warum haben Sie die nicht deklariert?« fragte sie aggressiv.

»Ich...«

Ein Mann, der neben ihr stand, warf einen Blick auf mein Ausreisevisum und flüsterte ihr etwas ins Ohr. Daraufhin gab sie mir ohne ein weiteres Wort meine Papiere zurück.

Ich stieg die Stufen zur Abflughalle hinauf. Eine halbe Stunde hatte ich Zeit, und ich ging in die Bar. Fünf Minuten später erschien Stan. Er setzte sich ein paar Tische weiter und trank etwas, dann suchte er die Toilette auf, und schließlich schlenderte er in der Abflughalle umher. Ich tat, als bemerkte ich ihn nicht, aber ich sah, daß er die anderen Passagiere musterte. Mein Flug wurde aufgerufen, und ich begann, auf den Ausgang zuzugehen. Stan kam mir entgegen, und als wir aneinander vorbeigingen, sah er mich an, ohne den Kopf zu wenden, und sagte halb flüsternd: »Leben Sie wohl, Seán, und viel Glück.«

»Leben Sie wohl, Stan. Danke.«

Bei der Paßkontrolle fotografierte ein junger Beamter der Grenzwache ziemlich ungeniert sämtliche Passagiere meines Fluges. Ich wußte, daß das nicht zur Routine gehörte, und bewunderte wieder einmal die Gründlichkeit des KGB. Der Beamte in der Kabine prüfte meine Papiere sehr sorgfältig. Er gab mir mein Reisedokument zurück, behielt das Ausreisevisum und öffnete mir die kleine Metallschranke, um mich durchzulassen. Hinter der Schranke mußte ich mit den übrigen Passagieren warten, bis alle abgefertigt waren, dann führte uns ein Beamter der Grenzwache alle zusammen über die etwa dreißig Meter Makadam, die uns von unserer Maschine trennten. Am Fuße der Einstiegtreppe erwartete uns ein Offizier der Grenzwache. Ich sah zum Empfangsgebäude hinüber. Larissa stand allein auf der Aussichtsplattform, ihr kastanienbraunes Haar wehte in der kühlen Herbstbrise. Sie winkte mir, und ich winkte zurück. Ich ließ die anderen Passagiere vor mir einsteigen und sah Larissa an. Dann stieg auch ich die Treppe hinauf, blieb auf der letzten Stufe stehen, um noch einmal zu winken, und betrat die Kabine.

Die meisten Passagiere waren amerikanische Touristen, die sich laut über ihre Erlebnisse in der Sowjetunion unterhielten. Wir schnallten uns an, der Iljuschin-Jet heulte die Startpiste hinunter, hob vom russischen Boden ab und ging auf Westkurs.

Als ich in Amsterdam die Ankunftshalle betrat, kam ein hochgewachsener, blonder junger Mann auf mich zu. »Verzeihung, sind Sie Mr. Bourke?«

»Ja.«

»Ich bin von der Granada-Television. Ihr Bruder sagte mir, daß Sie sich hier mit mir treffen wollen.«

»Das ist richtig.«

»Wir hätten gern ein Interview gemacht. Würden Sie mit in unser Hotel kommen?«

»Sehr gern.«

Bei der Paßkontrolle warf der Beamte nur einen flüchtigen Blick auf mein Reisedokument und erlaubte mir, Holland zu betreten. Kein Visum, keine Fragen. Ich war wieder im Westen.

Im Hotel wurde ich den anderen Mitgliedern des Fernsehens vorgestellt. Die Kameras wurden aufgestellt, und wir machten das Interview.

Dann läutete das Telefon. Kevin rief an. »Hör zu, Seán, wir haben Nebel hier in Dublin, und die Flugzeuge werden umgeleitet. Dein Flug heute nachmittag könnte nach London oder Belfast umgeleitet werden.«

429

»Danke, Kevin. Auf Wiedersehn.«

Ich rief den Flughafen an und machte meine Buchung rückgängig. Über Nacht blieb ich in Amsterdam.

Am nächsten Morgen flog ich mit dem Fernsehteam nach Düsseldorf. Dort blieb ich zwei Stunden, dann bestiegen wir eine Maschine der Pan-American, die nach Irland flog.

Vier Stunden später näherten wir uns dem Flughafen Shannon. Ich blickte aus dem Fenster. Unter mir sah ich die Clare Hills. Dort hatte ich mich vor vielen Jahren immer versteckt und in Scheunen geschlafen, wenn ich die Schule schwänzte.

Die Maschine ging über der schlammigen Mündung des Shannon nieder, und eine Minute später setzten ihre Räder auf der Landebahn auf. Sie rollte bis kurz vor das Empfangsgebäude und hielt. Das Fernsehteam stieg vor den anderen aus, um meine Ankunft zu filmen. Dann trat ich hinaus.

Auf der Plattform standen zahllose Reporter. Sie winkten und schrien und richteten ihre Kameras auf mich. Ich stieg die Stufen hinunter und betrat den Boden Irlands. Es war der 22. Oktober 1968, der zweite Jahrestag von George Blakes Flucht.

Nachbemerkung des Autors

Ich lernte George Blake bei einem Kurs im Gefängnis Wormwood Scrubs kennen. Wir wurden sehr bald Freunde. Wie alle andern im Gefängnis – Häftlinge und Bewacher – war ich beeindruckt von Blakes Charme, seinen guten Umgangsformen, seiner humanitären Sorge um das Wohl seiner Mitmenschen, ja ich war in dem Maße von ihm eingenommen, daß ich, als er mich eines Tage im Zellenblock bat, ihm zur Flucht zu verhelfen, ohne Zögern einwilligte. Als wir aber in Moskau angekommen waren, entpuppte sich Blake rasch als das, was er wirklich war: ein skrupelloser Verräter. Ich setzte meine Freiheit aufs Spiel, um ihn vor lebenslänglicher Haft zu retten, und er vergalt es mir durch Verrat. Der George Blake, den wir alle in Wormwood Scrubs gekannt hatten, hatte nie wirklich existiert. Er hatte sich geschickt und mit kalter Berechnung verstellt, um sein Ziel zu erreichen. In Moskau, als er keine Ursache mehr hatte, sich zu verstellen, kehrte George Blake seine wahre Natur hervor.

Anmerkung des Verlages

Seán Bourke kam am 22. Oktober 1968 in Irland an und wurde am 31. um sechs Uhr morgens im Gresham Hotel in Dublin verhaftet. Großbritannien hatte bei den irischen Behörden seine Auslieferung beantragt, und er erschien noch im Laufe des Vormittags vor dem Kreisgericht, wo nach dem Auslieferungsgesetz von 1965 der Befehl ausgestellt wurde, ihn einem Beamten der britischen Sonderabteilung zu übergeben. Ein Antrag auf Freilassung gegen Kaution wurde abgelehnt, und er wurde nach Mountjoy überführt. Am selben Tage erging gegen den Generalstaatsanwalt Irlands und den Polizeichef, Michael J. Wymes, eine obergerichtliche Verfügung, die die Freilassung Seán Bourkes anordnete mit dem Ziel, die Auslieferung bis zum Abschluß des Berufungsverfahrens zu verhindern. Der Fall wurde vom 20. bis 27. Januar 1969 vor dem Obergericht verhandelt. Das Urteil erging am 3. Februar. Der Präsident des Obergerichts befand, das Vergehen der Beihilfe zur Flucht George Blakes könne als ein »Vergehen in Verbindung mit einem politischen Vergehen« angesehen werden. Seán Bourke wurde daher freigelassen. Der Staat legte Berufung beim Obersten Gerichtshof ein, der jedoch im Juli den obergerichtlichen Beschluß bestätigte. Die Gründe für diese Entscheidung wurden nicht genannt und bis zur Drucklegung dieses Buches nicht bekanntgegeben.

Inhalt

Prolog 9
1. Der Plan 21
2. Die Flucht 165
3. Das Nachspiel 269

Der Abdruck der Bilder geschieht
mit freundlicher Genehmigung des Verlages
Cassell & Co. Ltd., London

Schutzumschlag und Einband Jan Buchholz und Reni Hinsch
Gesetzt aus der Korpus Garamond-Antiqua
Lichtsatz Aktino KG, Berlin
Druck und Bindung Butzon & Bercker, Kevelaer